STARK

Original-Prüfungsaufgaben
mit Lösungen

2016

BERUFLICHES GYMNASIUM

Mathematik

Baden-Württemberg

2012–2015

CD-ROM

STARK

12. ergänzte Auflage
www.stark-verlag.de

Inhalt

Vorwort
Stichwortverzeichnis

Hinweise und Tipps zur schriftlichen Abiturprüfung in Mathematik

Ablauf der Prüfung I
Leistungsanforderung und Bewertung III
Methodische Hinweise und allgemeine Tipps zur schriftlichen Prüfung VI

Einführung in den Rechner TI-84

A Schaubilder von Funktionen .... G 1
B Untersuchung des Schaubilds einer Funktion .... G 4
C Zeichnen einer Ableitungsfunktion .... G 8
D Zeichnen einer Stammfunktion .... G 9
E Lösen von Gleichungen .... G 10
F Umgang mit Listen .... G 11
G Regression .... G 13
H Lösen von linearen Gleichungssystemen (LGS) .... G 15
I Speichern von Ergebnissen .... G 16

Schriftliche Abiturprüfung 2012

Teil 1 – Analysis

Aufgabe 1: $s(x)=\frac{1}{2}x+1+2\sin\left(\frac{\pi}{4}x\right);\ x\in\mathbb{R}$ 2012-1
$f_a(x)=ae^{2x}-e^x;\ x\in\mathbb{R}$

Aufgabe 2: $f_t(x)=t(e^{x-t}-x);\ x\in\mathbb{R}$ 2012-9
$h(x)=2\cos\left(\frac{\pi}{4}x\right)+5;\ x\in\mathbb{R}$

Teil 2 – Stochastik

Aufgabe 1: Zwei Glücksräder, Einsatz, Erwartungswert, Mindestzahl 2012-17
Aufgabe 2: Qualitätskontrolle bei Speicherbausteinen, Vier-Felder-Tafel, bedingte Wahrscheinlichkeit 2012-21

Teil 3 – Anwendungsorientierte Aufgaben
Aufgabe 1: Hubschrauber, Vertikalgeschwindigkeit, maximale und minimale Vertikalbeschleunigung, größte Höhe 2012-24
Aufgabe 2: Herstellung von Neusilber, Bedarf an Ausgangsstoffen, Kerzenständer, Volumen, Masse 2012-30
Aufgabe 3: Aufladen eines Kondensators, Stromstärke, Ladung 2012-34

Teil 4 – Lineare Algebra

Vektorgeometrie
Aufgabe 1: Schnittpunkt, Volumen einer Pyramide, parallele Geraden 2012-41
Aufgabe 2: Tischtennisplatte, Ebene, Flugbahn des Balles 2012-45

Wirtschaftliche Anwendungen
Aufgabe 1: LEONTIEF-Modell, Inputmatrix, Produktion 2012-49
Aufgabe 2: Produktion von Rahmen, Bedarf an Komponenten, Kostenrechnung .. 2012-53

Lineare Optimierung
Aufgabe 1: Bücherregale, minimale Kosten, Simplextableau 2012-58
Aufgabe 2: Kaffeesorten, Obstsäfte, Simplexverfahren, maximaler Gewinn 2012-62

Schriftliche Abiturprüfung 2013

Teil 1 – Analysis
Aufgabe 1: $f(x) = 2 + 2\sin\left(\frac{\pi}{2}x\right);\ x \in \mathbb{R}$ 2013-1
$g_a(x) = ax + e^{-x};\ x \in \mathbb{R}$

Aufgabe 2: $f_t(x) = \frac{t}{4}x^2 + \frac{1+4t}{t};\ x \in \mathbb{R}$ 2013-9
$h_a(x) = (x - 4a) \cdot e^{-a \cdot x};\ x \in \mathbb{R}$

Teil 2 – Stochastik
Aufgabe 1: Autobahnnetz, bedingte Wahrscheinlichkeit, Mindestanzahl, Erwartungswert der Einnahmen 2013-17
Aufgabe 2: Zwei Würfel, Gegenereignis, Spiel, Erwartungswert 2013-21

Teil 3 – Anwendungsorientierte Aufgaben
Aufgabe 1: (An)aerobe Energiegewinnung beim Laufen, Monotonie, Summe und Anteil der aeroben Energie 2013-25
Aufgabe 2: Parfumflakon, Rotationsvolumen, Verpackung als Tangente an die Außenkontur 2013-28
Aufgabe 3: Höhe und Wachstum eines Baums, maximale Wachstumsgeschwindigkeit, durchschnittliches Jahreswachstum, Rotationsvolumen 2013-32

Teil 4 – Lineare Algebra

Vektorgeometrie
Aufgabe 1: Flugzeug, Landeanflug, Geradengleichung 2013-36
Aufgabe 2: Rechtwinkliges Dreieck, Parallelogramm, Koordinatenebene 2013-40

Wirtschaftliche Anwendungen
Aufgabe 1: Zubereitung von Salattellern, maximale Anzahl von Salattellern, Bedarf an Zutaten, Kostenrechnung 2013-44
Aufgabe 2: Leontief-Modell, Verflechtungsdiagramm, Leontief-Inverse, Produktion und Konsum, Lösbarkeit eines LGS 2013-49

Lineare Optimierung
Aufgabe 1: Ledergürtel, maximaler Gewinn, Simplexverfahren 2013-53
Aufgabe 2: Goldketten, maximaler Gewinn, Simplexverfahren 2013-58

Schriftliche Abiturprüfung 2014

Teil 1 – Analysis
$f_t(x) = \frac{1}{2}x^3 - 3tx^2 + 4(t^2-1)x + 10t^2;\ x \in \mathbb{R}$ 2014-1
$g_a(x) = a + a \cdot \cos x;\ x \in [-2\pi; 2\pi]$

Teil 2 – Stochastik
Aufgabe 1: Glücksrad, Ausschöpfen von vier Versuchen mit einer beobachteten Spielstrategie, Erwartungswert 2014-12
Aufgabe 2: Polizeieinsatz bei einem Fußballspiel, bedingte Wahrscheinlichkeit, Mindestzahl 2014-17

Teil 3 – Anwendungsorientierte Aufgaben
Aufgabe 1: Kostenrechnung, strenge Monotonie, Gewinnzone, maximaler und mittlerer Gewinn, langfristige Preisuntergrenze 2014-21
Aufgabe 2: Reaktion von Zink mit Salzsäure, Grenzwertberechnung, maximale Reaktionsgeschwindigkeit, Näherungsfunktion für die Zuwachsrate des Wasserstoffvolumens, momentane Änderungsrate 2014-26

Teil 4 – Lineare Algebra

Vektorgeometrie
Parallele Geraden, Punkte in einer Ebene, Parallelogramm, Fläche 2014-32

Wirtschaftliche Anwendungen
Leontief-Modell (Weinbau), Hauptdiagonale, Materialfluss 2014-37

Lineare Optimierung
Sweatshirts, maximaler Gewinn, Materialverbrauch, Simplexverfahren 2014-41

Schriftliche Abiturprüfung 2015

Teil 1 – Analysis
$f_t(x) = x^3 - 3t \cdot x^2 + \left(\frac{9}{4}t^2 + 1\right) \cdot x;\ x \in \mathbb{R}$ 2015-1
$g_a(x) = a \cdot \sin(a \cdot x) + a;\ x \in \mathbb{R}$

Teil 2 – Stochastik
Aufgabe 1: Würfel mit drei Buchstaben, Schulfest, Mindestanzahl an Versuchen, Erwartungswert, Anzahl an Preisen 2015-10
Aufgabe 2: Sammelalbum, Klebebilder, Mindestanzahl, Erwartungswert 2015-15

Teil 3 – Anwendungsorientierte Aufgaben
Aufgabe 1: Bootsverleih, Anzahl der Bootstypen, LGS, Geschwindigkeitsverlauf, Durchschnittsgeschwindigkeit, zurückgelegte Strecke 2015-20
Aufgabe 2: Usain Bolt, 100-m-Lauf, benötigte Zeit, maximale Geschwindigkeit, Eignung eines Modells, zurückgelegter Weg 2015-25

Teil 4 – Lineare Algebra

Vektorgeometrie
Ebene, Lage einer Ebene, Dreieck, Pyramide, Schnitt Gerade–Ebene 2015-29

Wirtschaftliche Anwendungen
Fertigung von Schokoladenfiguren, Materialfluss, Kostenrechnung 2015-34

Lineare Optimierung
Mahlzeiten (Gemüse, Fleisch), minimale Kosten, Simplexverfahren 2015-40

Die CD-ROM enthält weitere Übungsaufgaben zu den zentralen Themenbereichen der Abiturprüfung.

Sitzen alle mathematischen Begriffe?
Unter www.stark-verlag.de/mathematik-glossar/ finden Sie ein kostenloses Glossar zum schnellen Nachschlagen aller wichtigen Definitionen mitsamt hilfreicher Abbildungen und Erläuterungen.

Jeweils zu Beginn des neuen Schuljahres erscheinen die neuen Ausgaben der Abiturprüfungsaufgaben mit Lösungen.

Lösungen der Aufgaben sowie Übungsaufgaben auf CD-ROM:

Jürgen Reister (Analysis, Lineare Optimierung, Vektorgeometrie; Übungsaufgaben)
Ulrich Müller (Stochastik, Anwend. Aufgaben, Wirtsch. Anwendungen, 2013–2015)
Dr. Bernhard Schmitt (Stochastik, Anwend. Aufgaben, Wirtsch. Anwendungen, 2012; Übungsaufgaben)

Vorwort

Die Abiturienten eines Beruflichen Gymnasiums in Baden-Württemberg müssen sich in fünf Fächern prüfen lassen. Die Prüfungsfächer 1 bis 4 sind schriftlich, das 5. Prüfungsfach ist nur mündlich[1] abzulegen. Ein Abiturient kann sich auch dazu entscheiden, in einem der schriftlichen Prüfungsfächer eine zusätzliche mündliche Prüfung abzulegen (z. B. um sein schriftliches Ergebnis zu verbessern). Die Art der Prüfungsfächer hängt vom Typ des Beruflichen Gymnasiums sowie von der Wahl der Prüfungsfächer durch den Abiturienten ab. An allen Gymnasien ist jedoch Mathematik als schriftliches Prüfungsfach zwingend vorgeschrieben. Das vorliegende Buch soll Ihnen helfen, sich optimal auf die Abiturprüfung in Mathematik vorzubereiten. Es wendet sich speziell an die Abiturienten der folgenden Beruflichen Gymnasien (in alphabetischer Reihenfolge):

- AG: Agrarwissenschaftliches Gymnasium
- BTG: Biotechnologisches Gymnasium
- EG: Ernährungswissenschaftliches Gymnasium
- SG: Sozialpädagogisches Gymnasium
- WG: Wirtschaftswissenschaftliches Gymnasium

Der Lehrplan in Mathematik an den genannten fünf Beruflichen Gymnasien[2] orientiert sich bzgl. der Anforderungen am früheren Leistungskurs in Mathematik. Dies geschah nicht zuletzt im Hinblick auf die Ergebnisse verschiedener Studien (TIMMS, PISA, TOSCA, …), die alle den Schluss nahe legten, dass die mathematische Grundbildung verbessert werden muss.

Die folgende Auflistung gibt nur einen groben Überblick über die geforderten Wissensgebiete, für detaillierte Auskünfte steht der Lehrplan zur Verfügung[3].

---

1 Die sogenannte Präsentationsprüfung findet an den Beruflichen Gymnasien ab Abitur 2009 nur im 5., mündlichen Prüfungsfach statt. Genaueres hierzu weiß der Oberstufenberater.

2 Das Technische Gymnasium fehlt in der obigen Aufzählung, da an ihm nach einem anderen Lehrplan in Mathematik unterrichtet wird. Im STARK-Verlag erscheint unter der Bestellnummer 825011 ein zu dem vorliegenden Band analoges Lösungsbuch, welches speziell auf die Bedürfnisse der TG-Absolventen abgestimmt ist.

3 Kultus und Unterricht, Lehrplanheft 1/2003, Reihe I Nr. 25, Band 1 vom 26. 08. 2003

Diese Lerninhalte gelten für die Jahrgangsstufen 1 und 2 bis einschließlich Abitur 2016:

Klasse	Themen	Inhalte
Eingangsklasse (ehemals Klasse 11)	Datenreihen	Merkmale und ihre Verteilungen
		lineare und nichtlineare Regression
		Diagramme
	Funktionen	Eigenschaften von Funktionen
		Funktionstypen • Potenzfunktionen • Polynomfunktionen • Exponentialfunktionen • trigonometrische Funktionen • abschnittsweise definierte Funktionen
		Gleichungen
		Näherungsverfahren
		Grenzwert
		Ableitung
Jahrgangsstufen 1 und 2 (ehemals Jahrgangsstufen 12 und 13)	Funktionen (Fortsetzung)	Ableitungsregeln
		Stammfunktionen
		Kurvendiskussion
		Optimierungsprobleme (Extremwertaufgaben)
		Integral (Fläche, Volumen)
	Lineare Algebra	Lineare Gleichungssysteme
		Schwerpunkte (ein Thema muss behandelt werden) • wirtschaftliche Anwendungen • vektorielle Geometrie • lineare Optimierung
	Stochastik	Zufallsexperimente
		Urnenmodelle
		Zufallsvariable (Wahrscheinlichkeit, Erwartungswert, Standardabweichung)
	Wahlgebiete	z. B. • CAS (Computer-Algebra-Systeme) • Differenzialgleichungen • gebrochen-rationale Funktionen • Logarithmusfunktionen • Vektorräume • Elemente der beurteilenden Statistik

Zum Schuljahr 2014/15 wurde ein neuer Lehrplan eingeführt, beginnend zunächst mit der Eingangsklasse, mit folgenden Inhalten:

Klasse	Themen	Inhalte
Eingangsklasse	Funktionen	Eigenschaften von Funktionen
		Funktionstypen • Potenzfunktionen • Polynomfunktionen • Exponentialfunktionen • trigonometrische Funktionen
		Gleichungen
		Näherungsverfahren
		Modellierung
		Umkehrfunktion
		Regressionsfunktion
	Stochastik 1	Zufallsexperimente
		Urnenmodelle, Ziehungsarten
		Zufallsgrößen (Wahrscheinlichkeitsfunktion, Erwartungswert, Standardabweichung)
Jahrgangsstufen 1 und 2	Funktionen (Fortsetzung)	Ableitungsfunktion, Ableitungsregeln
		Stammfunktionen
		Kurvendiskussion
		Optimierungsprobleme (Extremwertaufgaben)
		Integral (Fläche, Volumen, Mittelwert)
	Lineare Algebra	Lineare Gleichungssysteme
		Schwerpunkte (ein Thema muss behandelt werden) • mathematische Beschreibung von Prozessen durch Matrizen • vektorielle Geometrie
	Stochastik 2	Binomialverteilung
		Schätzen unbekannter Wahrscheinlichkeiten
	Wahlgebiete	z. B. • Leontief-Modell • Differenzialgleichungen • weitere Funktionstypen • Vektorräume • lineare Optimierung • Beweisverfahren

Das vorliegende Buch enthält die schriftlichen **Originalprüfungsaufgaben 2012 bis 2015**. Erfahrungsgemäß stellen die **anwendungsorientierten Aufgaben** eine große Hürde dar, da der Aufgabentext erst in ein mathematisches Modell „gegossen“ werden muss, bevor man sich an die Lösung herantasten kann; auf der beiliegenden **CD-ROM** finden Sie deshalb eine Vielzahl von passgenauen Übungsaufgaben zu diesem und den weiteren zentralen Themenbereichen der schriftlichen Abiturprüfung.
Zu allen Aufgaben finden Sie **ausführliche Lösungen**. Die beste Vorbereitung auf das Abitur wäre, die Aufgaben selbstständig zu lösen. Da das vielleicht nicht in jedem Fall reibungslos klappt, haben wir zu jeder Aufgabe **Hinweise und Tipps** hinzugefügt, die Ihnen den Einstieg in die Aufgabe erleichtern sollen.

Sollten nach Erscheinen dieses Bandes noch wichtige Änderungen in der Abiturprüfung 2016 vom Kultusministerium Baden-Württemberg bekannt gegeben werden, finden Sie aktuelle Informationen dazu im Internet unter:
www.stark-verlag.de/pruefung-aktuell

Wir wünschen Ihnen allen bei der Prüfung viel Erfolg.

Jürgen Reister
Ulrich Müller

Stichwortverzeichnis

Das Stichwortverzeichnis ist entsprechend den Aufgabengruppen in drei Themenbereiche gegliedert:

Analysis
Lineare Algebra
Wahrscheinlichkeitstheorie und Stochastik

Hinter dem Stichwort steht, auf welchen Seiten Sie Hinweise zum Stichwort finden.

Analysis

Ableitungsfunktion	2012-27; 2013-2; 2013-9; 2014-23; 2014-29
absolutes Maximum	s. Maximum, Kurvendiskussion, Extremwertaufgabe
absolutes Minimum	s. Minimum, Kurvendiskussion, Extremwertaufgabe
Achsenschnittpunkte	s. Schnittpunkte mit Koordinatenachsen
Änderungsrate	
– durchschnittliche	2012-34
– momentane	2012-34; 2014-26
Asymptote	2012-9
Berühren von Schaubildern	2012-1; 2013-10; 2015-1
Berührpunkt	2013-1; 2014-24; s. auch Tangente
Beschleunigung	2012-24; 2015-23
Bestimmung eines Funktionsterms	
– aufgrund gegebener Eigenschaften	2013-25
Bewertung von Aussagen	2012-1; 2012-10; 2015-1
Drehkörper	s. Rotationskörper
Dreieck	2012-1; 2012-9; 2013-9; 2015-2
Eigenschaften von Kurven	2013-10
Extrempunkte einer Kurve	2012-9; 2014-1; 2015-1
Extremwertaufgabe (mit Nebenbedingungen)	2012-9; 2012-28; 2013-1; 2013-10; 2014-2
Fläche	2012-1; 2012-9; 2013-1; 2013-9; 2014-2; 2015-1; 2015-2
Funktion	
– abschnittsweise definierte	2012-33
– Exponentialfunktion	2012-9; 2013-1; 2013-9; 2013-25; 2013-32; 2014-26
– ganzrationale	2012-24; 2012-33; 2013-9; 2013-28; 2013-34; 2014-1; 2014-21; 2015-1; 2015-20; 2015-25
– trigonometrische	2012-1; 2012-10; 2013-1; 2014-1; 2015-2
Geschwindigkeit	2012-24; 2014-26; 2015-20; 2015-25
Gewinnfunktion	2014-24
Grenzwertuntersuchung	2013-34; 2014-29

Hochpunkt	2012-9; s. auch Maximum, Kurvendiskussion
Integration	s. Fläche, Volumen
– grafisch mit GTR	2012-29; 2012-33; 2012-38; 2013-27; 2014-24; 2014-31; 2015-24; 2015-28
Kostenfunktion	2014-21
Krümmung	2012-1; 2012-14; 2015-1
Kurvendiskussion	2014-1
Maximum	2012-24; 2014-21; 2014-26; 2015-25 s. auch Kurvendiskussion, Extremwertaufgabe
Minimum	2012-24; s. auch Kurvendiskussion, Extremwertaufgabe
Mittelwert	2012-24; 2012-34; 2013-32; 2014-21; 2015-20
Monotonie	2012-10; 2013-25; 2014-23; 2015-1; 2015-23
Normale	2012-1; 2013-1; 2013-9
Nullstellen	2013-10; 2013-12; 2013-31; 2013-35; 2014-24
Orthogonale	2013-9
Ortskurve	2012-1; 2014-1
Parameter	2012-2; 2012-9; 2013-1; 2013-9; 2014-1; 2015-2
Periode	2013-1; 2015-8
Polynomfunktion	s. Funktion, ganzrationale
Produktregel	2013-27
Ränder	s. Extremwertaufgabe
Rechteck	2013-1
rechtwinklig	2015-2
Regression (GTR)	2012-26; 2012-36; 2013-26; 2014-31
relatives Maximum	s. Maximum, Kurvendiskussion, Extremwertaufgabe
relatives Minimum	s. Minimum, Kurvendiskussion, Extremwertaufgabe
Rotationskörper	2013-10; 2013-30; 2013-35; 2014-2; s. auch Volumen
Schaubild	2012-1; 2012-2; 2012-9; 2012-24; 2012-34; 2013-2; 2013-9; 2013-10; 2013-25; 2013-28; 2014-1; 2014-21; 2014-26; 2015-1; 2015-2; 2015-20
Schnittpunkte	
– von Kurven	2013-27; 2014-30
– mit Koordinatenachsen	2012-2; 2013-1; 2013-9; 2014-1; s. auch Nullstellen
Stammfunktion	2012-1; 2012-2; 2012-9; 2012-38; 2013-1; 2013-2; 2013-9; 2014-1; 2015-1; s. auch Fläche, Volumen
– zeichnen mit dem GTR	2012-39
Steigung	2012-1; 2012-10; 2014-1; 2014-21; 2015-1
Streckung	2013-4; 2015-8
Tangente, Tangentensteigung	2012-1; 2012-9; 2012-10; 2013-1; 2013-9; 2013-30; 2014-21; 2014-29; 2015-1
Tiefpunkt	2012-9; 2013-1; s. auch Minimum, Kurvendiskussion
Untersuchung an den Rändern	s. Extremwertaufgabe
Untersuchung von Funktionen	s. Kurvendiskussion
Volumen	
– mit GTR	2012-33; 2013-1; 2013-10; 2013-30; 2013-32; 2014-2
– rechnerisch	2013-32

Wachstum 2013-32
– durchschnittlich 2013-34
– maximal 2013-34
Weg 2015-20; 2015-28
Wendepunkt 2012-1; 2013-1; 2014-1; 2015-1; s. auch Kurvendiskussion
Wendetangente s. Tangente
Wertemenge 2013-1
Wertetabelle 2012-24; 2012-34; 2014-26; 2015-25
Winkelhalbierende 2012-9; 2015-1

Zunahme 2013-25

Lineare Algebra

Dreieck 2013-40; 2015-29
Durchstoßpunkt s. Schnittmenge Gerade ∩ Ebene

Ebene 2012-41; 2012-45; 2013-40; 2014-32; 2015-29
Endprodukt s. Produktionsvektor

Gerade 2012-41; 2012-45; 2013-36; 2014-32; 2015-29
Gewinn 2012-62; 2013-53; 2013-58; 2014-41; 2015-34; 2015-40
gleichschenklig 2015-29
Gleichungssystem
– lineares 2012-55; 2012-56; 2013-46; 2013-49; 2015-22; 2015-37

Hauptdiagonale 2013-52; 2014-37

Inputmatrix s. Matrix, Input~
Input-Output-Tabelle 2012-50; 2014-37
Inverse, invertierbar s. Matrix, inverse

Kosten
– Fertigung 2012-53
– fix 2012-53; 2015-34
– gesamt 2012-53; 2012-58; 2012-62; 2013-47; 2015-34
– Herstellung 2013-48; 2015-40
– Rohstoffe 2012-53; 2013-44; 2013-47
– variabel 2015-34

Lage
– von Gerade zu Ebene 2013-40; 2014-32; s. a. Schnittmenge Gerade ∩ Ebene
– von Gerade zu Gerade 2012-41; 2014-32
Leontief-Inverse 2013-51; 2014-40
Leontief-Matrix s. Leontief-Modell
Leontief-Modell 2012-49; 2013-49; 2014-37
lineare Optimierung (Simplexverfahren) 2012-58; 2012-62; 2013-53; 2013-58; 2014-41; 2015-40; 2015-41

Lösbarkeit s. Gleichungssystem
Lösung
– eindeutige s. Gleichungssystem, lineares
– keine s. Gleichungssystem, lineares
– mehrdeutige s. Gleichungssystem, lineares

– ∞ viele	s. Gleichungssystem, lineares
– unlösbar	s. Gleichungssystem, lineares
Lösungsvektor	s. Gleichungssystem
Marktvektor	s. Nachfragevektor
Materialfluss	2015-34
Matrix	
– Input~	2012-49; 2013-49; 2014-37
– inverse	2013-51; 2014-40
– Leontief~	s. Leontief-Modell
– Rohstoff-Endprodukt~	2012-55; 2013-47; 2014-39; 2015-37
– Rohstoff-Zwischenprodukt~	2012-56; 2013-46; 2014-39; 2015-37
– Zwischenprodukt-Endprodukt~	2014-39; 2015-37
Maximum	2012-62; 2013-53; 2013-58; 2014-41; 2015-41
Minimum	2012-58; 2015-40
Nachfragevektor	2012-52; 2013-51
Parallelität	2012-41; 2012-45; 2013-40; 2014-32
Parallelogramm	2013-40; 2014-32
Pivotelement, -spalte, -zeile	2012-66; 2013-53; 2013-57; 2013-62; 2014-45; 2015-44
Planungsvieleck	2012-60; 2012-62; 2013-55; 2013-60; 2014-44; 2015-42
Preis	2013-44; 2014-41; 2015-34
Produktionsvektor	2012-32; 2012-49; 2012-55; 2012-57; 2013-51; 2014-40; 2015-37; 2015-38
Pyramide	2012-41; 2015-29
Pythagoras	2013-41; 2014-36; 2015-31
rechtwinklig	2013-40; 2015-29
Richtungsvektor	s. Ebene, s. Gerade
Rohstoffe	2012-32; 2012-55; 2013-44; 2014-40; 2015-34; 2015-35
Schlupfvariable	2012-65; 2013-53; 2013-61; 2014-45; 2015-41
Schnittmenge	
– Gerade ∩ Ebene	2012-41; 2012-48; 2013-38; 2013-42; 2013-43; 2014-32; 2015-29
Schnittpunkt	2012-41; 2015-29
Simplexverfahren (lineare Optim.)	2012-58; 2012-62; 2013-53; 2013-58; 2014-41; 2015-40; 2015-41
Spurpunkt	s. Schnittmenge Gerade ∩ Ebene
Streckenlänge	2013-36; 2013-40
Verflechtungsdiagramm	2013-49
Verflechtungstabelle	2012-50; 2013-51
Verkaufspreis	s. Preis
Volumen	2012-41; 2015-29
Zwischenprodukte	2012-55; 2014-37; 2015-34

Wahrscheinlichkeitstheorie, Stochastik

Baumdiagramm	2014-18; 2015-12; 2015-15
bedingte Wahrscheinlichkeit	s. Wahrscheinlichkeit, bedingte
Binomialkoeffizient	2012-22; 2014-14; 2014-19
Einsatz (Spiel)	2012-17
Erwartungswert	2012-20; 2013-20; 2013-24; 2014-15; 2015-14; 2015-19
Fakultät	2013-20; 2013-23; 2014-14
Gegenwahrscheinlichkeit	s. Wahrscheinlichkeit, Gegen~
Gewinn	2012-17
Glücksrad	2012-17; 2014-12
Glücksspiel	s. Einsatz (Spiel), s. Gewinn
Mindestanzahl	2012-17; 2013-17; 2014-20; 2015-10; 2015-15
Vier-Felder-Tafel	2012-23
Wahrscheinlichkeit	
– bedingte	2012-23; 2013-19; 2014-20
– Gegen~	2012-19; 2012-20; 2012-22; 2014-14; 2014-19; 2015-12; 2015-17
Wahrscheinlichkeits-Baum	s. Baumdiagramm
Würfel	2013-21; 2015-10
Ziehen	
– mit Zurücklegen	2014-12; 2015-15

Hinweise und Tipps zur schriftlichen Abiturprüfung in Mathematik

Ablauf der Prüfung

Die zentrale schriftliche Abiturprüfung

Das Land Baden-Württemberg hält seit Einführung der NGO (**N**eugestaltete **G**ymnasiale **O**berstufe) in allen schriftlich geprüften Fächern an der zentralen Abiturprüfung fest. Hierzu beauftragt das MKS (**M**inisterium für **K**ultus und **S**port in Baden-Württemberg) in wechselndem Turnus Fachlehrer mit der Erstellung von Prüfungsaufgaben. Die Aufgaben werden bei der sogenannten Aufgabenauswahlkommission eingereicht, von der sie auf sachliche Richtigkeit, Schwierigkeitsgrad, einwandfreie Formulierung und Übereinstimmung mit dem Lehrplan geprüft und in die endgültige Fassung gebracht werden.

Aufbau der Prüfungsaufgaben

Die Aufgaben werden in vier Teile nach dem folgenden Schema unterteilt:

Teil	gültig für[1]	Stoffgebiet	Anzahl der Aufgaben[2]	Auswahl[2]	max. erreichbare Korrekturpunkte	Zeitrichtlinie in Minuten
–	–	Einlesezeit insbesondere für die Teile 2 und 3				30
1	alle BGen	Analysis	1	keine Auswahlmöglichkeit	45	120
2	alle BGen	Stochastik	2	1 Aufgabe durch den Schüler	15	40
3	alle BGen	Anwendungsorientierte Aufgaben	2	1 Aufgabe durch den Schüler	15	40
4	AG, BTG, EG, SG, WG	Entweder Wirtschaftliche Anwendungen oder Lineare Optimierung oder Vektorgeometrie	1	keine Auswahlmöglichkeit	15	40
	TG	Vektorgeometrie	1			
–		Gesamt	6	4 Aufgaben	90	270

1 BGen = Berufliche Gymnasien, AG = Agrarwissenschaftliches Gymnasium, BTG = Biotechnologisches Gymnasium, EG = Ernährungswissenschaftliches Gymnasium, SG = Sozialpädagogisches Gymnasium, TG = Technisches Gymnasium, WG = Wirtschaftswissenschaftliches Gymnasium

2 Ab Abitur 2014

Die Einlesezeit soll dem Schüler u. a. ermöglichen, in den Teilen 2 und 3 selbstständig je eine Aufgabe aus den vorgelegten auszuwählen. Trotz geändertem Auswahlmodus ab dem Abitur 2014 bleibt es bei einer Bearbeitungszeit von 270 Minuten für die Abiturprüfung. Damit soll auch verhindert werden, dass der Schüler mit der Lösung einer Aufgabe beginnt, deren Schwierigkeiten er zu spät erkennt, daher zu einer anderen Aufgabe „springt" und damit unnötig kostbare Prüfungszeit vergeudet. Falls dennoch eine andere Aufgabe gewählt wird, so ist *eindeutig zu kennzeichnen (sauber durchstreichen!), welche Aufgabe gewertet werden soll.* Unterbleibt die eindeutige Kennzeichnung, so gilt im Zweifelsfall keine (!) der Lösungen.

Bei Prüfungsbeginn werden dem Schüler 1 Aufgabe aus Teil 1, 2 Aufgaben aus Teil 2, 2 Aufgaben aus Teil 3 und 1 Aufgabe aus Teil 4 (insgesamt also 6 Aufgaben) zusammen mit dem vorgeschriebenen Prüfungspapier (weiß für die Reinschrift, grün für den Entwurf) ausgehändigt. Die Reihenfolge der Bearbeitung und der Zeitaufwand pro Aufgabe bleiben dem Schüler überlassen. Die in der Tabelle angegebenen Zeitrichtwerte sind daher nur als Empfehlung zu verstehen. Eine Pause zwischen den Aufgabenteilen findet nicht statt.

AG, BTG, EG, SG und WG[3]:
Der Teil 4 zerfällt – wie angegeben – in drei Untergruppen:
- Wirtschaftliche Anwendungen
- Vektorgeometrie
- Lineare Optimierung

Der Schüler erhält nur die Aufgabe aus jener Untergruppe, die im Unterricht durchgenommen wurde.

An Hilfsmitteln stehen zur Verfügung:
- die eingeführte Formelsammlung
- der grafische Taschenrechner (GTR) inkl. einer Bedienungsanleitung
- ein Wörterbuch der deutschen Rechtschreibung
- Schreib- und Zeichengeräte

An einigen wenigen Beruflichen Gymnasien Baden-Württembergs findet der Schulversuch CAS (**C**omputer-**A**lgebra-**S**ystem) statt. Der Prüfungsaufbau und -ablauf ist mit dem o. a. identisch. Allerdings erfordern die Aufgaben den Einsatz eines CAS-fähigen Taschenrechners. Da nur wenige Berufliche Gymnasien an diesem Schulversuch teilnehmen, wird im Folgenden nicht näher darauf eingegangen.

3 TG: Es gibt in Teil 4 nur die eine Aufgabe aus der Vektorgeometrie.

Leistungsanforderung und Bewertung

Die Korrektur einer Prüfungsarbeit erfolgt in drei Stufen.

Erstkorrektur: Sie wird grundsätzlich vom Fachlehrer durchgeführt, der die Arbeiten korrigiert und bewertet.

Zweitkorrektur: Die Prüfungsarbeiten werden vom Erstkorrektor anonymisiert (Abtrennung der Kopfleiste mit den Schülerdaten und Vergabe einer Schülernummer). Danach werden die Schülerarbeiten von der zuständigen Schulbehörde an einen Zweitkorrektor versandt, der die Arbeiten ebenfalls korrigiert und bewertet. Der Zweitkorrektor hat wegen der Anonymität keinerlei Informationen über die Namen des Erstkorrektors, der Schüler und der Schule. Dadurch ist gewährleistet, dass die Zweitkorrektur ausschließlich nach fachlichen und sachlichen Gesichtspunkten erfolgt.

Endbewertung: Die Endbewertung der Prüfungsarbeiten erfolgt durch einen dritten Fachlehrer.

Grundlage der Bewertung ist die Reinschrift. Bietet sie etwas Falsches, der Entwurf aber das Richtige, so ist der Entwurf nur dann zu werten, wenn es sich um einen offensichtlichen Übertragungsfehler handelt. Ist die Reinschrift unvollständig, kann der Entwurf dann herangezogen werden, wenn er zusammenhängend konzipiert und die Reinschrift zu ca. 75 % fertig gestellt ist. Bei allen drei Korrekturstufen spielt selbstverständlich die **fachliche Richtigkeit** und **Vollständigkeit** der Gedankengänge die größte Rolle. Nicht zu unterschätzen ist aber auch die **Qualität der Darstellung** (mathematische Fachsprache, strukturelles Vorgehen, Rechtschreibung, korrekte Grammatik, Zeichensetzung, saubere äußere Form). Bei Verstößen gegen die Qualität der Darstellung können bis zu 12 Korrekturpunkte (von 90 erreichbaren) abgezogen werden. Umgekehrt können besonders intelligente oder unkonventionelle Lösungswege – Richtigkeit vorausgesetzt – durch bis zu 6 zusätzliche Korrekturpunkte honoriert werden; dabei darf allerdings die Höchstpunktzahl nicht überschritten werden. Haben sich die Fehler so gehäuft, dass Sinn und sachgerechter Gang einer Teilaufgabe völlig entstellt werden oder sind die Fehler so schwerwiegend, dass der weitere Lösungsweg keine sinnvollen Ergebnisse mehr erbringt, werden die unbrauchbaren Ausführungen nicht gewertet.

Bewertungstabelle (90-Punkte-Tabelle)

Die Umrechnung der Korrekturpunkte (KP) in Notenpunkte (NP) geschieht nach der folgenden, sogenannten 90-Punkte-Tabelle:

KP	90–85	84–81	80–76	75–72	71–67	66–63	62–58	57–54	53–49	48–45	44–40	39–32	31–25	24–17	16–10	9–0
NP	15	14	13	12	11	10	09	08	07	06	05	04	03	02	01	00
Note	sehr gut			gut			befriedigend			ausreichend			mangelhaft			ungenügend

Arbeitsanweisungen

Für die Arbeitsanweisungen innerhalb einer Aufgabe haben sich verschiedene Sprechweisen eingebürgert, die im Folgenden kurz erläutert werden:

Arbeitsanweisung	Erläuterung
Berechnen Sie …	Wenn es in dem Aufgabenteil (nur) auf ein Zahlenergebnis ankommt, genügt in der Regel ein mit dem GTR erzieltes Ergebnis. Ein Hinweis an den Korrektor wie „Wurde mit dem GTR berechnet“ o. ä. ist sinnvoll. *Risiko:* *Bei einem reinen GTR-Ergebnis gibt es nur ein „Alles richtig“ oder „Alles falsch“. Insbesondere kann der Korrektor bei einem falschen Ergebnis nicht erkennen, ob es sich um einen Denkfehler, einen Fehler beim Eintippen der Zahlenwerte in den GTR oder um einen Ablesefehler handelt. Das Risiko des „Alles falsch“ lässt sich durch Angabe von Zwischenergebnissen verringern.*
	Wenn der GTR nicht eingesetzt werden kann (Rechnung mit Variablen), müssen die einzelnen Rechenschritte detailliert angegeben werden.
… exakt	Hier sind Näherungswerte, mit dem GTR berechnete Ergebnisse oder gerundete Resultate nicht erlaubt: Rechnung mit dem Buchstaben π (statt 3,14), Rechnung mit dem Buchstaben e (statt 2,718); ggf. müssen alle Rechenschritte angegeben werden.
… von Hand	Erforderlich sind sämtliche Rechenschritte unabhängig davon, ob es sich um einen Zahlenwert oder um eine Rechnung mit Variablen handelt.
Interpretieren Sie …	
… das Ergebnis	Es wird erwartet, dass das (Zahlen-) Ergebnis in einen größeren Zusammenhang eingebettet wird und Schlussfolgerungen gezogen werden.
… die Zeichnung	Es wird erwartet, dass die Eigenschaften einer Funktion oder einer Funktionenschar anhand der Zeichnung mit eigenen Worten beschrieben werden.
… die Fälle	Es wird erwartet, dass die Unterschiede bei Fallunterscheidungen oder bei einer Funktionenschar beschrieben werden.
Stellen Sie den Sachverhalt mittels … dar.	Es wird erwartet, dass der zugrunde liegende Sachverhalt z. B. mittels einer Formel, Gleichung (Herleitung angeben!) oder einer Zeichnung (evtl. genügt eine Skizze) dargestellt wird.

Begründen Sie …	
… den Ansatz	Es wird eine Begründung erwartet, warum genau der Ansatz gewählt wurde (und nicht ein anderer).
… den Lösungsweg	Hier wird eine detaillierte Begründung für den eingeschlagenen Lösungsweg erwartet.
Zeigen Sie …	Die Aufgabenstellung sagt Ihnen, was Sie tun müssen. Insbesondere ist immer dann die Rechnung „von Hand" erforderlich, wenn eine Variable oder ein Parameter mit im Spiel sind. Beispiele: – Herleitung eines (Funktions-) Terms – Herleitung einer Gleichung und Folgerungen hieraus – Nachprüfen einer Ungleichung – Bestimmung eines Parameterwertes – … Ein Schaubild oder eine GTR-Rechnung genügen in der Regel **nicht**; diese Techniken können allenfalls als Hilfsmittel zum besseren Verständnis eines Sachverhaltes eingesetzt werden. *Ausnahmen:* *Zeigen Sie mithilfe einer Zeichnung …* *Zeigen Sie mithilfe des GTR …*
Beweisen Sie …	Es wird erwartet, dass eine mathematische Behauptung aufgrund gegebener Voraussetzungen lückenlos bewiesen wird. Muster: *Satz* *Voraussetzungen: …* *Behauptung: …* *Beweis: …* In der Regel genügt ein „Beweis mittels Anschaulichkeit" nicht (z. B. Beweis mithilfe eines Schaubilds), sondern es sind strenge mathematische Beweisverfahren nötig.
Modellieren Sie …	Es wird erwartet, dass zu einem beispielsweise naturwissenschaftlichen Vorgang ein mathematisches Modell in Gestalt einer Funktion oder einer Gleichung entwickelt wird, das sich mit genügender Genauigkeit auf den gegebenen Vorgang anwenden lässt.
Visualisieren Sie …	
… mit einer Zeichnung	Erwartet wird eine saubere, exakte Zeichnung, an der sich die erforderlichen Sachverhalte ablesen lassen.
… mit einer Skizze	Erwartet wird eine saubere Skizze, bei welcher der Schwerpunkt nicht so sehr auf der Detailtreue liegt, sich aber sehr wohl die Charakteristika (der Funktion, des Sachverhalts) ablesen lassen.

Vorbereitung

- Bereiten Sie sich **langfristig** (spätestens ab Januar) auf die Abiturprüfung vor und fertigen Sie sich eine Übersicht über die von Ihnen bereits bearbeiteten Themen, Inhalte und Verfahren an. Teilen Sie die Inhalte in sinnvolle Teilbereiche ein und legen Sie fest, bis wann Sie welche Teilbereiche bearbeitet haben wollen. Es ist zweckmäßig, alle schriftlichen Bearbeitungen dieser Aufgaben übersichtlich aufzubewahren, das erleichtert spätere Wiederholungen.
- Machen Sie sich mit jenen Funktionen Ihres GTR wieder vertraut, die Sie bereits wieder vergessen haben.
- Benutzen Sie zur Prüfungsvorbereitung neben diesem Übungsbuch Ihre **Unterrichtsaufzeichnungen**, das Lehrbuch, den GTR. Und Ihren **Fachlehrer**!
- Verwenden Sie während der Prüfungsvorbereitung grundsätzlich nur die **Hilfsmittel**, die auch in der Prüfung zugelassen sind. Prägen Sie sich wichtige Seiten in Ihrer Formelsammlung ein und nutzen Sie Ihren Taschenrechner mit allen Funktionen.
  Hinweis: An manchen Beruflichen Gymnasien Baden-Württembergs dürfen Sie nicht Ihre eigene Formelsammlung verwenden, sondern erhalten am Prüfungstag eine von der Schule gestellte Formelsammlung. Umso wichtiger ist es, dass Sie wissen, was wo steht; machen Sie sich also mit dem Stichwortverzeichnis der Formelsammlung vertraut.
- Oft ist der Zeitfaktor ein großes Problem. Testen Sie, ob Sie eine Aufgabe in der dafür vorgegebenen Zeit allein lösen können. **Simulieren Sie selbst eine Prüfungssituation**.
- Testen Sie sich auch selbst, ob Sie sich 270 Minuten – also 4,5 Stunden – „am Stück", d. h. ohne Pause auf die Prüfungsaufgaben konzentrieren können.
- Gehen Sie optimistisch in die Prüfung. Wer sich gut vorbereitet hat, braucht sich keine Sorgen zu machen.
- Vor der eigentlichen Prüfung dürfen Sie ein bisschen aufgeregt sein. Aber lassen Sie sich nicht von der allgemeinen Unruhe um Sie herum anstecken und von Ihren hypernervösen Mitschülern irritieren. Haben Sie Vertrauen zu sich selbst.

Bearbeitung der Prüfung

- Nutzen Sie die Vorbereitungszeit tatsächlich zur Auswahl der Aufgaben.
- Lesen Sie die Aufgabenstellungen genau durch, bevor Sie eine Entscheidung treffen. Sie vermeiden dadurch, dass Sie im Verlauf der Prüfung zu einer anderen Aufgabe wechseln müssen. Sollten Sie dennoch die Aufgabe wechseln, dann vermerken Sie **eindeutig**, welche Aufgabe als Prüfungsleistung ge- und bewertet werden soll. Beachten Sie: Wenn die eindeutige Kennzeichnung unterbleibt, riskieren Sie, dass keine Ihrer Lösungen gewertet wird!
- Es ist hilfreich, wenn Sie bei der Analyse der Aufgabenstellungen auf dem Aufgabenblatt wichtige Angaben oder Informationen (z. B. gegebene Größen, Lösungshinweise) **farbig markieren**.
- Um den Lösungsansatz zu einer Aufgabe zu finden oder die gegebene Problemstellung zu veranschaulichen, kann das **Anfertigen einer Skizze** nützlich sein.
- Beachten Sie, dass in manchen Teilaufgaben explizit oder versteckt **Zwischenlösungen** angegeben sind, die Ihnen als Kontrolle dienen bzw. mit denen Sie weiterarbeiten können. Lesen Sie also erstmal die ganze Aufgabe durch, denn z. B. in Teil b könnte die Gleichung stehen, die Sie in Teil a herleiten sollen.

- Falls Sie mit einer Aufgabe gar nicht weiterkommen, so halten Sie sich nicht zu lange daran auf. Versuchen Sie, mit der nächsten Teilaufgabe oder mit einer Aufgabe aus einem anderen Schwerpunkt weiterzumachen. Wenn Sie die anderen Aufgaben bearbeitet haben, kommen Sie nochmals auf die angefangene Aufgabe zurück und versuchen Sie in Ruhe, eine Lösung zu finden.
- Orientieren Sie sich an der angegebenen **Punktezahl**: Je mehr Punkte eine Teilaufgabe ergibt, desto mehr Zeit sollte für die Bearbeitung eingeplant werden.
- Achten Sie auf die sprachliche Richtigkeit und eine saubere äußere Form Ihrer Lösungen.

Lösungsplan

Aufgrund des Umfangs und der Komplexität von Aufgaben auf Abiturniveau empfiehlt es sich, beim Lösen systematisch zu arbeiten. Folgende Vorgehensweise hilft Ihnen dabei:

Schritt 1:
Nehmen Sie sich ausreichend Zeit zum **Analysieren** der Aufgabenstellung. Stellen Sie fest, zu welchem Themenbereich die Aufgabe gehört. Sammeln Sie alle Informationen, welche direkt gegeben sind, und achten Sie darauf, ob evtl. versteckte Informationen enthalten sind.

Schritt 2:
Markieren Sie die **Arbeitsanweisungen** in der Aufgabenstellung. Diese geben an, was in der Aufgabe von Ihnen verlangt wird. Vergegenwärtigen Sie sich die Bedeutung der verwendeten Fachbegriffe (vgl. obige Tabelle).

Schritt 3:
Versuchen Sie, den Sachverhalt zu veranschaulichen. Fertigen Sie gegebenenfalls mit Hilfe der Angaben und Zwischenergebnisse aus vorherigen Teilaufgaben eine **Skizze** an.

Schritt 4:
Erarbeiten Sie nun schrittweise den **Lösungsplan**, um aus den gegebenen Größen die gesuchte Größe zu erhalten. Notieren Sie sich, welche Einzel- bzw. Zwischenschritte auf dem Lösungsweg notwendig sind. Prinzipiell haben Sie zwei Möglichkeiten, oft hilft auch eine Kombination beider Vorgehensweisen:
- Sie gehen vom Gegebenen aus und versuchen, das Gesuchte zu erschließen.
- Sie gehen vom Gesuchten aus und überlegen „rückwärts“, wie Sie zur Ausgangssituation kommen.

Schritt 5:
Suchen Sie nach geeigneten Möglichkeiten, das Endergebnis zu **kontrollieren**. Oftmals sind bereits Überschlagsrechnungen, Punktproben oder Grobskizzen ausreichend. Und vergessen Sie nicht, Ihren GTR zur Kontrolle einzusetzen.

Einführung in den Rechner TI-84

In dieser Einführung wird das Betriebssystem Version 2.55MP verwendet.
Die Erstbelegung der Tasten (weiße Schrift auf den Tasten) ist im Folgenden durch einen geschlossenen Rahmen dargestellt, wie z. B. [WINDOW], [X,T,Θ,n], [ZOOM] usw.
Die Zweitbelegung der Tasten (blaue Schrift über den Tasten) ist in eckigen Klammern dargestellt, z. B. [TABLE], [CALC], [TEST] usw. Hier ist zuvor jeweils das Drücken der Taste [2nd] nötig.
Nach Drücken einer Taste öffnet sich oft ein Menü. Gibt es verschiedene Untermenüs, so sind diese in dieser Einführung in spitze Klammern gesetzt, z. B. <MATH>, <NUM> usw.; die einzelnen Menüpunkte (und weitere Eingaben) sind in nichtproportionaler Schrift dargestellt, z. B. `3:Verkleinern`, `TblStart=`, `2:Nullstelle` usw. Sie können durch Bewegen des Cursors mit den Pfeiltasten [◄], [►], [▲], [▼] bzw. durch Eingabe der Ziffern vor dem Menüpunkt ausgewählt werden.

A Schaubilder von Funktionen

I Eingabe von Funktionsgleichungen

[Y=], Funktionsnummer mit dem Cursor auswählen.

Gleichung eingeben, z. B. $y = -0{,}05x^3 + 0{,}7x^2 - 2$ wird eingegeben als
[(-)] [0] [.] [0] [5] [×] [X,T,Θ,n] [^] [3] [►] [+] [0] [.] [7] [X,T,Θ,n] [x^2] [−] [2]

Das Multiplikationszeichen [×] kann in den meisten Fällen auch weggelassen werden. Zu beachten ist der richtige Gebrauch des Minuszeichens. Das Zeichen [(-)] ist als Vorzeichen vor 0,05 zu setzen, das Zeichen [−] ist als Rechenzeichen zu verwenden. Die Zahl 0,05 muss mit Punkt, also als 0.05 eingegeben werden. Die Eingabe der Null vor dem Komma bzw. Punkt ist nicht zwingend notwendig. Es genügt die Eingabe [.] [0] [5].

II Einstellung des Displays

Mit [GRAPH] wird das Schaubild der Funktion angezeigt.

Die richtige Einstellung des Displays kann evtl. Schwierigkeiten bereiten. Das Schaubild der oben angegebenen Funktion könnte zunächst so aussehen wie im Bild rechts.

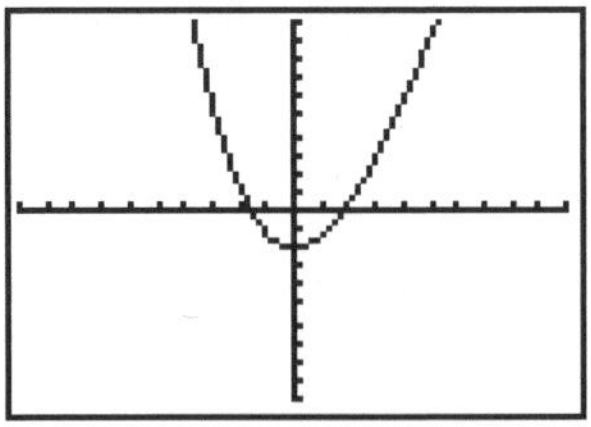

Um den prinzipiellen Verlauf des Schaubilds zu erkennen, muss das Bild verkleinert werden, z. B. mit [ZOOM]; `3:Verkleinern`; [ENTER].
Diese Tastenfolge kann mehrmals angewendet werden, bis der Verlauf des Schaubilds gut erkennbar ist. Es könnte sich das Bild rechts ergeben.

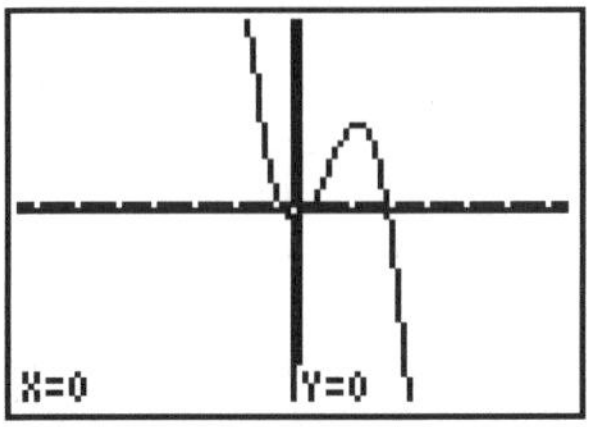

Bei manchen Schaubildern kann auch die Verwendung von [ZOOM]; `0:ZoomPass` einen ersten groben Überblick über das Schaubild vermitteln.

Bei beiden Ansichten ergibt sich die weitere Vorgehensweise aus dem Folgenden:

Um den gewünschten Ausschnitt des Schaubilds zu erhalten, verwendet man [ZOOM]; `1:ZBox`; [ENTER].
Jetzt den Cursor mithilfe der Pfeiltasten z. B. in die linke obere Ecke des gewünschten Bereichs stellen. Mit [ENTER] bestätigen. Der Cursor wird zu einem Quadrat.

Mit Pfeiltaste Cursor nach rechts und unten bis zur rechten unteren Ecke des gewünschten Bereichs bewegen. Dies erzeugt ein Rechteck.

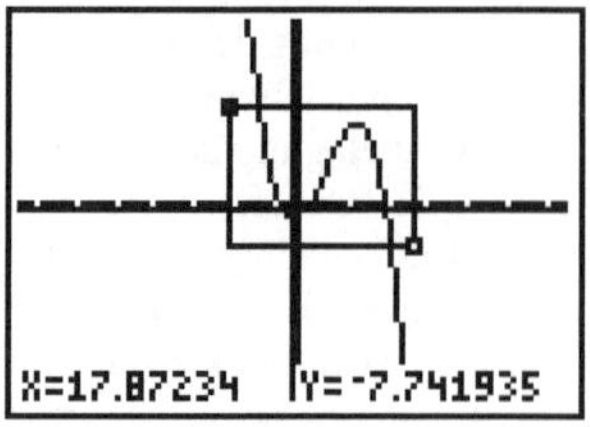

[ENTER] ergibt dann das vergrößerte Schaubild.

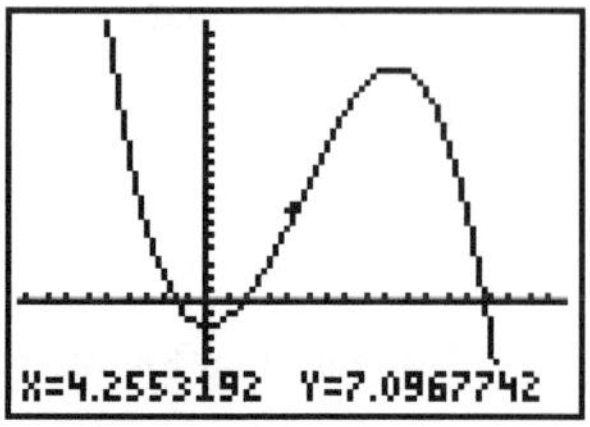

Die Einstellung des Displays lässt sich natürlich auch über die Taste [WINDOW] durchführen.
Bedeutung der einzelnen Angaben:
`Xmin` bedeutet: kleinster x-Wert im anzuzeigenden Schaubild
`Xmax` bedeutet: größter x-Wert im anzuzeigenden Schaubild
`Xscl` bedeutet: Schrittweite auf der x-Achse
Entsprechend die Angaben für die y-Achse.

III Eingabe abschnittsweise definierter Funktionen

Die Funktionsterme von **abschnittsweise definierten Funktionen** müssen **in Klammern** stehen, dahinter wieder **in Klammern ohne Leerzeichen** die Definitionsmenge (siehe Bild rechts).
Die Kleiner- bzw. Größerzeichen lassen sich unter [TEST] ([2nd] [MATH]) finden.

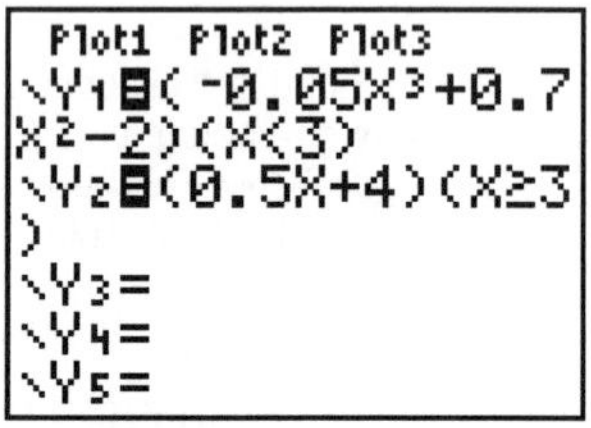

Das Schaubild sieht zunächst wie im Bild rechts aus.

Die senkrechten Verbindungsstriche, die der Rechner an der Stelle $x = 3$ zwischen die Teilfunktionen zeichnet, gehören nicht zum Schaubild der Funktion!

Man kann diese Striche beseitigen, indem man bei der Funktionseingabe die Strichart vor dem Funktionsnamen ändert.

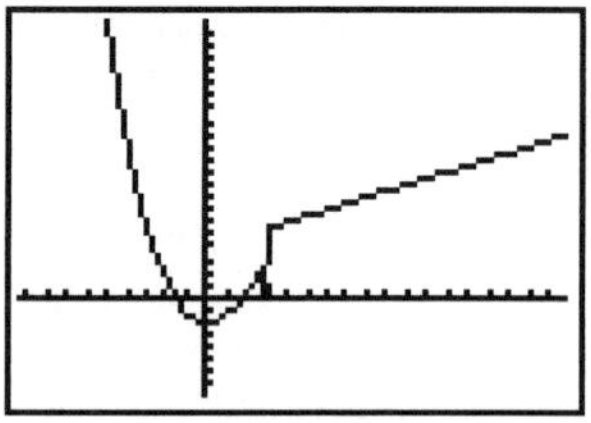

Dazu geht man mit dem Cursor auf das Symbol vor der Funktionsvariablen Y1 bzw. Y2.

Durch mehrmaliges Drücken von [ENTER] ändert man das Zeichen, bis es die Form ⁛ hat (drei Punkte vor Y1 bzw. Y2).

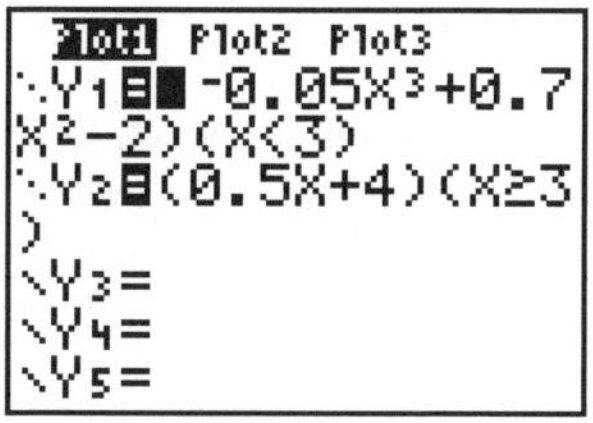

Dadurch ergibt sich das neue Schaubild.

Ein Nachteil ist zwar, dass das Schaubild nur noch gepunktet gezeichnet wird, aber der Sprung an der Stelle x = 3 ist jetzt deutlich zu erkennen.

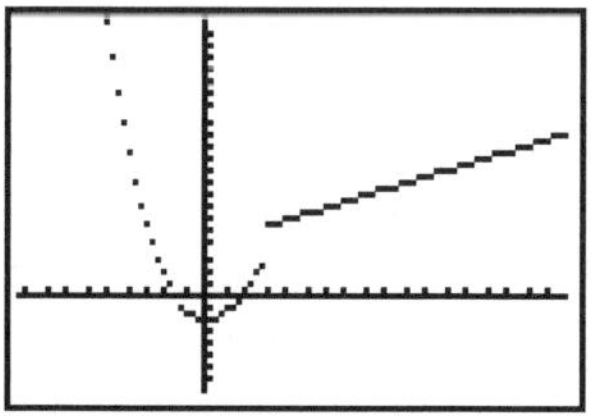

IV Kurvenscharen

Die Schaubilder der Funktionenschar $f_a(x) = -x^2 + 2ax - a^2 - a$ sollen für verschiedene Werte von a gezeichnet werden.
Die Werte von a stehen in einer Liste, z. B. in der Liste L1. Die Gleichung muss dann in [Y=] wie folgt eingegeben werden:
[(-)] [X,T,Θ,n] [x²] [+] [2] [L1] [X,T,Θ,n] [-] [L1] [x²] [-] [L1]
Der Listenname wird eingegeben über [L1] ([2nd] [1])
oder über [LIST] ([2nd] [STAT]).
Mit der Liste L1 aus Teil F, Punkt 2 ergibt sich z. B. das Bild rechts.

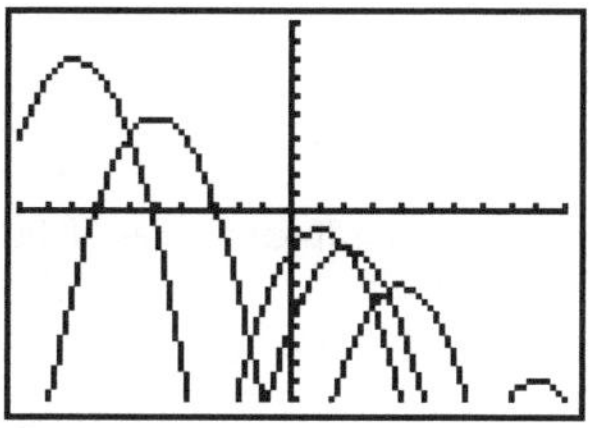

V Wertetabelle

In [TABLE] ([2nd] [GRAPH]) findet sich eine Wertetabelle der gezeichneten Funktion. Die Einstellungen zu dieser Wertetabelle lassen sich bei [TBLSET] ([2nd] [WINDOW]) vornehmen, unter TblStart= wird der kleinste x-Wert, unter ΔTbl= die Schrittweite eingegeben. Bei vielen Aufgaben empfiehlt es sich, ΔTbl mit 1 oder 0,5 zu belegen.

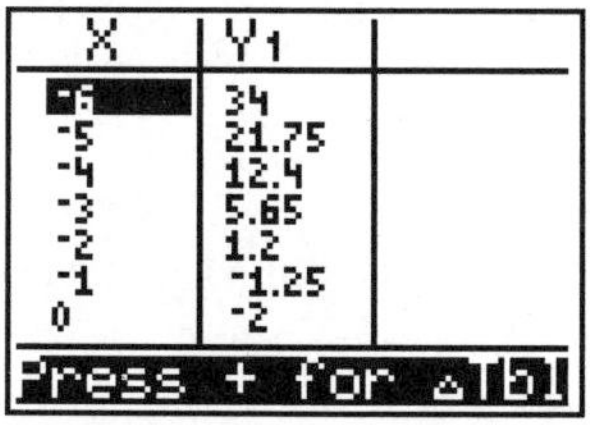

X	Y1	
-6	34	
-5	21.75	
-4	12.4	
-3	5.65	
-2	1.2	
-1	-1.25	
0	-2	

Press + for ΔTbl

Mit [+], Eingabe einer Zahl und [ENTER] lässt sich die Schrittweite innerhalb der Tabellenansicht ändern. Nur [ENTER] (ohne [+]) behält die Schrittweite bei.

B Untersuchung des Schaubilds einer Funktion

I Bestimmung von Funktionswerten

Mit [CALC] ([2nd] [TRACE]), `1:Wert` und [ENTER] lässt sich nach Eingabe eines x-Wertes und [ENTER] der zugehörige Funktionswert berechnen.
Der Cursor befindet sich dann am berechneten Punkt.

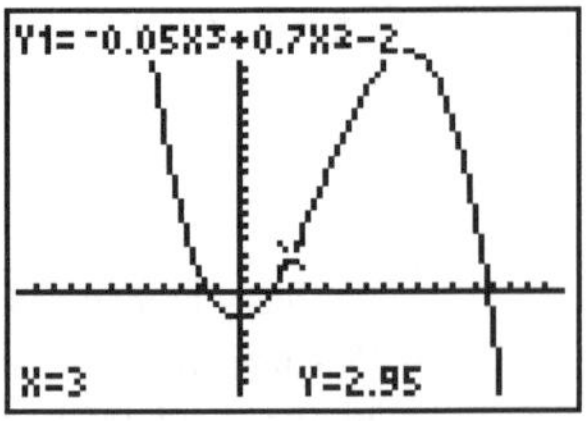

II Bestimmung der Nullstellen einer Funktion

1. Das Schaubild der Funktion wird in geeigneter Weise (siehe Teil A) auf dem Display angezeigt.

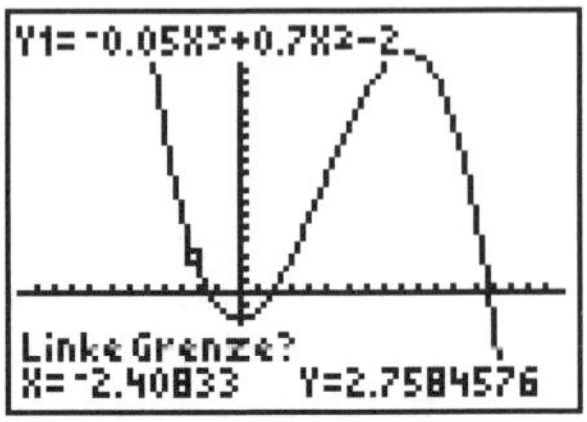

2. [CALC] ([2nd] [TRACE]), `2:Nullstelle` ergibt das Bild rechts.
   Die Abfrage `Linke Grenze?` kann durch Eingabe eines x-Wertes, der knapp links von der gesuchten Nullstelle liegt, beantwortet werden oder durch Verschieben des Cursors an einen Kurvenpunkt links vom gesuchten Wert.

   [ENTER]

   Mit der rechten Grenze ebenso verfahren.

   Die Eingabe eines Näherungswertes (`Tip?`) kann das Auffinden der gesuchten Nullstelle beschleunigen. In den meisten Fällen kann man aber die Abfrage mit [ENTER] überspringen.

   Für die Berechnung weiterer Nullstellen verfährt man entsprechend.

   Falls versehentlich `Linke Grenze` > `Rechte Grenze` eingegeben wurde, erfolgt eine Fehlermeldung. Dann mit [ENTER] diese Meldung verlassen und den Prozess wiederholen.

3. Nach der Bestimmung der Nullstelle befindet sich der Cursor im berechneten Punkt. Die Koordinaten werden im unteren Teil des Displays angezeigt.

   Hinweis: Nach Verlassen des Grafik-Modus mit [QUIT] ([2nd] [MODE]) kann der berechnete x-Wert mit [ANS] ([2nd] [(-)]) und [ENTER] wieder abgerufen und z. B. mit [STO▸] `A` ([ALPHA] [MATH]) gespeichert werden. (Nach der Berechnung der Nullstelle reicht auch [CLEAR] [STO▸] `A` ([ALPHA] [MATH]), um den x-Wert zu speichern.)

III Bestimmung der Extrema einer Funktion

1. Das Schaubild der Funktion wird in geeigneter Weise (siehe Teil A) auf dem Display angezeigt.
2. [CALC] ([2nd] [TRACE]) und Auswählen von `3:Minimum` oder `4:Maximum`.
3. Die weitere Vorgehensweise ist dieselbe wie bei der Bestimmung von Nullstellen (siehe Teil B II).
4. Das unter Teil B II 3 Beschriebene gilt auch für die Hoch- bzw. Tiefpunkte.

IV Bestimmung der Schnittpunkte zweier Schaubilder

1. Die beiden Schaubilder sind in geeigneter Weise gezeichnet (siehe Teil A).
2. [CALC] ([2nd] [TRACE])
3. `5:Schnittpkt`

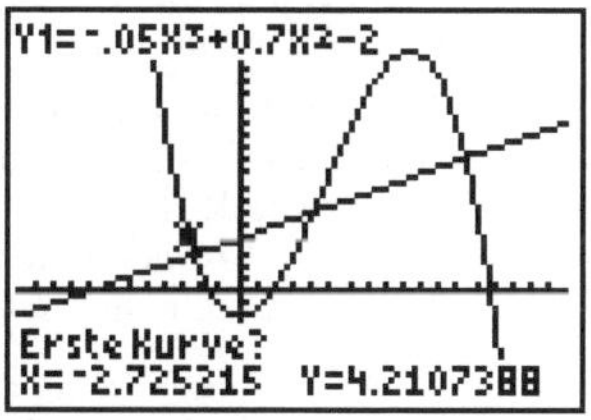

Mit der Funktion aus Teil A und der neuen Funktion $y = 0{,}5x + 4$ ergibt sich das Bild rechts.

Der Cursor steht auf einer der beiden Kurven und sollte mittels der Pfeiltasten [◄] bzw. [►] in die Nähe des gesuchten Schnittpunkts verschoben werden.

[ENTER]

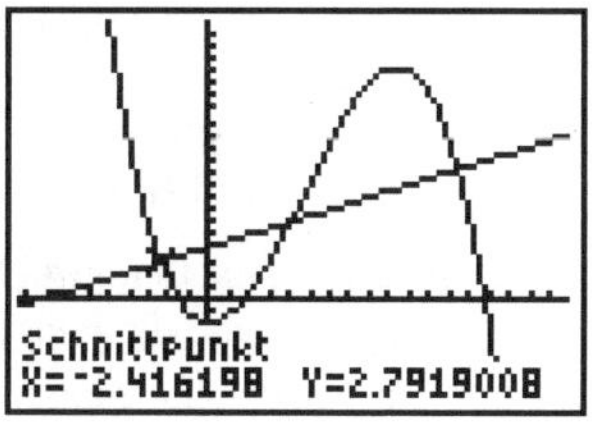

Jetzt steht der Cursor auf der anderen Kurve in der Nähe des gewählten Schnittpunkts.
Über 2-mal [ENTER] erhält man den Schnittpunkt.

Mit evtl. anderen Schnittpunkten verfährt man entsprechend.

Hinweis: Bei drei oder mehr angezeigten Schaubildern können die Kurven, deren Schnittpunkt berechnet werden soll, mittels der Pfeiltasten [▲] bzw. [▼] und jeweiliger Bestätigung mit [ENTER] ausgewählt werden. Alternativ kann auch die Darstellung des nicht benötigten Funktionsgraphen deaktiviert werden (siehe Teil B VI 2).

V Bestimmung der Tangentensteigung an einer Stelle des Schaubilds

Schaubild zeichnen (siehe Teil A).

[CALC] ([2nd] [TRACE]); `6:dy/dx`; Eingabe des x-Wertes und [ENTER]

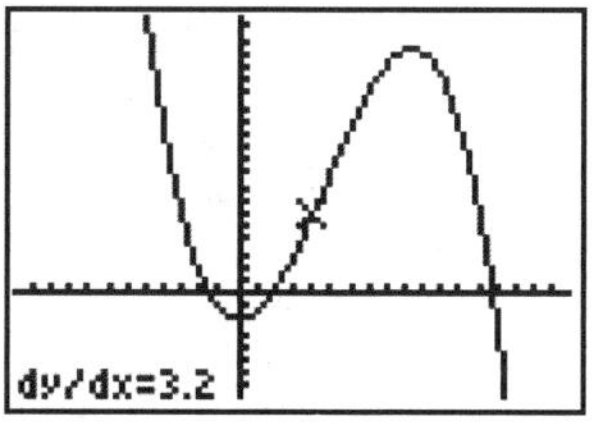

Hinweis: Die **Gleichung der Tangente** an dieser Stelle erhält man über [DRAW] ([2nd] [PRGM]), `5:Tangente(`, Eingabe des x-Wertes und [ENTER].
(Der Menüpunkt [DRAW] muss im Grafik-Modus aufgerufen werden.)
Im Display werden der x-Wert und die Tangentengleichung angezeigt. (Aufgrund der algorithmischen Berechnung muss das Ergebnis möglicherweise „geglättet“ werden, hier $y = 3{,}2x - 6{,}8$.)

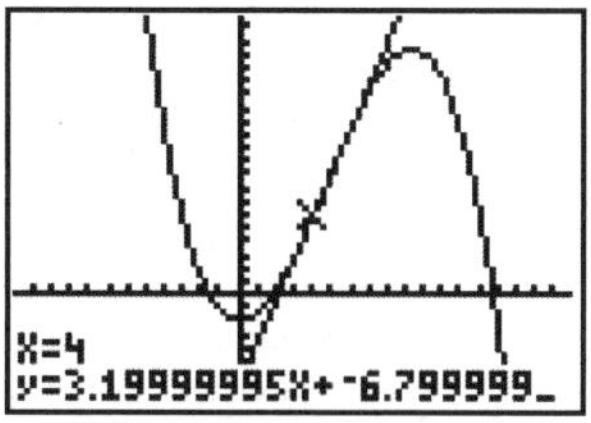

VI Flächenberechnungen

1. **Fläche zwischen Schaubild und x-Achse:**

Gegeben ist die Funktionsgleichung $y = \frac{1}{48}x^4 - x^2 + 9$. Gesucht ist die Größe der Fläche, die vom Schaubild der Funktion und der x-Achse im I. und II. Quadranten eingeschlossen wird.

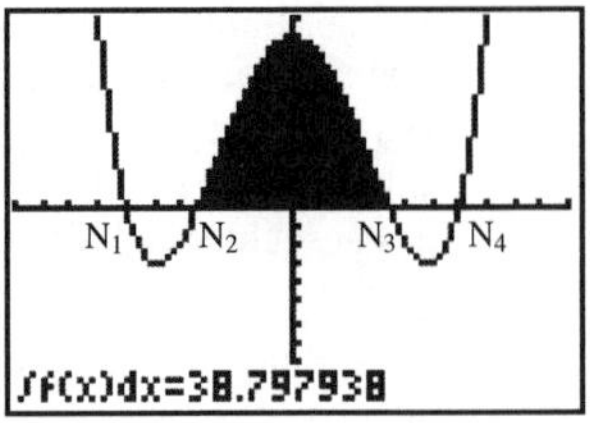

Nullstellen N_2 und N_3 als linke und rechte Grenze der Fläche berechnen und unter `A` bzw. `B` speichern (siehe Teil B II).
Mit [GRAPH] zurück in den Grafik-Modus.
Flächenberechnung mit
[CALC] ([2nd] [TRACE]); `7:∫f(x)dx`

`Untere Grenze?` A ([ALPHA] [MATH]); [ENTER]
`Obere Grenze?` B ([ALPHA] [APPS]); [ENTER]
Das berechnete Integral ist der gesuchte Flächeninhalt.

Hinweis: Befindet sich die eingeschlossene Fläche unterhalb der x-Achse (z. B. zwischen N_3 und N_4), ist der gesuchte Flächeninhalt der Betrag des berechneten Integrals.

2. **Fläche zwischen zwei Schaubildern:**

Gegeben sind die Funktionsgleichungen $y_1 = \frac{1}{48}x^4 - x^2 + 9$ und $y_2 = 0{,}01x^3 + 3$. Die Eingabe der Gleichungen und Anzeige der Schaubilder erfolgt wie in Teil A beschrieben.

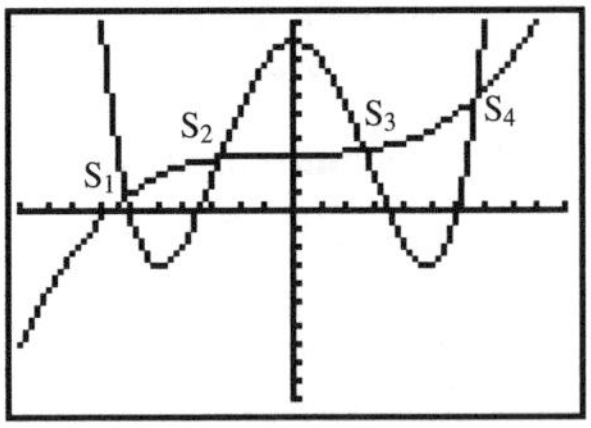

Es soll die Summe aller drei von den Kurven eingeschlossenen Flächen berechnet werden.
Dazu werden zunächst wie in Teil B IV beschrieben die x-Werte der Schnittpunkte S_1 bis S_4 berechnet und abgespeichert. Dann könnte man die drei Flächen getrennt berechnen anhand der Formel

$$A = \left| \int_{x_1}^{x_2} (y_2 - y_1)\,dx \right|.$$

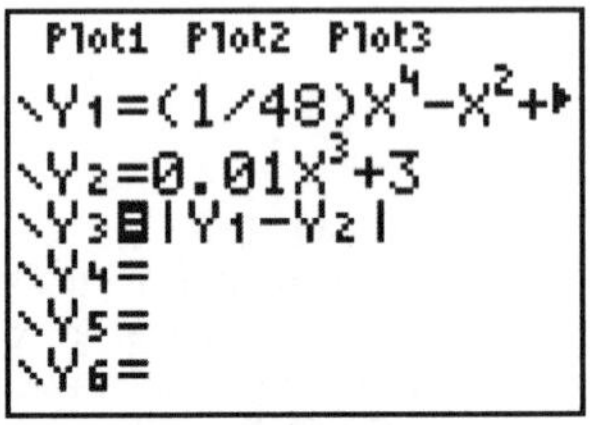

Der Rechner bietet eine elegantere Lösung:
Dazu erzeugt man eine Funktion y_3 als $|y_1 - y_2|$.
Die Betragsfunktion findet man unter [MATH], Cursor nach rechts auf <NUM>, `1:Betrag(`, [ENTER].
Die Funktionsvariablen `Y1` und `Y2` findet man unter [VARS], Cursor nach rechts auf < Y-VARS >, [ENTER], dann Funktion mit Cursor oder Zahlentaste auswählen, [ENTER].

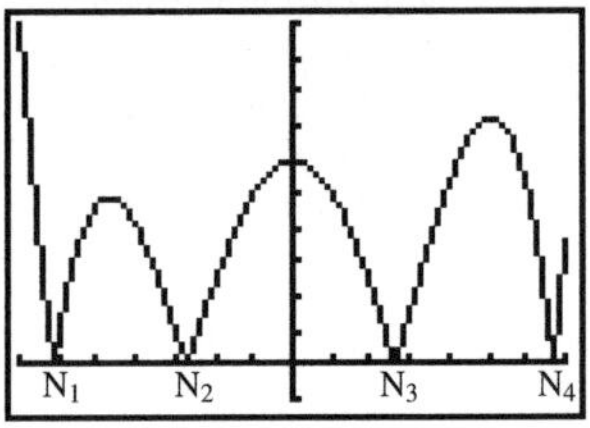

Damit die Funktionen `Y1` und `Y2` nicht gezeichnet werden, darf das „="-Zeichen bei ihren Funktionsgleichungen nicht schwarz unterlegt sein. Dazu stellt man den Cursor auf dieses Zeichen und drückt die [ENTER]-Taste.

Als Schaubild für `Y3` erhält man das Bild rechts. Die x-Werte der Schnittpunkte S_1 bis S_4 entsprechen jetzt den Nullstellen N_1 bis N_4.

Berechnung der Flächen mithilfe von
[CALC] ([2nd] [TRACE]); 7: ∫f(x)dx

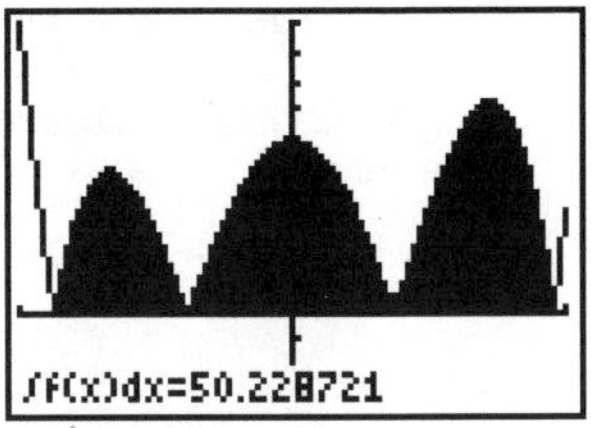

Als untere Grenze gibt man den Wert der Nullstelle N_1 ein (oder den Buchstaben des Speicherplatzes dieses x-Wertes); [ENTER].
Als obere Grenze wählt man den Wert der Nullstelle N_4 (oder den Buchstaben des Speicherplatzes dieses x-Wertes); [ENTER].
Das berechnete Integral ist die Summe der eingeschlossenen Flächeninhalte.

Die beiden Schnittpunkte S_2 und S_3 der Schaubilder bzw. die Nullstellen N_2 und N_3 der Betragsfunktion sind also nur dann nötig, wenn man nicht die Gesamtfläche, sondern die einzelnen Flächen berechnen will.

VII Volumen eines Drehkörpers

Es soll das Volumen berechnet werden, das entsteht, wenn man die Fläche zwischen dem Schaubild einer Funktion f und der x-Achse in den Grenzen von a bis b um die x-Achse dreht.

Die Formel dazu lautet: $V = \pi \cdot \int_a^b (f(x))^2\,dx$

Unter [Y=] die Gleichung der Funktion eingeben,
z. B.: $f(x) = 2x \cdot e^{-0,5x}$

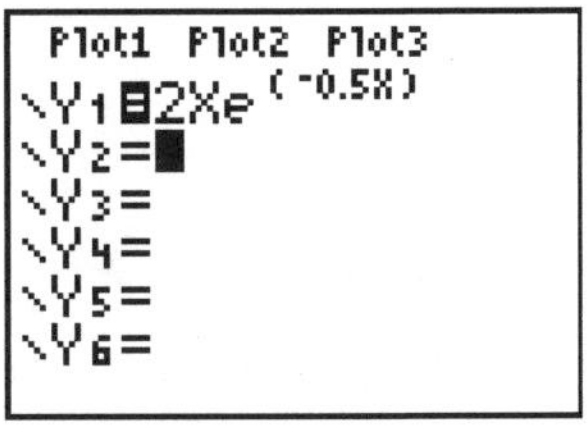

Das Schaubild zeichnen lassen mit [GRAPH].
Bei geeigneter Einstellung des Displays (unter [WINDOW]) ergibt sich das Schaubild rechts.

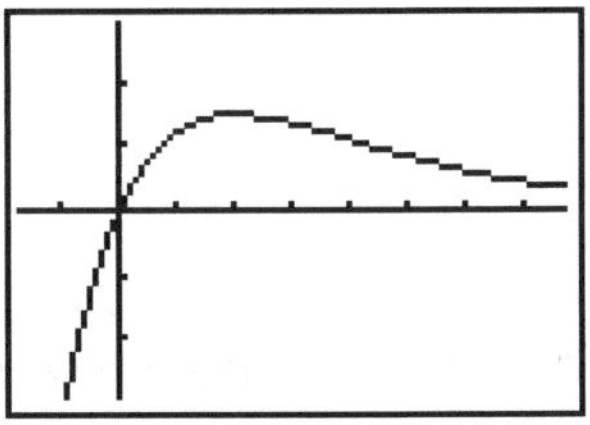

Gedreht werden soll die Fläche zwischen Kurve und x-Achse im Bereich zwischen x = 1 und x = 7.
Mit
[CALC] ([2nd] [TRACE]) [7] [1] [ENTER] [7] [ENTER]
wird die Fläche markiert.

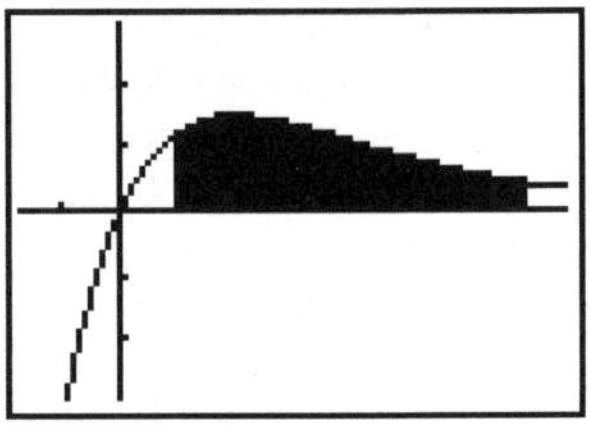

Um das gesuchte Volumen zu berechnen, muss jetzt laut obiger Formel der Term $\pi \cdot (f(x))^2$ eingegeben und das zugehörige Schaubild gezeichnet werden.

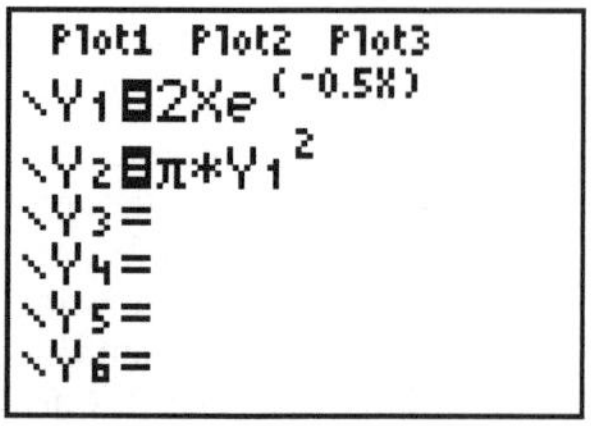

Dann über [CALC] ([2nd] [TRACE]) [7] das Integral im Bereich x = 1 bis x = 7 bestimmen.

Ergebnis:
Das Volumen des Drehkörpers beträgt 22,37 VE (Volumeneinheiten).

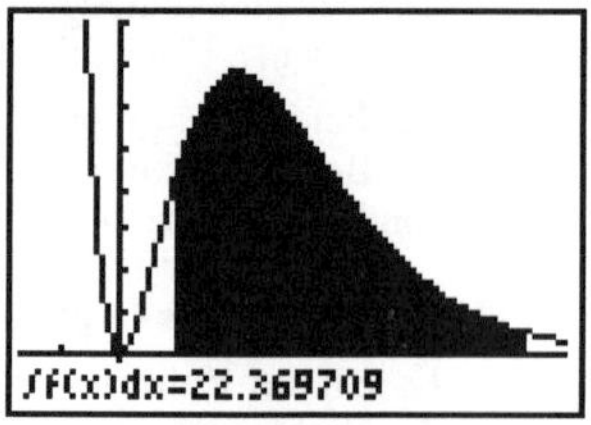

Hinweis: Um eine bessere Vorstellung des Drehkörpers zu bekommen, kann man noch zusätzlich zur Funktion f die an der x-Achse gespiegelte Funktion g eingeben:

$g(x) = -f(x)$

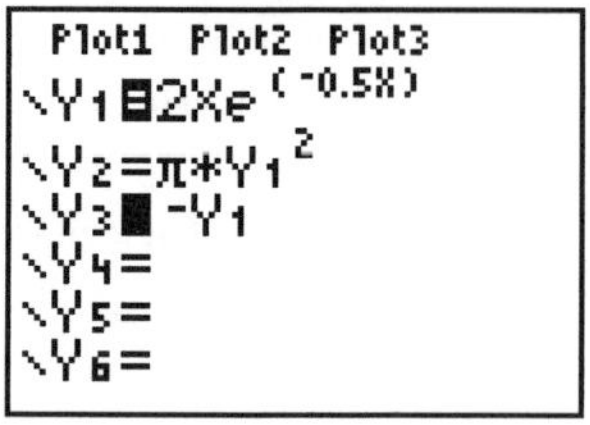

Dann beide zeichnen lassen ([GRAPH]).
Die Schnittfläche wird markiert, indem man das Integral für beide Funktionen zwischen x = 1 und x = 7 berechnen lässt.

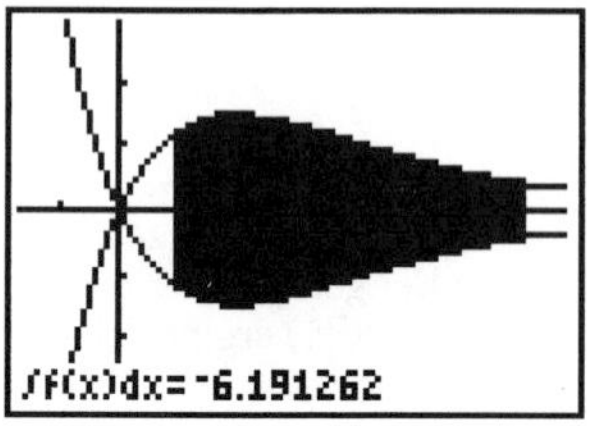

C Zeichnen einer Ableitungsfunktion

Der Rechner kann die Ableitung einer Funktion zwar nicht explizit angeben, er kann aber das Schaubild der Ableitungsfunktion zeichnen.

Zunächst wird in [Y=] die Gleichung
$y = 0{,}08x^3 - 0{,}015x^2 - 3x$
der Funktion eingegeben, deren Ableitung gezeichnet werden soll.

Dann auf `Y2` wechseln, [MATH], Cursor auf `8:nAbl(`, [ENTER]. Dies ergibt das Bild rechts.

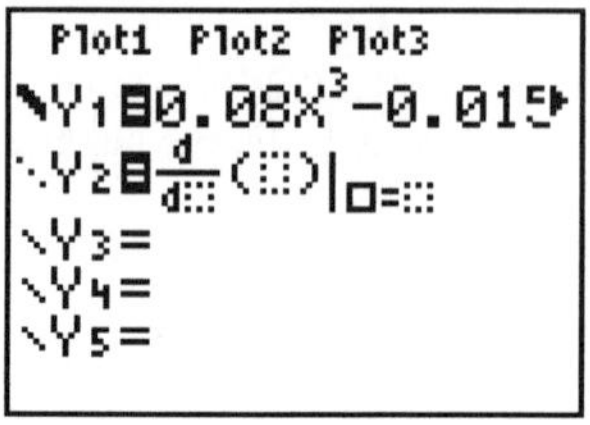

In $\frac{d}{d\square}$ wird die Variable X eingegeben, in der Klammer bei $\frac{d}{dX}(\square)$ die abzuleitende Funktion. Entweder mit ihrem Namen, hier Y1, oder sie wird explizit eingetippt, also $0{,}08x^3$….
Um direkt Y1 einzugeben, geht man auf [VARS], < Y-VARS >, 1:Funktion…, [ENTER], wählt mit dem Cursor die entsprechende Funktion aus, hier 1:Y1, und bestätigt mit [ENTER].
Im letzten Kästchen $\square = \square$ wird noch X eingegeben.

Mit [GRAPH] werden jetzt die Funktion Y1 und ihre Ableitungsfunktion Y2 gezeichnet.

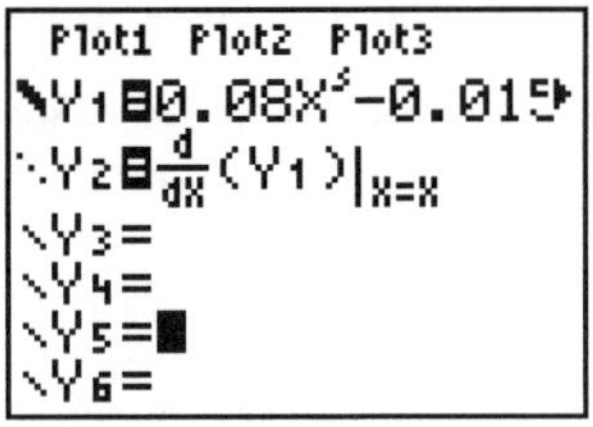

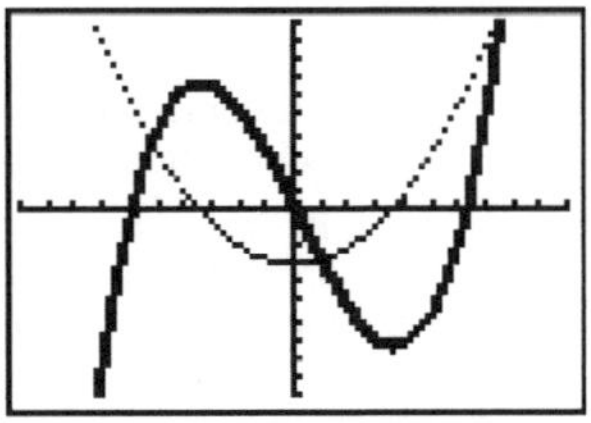

D Zeichnen einer Stammfunktion

Die Vorgehensweise ist ähnlich wie beim Zeichnen einer Ableitungsfunktion.

[Y=], Funktionsterm $y = 0{,}24x^2 - 0{,}03x - 3$ eingeben in Y1, dann auf Y2 wechseln, [MATH], 9:FktInt(, [ENTER]. Dies ergibt das Bild rechts.

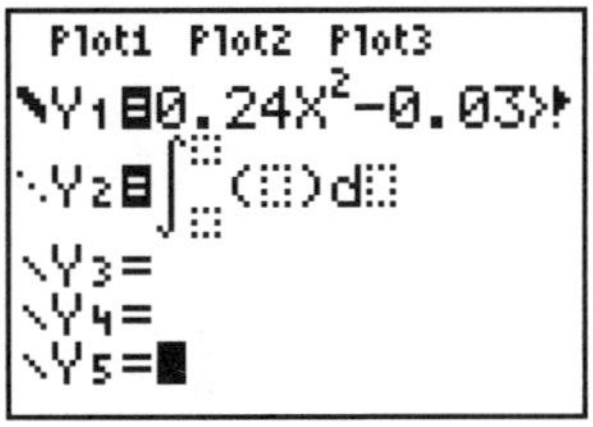

Als Integrationsgrenzen werden 0 und X eingegeben (entgegen einer mathematisch korrekten Schreibweise heißen sowohl die obere Grenze als auch die Integrationsvariable jeweils X).
Als Funktion wird wieder Y1 eingegeben (siehe Teil C), als Variable X.

[GRAPH] zeichnet dann die gegebene Funktion Y1 und eine mögliche Stammfunktion Y2 (es gibt unendlich viele!).

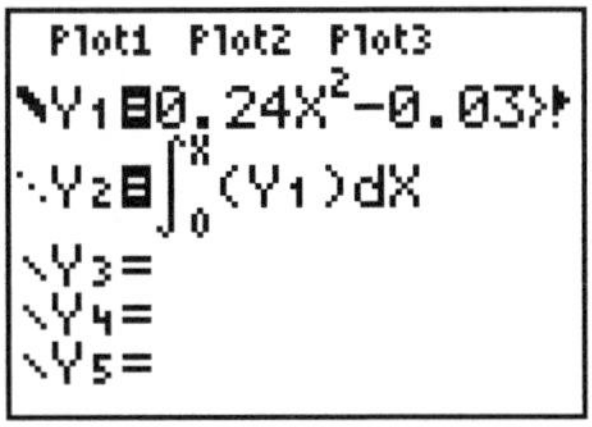

Eine andere Stammfunktion wird gezeichnet, wenn man bei der unteren Grenze statt 0 eine andere Zahl eingibt, z. B. 1:

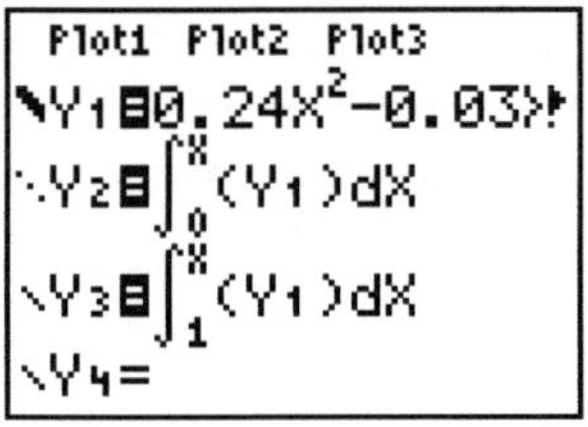

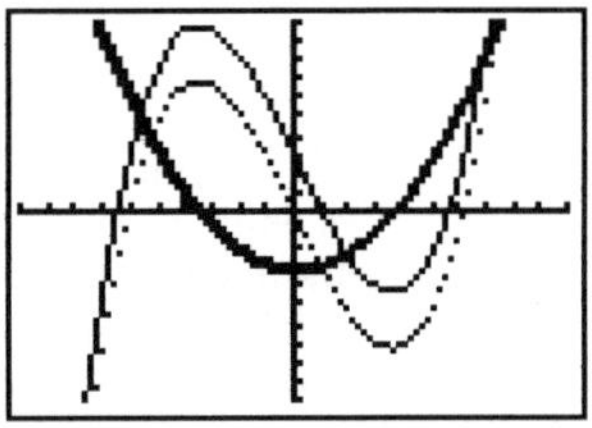

E Lösen von Gleichungen

I Mit dem „Löser“ (Solver)

1. [MATH]; `B:Löser`

   Beispiel:
   Es sollen die Lösungen der Gleichung $6 = 0{,}2x^2 - x$ berechnet werden.

   Falls im Display schon eine Gleichung mit Lösung erscheint, zunächst mit dem Cursor nach oben fahren.

   Die zu lösende Gleichung so umformen, dass auf einer Seite 0 steht, hier $0 = 0{,}2x^2 - x - 6$.

   Jetzt die rechte Seite dieser Gleichung hinter dem Gleichheitszeichen einfügen, eine evtl. schon vorhandene Gleichung wird überschrieben.

   Mit [ENTER] bestätigen.

   In der zweiten Zeile kann jetzt ein Schätzwert eingetragen werden, z. B. X = 4.

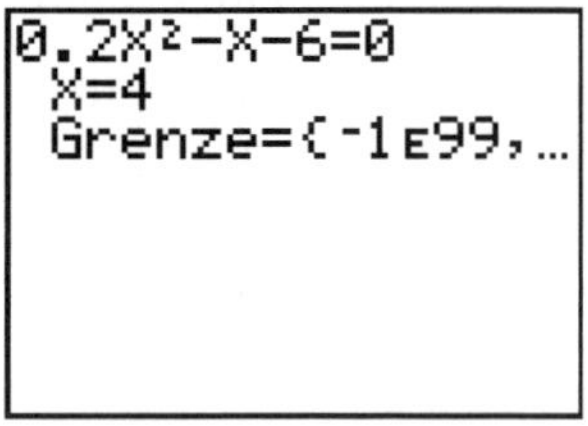

2. [SOLVE] ([ALPHA] [ENTER]) ergibt das Bild rechts:

   Die erste Lösung heißt also X = 8,520… .

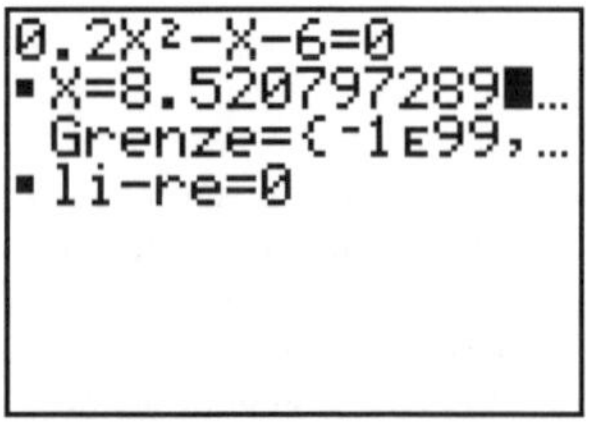

   Jetzt einen zweiten Schätzwert eingeben, z. B. X = –2.
   Wieder [SOLVE] ([ALPHA] [ENTER])
   Als zweite Lösung ergibt sich X = –3,520… .

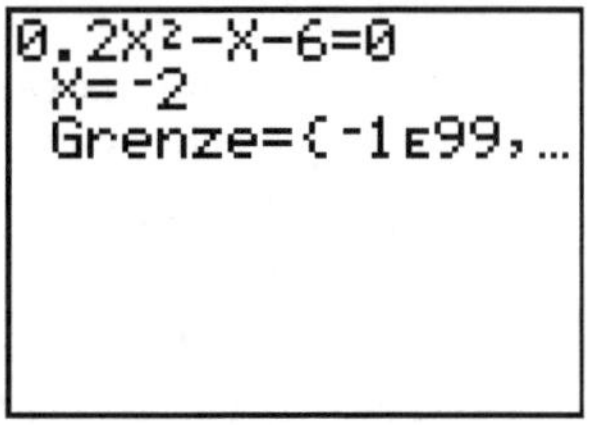

Diese Vorgehensweise kann für verschiedene Aufgaben eingesetzt werden, z. B. Nullstellen bestimmen oder Schnittpunkte von Schaubildern berechnen. Dazu alle Terme auf eine Seite der Gleichung bringen und diesen Term in den „Löser“ eingeben.

Es ist aber fast immer übersichtlicher, die Funktionen zu zeichnen und am Schaubild die gesuchten Werte zu bestimmen.

II Mithilfe von Funktionen

Gleichungen lassen sich meist sicherer und einfacher lösen mithilfe von Funktionen.

Dazu folgendes Beispiel:
Gesucht sind die Lösungen der Gleichung $6 = 0{,}2x^2 - x$.

1. Man formt die Gleichung so um, dass auf einer Seite null steht, also:
   $0 = 0{,}2x^2 - x - 6$
2. Man betrachtet den Term $0{,}2x^2 - x - 6$ als Funktionsterm, also $y = 0{,}2x^2 - x - 6$. Diesen Funktionsterm gibt man bei [Y=] ein und lässt das Schaubild zeichnen (siehe auch Teil A).

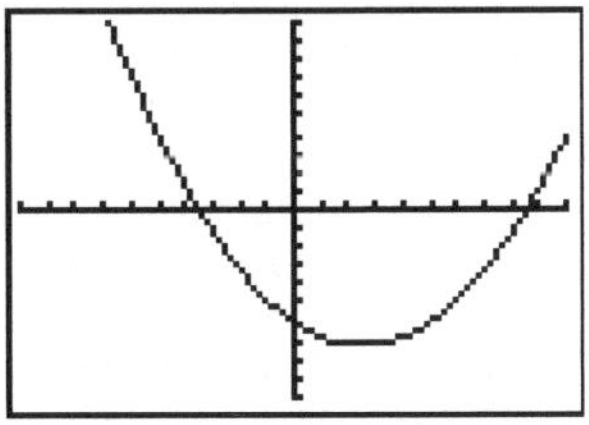

3. Jetzt werden sämtliche Nullstellen der Funktion bestimmt (siehe Teil B II).

   Die so bestimmten Nullstellen sind die Lösungen der gegebenen Gleichung ($x_1 \approx -3{,}52$, $x_2 \approx 8{,}52$).

Vorteil dieser Methode:
Aus dem sinnvoll gezeichneten Schaubild (vgl. Teil A) lassen sich sämtliche Nullstellen und damit alle Lösungen der Gleichung schnell und sicher bestimmen.

F Umgang mit Listen

Vorbemerkung: Listen müssen unter einem Namen abgespeichert werden. Der Rechner stellt hierzu sechs „vorgefertigte" Listennamen zur Verfügung: [L1], [L2], …, [L6]. Prinzipiell ist es möglich, darüber hinaus auch eigene, weitere Listennamen zu definieren. Da die Vorgehensweise jedoch relativ kompliziert ist (man benötigt stets das Listenkennzeichen **ʟ**) und für den Schulgebrauch i. A. die sechs Listen [L1], [L2], …, [L6] vollkommen ausreichen, wird im Folgenden auf die Eigendefinition von Listen und den Umgang mit ihnen nicht näher eingegangen.

1. **Öffnen des Listeneditors:**
   [STAT]; `1:Edit`; [ENTER]

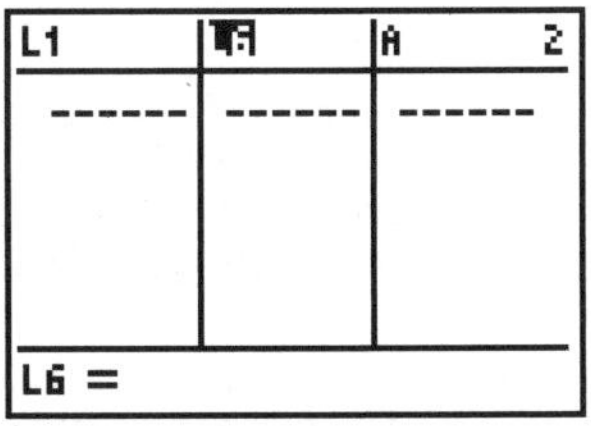

2. **Eingabe der Zahlenwerte:**
   Auf der gestrichelten Linie nacheinander die Werte eingeben und jeweils mit [ENTER] bestätigen.

   Hinweis: Statt der Zahlenwerte können auch Terme eingegeben werden. Beispiele:
   - `3` [÷] `5` (ergibt `.6`)
   - [√] `5` (ergibt `2.2361`)
   - `2` [×] [eˣ] `(` [(-)] `1)` (ergibt `.73576`)

   usw.

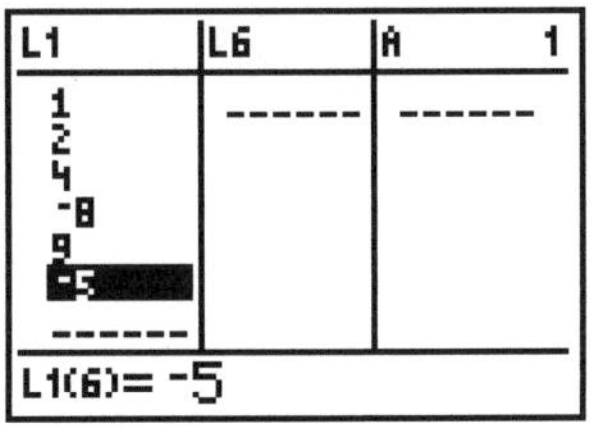

3. **Einfügen vergessener Listenwerte:**
Jenen Listenwert mit den Cursortasten ansteuern, **vor** dem ein Wert eingefügt werden soll. Taste [INS] ([2nd] [DEL]) drücken. Es wird die Zahl 0 eingefügt, die mit dem eigentlich gewünschten Wert überschrieben werden kann ([ENTER] nicht vergessen).

4. **Einfügen einer weiteren Liste:**
Normalerweise stehen dem Benutzer die sechs voreingestellten Listen [L1], [L2], …, [L6] zur Verfügung. Falls absichtlich oder versehentlich eine der genannten Listen aus dem Display entfernt wurde (s. u. „Entfernen von Listen aus dem Display"), kann sie aus dem Speicher des Rechners zurückgeholt werden.

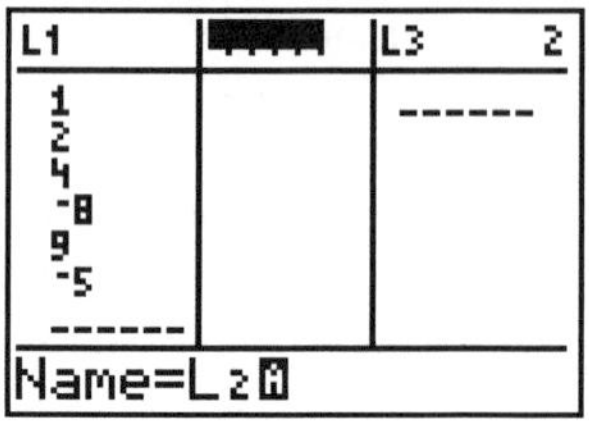

Den Cursor in den Listenkopf setzen (Pfeiltaste [▲]).
Den Cursor im Listenkopf **vor** eine der bereits angezeigten Listen setzen (Pfeiltasten [◄], [►]).
Taste [INS] ([2nd] [DEL]) drücken. Es wird eine gestrichelte Linie im Listenkopf eingefügt.
Den Namen der gewünschten Liste [L1], [L2], ..., [L6] eingeben, [ENTER]. Im Beispiel wird Liste [L2] eingefügt.

Hinweis: Falls die neu eingefügte Liste bereits Werte enthält, können die alten Werte überschrieben werden, vgl. Punkt 7.

5. **Löschen einzelner Listenwerte:**
Zu löschenden Wert mit dem Cursor ansteuern (Pfeiltasten [▲], [▼]).
Markierten Wert mit [DEL] entfernen.

6. **Löschen eines kompletten Listeninhalts:**
Den Cursor in den Listenkopf setzen (Pfeiltaste [▲]).
Liste, deren Inhalt gelöscht werden soll, auswählen (Pfeiltasten [◄], [►]).
Taste [CLEAR] (**nicht** [DEL]!) und [ENTER] drücken.

Hinweise:
- Es wird nur der Listeninhalt gelöscht, die jetzt leere Liste kann mit neuen Werten gefüllt werden.
- Beachten Sie unbedingt den Unterschied zu „Entfernen von Listen aus dem Display".

7. **Entfernen von Listen aus dem Display**:
Den Cursor in den Listenkopf setzen (Pfeiltaste [▲]).
Liste, die aus dem Display entfernt werden soll, auswählen (Pfeiltasten [◄], [►]).
Taste [DEL] (**nicht** [CLEAR]!) drücken.

Hinweise:
- Durch diesen Vorgang wird die Liste nur aus dem Display entfernt; der Inhalt der Liste bleibt unverändert, denn die Liste ist samt den eingetragenen Werten im Speicher des Rechners abgelegt. Sie kann wieder eingefügt werden (siehe Punkt 4).
- Beachten Sie unbedingt den Unterschied zu „Löschen eines kompletten Listeninhalts".

G Regression

Gegeben sind Datenmengen, z. B. x- und y-Werte, Stunden und zugehörige Temperaturen, Höhen und zugehöriger Luftdruck usw.
Diese Daten werden wie in Teil F beschrieben in Listen eingegeben, z. B. die x-Werte in Liste `L1`, die y-Werte in Liste `L2`. (In jeder Liste müssen gleich viele Elemente stehen!)

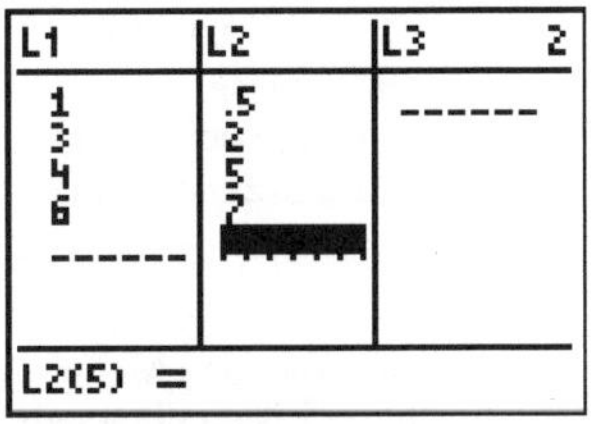

Der Zusammenhang der x- und y-Werte soll nun grafisch dargestellt werden. Falls nicht im Aufgabentext schon vorgegeben, muss dazu zunächst untersucht werden, auf welcher Art von Kurve die Werte liegen könnten (Gerade, Parabel usw.). Die gegebenen Punkte müssen also zunächst „geplottet" werden.

[STAT PLOT] ([2nd] [Y=])

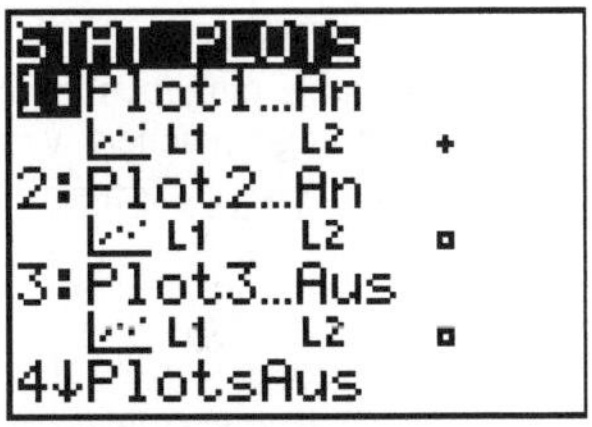

Falls hier jetzt bereits Plots auf `An` stehen, [4] [ENTER] drücken (die Plots werden ausgeschaltet).
Dann wieder [STAT PLOT] ([2nd] [Y=]).

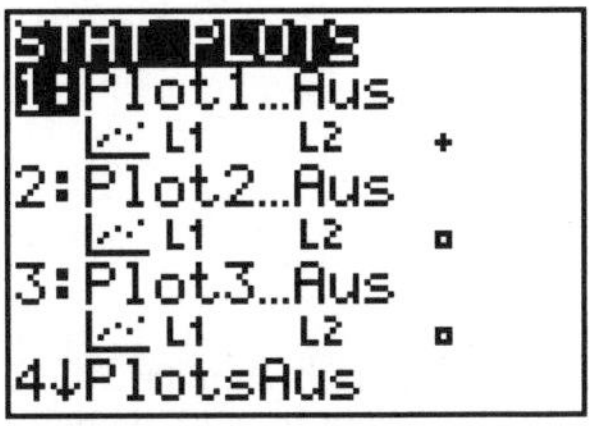

Z. B. `Plot1` auswählen, [ENTER] (Plot-Menü öffnet sich), [ENTER] (Plot wird aktiviert).

Jetzt werden für `Xliste` die Liste `L1` und für `Yliste` die Liste `L2` ausgewählt (falls nicht bereits angezeigt): [▼] [▼] [LIST] ([2nd] [STAT]) und Liste `L1` auswählen oder direkt eingeben mit [L1] ([2nd] [1]).
Dann [▼] [LIST] ([2nd] [STAT]) und Liste `L2` auswählen oder direkt eingeben mit [L2] ([2nd] [2]).

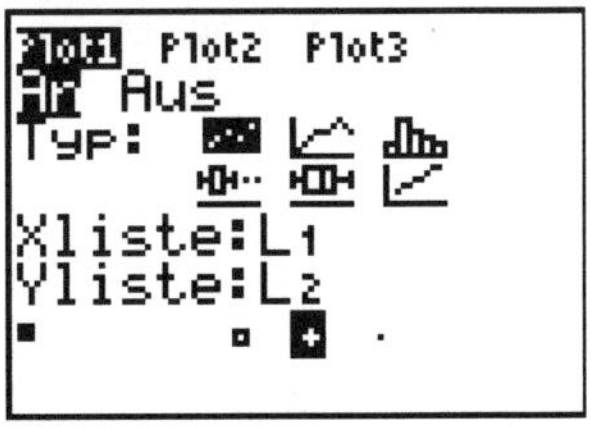

Jetzt muss noch die Plot-Markierung ▫, + oder · gewählt werden. Den Cursor z. B. auf + platzieren und mit [ENTER] bestätigen. Der gesuchte Plot wird angezeigt über [GRAPH]. Es ergibt sich das Bild rechts.

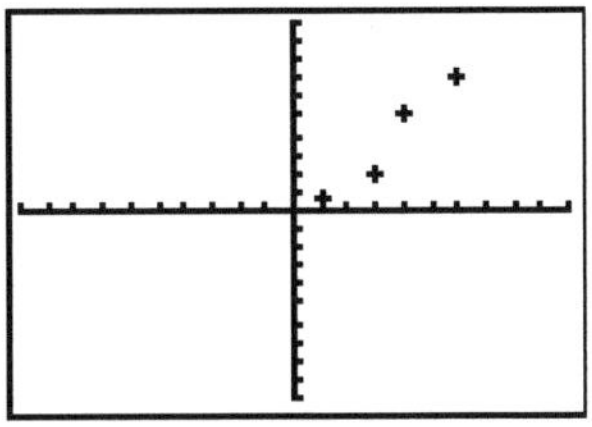

Jetzt soll durch diese Punkte eine Näherungskurve gelegt werden. In diesem Fall bietet sich eine Gerade an (Regressionsgerade).

Vorgehensweise:
[STAT], Cursor nach rechts auf <RECH>,
`4:LinReg(ax+b)`, [ENTER]

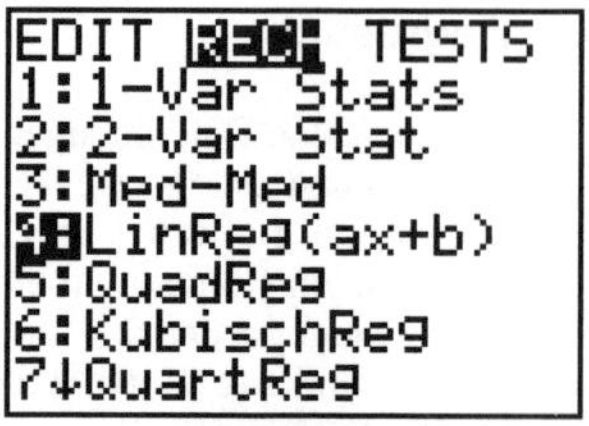

Im sich öffnenden Menü müssen ggf. wieder die ausgewählten Listen eingegeben werden (siehe oben).

Unter dem Punkt `Store RegEQ` kann man die Funktionsvariable eingeben, unter der das Ergebnis der Regression gespeichert werden soll, z. B.:

[VARS]; <Y-VARS>; [ENTER]; [ENTER] ergibt `Y1`.

Auswahl von `Berechn` und [ENTER] liefert die Gleichung der Regressionsgeraden.

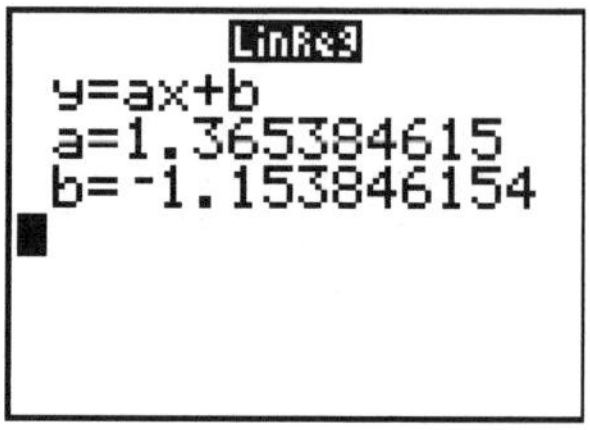

[GRAPH] ergibt nun das Bild rechts.
Es werden sowohl die gegebenen Punkte als auch die Regressionsgerade gezeichnet.

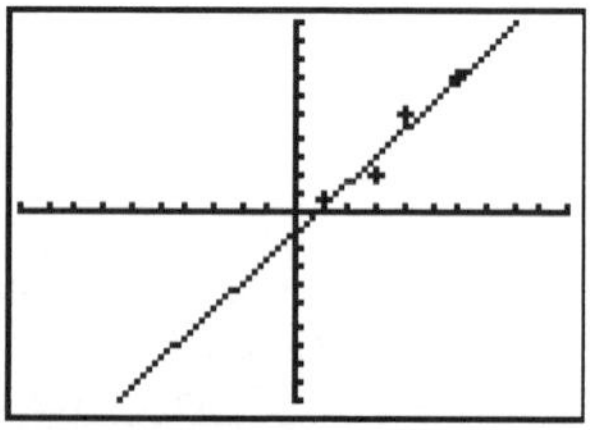

Falls sich die geplotteten Punkte nicht durch eine Gerade, sondern durch eine andere Regressionskurve annähern lassen, bietet der GTR viele weitere Möglichkeiten.

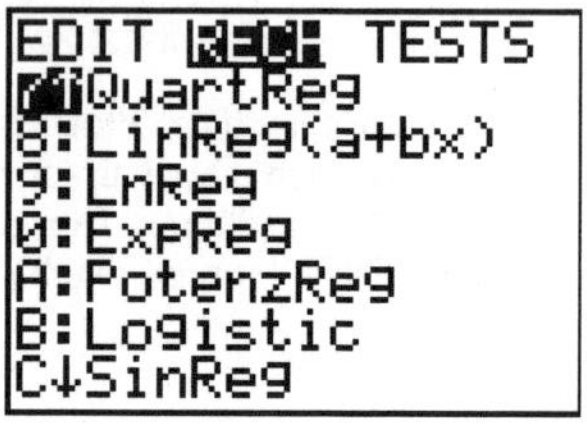

H Lösen von linearen Gleichungssystemen (LGS)

I LGS mit genau einer Lösung

1. Es soll das folgende lineare Gleichungssystem gelöst werden:

$$\begin{aligned} 3a - 4b + 5c &= 0 \\ -2a + b - 8c &= 1 \\ a \qquad + 2c &= -2 \end{aligned}$$

Das LGS hat 3 Zeilen und 4 Spalten.

Die zugehörige Matrix wird wie folgt eingegeben: [MATRIX] ([2nd] [x^{-1}]), Cursor nach rechts auf <EDIT>, Matrixname mit Pfeiltasten auswählen, z. B. `[A]` [ENTER]

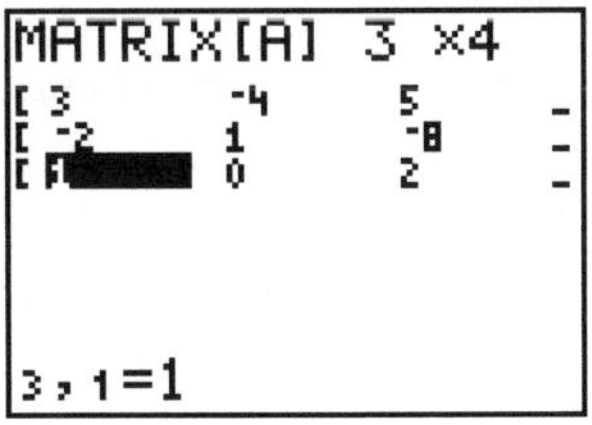

Der Cursor blinkt in der oberen Zeile. Dort ist zunächst die Zeilenzahl, also 3, dann die Spaltenzahl, also 4, einzugeben (jeweils mit [ENTER]), anschließend nacheinander die Elemente der Matrix.

2. Jetzt mit [QUIT] ([2nd] [MODE]) das Menü verlassen.

3. [MATRIX], Cursor nach rechts auf <MATH>, dann nach unten auf `B:Diag(`, [ENTER].
Eingabe der Matrix über [MATRIX] und Cursor auf die entsprechende Matrix, in diesem Fall auf `[A]`, 2-mal [ENTER].

Man erhält eine Einheitsmatrix mit angehängter Lösung des LGS.

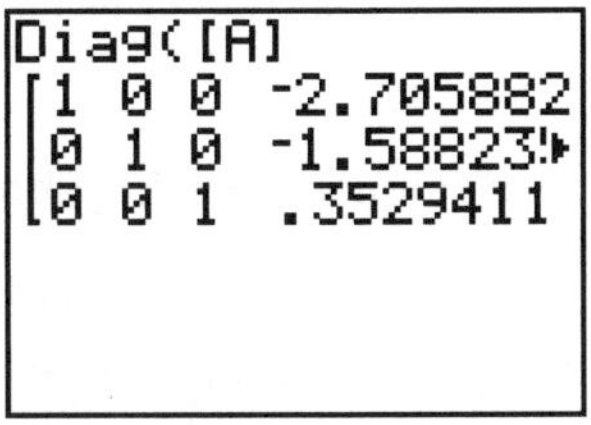

4. Die Lösungen können noch in Brüche umgewandelt werden mit [MATH]; `1:▶Bruch`; [ENTER].

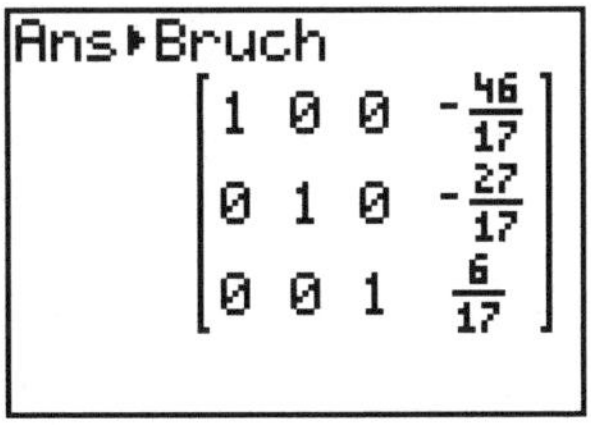

II LGS mit unendlich vielen Lösungen

1. Gegeben:
$$\begin{aligned} 3a - 4b + 5c &= 0 \\ -2a + b - 8c &= 1 \\ a - 3b - 3c &= 1 \end{aligned}$$

2. Eingeben wie unter Teil H I beschrieben.

3. Es ergibt sich das Bild rechts.

Die beiden nach der Umformung übrig gebliebenen Zeilen heißen:

$$a + \frac{27}{5}c = -\frac{4}{5}$$

$$b + \frac{14}{5}c = -\frac{3}{5}$$

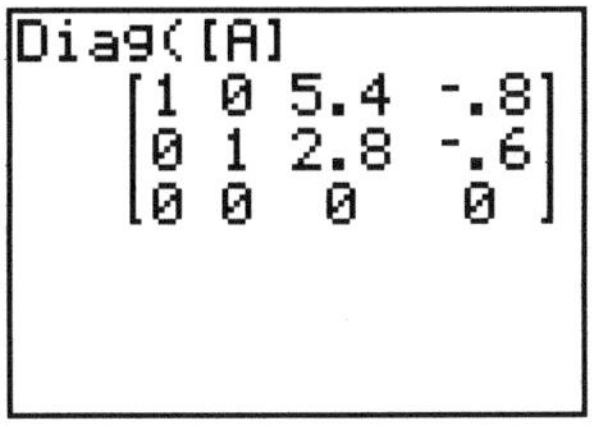

Sie sind (ohne Rechner) weiter umzuformen. Die Lösung besitzt einen Parameter, man wählt c = r.
Es ergibt sich also als Lösung:

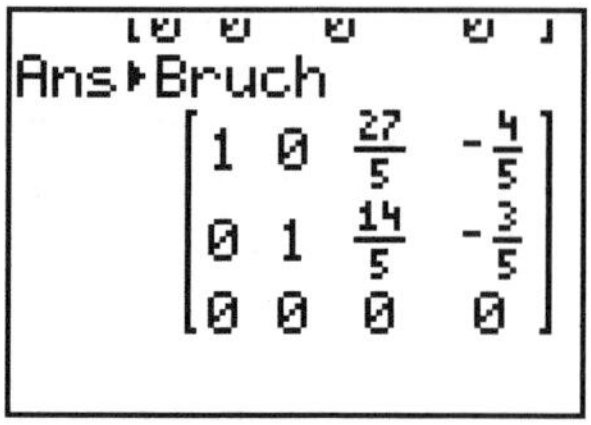

$$a = -\frac{4}{5} - \frac{27}{5}r$$

$$b = -\frac{3}{5} - \frac{14}{5}r$$

$$c = r$$

III LGS mit leerer Lösungsmenge

1. Gegeben: $3a + 2b - c = 0$
   $-6a - 4b + 2c = 1$

2. Mit dem unter Teil H I beschriebenen Verfahren ergibt sich das Bild rechts.
   In der letzten Zeile steht dreimal 0, danach 1, dies entspricht der Gleichung $0a + 0b + 0c = 1$.
   Diese Gleichung hat keine Lösung, also hat das gesamte LGS keine Lösung.

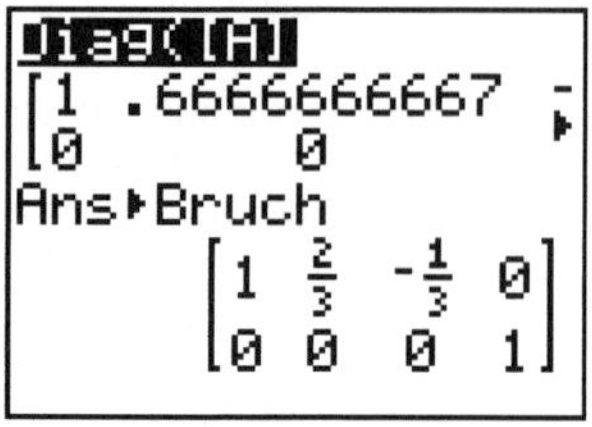

I Speichern von Ergebnissen

1. Ausführen einer Berechnung, z. B. wie im Bild.

2. Speichern des Ergebnisses mit
   [STO▸] C ([ALPHA] [PRGM]) [ENTER]
   (oder irgendeinem anderen Buchstaben).

   Die gespeicherten Werte werden wieder zurückgeholt mit [RCL] ([2nd] [STO▸]) oder einfach mit [ALPHA] und dem entsprechenden Buchstaben.

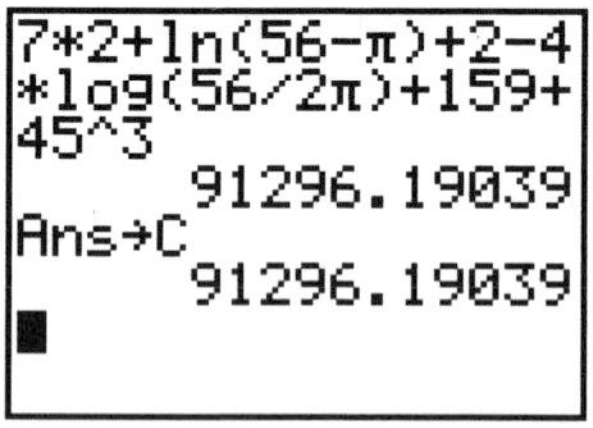

3. Matrizen werden gespeichert unter [STO▸] [MATRIX], dann eine der Matrizen auswählen und [ENTER].

   Gespeicherte Matrizen werden wieder aufgerufen mit [MATRIX], mit dem Cursor den entsprechenden Buchstaben anfahren und mit [ENTER] auswählen.

Mit dem neuen Betriebssystem des TI-84 kann im Display des Rechenmodus mit den Cursortasten [▲] bzw. [▼] nach oben bzw. unten gescrollt werden. Rechenbefehle oder Ergebnisse können damit ausgewählt und durch Bestätigung mit [ENTER] in die Befehlszeile des Displays eingefügt werden.
Ein Speichern von Rechenergebnissen mit [STO▸] kann sich deshalb erübrigen.

Abiturprüfungen

Berufliche Gymnasien Baden-Württemberg: Mathematik ohne CAS
Abiturprüfung 2012 – Teil 1 (Analysis), Aufgabe 1

1.1 Die Abbildung zeigt das Schaubild einer Funktion h mit der Definitionsmenge [–7; 4]. Die Funktion H ist eine Stammfunktion von h.

Begründen Sie, ob folgende Aussagen wahr oder falsch sind.

(1) H hat zwei Wendestellen.

(2) h''(0,5) ist größer als h''(3,5).

(3) Die Wertemenge von h' enthält nur Zahlen, die größer als –3 sind.

(4) Das Schaubild von h' ist überall rechtsgekrümmt.

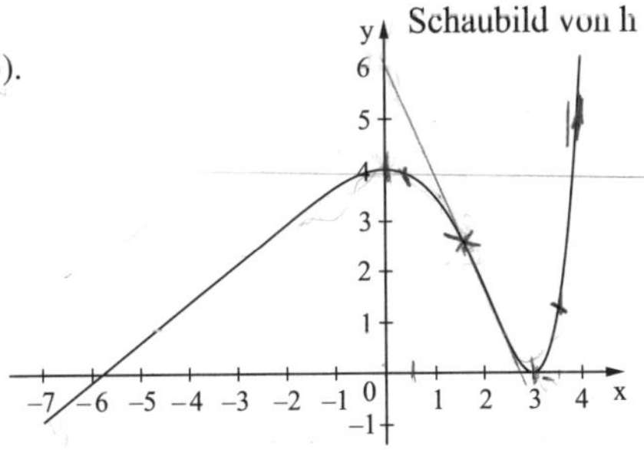

(8 KP)

1.2 Gegeben ist die Funktion s mit

$$s(x) = \frac{1}{2}x + 1 + 2\sin\left(\frac{\pi}{4}x\right);\quad x \in \mathbb{R}.$$

Das Schaubild von s ist C.

1.2.1 Zeichnen Sie C für $-3 \leq x \leq 7$.

Untersuchen Sie, welche Werte die Steigung von C annehmen kann. (6 KP)

1.2.2 Weisen Sie nach, dass die Gerade g mit der Gleichung $y = 0{,}5x - 1$ das Schaubild C an den Stellen $x_1 = -2$ und $x_2 = 6$ berührt und dass C nie unterhalb von g verläuft.

C und g begrenzen für $-2 \leq x \leq 6$ eine Fläche, die von der Parallelen zu g durch den Punkt $R(0\,|\,1)$ in zwei Teilflächen zerlegt wird.

Berechnen Sie den Inhalt der größeren Teilfläche. (12 KP)

1.2.3 Berechnen Sie die Koordinaten der Wendepunkte von C.

Begründen Sie, dass alle Wendepunkte auf einer Geraden liegen. (6 KP)

1.3 Für jedes $a \in \mathbb{R}_+^*$ ist die Funktion f_a gegeben durch

$$f_a(x) = ae^{2x} - e^x;\quad x \in \mathbb{R}.$$

Das Schaubild von f_a heißt K_a.

1.3.1 Die Tangente und die Normale von K_2 im Punkt $S(0\,|\,1)$ und die x-Achse begrenzen ein Dreieck.

Berechnen Sie die Länge der Hypotenuse dieses Dreiecks. (4 KP)

1.3.2 Berechnen Sie die Koordinaten der Achsenschnittpunkte von K_a.

Für welche Werte von a liegt der Schnittpunkt mit der x-Achse rechts von der y-Achse? (4 KP)

1.3.3 Die Abbildung zeigt das Schaubild einer Stammfunktion F_a von f_a.

Bestimmen Sie den Wert von a sowie den Funktionsterm dieser Stammfunktion. (5 KP)

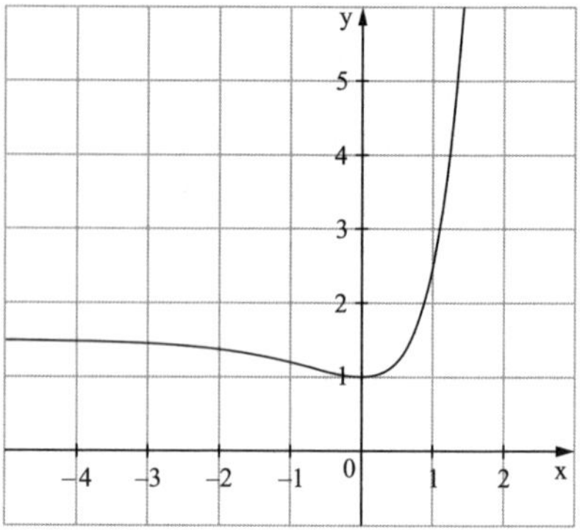

(45 KP)

Hinweise und Tipps

1.1 **Tipps:**

- Überlegen Sie den Zusammenhang von Stammfunktion, Funktion und deren Ableitungen.
- Worüber gibt die erste Ableitung Auskunft, worüber die zweite Ableitung?

1.2.1 **Tipps:**

- „Zeichnen" bedeutet nicht skizzenhaft, sondern mit genauen Werten, z. B. vom GTR.
- Zur Untersuchung der Steigung benötigen Sie die erste Ableitung.
- Die Ableitung der Funktion s ist eine Kosinusfunktion, diese hat eine bestimmte Wertemenge. Wie ändern die Faktoren und der Summand diese Wertemenge?

1.2.2 **Tipps:**

- Für das Berühren zweier Schaubilder müssen zwei Bedingungen erfüllt sein.
- Damit das Schaubild von s nie unterhalb von g verläuft, müssen die y-Werte von s immer größer oder gleich denen von g sein.
- Fertigen Sie zunächst eine Skizze der Schaubilder von s, der Geraden g sowie deren Parallele an. Markieren Sie dann die Fläche, die berechnet werden soll.
- Wie berechnet man die Fläche zwischen zwei Schaubildern?

1.2.3 **Tipps:**

- Wie heißen die Bedingungen für Wendepunkte?
- Zeigen Sie, dass sich als Ortskurve der Wendepunkte eine Gerade ergibt.
- Um die Gleichung der Ortskurve der Wendepunkte zu bestimmen, muss der Parameter k aus dem x- und y-Wert entfernt werden.

1.3.1 **Tipps:**

- Skizzieren Sie zunächst K_2 sowie die Tangente und Normale. Markieren Sie die Hypotenuse des Dreieckes.
- Berechnen Sie die Gleichungen von Tangente und Normale.
- Welche Punkte sind für die Länge der Hypotenuse wichtig?

1.3.2 **Tipps:**

- Wie erhält man Schnittpunkte von Schaubildern mit der x- bzw. y-Achse?
- Welche Koordinate ist maßgebend für die Lage eines Punktes links oder rechts der y-Achse?

1.3.3 **Tipps:**

- Überlegen Sie den rechnerischen Zusammenhang von Funktion und Stammfunktion.
- Welche Bedingungen an die Stammfunktion lassen sich aus dem Schaubild ablesen?

Lösungen

1.1 Bewertung von Aussagen

(1) Die Funktion H ist eine Stammfunktion der Funktion h. Damit gilt $H'(x) = h(x)$, das Schaubild der Funktion h gibt also die Steigung der Funktion H an.
Eine Wendestelle von H könnte z. B. wie folgt aussehen:

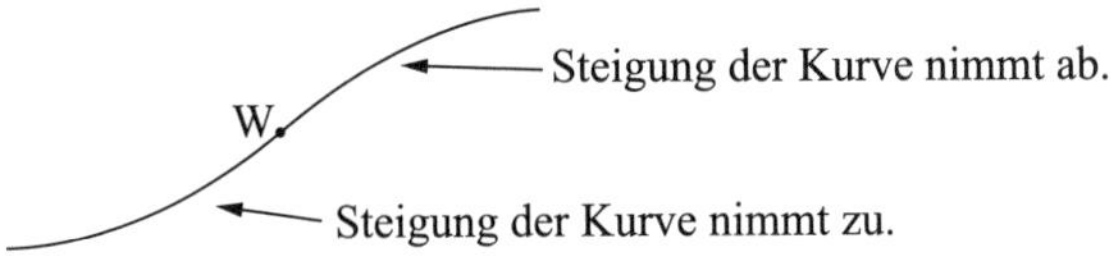

Da links vom Wendepunkt W die Steigung zunimmt, rechts von W die Steigung abnimmt, hat sie folglich im Wendepunkt ihr Maximum. Also besitzt die Ableitungsfunktion h an der Wendestelle von H eine Extremstelle.

Entsprechendes gilt für diese Wendestelle von H:

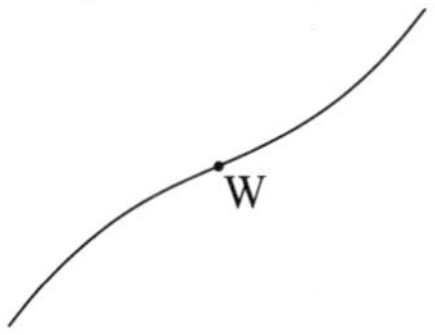

Da die Funktion h zwei Extremstellen besitzt (einen Hochpunkt bei $x \approx 0$ und einen Tiefpunkt bei $x = 3$), ist die gegebene Aussage also wahr.

(2) Die zweite Ableitung h'' gibt Auskunft über die Krümmung des Schaubilds von h.
Bei $x = 0{,}5$ ist das Schaubild von h rechtsgekrümmt, d. h., $h''(0{,}5)$ ist negativ.
Bei $x = 3{,}5$ ist das Schaubild von h linksgekrümmt, d. h., $h''(3{,}5)$ ist positiv.
Also gilt: $h''(0{,}5) < h''(3{,}5)$
Die gegebene Aussage ist somit falsch.

(3) Die Wertemenge von h' gibt die Werte der Steigungen von h an.
Aus dem Schaubild von h liest man ab:
Von $x = -7$ bis etwa $x = 0$ sowie von $x = 3$ bis $x = 4$ sind die Steigungen positiv.
Von $x \approx 0$ bis $x = 3$ sind sie negativ. Der kleinste Wert liegt in diesem Intervall an der Wendestelle von h bei $x \approx 2$. Durch Ausmessen einer dort angelegten Tangente erhält man einen Wert von etwa –2 für die Steigung.
Somit ist die gegebene Aussage wahr.

(4) Zwischen den x-Werten 0 und 3 hat das Schaubild von h einen Wendepunkt. Da die Steigung an dieser Stelle am kleinsten (etwa –2) ist, hat dort das Schaubild von h' einen Tiefpunkt, ist also linksgekrümmt.
Somit ist die gegebene Aussage falsch.

1.2 Gegeben ist die Funktion s durch

$$s(x) = \frac{1}{2}x + 1 + 2\sin\left(\frac{\pi}{4}x\right); \quad x \in \mathbb{R}.$$

1.2.1 **Schaubild, Steigungswerte**

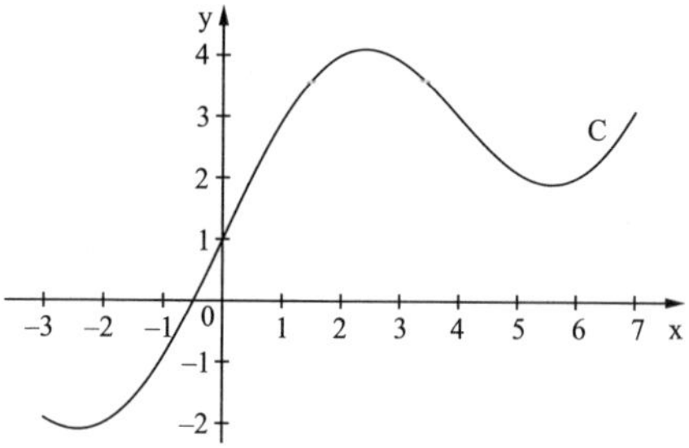

$$s'(x) = \frac{1}{2} + \frac{\pi}{2} \cdot \cos\left(\frac{\pi}{4}x\right)$$

Der Funktionsteil $\cos\left(\frac{\pi}{4}x\right)$ nimmt alle Werte zwischen –1 und 1 an, also nimmt $\frac{\pi}{2} \cdot \cos\left(\frac{\pi}{4}x\right)$ alle Werte zwischen $-\frac{\pi}{2}$ und $+\frac{\pi}{2}$ an. Der Summand $\frac{1}{2}$ verschiebt das Schaubild von $\frac{\pi}{2} \cdot \cos\left(\frac{\pi}{4}x\right)$ um $\frac{1}{2}$ nach oben.

Somit nimmt die Steigung von C alle Werte zwischen $-\frac{\pi}{2} + \frac{1}{2}$ und $+\frac{\pi}{2} + \frac{1}{2}$ an.

1.2.2 **Berührung zweier Schaubilder**

Die Gerade g berührt das Schaubild C an den Stellen $x_1 = -2$ und $x_2 = 6$, wenn gilt:

(1) Für $x_1 = -2$ und $x_2 = 6$ haben die Schaubilder denselben Funktionswert:
$s(-2) = g(-2)$ und $s(6) = g(6)$

(2) Für $x_1 = -2$ und $x_2 = 6$ besitzen die Schaubilder dieselbe Steigung:
$s'(-2) = g'(-2)$ und $s'(6) = g'(6)$

$g(x) = 0{,}5x - 1 \quad \Rightarrow \quad g'(x) = 0{,}5$

Für $x_1 = -2$ gilt:

$$s(-2) = \frac{1}{2}\cdot(-2)+1+2\sin\left(\frac{\pi}{4}\cdot(-2)\right) = -1+1+2\cdot(-1) = -2$$
$$g(-2) = \frac{1}{2}\cdot(-2)-1 \quad = -1-1 \quad = -2$$
gleich!

$$s'(-2) = \frac{1}{2}+\frac{\pi}{2}\cdot\cos\left(\frac{\pi}{4}\cdot(-2)\right) = \frac{1}{2}+\frac{\pi}{2}\cdot 0 = \frac{1}{2}$$
$$g'(-2) \quad = \frac{1}{2}$$
gleich!

Für $x_2 = 6$ gilt:

$$s(6) = \frac{1}{2}\cdot 6+1+2\sin\left(\frac{\pi}{4}\cdot 6\right) = 3+1+2\cdot(-1) = 2$$
$$g(6) = \frac{1}{2}\cdot 6-1 \quad = 3-1 \quad = 2$$
gleich!

$$s'(6) = \frac{1}{2}+\frac{\pi}{2}\cdot\cos\left(\frac{\pi}{4}\cdot 6\right) = \frac{1}{2}+\frac{\pi}{2}\cdot 0 = \frac{1}{2}$$
$$g'(6) \quad = \frac{1}{2}$$
gleich!

Somit berühren sich die beiden Schaubilder in den Punkten $P_1(-2\,|\,-2)$ und $P_2(6\,|\,2)$.

Gegenseitige Lage von C und g

Es soll gelten: $s(x) \geq g(x)$

$$\frac{1}{2}x+1+2\sin\left(\frac{\pi}{4}x\right) \geq \frac{1}{2}x-1$$
$$\Leftrightarrow \quad 2\sin\left(\frac{\pi}{4}x\right) \geq -2$$
$$\Leftrightarrow \quad \sin\left(\frac{\pi}{4}x\right) \geq -1$$

Diese letzte Aussage ist wahr für alle $x \in \mathbb{R}$, somit verläuft das Schaubild C nie unterhalb von g.

Berechnung der Fläche

Skizze:

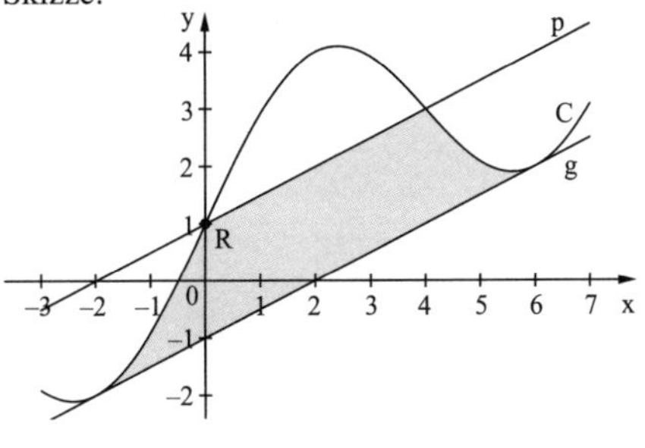

Gesucht ist die Größe der markierten Fläche. Man berechnet dazu die gesamte Fläche, die das Schaubild C und die Gerade g einschließen, und zieht davon die Fläche, die das Schaubild C und die Parallele p begrenzen, ab.

Die Gleichung der Parallelen p lautet: $p(x) = \frac{1}{2}x + 1$

Die Schnittstellen der Schaubilder von p und s erhält man durch schriftliche Rechnung oder mit dem GTR ($x = 0$ und $x = 4$).

$$A = \int_{-2}^{6} (s(x) - g(x))\,dx - \int_{0}^{4} (s(x) - p(x))\,dx$$

$$= \int_{-2}^{6} \left(\frac{1}{2}x + 1 + 2\sin\left(\frac{\pi}{4}x\right) - \frac{1}{2}x + 1\right) dx - \int_{0}^{4} \left(\frac{1}{2}x + 1 + 2\sin\left(\frac{\pi}{4}x\right) - \frac{1}{2}x - 1\right) dx$$

$$= \int_{-2}^{6} \left(2 + 2\sin\left(\frac{\pi}{4}x\right)\right) dx - \int_{0}^{4} \left(2\sin\left(\frac{\pi}{4}x\right)\right) dx$$

$$= \left[2x - \frac{8}{\pi}\cos\left(\frac{\pi}{4}x\right)\right]_{-2}^{6} - \left[-\frac{8}{\pi}\cos\left(\frac{\pi}{4}x\right)\right]_{0}^{4}$$

$$= 12 - 0 - (-4 - 0) - \left[-\frac{8}{\pi} \cdot (-1) - \left(-\frac{8}{\pi} \cdot 1\right)\right] = 16 - \frac{16}{\pi} \approx 10{,}91$$

(Der GTR liefert dasselbe Ergebnis!)

Der gesuchte Flächeninhalt beträgt also etwa 10,91 FE.

1.2.3 Wendepunkte

Bedingungen für Wendepunkte:

$s''(x) = 0$ und Vorzeichenwechsel von $s''(x)$

$$s''(x) = -\frac{\pi^2}{8} \cdot \sin\left(\frac{\pi}{4}x\right)$$

$$-\frac{\pi^2}{8} \cdot \sin\left(\frac{\pi}{4}x\right) = 0 \quad \Leftrightarrow \quad \sin\left(\frac{\pi}{4}x\right) = 0$$

Setze $u = \frac{\pi}{4}x \quad \Rightarrow \quad \sin u = 0$

Aus der Skizze rechts folgt:

$u_1 = -\pi,\ u_2 = 0,\ u_3 = \pi,\ u_4 = 2\pi$ usw.

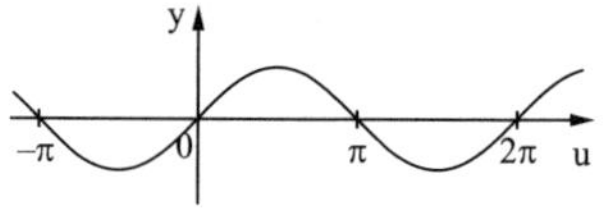

$$\Rightarrow \quad \frac{\pi}{4}x_1 = -\pi \quad \Rightarrow \quad x_1 = -4$$

$$\frac{\pi}{4}x_2 = 0 \quad \Rightarrow \quad x_2 = 0$$

$$\frac{\pi}{4}x_3 = \pi \quad \Rightarrow \quad x_3 = 4$$

$$\frac{\pi}{4}x_4 = 2\pi \quad \Rightarrow \quad x_4 = 8 \quad \text{usw.}$$

Allgemein gilt also:
Die Stellen $x = k \cdot 4$ mit $k \in \mathbb{Z}$ sind einfache Nullstellen von s".
s" hat also einen Vorzeichenwechsel bei diesen Nullstellen, somit sind dies Wendestellen von s.

y-Werte:

$$s(k \cdot 4) = \frac{1}{2} \cdot (k \cdot 4) + 1 + 2\sin\left(\frac{\pi}{4} \cdot (k \cdot 4)\right) = 2k + 1 + 2\sin(\pi \cdot k)$$

Der Term $\sin(\pi \cdot k)$ ist null für alle $k \in \mathbb{Z}$.

$\Rightarrow \quad s(k \cdot 4) = 2k + 1$

$\Rightarrow \quad$ Wendepunkte $W_k(4k \mid 2k + 1)$

Ortskurve der Wendepunkte:
Der x-Wert wird nach k aufgelöst und das Ergebnis in den y-Wert der Wendepunkte eingesetzt.
Aus $x = 4k$ folgt $k = \frac{x}{4}$.

$$\Rightarrow \quad y = 2k + 1 = 2 \cdot \frac{x}{4} + 1 = \frac{1}{2}x + 1$$

Alle Wendepunkte liegen also auf der Geraden mit der Gleichung $y = \frac{1}{2}x + 1$.

1.3 Gegeben ist die Funktion f_a durch
$f_a(x) = ae^{2x} - e^x \quad$ für jedes $a \in \mathbb{R}_+^*$.

1.3.1 **Tangente, Normale, Dreieck**

Skizze:

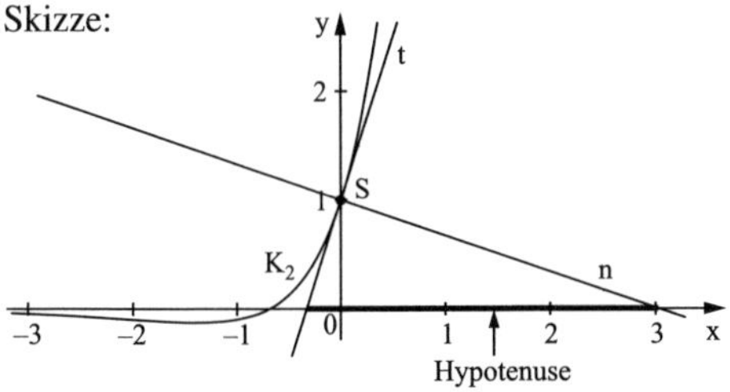

(t: Tangente in $S(0 \mid 1)$;
n: Normale in $S(0 \mid 1)$)

Um die Länge der Hypotenuse berechnen zu können, benötigt man die Nullstellen von t und n.

Aufstellen der Tangenten- und Normalengleichung in $S(0 \mid 1)$:

$f_2(x) = 2e^{2x} - e^x$

$f_2'(x) = 4e^{2x} - e^x \quad \Rightarrow \quad m_t = f_2'(0) = 4e^0 - e^0 = 3$

$$\Rightarrow \quad m_n = -\frac{1}{m_t} = -\frac{1}{3} \qquad (\text{wegen } m_t \cdot m_n = -1)$$

$\Rightarrow$ Tangentengleichung t: $\quad t(x) = 3x + 1$

Normalengleichung n: $\quad n(x) = -\frac{1}{3}x + 1$

Nullstelle von t: $3x+1=0 \Leftrightarrow x_t = -\frac{1}{3}$

Nullstelle von n: $-\frac{1}{3}x+1=0 \Leftrightarrow x_n = 3$

$\Rightarrow$ Länge ℓ der Hypotenuse: $\ell = x_n - x_t = 3 - \left(-\frac{1}{3}\right) = \frac{10}{3}$ LE

1.3.2 **Achsenschnittpunkte**

Schnittpunkte mit der x-Achse: $f_a(x)=0$

$$ae^{2x} - e^x = 0 \Leftrightarrow e^x(ae^x - 1) = 0$$
$$\Leftrightarrow \quad ae^x - 1 = 0 \qquad (\text{da } e^x \neq 0)$$
$$\Leftrightarrow \quad e^x = \frac{1}{a}$$
$$\Leftrightarrow \quad x = \ln\frac{1}{a} = -\ln a \quad \Rightarrow \quad N(-\ln a \mid 0)$$

Schnittpunkte mit der y-Achse: $x=0$

$f_a(0) = ae^0 - e^0 = a-1 \Rightarrow S(0 \mid a-1)$

Der Schnittpunkt mit der x-Achse (Nullstelle) liegt rechts von der y-Achse, wenn sein x-Wert größer als null ist:

$-\ln a > 0 \Leftrightarrow \ln a < 0 \Leftrightarrow 0 < a < 1$

Die Nullstelle liegt also rechts von der y-Achse für $0<a<1$.

1.3.3 **Bestimmung einer Stammfunktion**

Das Schaubild von F_a hat bei $x=0$ eine waagrechte Tangente, also gilt: $F_a'(0)=0$

Die Ableitung von F_a ist aber genau f_a.

$$\Rightarrow \quad f_a(0) = 0$$
$$ae^0 - e^0 = 0$$
$$a = 1$$

Eine Stammfunktion F_a von f_a lautet:

$$F_a(x) = \frac{1}{2}ae^{2x} - e^x + c$$
$$\Rightarrow \quad F_1(x) = \frac{1}{2}e^{2x} - e^x + c$$

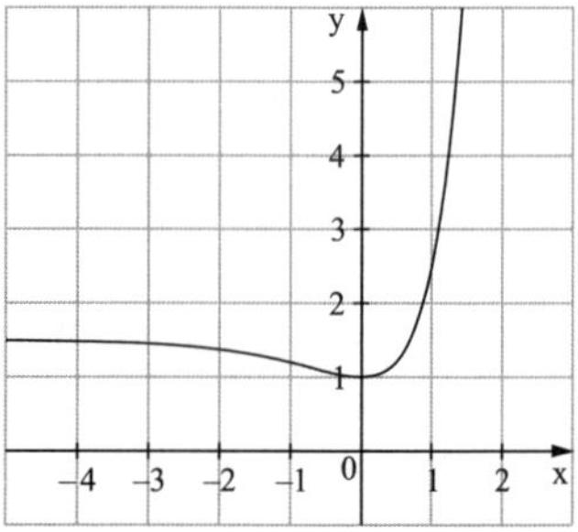

Um c zu bestimmen, setzt man einen Punkt des gegebenen Schaubilds ein, z. B. $P(0 \mid 1)$.

$$\Rightarrow \quad 1 = \frac{1}{2}e^{2\cdot 0} - e^0 + c$$
$$1 = \frac{1}{2}\cdot 1 - 1 + c$$
$$\frac{3}{2} = c$$

Der gesuchte Funktionsterm der abgebildeten Stammfunktion lautet also:

$$F_1(x) = \frac{1}{2}e^{2x} - e^x + \frac{3}{2}$$

Berufliche Gymnasien Baden-Württemberg: Mathematik ohne CAS
Abiturprüfung 2012 – Teil 1 (Analysis), Aufgabe 2

2.1 Für $t \in \mathbb{R}^*$ ist die Funktion f_t gegeben durch

$$f_t(x) = t(e^{x-t} - x);\quad x \in \mathbb{R}.$$

Das Schaubild der Funktion f_t heißt K_t.

2.1.1 Zeichnen Sie die Schaubilder K_{-1} und K_1 in ein gemeinsames Koordinatensystem ein. Geben Sie die Gleichungen der Asymptoten von K_{-1} und K_1 an und zeichnen Sie die Asymptoten in das Koordinatensystem ein. (7 KP)

2.1.2 Das Schaubild K_1 und die 2. Winkelhalbierende schließen mit der y-Achse und der Geraden mit der Gleichung $x = a$ für $a < 0$ eine Fläche ein.

Bestimmen Sie den Inhalt dieser Fläche in Abhängigkeit von a.

Gegen welchen Wert strebt dieser Flächeninhalt für $a \to -\infty$? (5 KP)

2.1.3 Untersuchen Sie K_t auf Hoch- und Tiefpunkte.

Bestimmen Sie alle Werte von t, für die die Gerade mit der Gleichung $y = -12$ Tangente an K_t ist. (7 KP)

2.1.4 $P(1\,|\,0)$, $Q(u\,|\,f_3(u))$ und $R(u\,|\,0)$ sind für $1 < u \leq 4$ die Eckpunkte eines Dreiecks.

Berechnen Sie den Wert von u, für den der Flächeninhalt des Dreiecks maximal ist. (6 KP)

2.2 Die folgende Abbildung zeigt das Schaubild der Funktion g.

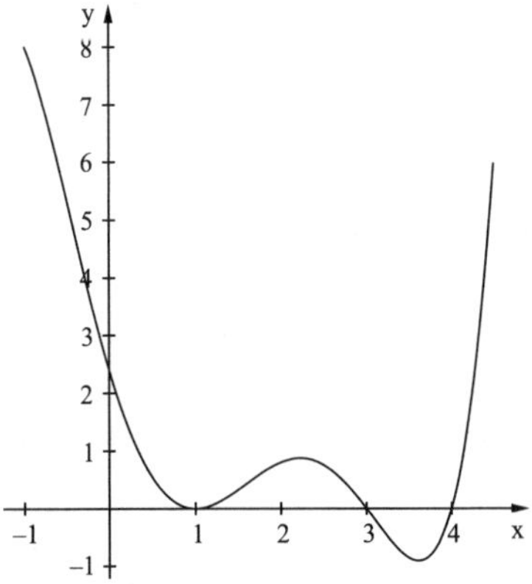

Das Schaubild einer Stammfunktion G von g ist C_G.

2.2.1 Geben Sie alle Stellen an, an denen C_G einen Hochpunkt hat, und alle Stellen, an denen C_G einen Tiefpunkt hat. Begründen Sie Ihre Angaben. (3 KP)

2.2.2 Begründen Sie für jede der folgenden Aussagen, ob sie wahr oder falsch ist.

(1) $g''(2) > 0$

(2) Im Intervall $[-1; 4{,}5]$ gibt es drei Stellen, an denen das Schaubild C_G die Steigung 4 hat.

(3) Das Schaubild von g' ist monoton fallend für $0 \leq x \leq 1$.

(4) $\int_2^4 g(x)\,dx < 1$ (8 KP)

2.3 Gegeben ist die Funktion h mit $h(x) = 2\cos\left(\frac{\pi}{4}x\right) + 5;\ x \in \mathbb{R}$.

2.3.1 Beschreiben Sie, wie das Schaubild von h aus dem Schaubild mit der Gleichung $y = \sin x$ hervorgeht. (4 KP)

2.3.2 Es gibt Ursprungsgeraden, die das Schaubild von h berühren.
Bestimmen Sie für eine dieser Geraden den Berührpunkt und die Gleichung. (5 KP)

(45 KP)

Hinweise und Tipps

2.1.1 **Tipps:**

- „Zeichnen“ bedeutet nicht skizzenhaft, sondern mit genauen Werten, z. B. vom GTR.
- Die Schaubilder besitzen jeweils eine schiefe Asymptote. Für welche x-Werte ergeben sich diese?

2.1.2 **Tipps:**

- Was versteht man unter der 2. Winkelhalbierenden?
- Skizzieren und berechnen Sie die gesuchte Fläche.

2.1.3 **Tipps:**

- Wie heißen die Bedingungen für Extrempunkte?
- Wie verläuft die Gerade $y = -12$? An welchem Punkt des Schaubilds kann also diese Tangente nur liegen?

2.1.4 **Tipps:**

- Skizzieren Sie zunächst K_3 und zeichnen Sie das beschriebene Dreieck ein.
- Bestimmen Sie dann den Flächeninhalt dieses Dreiecks.
- Diese Flächenfunktion, abhängig von u, soll maximal werden. Beachten Sie die Randwerte.

2.2.1 **Tipps:**
- Wie heißt der rechnerische Zusammenhang zwischen Stammfunktion und Funktion?
- Was sagen die Nullstellen von g über das Schaubild von G aus?

2.2.2 **Tipps:**
- Was sagt die zweite Ableitung über ein Schaubild aus?
- Welcher Zusammenhang besteht zwischen Funktion und Stammfunktion?
- Was sagt das Schaubild der ersten Ableitung über das Schaubild der ursprünglichen Funktion aus?
- Beachten Sie bei dem Integral, welche der Flächen oberhalb, welche unterhalb der x-Achse liegen.

2.3.1 **Tipp:**
Benutzen Sie die Begriffe „Verschiebung", „Streckung", „Periode", „Amplitude". Welche Faktoren bzw. Summanden bewirken die genannten Veränderungen?

2.3.2 **Tipp:**
Gesucht ist die Gleichung einer Tangente. Benutzen Sie z. B. die Tangentengleichung aus der Formelsammlung und setzen Sie dort den gegebenen Punkt $O(0\,|\,0)$ ein.

Lösungen

2.1 Gegeben ist die Funktion f_t durch

$$f_t(x) = t(e^{x-t} - x) \quad \text{für jedes } t \in \mathbb{R}^*.$$

2.1.1 **Schaubilder, Asymptoten**

Schaubilder von $f_1(x) = e^{x-1} - x$ und $f_{-1}(x) = -(e^{x+1} - x)$:

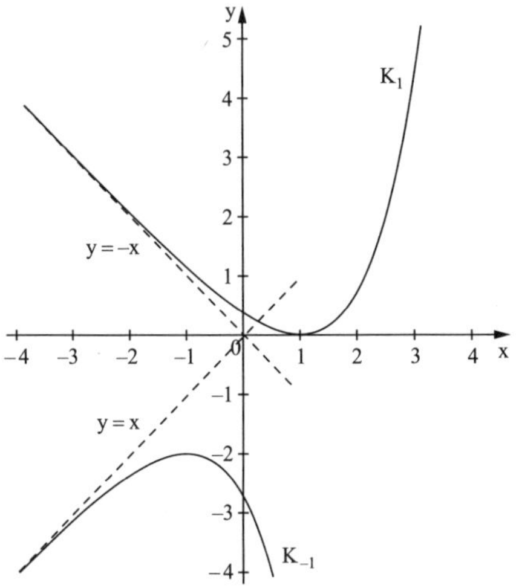

Asymptote von K_1:

Für $x \to -\infty$ geht der Summand e^{x-1} gegen null.

⇒ Die Gleichung der Asymptote (Näherungsgeraden) lautet $y = -x$.

Asymptote von K_{-1}:

Für $x \to -\infty$ geht der Summand e^{x+1} gegen null.

⇒ Die Gleichung der Asymptote (Näherungsgeraden) lautet $y = x$.

Für $x \to \infty$ gehen die Summanden e^{x-1} bzw. e^{x+1} gegen unendlich.

⇒ Für $x \to \infty$ gibt es keine Asymptoten (vgl. Schaubild).

2.1.2 **Flächeninhalt in Abhängigkeit von a**

Gesucht ist die in der Skizze rechts markierte Fläche.

Skizze:

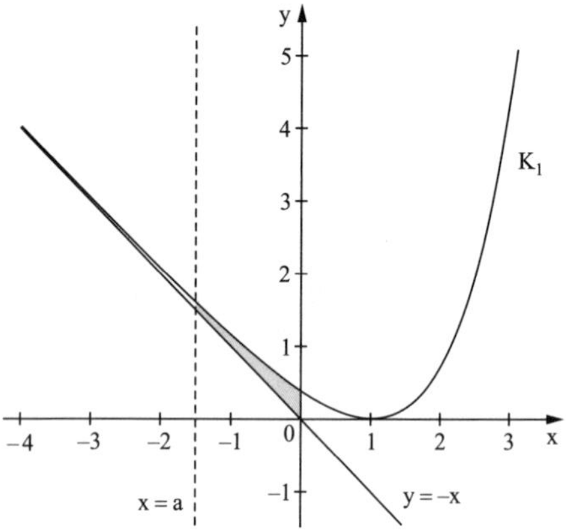

$$A(a) = \int_a^0 (f_1(x) - (-x))\,dx$$

$$= \int_a^0 (e^{x-1} - x + x)\,dx$$

$$= \int_a^0 e^{x-1}\,dx$$

$$= \left[e^{x-1}\right]_a^0$$

$$= e^{-1} - e^{a-1}$$

Grenzwert:

$$\lim_{a \to -\infty} A(a) = \lim_{a \to -\infty} (e^{-1} - e^{a-1}) = e^{-1}$$

2.1.3 **Extrempunkte, Tangente**

$$f_t(x) = t \cdot (e^{x-t} - x)$$

$$f_t'(x) = t \cdot (e^{x-t} - 1)$$

$$f_t''(x) = t \cdot e^{x-t}$$

Bedingung für Extrempunkte:

$$f_t'(x) = 0$$

$$t \cdot (e^{x-t} - 1) = 0 \qquad |:t \quad (t \neq 0)$$

$$e^{x-t} - 1 = 0$$

$$e^{x-t} = 1$$

$$x - t = \ln 1$$

$$x = t + \ln 1 \qquad (\text{wegen } \ln 1 = 0)$$

$$x = t$$

y-Wert:

$f_t(t) = t \cdot (1 - t) \quad \Rightarrow \quad E(t \mid t(1-t))$

Hoch- oder Tiefpunkt?

$f_t''(t) = t \cdot e^0 = t \quad \Rightarrow$ Für $t > 0$ ist E ein Tiefpunkt.
Für $t < 0$ ist E ein Hochpunkt.

Die Gerade mit der Gleichung $y=-12$ ist waagrecht, kann also nur eine Tangente an den Extrempunkt sein.

Der y-Wert von E muss also –12 sein:

$$t\cdot(1-t)=-12$$

$$t-t^2+12=0 \qquad \text{(quadratische Gleichung)}$$

Diese Gleichung ist mit a-b-c-Formel, mit Satz von Viëta oder mit GTR zu lösen. Es ergibt sich:

$t_1=-3,\ t_2=4$

Für $t_1=-3$ oder $t_2=4$ ist also die Gerade mit der Gleichung $y=-12$ Tangente an K_t.

2.1.4 **Maximaler Flächeninhalt**

Skizze:

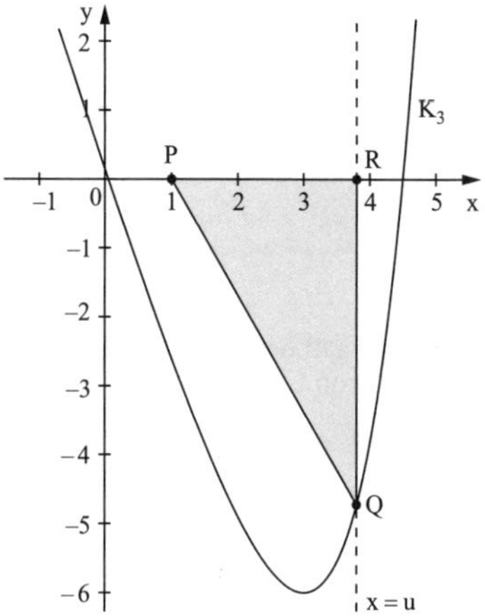

Für diese Extremwertaufgabe muss zunächst die Fläche des (rechtwinkligen) Dreiecks PQR berechnet werden.

$A_\Delta=\frac{1}{2}\cdot g\cdot h$ mit $g=\overline{PR}$ und $h=\overline{RQ}$ sowie $P(1\,|\,0)$, $R(u\,|\,0)$ und $Q(u\,|\,f_3(u))$

$\Rightarrow\ \overline{PR}=u-1$

$\overline{RQ}=0-f_3(u)=-3(e^{u-3}-u)$

$\Rightarrow\ A_\Delta(u)=\frac{1}{2}(u-1)\cdot(-3)\cdot(e^{u-3}-u)$

Mit dem GTR ergibt sich folgendes Schaubild der Flächenfunktion $A_{\triangle}(u)$:

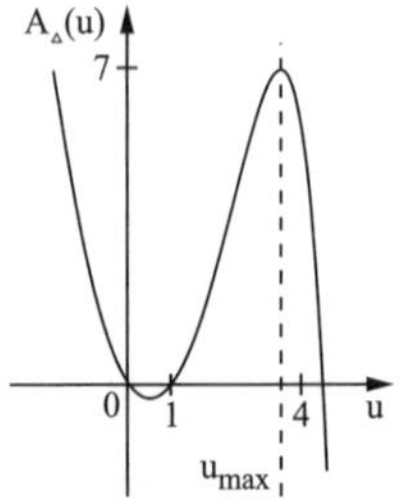

Bei $u \approx 3{,}54$ liegt ein relatives Maximum von $A_{\triangle}$ vor ($A_{\triangle} \approx 6{,}95$ FE).

Randwerte im Bereich $1 < u \leq 4$:

$\lim\limits_{u \to 1} A_{\triangle}(u) = 0$ (laut GTR)

$A_{\triangle}(4) \approx 5{,}77$ (laut GTR)

$\Rightarrow$ Für $u \approx 3{,}54$ wird die Fläche des Dreiecks maximal.

2.2.1 **Hochpunkt, Tiefpunkt**

Da G eine Stammfunktion von g ist, gilt:
$G'(x) = g(x)$

Das gegebene Schaubild von g gibt also die Steigungen des Schaubilds von G an. Die Funktion g und damit die Steigung des Schaubilds von G sind an den Stellen $x_1 = 1$, $x_2 = 3$ und $x_3 = 4$ null.

$x_1 = 1$: Bei diesem x-Wert wechselt das Schaubild von g, also die Steigung von G, nicht ihr Vorzeichen. Es liegt also kein Extrempunkt von G vor.

$x_2 = 3$: An dieser Stelle wechselt die gegebene Kurve ihr Vorzeichen von + nach –, folglich hat das Schaubild von G an dieser Stelle einen Hochpunkt H.

$x_3 = 4$: An dieser Stelle wechselt die Funktion g ebenfalls ihr Vorzeichen, nämlich von – nach +. Das Schaubild von G hat dort also einen Tiefpunkt T.

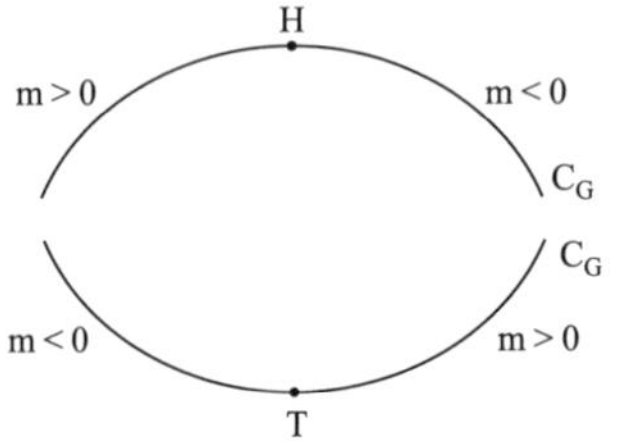

2.2.2 **Begründung von Aussagen**

(1) Die zweite Ableitung gibt Auskunft über die Krümmung des Schaubilds. An der Stelle $x = 2$ ist das Schaubild von g rechtsgekrümmt, also gilt $g''(2) < 0$. Somit ist die Aussage falsch.

(2) Das Schaubild von g gibt die Steigung des Schaubilds C_G an. Das Schaubild von g hat im angegebenen Bereich nur zweimal den Funktionswert 4, nämlich bei $x \approx -0{,}5$ und bei $x \approx 4{,}5$. Die Aussage ist also falsch.

(3) Das Schaubild von g' gibt die Steigung des Schaubilds von g an. Bei $x = 0$ hat g eine negative Steigung, bei $x = 1$ ist die Steigung null. Wie man am Schaubild von g sieht, nimmt die Steigung in diesem Bereich monoton zu, das Schaubild von g' ist dort also monoton steigend. Damit ist auch die Aussage (3) falsch.

Alternative:
Das Schaubild von g'' gibt die Krümmung des Schaubilds von g und die Steigung des Schaubilds von g' an. Im angegebenen Bereich ist das Schaubild von g linksgekrümmt, also $g''(x) > 0$ für $0 \le x \le 1$. Das bedeutet, dass das Schaubild von g' dort monoton steigend ist. Die Aussage ist also falsch.

(4) Aus dem Schaubild lässt sich ablesen, dass die Fläche $\int_2^3 g(x)\,dx < 1$ und ebenso die Fläche $\int_3^4 -g(x)\,dx < 1$ ist.

Da eine Fläche oberhalb, die andere unterhalb der x-Achse liegt, subtrahieren sich die Flächen beim Integral $\int_2^4 g(x)\,dx$. Dieses Integral ist also sicher kleiner als 1, die Aussage (4) ist wahr.

2.3 Gegeben ist die Funktion h durch

$$h(x) = 2\cos\left(\frac{\pi}{4}x\right) + 5;\quad x \in \mathbb{R}.$$

2.3.1 **Schaubild einer Kosinusfunktion**

Um von der Sinusfunktion zur Kosinusfunktion zu kommen, wird das Schaubild zunächst um $\frac{\pi}{2}$ nach links verschoben:

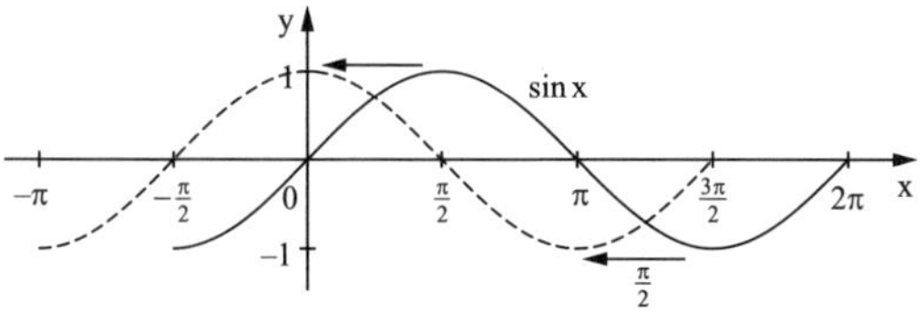

Das Schaubild von h entsteht nun aus dem Schaubild der Funktion $y = \cos x$ durch:

- Streckung mit dem Faktor 2 in y-Richtung (die Amplitude beträgt jetzt 2),
- Streckung mit dem Faktor $\frac{1}{\frac{\pi}{4}} = \frac{4}{\pi}$ in x-Richtung (die Periode beträgt jetzt $\frac{2\pi}{\frac{\pi}{4}} = 8$),
- Verschiebung des Schaubilds um 5 Einheiten nach oben.

2.3.2 **Berührpunkt, Geradengleichung**

Skizze:

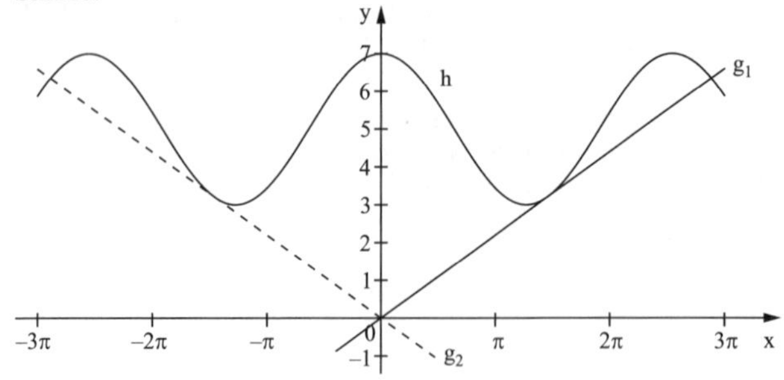

g_1 und g_2 sind zwei von unendlich vielen möglichen Geraden.

Eine Ursprungsgerade, die das Schaubild von h berührt, ist eine Tangente an h und verläuft durch den Punkt $O(0\,|\,0)$.

Die Gleichung einer Tangente an einer beliebigen Stelle $x_0 = u$ an h lautet:

$y = h'(u) \cdot (x - u) + h(u)$

Mit $h'(x) = -\frac{\pi}{2} \cdot \sin\left(\frac{\pi}{4}x\right)$ erhält man:

$$y = -\frac{\pi}{2} \cdot \sin\left(\frac{\pi}{4}u\right) \cdot (x - u) + 2\cos\left(\frac{\pi}{4}u\right) + 5$$

Jetzt werden die Koordinaten des Punktes $O(0\,|\,0)$ in diese Gleichung eingesetzt und man erhält eine Gleichung für u:

$$0 = -\frac{\pi}{2} \cdot \sin\left(\frac{\pi}{4}u\right) \cdot (0 - u) + 2\cos\left(\frac{\pi}{4}u\right) + 5$$

Laut GTR hat diese Gleichung z. B. die Lösung $u \approx 4{,}588$.

y-Wert des Berührpunktes:

$h(4{,}588) \approx 3{,}210$ (bei Rechnung mit gerundetem Wert)

$\Rightarrow$ Der Berührpunkt lautet $B(4{,}588\,|\,3{,}210)$.

Gleichung der Tangente $y = mx + b$ im Punkt B:

$m = h'(4{,}588) \approx 0{,}700$

$b = 0$ (da die Tangente eine Ursprungsgerade ist)

$\Rightarrow$ $y = 0{,}7x$

1 Zwei Glücksräder sind in je drei verschiedenfarbige Sektoren eingeteilt (siehe Abbildung). Die Räder werden unabhängig voneinander in Drehung versetzt. Bei Stillstand zeigt ein Pfeil bei jedem Rad auf genau einen Sektor.

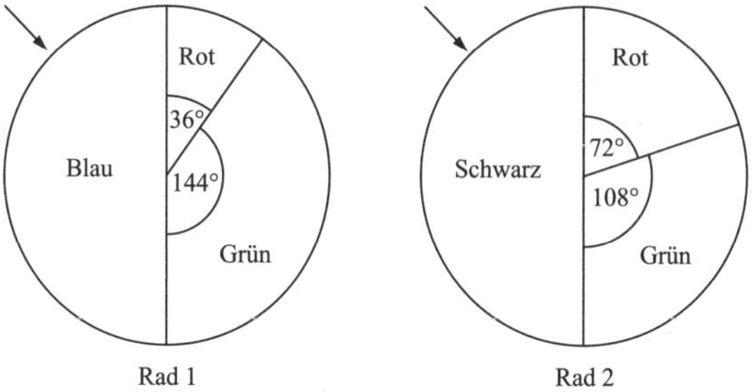

1.1 Berechnen Sie die Wahrscheinlichkeiten der folgenden Ereignisse:

E_1: Beide Pfeile zeigen auf Rot.

E_2: Es zeigt mindestens ein Pfeil auf Rot.

E_3: Beide Pfeile zeigen auf verschiedene Farben. (7 KP)

1.2 Es wird folgendes Glücksspiel angeboten:

Der Spieler darf jedes Rad einmal in Drehung versetzen.
Zeigen die Pfeile auf die gleiche Farbe, so erhält der Spieler 1 €. Zeigt ein Pfeil auf Blau und der andere auf Rot, so erhält der Spieler 3,50 €. In allen anderen Fällen erhält er nichts.

1.2.1 Welchen Einsatz muss der Spielanbieter verlangen, damit sein Gewinn pro Spiel durchschnittlich 50 Cent beträgt? (4 KP)

1.2.2 Wie oft muss ein Spieler mindestens spielen, damit die Wahrscheinlichkeit, dass er mindestens einmal eine Auszahlung von 3,50 € erhält, größer als 80 % ist? (4 KP)

(15 KP)

Hinweise und Tipps

1.1 **Tipps:**

- Berechnen Sie zunächst für die Räder 1 und 2 die Einzelwahrscheinlichkeiten zu R_1, G_1, B_1, R_2, G_2 und S_2, wobei z. B. R_1 bedeutet „Pfeil zeigt auf Rot bei Rad 1“ (Rest analog).
- Welche Beziehung besteht allgemein zwischen $P(A)$ und $P(\overline{A})$?

1.2.1 **Tipp:**
Verwenden Sie den Erwartungswert.

1.2.2 **Tipps:**

- Überlegen Sie, für welchen Spielausgang die Auszahlung 3,50 € beträgt. Wie groß ist die Wahrscheinlichkeit dafür?
- Gehen Sie zur Gegenwahrscheinlichkeit über und beachten Sie die Logarithmengesetze.

Lösungen

1 **Gegeben:** 2 Glücksräder

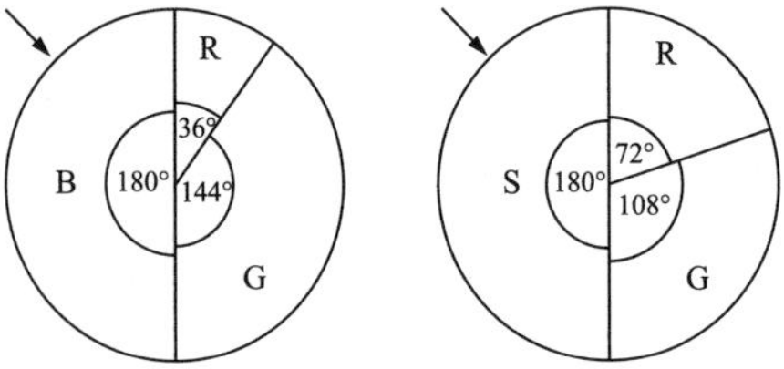

Rad 1 Rad 2

1.1 **Berechnung verschiedener Wahrscheinlichkeiten**

Rad 1 : $P(R_1) = \frac{36°}{360°} = \frac{1}{10} \quad \Rightarrow \quad P(\overline{R}_1) = \frac{9}{10}$

$P(G_1) = \frac{144°}{360°} = \frac{4}{10} = \frac{2}{5} \quad \Rightarrow \quad P(\overline{G}_1) = \frac{6}{10} = \frac{3}{5}$

$P(B_1) = \frac{180°}{360°} = \frac{5}{10} = \frac{1}{2}$

Rad 2 : $P(R_2) = \frac{72°}{360°} = \frac{2}{10} = \frac{1}{5} \quad \Rightarrow \quad P(\overline{R}_2) = \frac{8}{10} = \frac{4}{5}$

$P(G_2) = \frac{108°}{360°} = \frac{3}{10} \quad \Rightarrow \quad P(\overline{G}_2) = \frac{7}{10}$

$P(S_2) = \frac{180°}{360°} = \frac{5}{10} = \frac{1}{2}$

E_1 : Beide Pfeile zeigen auf Rot: $(R_1 \wedge R_2)$

$$P(E_1) = P(R_1)\cdot P(R_2) = \frac{1}{10}\cdot\frac{2}{10} = \frac{2}{100} = 2\,\%$$

E_2 : Mindestens ein Pfeil zeigt auf Rot: $(R_1 \wedge R_2) \vee (R_1 \wedge \overline{R}_2) \vee (\overline{R}_1 \wedge R_2)$

$$P(E_2) = P(R_1)\cdot P(R_2) + P(R_1)\cdot P(\overline{R}_2) + P(\overline{R}_1)\cdot P(R_2)$$

$$= \frac{1}{10}\cdot\frac{2}{10} + \frac{1}{10}\cdot\frac{8}{10} + \frac{9}{10}\cdot\frac{2}{10} = \frac{28}{100} = 28\,\%$$

Alternative:

$$P(E_2) = 1 - P(\overline{R}_1)\cdot P(\overline{R}_2) = 1 - \frac{9}{10}\cdot\frac{8}{10} = \frac{28}{100} = 28\,\%$$

E_3 : Beide Pfeile zeigen auf verschiedene Farben.

$\overline{E}_3$: Beide Pfeile zeigen auf gleiche Farben: $(R_1 \wedge R_2) \vee (G_1 \wedge G_2)$

$$P(\overline{E}_3) = P(R_1)\cdot P(R_2) + P(G_1)\cdot P(G_2) = \frac{1}{10}\cdot\frac{2}{10} + \frac{4}{10}\cdot\frac{3}{10} = \frac{14}{100}$$

$$P(E_3) = 1 - P(\overline{E}_3) = 1 - \frac{14}{100} = \frac{86}{100} = 86\,\%$$

Zwei Alternativen:

Vorüberlegung: Die Farbe Schwarz gibt es bei Rad 1 nicht und die Farbe Blau gibt es bei Rad 2 nicht, es gilt also:

$$P(S_1) = 0 \quad \Rightarrow \quad P(\overline{S}_1) = 1$$

$$P(B_2) = 0 \quad \Rightarrow \quad P(\overline{B}_2) = 1$$

$$P(E_3) = P(R_1)\cdot P(\overline{R}_2) + P(G_1)\cdot P(\overline{G}_2) + P(B_1)\cdot P(\overline{B}_2)$$

$$= \frac{1}{10}\cdot\frac{8}{10} + \frac{4}{10}\cdot\frac{7}{10} + \frac{5}{10}\cdot 1 = 0{,}86 = 86\,\%$$

oder

$$P(E_3) = P(\overline{R}_1)\cdot P(R_2) + P(\overline{G}_1)\cdot P(G_2) + P(\overline{S}_1)\cdot P(S_2)$$

$$= \frac{9}{10}\cdot\frac{2}{10} + \frac{6}{10}\cdot\frac{3}{10} + 1\cdot\frac{5}{10} = 0{,}86 = 86\,\%$$

1.2 Glücksspiel

1.2.1 Spieleinsatz

Folgende Spielausgänge sind interessant:
Beide Räder zeigen gleiche Farben, d. h. $(R_1 \wedge R_2) \vee (G_1 \wedge G_2)$
Rad 1 zeigt Blau, Rad 2 zeigt Rot, d. h. $(B_1 \wedge R_2)$

X = Auszahlung an den Spieler in €

Tabelle:

i	1	2	3
Spielausgang	$(R_1 \wedge R_2) \vee (G_1 \wedge G_2)$	$B_1 \wedge R_2$	sonst
x_i	1	3,50	0
$P(X = x_i)$	$0{,}1 \cdot 0{,}2 + 0{,}4 \cdot 0{,}3 = 0{,}14$	$0{,}5 \cdot 0{,}2 = 0{,}1$	$1 - (0{,}14 + 0{,}1) = 0{,}76$

Berechnung des Erwartungswertes E(X):

$E(X) = 0{,}14 \cdot 1 + 0{,}1 \cdot 3{,}50 + 0{,}76 \cdot 0 = 0{,}49$

Der Spieler erhält also im Schnitt 0,49 € pro Spiel. Da der durchschnittliche Gewinn des Anbieters 0,50 € betragen soll, muss er 0,49 € + 0,50 € = 0,99 € Spieleinsatz verlangen.

Ergebnis: Der Spielanbieter muss einen Einsatz von 99 Cent verlangen.

1.2.2 Gesucht: Anzahl von Spielen

E_4 : Der Spieler erhält bei n Spielen mindestens einmal 3,50 €, d. h., mindestens einmal tritt der Spielausgang $B_1 \wedge R_2$ ein.

$\overline{E}_4$: Bei n Spielen tritt nie $B_1 \wedge R_2$ ein, d. h. immer $\overline{B_1 \wedge R_2}$.

Wegen $P(\overline{B_1 \wedge R_2}) = 1 - P(B_1 \wedge R_2) = 1 - 0{,}1 = 0{,}9$ (vgl. in der Tabelle für den Erwartungswert den Fall i = 2) folgt:

$$P(\overline{E}_4) = 0{,}9^n$$

$$P(E_4) = 1 - P(\overline{E}_4) = 1 - 0{,}9^n$$

Bedingung:

$$P(E_4) > 80\,\%$$

$$1 - 0{,}9^n > 0{,}8$$

$$0{,}2 > 0{,}9^n \qquad |\ln(\ldots)$$

$$\ln(0{,}2) > \ln(0{,}9^n)$$

$$\ln(0{,}2) > n \cdot \ln(0{,}9) \qquad |:\underbrace{\ln(0{,}9)}_{<0}$$

$$\frac{\ln(0{,}2)}{\ln(0{,}9)} < n$$

$$15{,}27\ldots < n$$

Ergebnis: Der Spieler muss mindestens 16-mal spielen, damit er mit einer Wahrscheinlichkeit von mehr als 80 % mindestens einmal eine Auszahlung von 3,50 € erhält.

2 Ein Unternehmen stellt Speicherbausteine her. Diese werden einer Qualitätskontrolle unterzogen, bei der 5 % als Ausschuss aussortiert werden.

2.1 Berechnen Sie jeweils die Wahrscheinlichkeit, dass von vier Speicherbausteinen, die die Qualitätskontrolle durchlaufen,

- keiner aussortiert wird
- genau einer aussortiert wird
- mindestens zwei aussortiert werden. (5 KP)

2.2 Die Qualitätskontrolle besteht aus zwei Stufen. In der ersten Stufe werden neunmal so viele Bausteine aussortiert wie in der zweiten Stufe.
Für den laufenden Monat ist eine Produktionsmenge von 140 000 Bausteinen geplant.

Wie viele Bausteine werden in der ersten Stufe, wie viele in der zweiten Stufe der Qualitätskontrolle voraussichtlich aussortiert?

Ermitteln Sie die Wahrscheinlichkeit, dass ein Baustein, der die zweite Stufe durchläuft, aussortiert wird. (5 KP)

2.3 Aus langjähriger Erfahrung ist bekannt, dass 4,5 % aller produzierten Speicherbausteine defekt sind.
Trotz Qualitätskontrolle werden nicht alle defekten Bausteine aussortiert.
Erfahrungsgemäß ist einer von 1 000 verkauften Bausteinen defekt.
Zudem werden auch Bausteine aussortiert, die nicht defekt sind.

Welcher Anteil nicht defekter Bausteine ist demnach im Ausschuss zu erwarten? (5 KP)

(15 KP)

Hinweise und Tipps

2.2 **Tipps:**

- Setzen Sie
  a_1 = Anzahl der in der 1. Kontrollstufe aussortierten Speicherbausteine
  a_2 = Anzahl der in der 2. Kontrollstufe aussortierten Speicherbausteine
  a_{ges} = Anzahl der insgesamt aussortierten Speicherbausteine
  Wie groß ist a_{ges} (bei $n = 140\,000$ Speicherbausteinen)?
  Welche Beziehung besteht zwischen a_1 und a_2?
  Was folgt dann für a_2 und a_1?
- Beachten Sie, dass – nachdem die 140 000 Speicherbausteine die 1. Kontrollstufe durchlaufen haben – schon eine gewisse Anzahl (wie viele?) an Speicherbausteinen aussortiert wurde. D. h., für die 2. Kontrollstufe stehen weniger Bausteine (wie viele?) zur Verfügung.

2.3 **Tipps:**

- Unterscheiden Sie nach folgenden Kriterien:
  $a \triangleq$ aussortiert, $\overline{a} \triangleq$ nicht aussortiert
  $d \triangleq$ defekt, $\overline{d} \triangleq$ nicht defekt
- Eine Vier-Felder-Tafel ist zweckmäßig.
- Welche Wahrscheinlichkeiten lassen sich direkt der Aufgabenstellung entnehmen? Berechnen Sie anschließend $P(d \wedge \overline{a})$.
- Um welche Art von Wahrscheinlichkeit handelt es sich bei der gesuchten?

Lösungen

2 **Gegeben:** Die Wahrscheinlichkeit für das Aussortieren eines Speicherbausteines beträgt $p = 5\,\% = 0{,}05$.

2.1 **Berechnung verschiedener Wahrscheinlichkeiten**

E_1 : Von 4 Speicherbausteinen wird keiner aussortiert.

$$P(E_1) = (1-0{,}05)^4 = 0{,}95^4 = 0{,}814506\ldots \approx 81{,}45\,\%$$

E_2 : Von 4 Speicherbausteinen wird genau einer aussortiert.

$$P(E_2) = \binom{4}{1} \cdot 0{,}05 \cdot (1-0{,}05)^3 = 4 \cdot 0{,}05 \cdot 0{,}95^3 = 0{,}171475 \approx 17{,}15\,\%$$

E_3 : Von 4 Speicherbausteinen werden mindestens 2 aussortiert.

$\overline{E}_3$: Von 4 Speicherbausteinen wird höchstens einer aussortiert, d. h. keiner oder genau einer.

$$P(\overline{E}_3) = P(E_1) + P(E_2) = 0{,}95^4 + 4 \cdot 0{,}05 \cdot 0{,}95^3 = 0{,}985981\ldots$$

$$P(E_3) = 1 - P(\overline{E}_3) = 0{,}014018\ldots \approx 1{,}40\,\%$$

Alternative:

E_3 : Von 4 Speicherbausteinen werden mindestens 2 aussortiert, d. h. 2 oder 3 oder 4.

$$P(E_3) = \binom{4}{2} \cdot 0{,}05^2 \cdot 0{,}95^2 + \binom{4}{3} \cdot 0{,}05^3 \cdot 0{,}95 + \binom{4}{4} \cdot 0{,}05^4 \cdot 0{,}95^0$$

$$= 0{,}014018\ldots \approx 1{,}40\,\% \text{ (wie oben)}$$

2.2 **Qualitätskontrolle in 2 Stufen**

Man setzt:

$$\left.\begin{array}{l} a_1 = \text{Anzahl der in der 1. Kontrollstufe aussortierten Speicherbausteine} \\ a_2 = \text{Anzahl der in der 2. Kontrollstufe aussortierten Speicherbausteine} \end{array}\right\} a_1 = 9 \cdot a_2$$

Gesamtzahl der produzierten Speicherbausteine: $n = 140\,000$

Man weiß $n = 140\,000$ und $p = 5\,\%$, d. h., insgesamt aussortiert werden $a_{ges} = n \cdot p = 140\,000 \cdot 5\,\% = 7\,000$ [Speicherbausteine].

Gesucht: a_1, a_2 und P(„Baustein, der die zweite Stufe durchläuft, wird aussortiert")

Wegen $a_{ges} = a_1 + a_2 = 9 \cdot a_2 + a_2 = 10 \cdot a_2$ folgt:

$$7\,000 = 10 \cdot a_2 \quad \Rightarrow \quad a_2 = 700$$
$$a_1 = 6\,300$$

Für die Wahrscheinlichkeit, dass ein Speicherbaustein in der 2. Stufe aussortiert wird, ist zu beachten, dass nach der 1. Stufe bereits $a_1 = 6\,300$ Speicherbausteine aussortiert wurden. D. h., für die 2. Stufe stehen nur noch $n - a_1 = 140\,000 - 6\,300 = 133\,700$ Speicherbausteine zur Kontrolle zur Verfügung.

Damit folgt:

E_4 : Ein Speicherbaustein, der die 2. Stufe durchläuft, wird aussortiert.

$$P(E_4) = \frac{a_2}{n - a_1} = \frac{700}{133\,700} = 0{,}0052356\ldots \approx 0{,}52\,\%$$

Ergebnis: Von $n = 140\,000$ Speicherbausteinen werden voraussichtlich in der 1. Kontrollstufe $a_1 = 6\,300$ und in der 2. Kontrollstufe $a_2 = 700$ aussortiert. Die Wahrscheinlichkeit dafür, dass ein Speicherbaustein in der 2. Kontrollstufe aussortiert wird, beträgt ca. 0,52 %.

2.3 **Gesucht: Anteil der irrtümlich aussortierten Speicherbausteine**

Man kann folgende Unterscheidungsmerkmale einführen (a $\hat{=}$ aussortiert, d $\hat{=}$ defekt):

M_1: Speicherbaustein ist defekt und wird aussortiert ($M_1 = d \wedge a$).
M_2: Speicherbaustein ist defekt und wird nicht aussortiert ($M_2 = d \wedge \overline{a}$).
M_3: Speicherbaustein ist nicht defekt und wird aussortiert ($M_3 = \overline{d} \wedge a$).
M_4: Speicherbaustein ist nicht defekt und wird nicht aussortiert ($M_4 = \overline{d} \wedge \overline{a}$).

Folgende Wahrscheinlichkeiten sind gegeben:

$P(a) = 5\,\%$ (Von allen Speicherbausteinen werden 5 % aussortiert.)

$P(d) = 4{,}5\,\%$ (Von allen Speicherbausteinen sind 4,5 % defekt.)

Damit lässt sich für die Merkmale eine Vier-Felder-Tafel aufstellen (berechnete Werte sind **fett** und *kursiv* dargestellt):

	d	$\overline{d}$	
a	$P(M_1)$	$P(M_3)$	0,05
$\overline{a}$	$P(M_2)$	$P(M_4)$	***0,95***
	0,045	***0,955***	1

Ferner weiß man:

$P_{\overline{a}}(d) = \frac{1}{1000}$ (Einer von 1 000 verkauften, d. h. nicht aussortierten Speicherbausteinen ist defekt.)

Damit folgt für die Wahrscheinlichkeit von M_2:

$$P(M_2) = P(d \wedge \overline{a}) = P_{\overline{a}}(d) \cdot P(\overline{a})$$
$$= \frac{1}{1000} \cdot 0{,}95 = 0{,}00095 \quad \Rightarrow$$

	d	$\overline{d}$	
a	***0,04405***	***0,00595***	0,05
$\overline{a}$	***0,00095***	***0,94905***	0,95
	0,045	0,955	1

Für die gesuchte (bedingte) Wahrscheinlichkeit für einen nicht defekten Speicherbaustein im Ausschuss ergibt sich schließlich:

$$P_a(\overline{d}) = \frac{P(\overline{d} \wedge a)}{P(a)} = \frac{0{,}00595}{0{,}05} = 0{,}119 \approx 12\,\%$$

Ergebnis: Im Ausschuss sind ca. 12 % nicht defekte Bausteine zu erwarten.

Berufliche Gymnasien Baden-Württemberg: Mathematik ohne CAS
Abiturprüfung 2012 – Teil 3 (Anwendungsorientierte Aufgaben), Aufgabe 1

1 Im Rahmen einer Flugerprobung wurde bei einem Hubschrauber die Vertikalgeschwindigkeit v (in Meter pro Sekunde) in Abhängigkeit von der Zeit t (in Sekunden) mithilfe des Bordrechners gemessen und aufgezeichnet.
Ist $v > 0$, dann steigt der Hubschrauber, ist $v < 0$, dann sinkt er.
Die Änderungsrate der Vertikalgeschwindigkeit ist die Vertikalbeschleunigung.

1.1 Die folgende Tabelle zeigt die Messergebnisse:

t in s	0	2	4	6	8	10	12	14	16	18	20	22
v in $\frac{m}{s}$	0	5,2	6,1	4,8	2,3	0,3	–1,5	–2,0	–1,6	–0,7	0	–1,1

1.1.1 Stellen Sie die Messergebnisse in einem Koordinatensystem dar und bestimmen Sie die mittlere Vertikalbeschleunigung in den ersten vier Sekunden. (4 KP)

1.1.2 Die Messergebnisse sollen durch eine Polynomfunktion näherungsweise beschrieben werden.

Begründen Sie, welchen Grad diese Funktion mindestens haben muss, und bestimmen Sie einen Funktionsterm. (3 KP)

1.2 Die Vertikalgeschwindigkeit des Hubschraubers wird nun durch die folgende Funktion f beschrieben:

$f(t) = -0{,}001 \cdot t \cdot (t-10) \cdot (t-20)^2, \quad t \in [0; 22],$

wobei t in s und f(t) in $\frac{m}{s}$ angegeben ist.

1.2.1 Bestimmen Sie die maximale und die minimale Vertikalbeschleunigung des Hubschraubers. (4 KP)

1.2.2 Berechnen Sie die größte Höhe über dem Ausgangspunkt, die der Hubschrauber während der Messung erreicht. (4 KP)

(15 KP)

Hinweise und Tipps

1 **Tipp:**

Machen Sie sich allgemein die Zusammenhänge zwischen Strecke s, Geschwindigkeit v und Beschleunigung a klar:

- $v(t) = s'(t)$
- $a(t) = v'(t)$

Übertragen Sie diese Zusammenhänge auf die vorliegende Aufgabenstellung, bei der die Strecke s der Höhe h entspricht.

1.1.1 **Tipp:**

Die mittlere Vertikalbeschleunigung a_m ist der Quotient aus der Differenz der Geschwindigkeiten am Anfang und Ende eines bestimmten Zeitintervalls und der verstrichenen Zeit: $a_m = \frac{\Delta v}{\Delta t}$

1.1.2 **Tipps:**

- Was können Sie bzgl. der Extrema aus der Grafik (s. Teilaufgabe 1.1.1) ablesen? Welcher Mindestgrad folgt hieraus für die gesuchte Polynomfunktion? (*Alternative*: Wie viele Nullstellen liegen vor? Achten Sie dabei auf eine eventuelle Vielfachheit.)
- Geben Sie die Listen (`L1`: t-Werte, `L2`: v-Werte) in den GTR ein und führen Sie eine geeignete Regression durch.

1.2.1 **Tipps:**

- Die Vertikalbeschleunigung wird durch die Ableitung von f beschrieben.
- Die maximale und minimale Vertikalbeschleunigung können Sie mit dem GTR oder „von Hand" bestimmen.
- Berechnen Sie die relativen Extrema und vergessen Sie nicht die Ränder.
- Vorgehensweise bei der Berechnung mit dem GTR:
  - Geben Sie `Y1` ($\hat{=} f(t)$) in den GTR ein.
  - Bilden Sie `Y2=nAbl(Y1,X,X)`.
    (Darstellung im Display bei Betriebssystem 2.55 MP: `Y2 =` $\frac{d}{dX}$`(Y1)` $\big|_{X=X}$)
  - Lassen Sie sich von `Y2` auf die übliche Art relative Extrema berechnen.
  - Beachten Sie auch die Randwerte.
    Hinweis: Wenn Sie – mathematisch korrekt – die Funktion `Y2` ($\hat{=} f'$) auf den Abschnitt $0 \le x \le 22$ einschränken (`Y2=...(0≤X und X≤22)`), wird sie scheinbar (!) korrekt gezeichnet, ABER die Randwerte `Y2(0)` $= f'(0)$ und `Y2(22)` $= f'(22)$ in [TABLE] sind FALSCH!

1.2.2 **Tipps:**

- Machen Sie sich klar, dass der Helikopter steigt, wenn $f(t) > 0$ ist.
- Bestimmen Sie das Zeitintervall, in dem $f(t) > 0$ gilt.
- Zu welchem Zeitpunkt ist also die größte Höhe h_{max} erreicht? Berechnen Sie diese.
- Es gilt: $h(t) = \int_{t_0}^{t} v(\tau)\, d\tau$

Lösungen

1 **Gegeben:** Tabelle mit Messergebnissen

1.1.1 Grafik

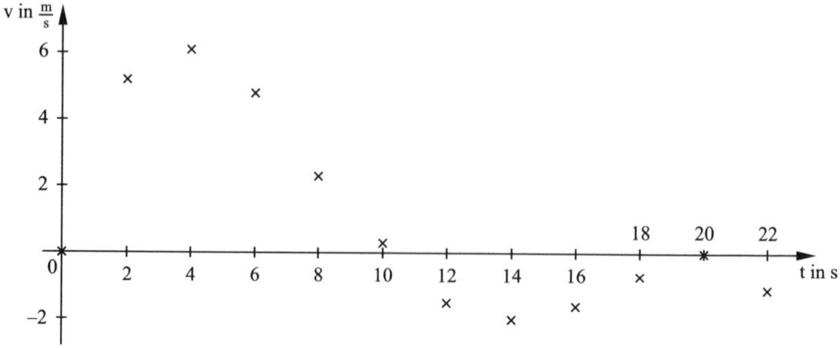

Für die mittlere Vertikalbeschleunigung $a_m = \frac{\Delta v}{\Delta t}$ in den ersten vier Sekunden gilt:

$$a_m = \frac{\Delta v}{\Delta t} = \frac{6{,}1-0}{4-0} \cdot \frac{\frac{m}{s}}{s} = 1{,}525\,\frac{m}{s^2} \approx 1{,}5\,\frac{m}{s^2}$$

1.1.2 Regression

Bedingungen für die Regressionsfunktion:

1. Gesucht ist eine Polynomfunktion (s. Aufgabenstellung).
2. Die Funktion hat (mindestens) 3 Extremstellen (vgl. Grafik: für $t_1 \approx 4$, $t_2 \approx 14$ und $t_3 \approx 20$).

Folgerung:
Das Polynom hat mindestens 4. Grad.

Bestimmung der Regressionsfunktion mit dem GTR:

1. Listen eingeben:
   Hierzu gibt man die Tabelle in den GTR ein ([STAT]; <EDIT>; `1:Edit...`), wobei (z. B.) die Liste `L1` die t-Werte und die Liste `L2` die v-Werte enthält:
   ```
   L1={0,  2,   4,   ... 20,  22}
   L2={0,  5.2, 6.1, ... 0,  -1.1}
   ```
2. Regression:
   Die Befehlsfolge im TI-84 Plus (Betriebssystem 2.55 MP) lautet:
   [STAT]; <RECH>; `7:QuartReg`

   und
   ```
   QuartReg
   XList: L1
   YList: L2
   FreqList:
   Store RegEQ: Y1
   Berechn
   ```
   (Store RegEQ: Y1 – oder eine andere Funktion)

   Hinweis zur Eingabe von `Y1`:
   [VARS]; <Y-VARS>; `1:Funktion...`; `1:Y1` ← (oder eine andere Funktion)

Ergebnis: `QuartReg`

```
y=ax⁴+bx³+...+e
a=-9.708716E-4     ≈ −0,000971
b=.0488113305      ≈ 0,0488
c=-.7863348023     ≈ −0,786
d=3.964037409      ≈ 3,96
↓e=.005448718      ≈ 0,00545
```

Falls `DiagnoseAn` ([2nd]; [CATALOG]; `DiagnoseAn`; [ENTER]) gewählt wurde (erkennbar an dem Pfeil ↓), liefert das Blättern nach unten den Wert `R²=.9992577476`.

Wegen $R^2 \approx 1$ ist die Regression brauchbar.

Damit gilt:

$$v(t) = -0{,}000971 \cdot t^4 + 0{,}0488 \cdot t^3 - 0{,}786 \cdot t^2 + 3{,}96 \cdot t + 0{,}00545$$
$$= -9{,}71 \cdot 10^{-4} \cdot t^4 + 4{,}88 \cdot 10^{-2} \cdot t^3 - 7{,}86 \cdot 10^{-1} \cdot t^2 + 3{,}96 \cdot t + 5{,}45 \cdot 10^{-3}; \quad t \in [0; 22]$$

1.2 **Gegeben:** $f(t) = -0{,}001 \cdot t \cdot (t-10) \cdot (t-20)^2; \quad t \in [0; 22]$

1.2.1 **Gesucht: Maximale und minimale Vertikalbeschleunigung des Hubschraubers**

Man erhält die Vertikalbeschleunigung aus der Ableitung f'.

1. Weg (mit dem GTR)

(1) f und f' in den GTR eingeben:

```
Y1=-0.001*X*(X-10)*(X-20)²
Y2=nAbl(Y1,X,X)
```

└ [MATH]; <MATH>; `8:nAbl`

Angezeigt wird im TI-84 Plus (Betriebssystem 2.55 MP) aber:

$$Y_2 = \frac{d}{d\square}(\square)\Big|_{\square=\square}$$

Geben Sie `X` und `Y1` an den entsprechenden Stellen ein, sodass Folgendes im Display steht:

$$Y_2 = \frac{d}{dX}(Y_1)\Big|_{X=X}$$

(2) Grafik anzeigen lassen:

[WINDOW]: $x \in [-1; 23]$; $y \in [-2; 6]$

[GRAPH]: `Y2` zeichnen lassen

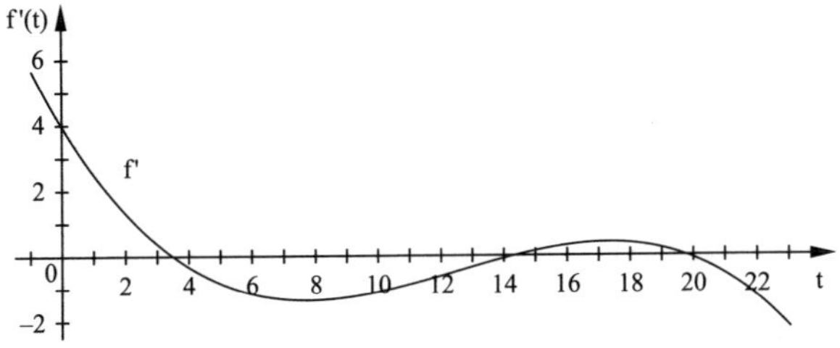

(3) Maximum bzw. Minimum von f' ($\hat{=}$ Y2) bestimmen:

Hinweis: Hier wird davon ausgegangen, dass Sie die Funktionen Y1 und Y2 nicht auf das Intervall [0; 22] eingeschränkt haben. (Begründung s. unten)

- Relative Extrema von Y2:
  Minimum: [2nd]; [CALC]; 3:Minimum
  Maximum: [2nd]; [CALC]; 4:Maximum

  GTR-Ergebnisse:
  relatives Minimum bei X=7.7128… mit Y2=-1.252…
  relatives Maximum bei X=17.287… mit Y2=.5026…
- Randwerte:
  Mithilfe von [2nd]; [TABLE] findet man:
  Y2(0)=4
  Y2(22)=-1.192

ACHTUNG: Wenn Sie im Gegensatz zu oben – aber mathematisch korrekt – die Funktion Y2 auf den Abschnitt $0 \le x \le 22$ einschränken (Y2=…(0≤X und X≤22)), wird sie scheinbar (!) korrekt gezeichnet, aber die Randwerte Y2(0) = f'(0) und Y2(22) = f'(22) in [TABLE] sind FALSCH! (vgl. Tipp zu 1.2.1)

Ergebnis: Maximale Vertikalbeschleunigung $a_{max} = 4{,}00\ \frac{m}{s^2}$ (bei t = 0 s).

Minimale Vertikalbeschleunigung $a_{min} \approx -1{,}25\ \frac{m}{s^2}$ (bei $t \approx 7{,}71$ s).

2. Weg („von Hand“)

Man erhält die Vertikalbeschleunigung a aus der Ableitung f'.
Die maximale bzw. minimale Vertikalbeschleunigung für $t \in [0; 22]$ erhält man aus a' und a'' ($a'(t) = 0$, $a''(t) < 0$ bzw. $a''(t) > 0$) und Betrachtung der Randwerte.

$$f(t) = -0{,}001 \cdot t \cdot (t-10) \cdot (t-20)^2$$
$$= -0{,}001 \cdot (t^4 - 50t^3 + 800t^2 - 4\,000t); \quad t \in [0; 22]$$

$$a(t) = f'(t) = -0{,}001 \cdot (4t^3 - 150t^2 + 1\,600t - 4\,000); \quad t \in]0; 22[$$

$$a'(t) = -0{,}001 \cdot (12t^2 - 300t + 1\,600)$$

$$a''(t) = -0{,}001 \cdot (24t - 300)$$

Relative Extrema:

$$0 \stackrel{!}{=} a'(t)$$

$$0 = -0{,}001 \cdot (12t^2 - 300t + 1\,600) \qquad |:(-0{,}001 \cdot 12)$$

$$0 = t^2 - 25t + \frac{400}{3}$$

$$t_{1/2} = \frac{25}{2} \pm \sqrt{\left(\frac{25}{2}\right)^2 - \frac{400}{3}} = 12{,}5 \pm 4{,}787135539\ldots$$

$t_1 = 17{,}28713554\ldots$: $a''(t_1) = -0{,}11\ldots < 0$ $\Rightarrow$ relatives Maximum mit $a(t_1) = 0{,}5026415154\ldots$

$t_2 = 7{,}712864461\ldots$: $a''(t_2) = 0{,}11\ldots > 0$ $\Rightarrow$ relatives Minimum mit $a(t_2) = -1{,}252641515\ldots$

Randwerte:

Linker Rand	$t_3 = 0$:	$a(t_3) = 4$
Rechter Rand	$t_4 = 22$:	$a(t_4) = -1{,}192$

Ergebnis: Maximale Vertikalbeschleunigung $a_{max} = 4{,}00\ \frac{m}{s^2}$ (bei $t_3 = 0\,s$).
Minimale Vertikalbeschleunigung $a_{min} \approx -1{,}25\ \frac{m}{s^2}$ (bei $t_2 \approx 7{,}71\,s$).

1.2.2 **Gesucht: größte Höhe über dem Ausgangspunkt**

Ein Steigflug findet statt, wenn die Vertikalgeschwindigkeit des Hubschraubers $f(t) > 0$ ist (vgl. Aufgabenstellung). Dies ist nur für $t \in \,]0;\,10[$ der Fall (vgl. Skizze bzw. Berechnung mit dem GTR).

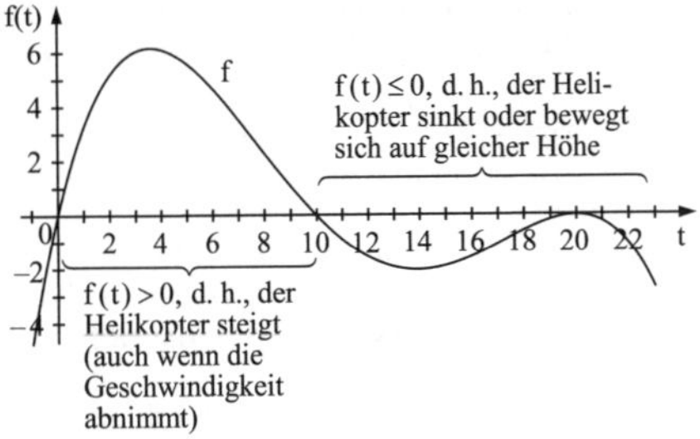

Der Helikopter steigt also bis 10 Sekunden nach Beginn der Messung an, erreicht somit zu diesem Zeitpunkt seine größte Höhe über dem Ausgangspunkt.

Die größtmögliche Höhe h_{max} erhält man daher aus

$$h_{max} = \int_0^{10} f(t)\,dt.$$

Der GTR ([2nd]; [CALC]; `7: ∫f(x)dx`) liefert:

$$\int_0^{10} f(t)\,dt = 38{,}333\ldots$$

Ergebnis: Die größte Höhe über dem Ausgangspunkt, die der Hubschrauber nach 10 Sekunden erreicht, beträgt $h_{max} \approx 38{,}3$ m.

(Nebenfrage: Was bedeutet $f(t) = 0$ für den Helikopter?
Die Antwort hierauf können Sie der obigen Skizze entnehmen.)

2.1 Neusilber ist eine Legierung aus 63 % Kupfer, 11 % Nickel und 26 % Zink.
Als Ausgangsstoffe für die Herstellung von Neusilber stehen alte Gedenkmünzen, altes Tafelbesteck und Messing zur Verfügung.
Die Gedenkmünzen bestehen aus 62 % Kupfer, 18 % Nickel und 20 % Zink.
Das Tafelbesteck besteht aus 60 % Kupfer, 12 % Nickel und 28 % Zink.
Messing besteht aus 72 % Kupfer und 28 % Zink.

2.1.1 Berechnen Sie, wie viel Kilogramm der drei Ausgangsstoffe jeweils eingesetzt werden müssen, um 20 kg Neusilber zu erhalten. (4 KP)

2.1.2 Es stehen nur 4 kg Gedenkmünzen zur Verfügung. Tafelbesteck und Messing sind in ausreichender Menge vorhanden.
Wie viel Neusilber kann damit hergestellt werden? (3 KP)

2.2 Für Kerzen mit einem Durchmesser von 2 cm soll aus Neusilber ein rotationssymmetrischer Kerzenständer hergestellt werden.
Die folgende Abbildung zeigt den Längsschnitt des Kerzenständers.

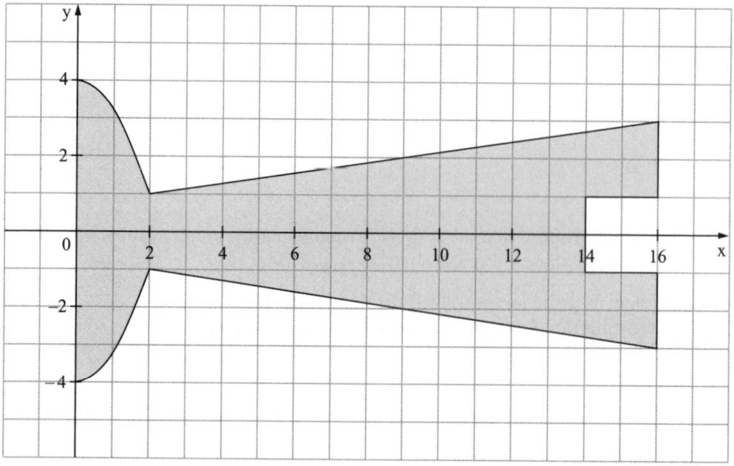

Der Rand des Längsschnittes besteht aus Geraden- und Parabelstücken.
Die Dichte von Neusilber beträgt $8{,}7\ \frac{\text{g}}{\text{cm}^3}$.

Berechnen Sie den Bedarf an Neusilber für diesen Kerzenständer. (8 KP)

(15 KP)

Hinweise und Tipps

2.1.1 **Tipps:**

- Berechnen Sie zunächst den Bedarf an Kupfer (Cu), Nickel (Ni) und Zink (Zn) für 20 kg Neusilber.
- Fassen Sie die Materialien (Gedenkmünzen, Tafelbesteck, Messing) als Endprodukte und die Bestandteile (Cu, Ni, Zn) als Rohstoffe auf.
  Der Vektor $\vec{\mathbf{r}}_R = (r_1 \;\; r_2 \;\; r_3)^T = (\text{Cu} \;\; \text{Ni} \;\; \text{Zn})^T$ gibt den Bedarf an Rohstoffen für 20 kg Neusilber an.
  Der Vektor $\vec{\mathbf{x}}_E = (x_1 \;\; x_2 \;\; x_3)^T = (\text{G} \;\; \text{T} \;\; \text{M})^T$ gibt die Mengen an Endprodukten in kg für 20 kg Neusilber an.
  (Aus den Rohstoffen Cu, Ni, Zn werden die Endprodukte G, T, M hergestellt.)
- Stellen Sie den prozentualen Zusammenhang zwischen Rohstoffen und Endprodukten als Matrix $\mathbf{C}_{R/E}$ dar:

	G	T	M
Cu	62 %	…	…
Ni	…	…	…
Zn	…	…	…

$$\Rightarrow \mathbf{C}_{R/E} = \begin{pmatrix} 0{,}62 & \dots & \dots \\ \dots & \dots & \dots \\ \dots & \dots & \dots \end{pmatrix}$$

- Zusammenhang: $\mathbf{C}_{R/E} \cdot \vec{\mathbf{x}}_E = \vec{\mathbf{r}}_R$
- Lösen Sie das LGS mit dem GTR.

2.1.2 **Tipp:**

Wenden Sie das Ergebnis für den Bedarf an Gedenkmünzen aus Teilaufgabe 2.1.1 passend an. Gehen Sie dabei davon aus, dass alle 3 Materialien verwendet und die 4 kg Gedenkmünzen vollständig eingesetzt werden sollen.

2.2 **Tipps:**

- Bestimmen Sie zunächst für das Parabel- und das Geradenstück passende Funktionsgleichungen.
- Bestimmen Sie dann das Volumen des Kerzenständers. Berechnen Sie dazu die Rotationsvolumina von Parabel- und Geradenstück mit dem GTR und vergessen Sie nicht die Hohl-Bohrung für die Kerze.
- Zuletzt berechnen Sie den Bedarf an Neusilber ($\hat{=}$ Masse m). Welcher Zusammenhang besteht zwischen Masse m, Volumen V und Dichte ρ?

Lösungen

2.1 **Gegeben:** Aus den Rohstoffen Kupfer (Cu), Nickel (Ni) und Zink (Zn) werden die Endprodukte (in der Aufgabenstellung „Ausgangsstoffe" genannt) hergestellt: Gedenkmünzen (G), Tafelbesteck (T) und Messing (M). Gegeben sind die prozentualen Anteile der Rohstoffe an den Endprodukten sowie die prozentualen Anteile der Rohstoffe an Neusilber.

2.1.1 **Gesucht: Wie viel kg Ausgangsstoffe für 20 kg Neusilber?**

1. Wie viel Kupfer, Nickel und Zink werden für 20 kg Neusilber benötigt?

   Cu: $0{,}63 \cdot 20\text{ kg} = 12{,}6\text{ kg}$
   Ni: $0{,}11 \cdot 20\text{ kg} = 2{,}2\text{ kg}$
   Zn: $0{,}26 \cdot 20\text{ kg} = 5{,}2\text{ kg}$

   $$\Rightarrow \quad \vec{r}_R = \begin{pmatrix} 12{,}6 \\ 2{,}2 \\ 5{,}2 \end{pmatrix}$$

2. Zusammenhang zwischen den Rohstoffen (Kupfer, Nickel, Zink) und den Endprodukten (Gedenkmünzen, Tafelbesteck, Messing):

	G	T	M
Cu	62 %	60 %	72 %
Ni	18 %	12 %	0 %
Zn	20 %	28 %	28 %

   $$\Rightarrow \quad \mathbf{C}_{R/E} = \begin{pmatrix} 0{,}62 & 0{,}60 & 0{,}72 \\ 0{,}18 & 0{,}12 & 0{,}00 \\ 0{,}20 & 0{,}28 & 0{,}28 \end{pmatrix}$$

3. Gesucht ist $\vec{x}_E = (x_1 \;\; x_2 \;\; x_3)^T$.
   Dabei ist
   x_1 die benötigte Menge an Gedenkmünzen in kg,
   x_2 die benötigte Menge an Tafelbesteck in kg und
   x_3 die benötigte Menge an Messing in kg.

   Zusammenhang zwischen $\vec{x}_E$ und $\vec{r}_R$:
   $\mathbf{C}_{R/E} \cdot \vec{x}_E = \vec{r}_R$

   $$\begin{pmatrix} 0{,}62 & 0{,}60 & 0{,}72 \\ 0{,}18 & 0{,}12 & 0{,}00 \\ 0{,}20 & 0{,}28 & 0{,}28 \end{pmatrix} \cdot \begin{pmatrix} x_1 \\ x_2 \\ x_3 \end{pmatrix} = \begin{pmatrix} 12{,}6 \\ 2{,}2 \\ 5{,}2 \end{pmatrix}$$

   Der GTR liefert:

   $$\vec{x}_E = \begin{pmatrix} 5 \\ 10{,}83\ldots \\ 4{,}16\ldots \end{pmatrix}$$

   Hinweis: Mit MATH; <MATH>; `1:Bruch` erhält man $\vec{x}_E = \left(5 \;\; \frac{65}{6} \;\; \frac{25}{6}\right)^T$.

Ergebnis: Es werden 5 kg Gedenkmünzen, 10,8 kg Tafelbesteck und 4,2 kg Messing zur Herstellung von 20 kg Neusilber benötigt.

2.1.2 **Gesucht: Wie viel Neusilber, wenn nur 4 kg Gedenkmünzen vorhanden sind?**

Da man für 20 kg Neusilber 5 kg Gedenkmünzen braucht (vgl. Lösung zu Teilaufgabe 2.1.1), kann man mit 4 kg Gedenkmünzen nur $\frac{4}{5} \cdot 20\text{ kg} = 16\text{ kg}$ Neusilber herstellen.

Ergebnis: Mit 4 kg Gedenkmünzen lassen sich 16 kg Neusilber herstellen.

2.2 **Gesucht: Menge an Neusilber für einen Kerzenständer**

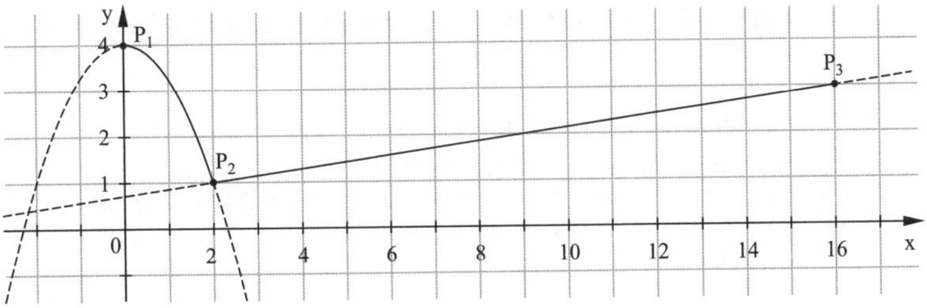

Aus der Aufgabenstellung entnimmt man die Koordinaten der Punkte:
$P_1(0|4)$; $P_2(2|1)$; $P_3(16|3)$

1. Gleichungen der Parabel und der Geraden aufstellen:

   Parabel: $p(x) = a \cdot x^2 + b \cdot x + c$
   $\quad = a \cdot x^2 + c \qquad$ (b = 0 wg. Symmetrie zur y-Achse)

   $\left.\begin{array}{l} P_1(0|4):\ 4 = a \cdot 0^2 + c \\ P_2(2|1):\ 1 = a \cdot 2^2 + c \end{array}\right\}\ p(x) = -\frac{3}{4} \cdot x^2 + 4;\quad x \in [0; 2]$

   Gerade: $g(x) = m \cdot x + b$

   $\left.\begin{array}{l} P_2(2|1):\ 1 = m \cdot 2 + b \\ P_3(16|3):\ 3 = m \cdot 16 + b \end{array}\right\}\ g(x) = \frac{1}{7} \cdot x + \frac{5}{7};\quad x \in [2; 16]$

2. Rotationsvolumina berechnen (Rotation um x-Achse):
   Um das Volumen des Kerzenständers zu erhalten, berechnet man die Summe der Rotationsvolumina des Parabel- und des Geradenstücks und zieht davon das Volumen der Hohl-Bohrung (gerader Zylinder mit Durchmesser 2 cm und Höhe 2 cm) für die Kerze ab:

   $V_{\text{Kerzenständer}} = V_{\text{Parabel}} + V_{\text{Gerade}} - V_{\text{Hohl}}$

   $$V_{\text{Parabel}} = \pi \cdot \int_0^2 (p(x))^2\, dx = \pi \cdot \int_0^2 \left(-\frac{3}{4}x^2 + 4\right)^2 dx \overset{\text{(GTR)}}{=} \pi \cdot 19{,}6 = 61{,}575\ldots\ [\text{cm}^3]$$

   $$V_{\text{Gerade}} = \pi \cdot \int_2^{16} (g(x))^2\, dx = \pi \cdot \int_2^{16} \left(\frac{1}{7}x + \frac{5}{7}\right)^2 dx \overset{\text{(GTR)}}{=} \pi \cdot 60{,}\overline{6} = 190{,}5899\ldots\ [\text{cm}^3]$$

   $$V_{\text{Hohl}} = \pi \cdot r^2 \cdot h = \pi \cdot 1^2 \cdot 2 = \pi \cdot 2 = 6{,}2831\ldots\ [\text{cm}^3]$$

   $$\Rightarrow\quad V_{\text{Kerzenständer}} = \pi \cdot (19{,}6 + 60{,}\overline{6} - 2) = \pi \cdot 78{,}2\overline{6} = 245{,}881\ldots\ [\text{cm}^3]$$

3. Berechnung des Bedarfs an Neusilber für den Kerzenständer:

   $$m = \rho \cdot V_{\text{Kerzenständer}} = 8{,}7 \frac{\text{g}}{\text{cm}^3} \cdot 245{,}881\ldots\ \text{cm}^3 = 2\,139{,}17\ldots\ \text{g}$$

Ergebnis: Für den Kerzenständer werden ca. 2,14 kg Neusilber benötigt.

3 Ein Kondensator ist ein Bauteil, das elektrische Ladung speichert.

Der Ladevorgang eines Kondensators wird im Labor untersucht.
Zum Zeitpunkt $t=0$ beginnt der Aufladevorgang. Die Stärke des elektrischen Stroms, der beim Aufladen fließt, wird gemessen. Die Messwerte sind in folgender Tabelle zusammengefasst:

t in Sekunden (s)	1,0	2,4	4,8	7,2	9,6
I in Milliampere (mA)	9,0	6,0	3,0	1,5	0,75

Der Zusammenhang zwischen der Zeit t und der Stromstärke I soll durch eine Exponentialfunktion f mit $f(t)=a\cdot b^t$ beschrieben werden.

3.1 Bestimmen Sie den Funktionsterm und zeichnen Sie das Schaubild dieser Funktion. (4 KP)

3.2 Verwenden Sie in den folgenden Aufgabenteilen Ihre in 3.1 bestimmte Funktion.

3.2.1 Bestimmen Sie die Stromstärke zu Beginn des Aufladevorgangs.
Ab welchem Zeitpunkt ist die Stromstärke kleiner als 0,1 mA? (3 KP)

3.2.2 Wann ist die momentane Änderungsrate der Stromstärke ebenso groß wie ihre durchschnittliche Änderungsrate im Zeitraum von 1,0 s bis 2,4 s? (3 KP)

3.2.3 Die Stromstärke I ist die momentane Änderungsrate der Ladung Q. Die Ladung wird in Milliamperesekunden (mAs) gemessen.

Bestimmen Sie die Ladung, die in den ersten 18 Sekunden auf dem Kondensator gespeichert wird.

Nach welcher Zeit trägt der Kondensator 60 % dieser Ladung? (5 KP)

(15 KP)

Hinweise und Tipps

3.1 **Tipp:**

Geben Sie die Listen (`L1`: t-Werte, `L2`: I-Werte) in den GTR ein.
Verlangt ist $f(t) = a \cdot b^t$. Führen Sie also eine exponentielle Regression durch.
Zum besseren Verständnis wird die Funktion f im Folgenden mit I bezeichnet.

3.2.1 **Tipp:**

Die Ungleichung $I(t) < 0{,}1$ können Sie „von Hand" oder mit dem GTR lösen.
Vorgehen mit GTR: `Y1=...` (Ihre Funktion aus Teilaufgabe 3.1), `Y2=0.1` und Schnittstelle berechnen lassen.

3.2.2 **Tipps:**

- Bestimmen Sie zunächst $m_\varnothing = \frac{I(2{,}4) - I(1{,}0)}{2{,}4 - 1{,}0}$.
- Die momentane Änderungsrate ist $I'(t)$.
- Gefragt ist t, sodass $I'(t) = m_\varnothing$. Das können Sie
  - mit dem GTR lösen. Setzen Sie hierfür `Y1` $\hat{=}$ I (Ihre in 3.1 gefundene Funktion) und `Y2=nAbl(Y1,X,X)`, d. h. `Y2` $\hat{=}$ $I'(t)$, sowie `Y3` $\hat{=}$ $m_\varnothing$.
    (Darstellung im Display bei Betriebssystem 2.55 MP: ⋱ $Y_2 = \frac{d}{dX}(Y_1)\Big|_{X=X}$).
    Lassen Sie `Y2` und `Y3` zeichnen und berechnen Sie die Schnittstelle.
  - „von Hand" berechnen (Ableitung $I'(t)$ aus der Formelsammlung; danach Lösen einer Exponentialgleichung).

3.2.3 **Tipps:**

- Wegen $Q'(t) = I(t)$ ist $Q(t) = \int_0^t I(\tau)\, d\tau$.
- Berechnen Sie zunächst mit dem GTR den Wert Q(18).
- Gesucht ist ein t mit $Q(t) = 60\,\% \cdot Q(18)$.
- Zur Lösung dieser Gleichung benötigen Sie eine Stammfunktion von I(t).
  Diese können Sie
  - sich mit dem GTR zeichnen lassen. (Achtung: Das dauert recht lange.)
  - „von Hand" berechnen (Formelsammlung: $f(x) = a \cdot b^x \;\Rightarrow\; F(x) = \frac{a}{\ln(b)} \cdot b^x + c$).

3 **Gegeben:** Tabelle mit Messwerten

3.1 **Gesucht: Funktionsterm in der Form $f(t) = a \cdot b^t$**

Die exponentielle Regression erhält man auf analoge Weise wie die Regression vierten Grades; vgl. hierzu Seite 2012-26.

Ergebnis: ExpReg

```
y=a*b^x
a=12.00826676      ≈ 12,01
b=.7490841987      ≈ 0,75
r²=.9999998522     ≈ 1
r =-.9999999261    ≈ −1
```

Funktionsterm: $f(t) = 12{,}01 \cdot 0{,}75^t$; $t \in [0; 9{,}6]$

Zum besseren Verständnis wird die Funktion f(t) im Folgenden mit I(t) (für Stromstärke) bezeichnet.

Schaubild:

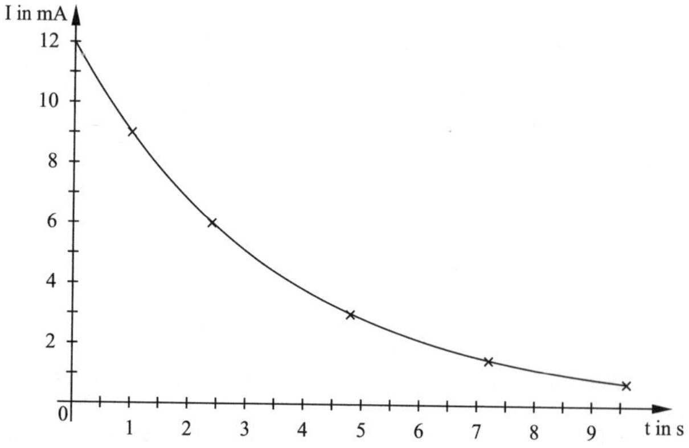

3.2.1 **Gesucht: Stromstärke zu Beginn des Aufladevorgangs**

$I(0) = 12{,}01 \cdot 0{,}75^0 = 12{,}01$ [mA]

Ergebnis: Die Stromstärke zu Beginn des Aufladevorgangs beträgt 12,01 mA.

Gesucht: Zeitpunkt, ab dem $I(t) < 0{,}1$ mA ist

1. Weg (mit dem GTR)

I(t) und $y = 0{,}1$ in den GTR eingeben:

```
Y1=12.01*0.75^X
Y2=0.1
```

Man lässt Y1 und Y2 zeichnen und mittels [2nd]; [CALC]; 5:Schnittpkt erhält man als Schnittstelle X=16.644502.

$\Rightarrow$ $I(t) < 0{,}1$ mA für $t > 16{,}64$ (s. Schaubild)

Ergebnis: Ab ca. 16,64 Sekunden nach Beginn des Aufladevorgangs ist die Stromstärke kleiner als 0,1 mA.

2. Weg („von Hand“)

$$I(t)<0{,}1 \Leftrightarrow 12{,}01\cdot 0{,}75^t < 0{,}1 \qquad |:12{,}01$$

$$\Leftrightarrow \quad 0{,}75^t < \frac{0{,}1}{12{,}01} \qquad |\ln(\ldots)$$

$$\Leftrightarrow \quad t\cdot\ln(0{,}75) < \ln\left(\frac{0{,}1}{12{,}01}\right) \qquad |:\underbrace{\ln(0{,}75)}_{<0}$$

$$\Leftrightarrow \quad t > \frac{\ln\left(\frac{0{,}1}{12{,}01}\right)}{\ln(0{,}75)} = 16{,}6445\ldots$$

Ergebnis: Ab ca. 16,64 Sekunden nach Beginn des Aufladevorgangs ist die Stromstärke kleiner als 0,1 mA.

3.2.2 Momentane Änderungsrate mit durchschnittlicher Änderungsrate vergleichen

1. Durchschnittliche Änderungsrate $m_\varnothing$ im Zeitraum [1,0; 2,4]:

$$\left.\begin{array}{l} I(1{,}0)=9{,}0075 \\ I(2{,}4)\approx 6{,}0213 \end{array}\right\} \Rightarrow m_\varnothing \approx \frac{6{,}0213-9{,}0075}{2{,}4-1{,}0}\cdot\frac{\text{mA}}{\text{s}} = -2{,}133\,\frac{\text{mA}}{\text{s}}$$

2. Momentane Änderungsrate $I'(t)$ und wann ist $I'(t)=m_\varnothing$?

1. Weg (mit dem GTR)

$I(t)$, $I'(t)$ und $y=m_\varnothing$ in den GTR eingeben:

`Y1=12.01*0.75^X`

`Y2=nAbl(Y1,X,X)` (Darstellung im Display bei Betriebssystem 2.55 MP: `Y2 =` $\frac{d}{dX}$`(Y1)|X = X` (vgl. hierzu Seite 2012-27))

`Y3=-2.133`

Man lässt `Y2` und `Y3` zeichnen und mittels [2nd]; [CALC]; `5:Schnittpkt` erhält man als Schnittstelle `X=1.6765413`.

Ergebnis: Nach ca. 1,68 Sekunden ist die momentane Änderungsrate gleich der durchschnittlichen Änderungsrate:
$I'(1{,}68)\approx m_\varnothing = -2{,}133\,\frac{\text{mA}}{\text{s}}$

2. Weg („von Hand“)

Man erhält die erste Ableitung von I

a) entweder aus der Formelsammlung:
$f(x)=a^x \Rightarrow f'(x)=\ln(a)\cdot a^x$
Also:
$I(t)=12{,}01\cdot 0{,}75^t$
$I'(t)=12{,}01\cdot\ln(0{,}75)\cdot 0{,}75^t$

b) oder mithilfe des sog. „logarithmischen Ableitens“:
Gesucht ist die Ableitung zu $f(x)=a\cdot b^x$.

$$f(x)=a\cdot b^x \qquad |\ln(\ldots)$$

$$\ln(f(x))=\ln(a)+x\cdot\ln(b) \qquad |(\ldots)'$$

$$\frac{f'(x)}{f(x)}=\ln(b) \qquad |\cdot f(x)$$

$$f'(x)=\ln(b)\cdot a\cdot b^x \qquad \Rightarrow \quad I'(t)=\ln(0{,}75)\cdot 12{,}01\cdot 0{,}75^t$$

Gefordert ist $I'(t) = m_\varnothing$:

$$\ln(0,75) \cdot 12,01 \cdot 0,75^t = -2,133 \qquad |:(\ln(0,75) \cdot 12,01)$$

$$0,75^t = -\frac{2,133}{\ln(0,75) \cdot 12,01} \qquad |\ln(\ldots)$$

$$t \cdot \ln(0,75) = \ln\left(-\frac{2,133}{\ln(0,75) \cdot 12,01}\right) \qquad |:\ln(0,75)$$

$$t = \frac{\ln\left(-\frac{2,133}{\ln(0,75) \cdot 12,01}\right)}{\ln(0,75)}$$

$$t = 1,67654129\ldots$$

Ergebnis: Nach ca. 1,68 Sekunden ist die momentane Änderungsrate gleich der durchschnittlichen Änderungsrate:
$I'(1,68) \approx m_\varnothing = -2,133 \frac{\text{mA}}{\text{s}}$

3.2.3 **Gesucht: Ladung Q des Kondensators**

Ladung in den ersten 18 Sekunden?

Da I(t) die (momentane) Änderungsrate von Q beschreibt, gilt:

$$Q'(t) = I(t) \quad \text{bzw.} \quad Q(t) = \int_0^t I(\tau)\, d\tau$$

Damit folgt:

$$Q(18) = \int_0^{18} I(\tau)\, d\tau \overset{(GTR)}{=} 41,512114$$ ([2nd]; [CALC]; 7: ∫f(x)dx)

Ergebnis: Nach den ersten 18 Sekunden beträgt die Ladung Q auf dem Kondensator ca. 41,51 mAs (= 41,51 mC; C ≙ Coulomb).

Nach welcher Zeit trägt der Kondensator 60 % der Ladung von 41,51 mAs?

60 % von 41,51 mAs sind $0,6 \cdot 41,51$ mAs = 24,906 mAs

Gesucht ist jene Zeit t, für die $Q(t) = 24,906$ ist.

Wegen

$$Q(t) = \int_0^t I(\tau)\, d\tau = \int_0^t 12,01 \cdot 0,75^\tau\, d\tau$$

benötigt man dazu eine Stammfunktion von I(t).

1. *Weg (mit dem GTR)*
Der TI-84 kann zwar keine Stammfunktion formelmäßig errechnen, aber er kann sie zeichnen.
Geben Sie dazu I(t), Q(t) und y = 24,906 in den GTR ein:

```
Y1=12.01*0.75^X
Y2=FktInt(Y1,X,0,X)
```

↑ [MATH]; <MATH>; `9:FktInt`

Angezeigt wird im TI-84 Plus (Betriebssystem 2.55 MP) aber:

$$Y2=\int_{\square}^{\square}(\square)\,d\square$$

Geben Sie `0`, `X` und `Y1` an den entsprechenden Stellen ein, sodass Folgendes im Display steht:

$$Y2=\int_0^X (Y1)\,dX$$

(*Hinweis*: Mathematisch korrekt müsste es z. B. $Y2=\int_0^X (Y1)\,d\mathbf{Z}$ heißen, da die Integrationsvariable nicht mit der oberen Grenze übereinstimmen darf. Dazu müsste allerdings `Y1` mit der Variablen `Z` ([ALPHA]; `[Z]`) statt `X` eingegeben werden.)

```
Y3=24.906
```

`Y2` und `Y3` zeichnen lassen.

Hinweis: Für das Zeichnen von `Y2` braucht der GTR einiges an Zeit, weil enorm viele Berechnungen durchzuführen sind; wappnen Sie sich mit Geduld!

Mittels [2nd]; [CALC]; `5:Schnittpkt` erhält man als Schnittstelle `X=3.1555473`.

Ergebnis: Nach ca. 3,16 Sekunden sind 60 % der Ladung erreicht.

2. *Weg („von Hand")*
Aus der Formelsammlung:

$$f(x)=a\cdot b^x \quad\Rightarrow\quad F(x)=\frac{a}{\ln(b)}\cdot b^x+c$$

Also:

$$Q(t)=\int_0^t 12{,}01\cdot 0{,}75^{\tau}\,d\tau$$

$$=\left[\frac{12{,}01}{\ln(0{,}75)}\cdot 0{,}75^{\tau}\right]_0^t$$

$$=\frac{12{,}01}{\ln(0{,}75)}\cdot\left[0{,}75^{\tau}\right]_0^t$$

$$=\frac{12{,}01}{\ln(0{,}75)}\cdot(0{,}75^t-1)$$

Zu lösen ist die Gleichung $Q(t) = 24{,}906$:

$$\frac{12{,}01}{\ln(0{,}75)} \cdot (0{,}75^t - 1) = 24{,}906 \qquad \Big| \cdot \frac{\ln(0{,}75)}{12{,}01}$$

$$0{,}75^t - 1 = 24{,}906 \cdot \frac{\ln(0{,}75)}{12{,}01} \qquad |+1$$

$$0{,}75^t = 24{,}906 \cdot \frac{\ln(0{,}75)}{12{,}01} + 1 \qquad |\ln(\ldots)$$

$$t \cdot \ln(0{,}75) = \ln\left(24{,}906 \cdot \frac{\ln(0{,}75)}{12{,}01} + 1\right) \qquad |: \ln(0{,}75)$$

$$t = \frac{\ln\left(24{,}906 \cdot \frac{\ln(0{,}75)}{12{,}01} + 1\right)}{\ln(0{,}75)}$$

$$t = 3{,}155547318\ldots$$

Ergebnis: Nach ca. 3,16 Sekunden sind 60 % der Ladung erreicht.

Berufliche Gymnasien Baden-Württemberg: Mathematik ohne CAS
Abiturprüfung 2012 – Teil 4 (Vektorgeometrie), Aufgabe 1

1 Gegeben sind die Punkte A(–5 | 2 | 1), B(–2 | 3 | –1), C(–1 | 3 | –2) und die Gerade

$$g:\ \vec{x} = \begin{pmatrix} 9 \\ 7 \\ 8 \end{pmatrix} + t \begin{pmatrix} 2 \\ 1 \\ 3 \end{pmatrix};\ t \in \mathbb{R}.$$

Die Punkte A, B und C legen die Ebene E fest.

1.1 Berechnen Sie den Schnittpunkt von E und g. (4 KP)

1.2 Die Schnittpunkte S_1 und S_2 der Ebene E mit der x_1- und der x_2-Achse, der Ursprung sowie ein Punkt S auf der x_3-Achse sind die Eckpunkte einer Pyramide.

Berechnen Sie einen Punkt S so, dass die Pyramide das Volumen 30 hat. (6 KP)

1.3 Für alle a, b ∈ ℝ ist die Gerade h gegeben durch

$$h:\ \vec{x} = \begin{pmatrix} b \\ 4 \\ -1 \end{pmatrix} + r \begin{pmatrix} -4 \\ -2 \\ 2-4a \end{pmatrix};\ r \in \mathbb{R}.$$

Für welche Werte von a und b sind die Geraden g und h parallel und verschieden? (5 KP)

(15 KP)

Hinweise und Tipps

1.1 **Tipps:**
- Bestimmen Sie zunächst eine Gleichung der Ebene E.
- Den Schnittpunkt erhält man durch Gleichsetzen der beiden Gleichungen.

1.2 **Tipps:**
- Skizzieren Sie in einem Achsenkreuz die Pyramide.
- Bestimmen Sie die Koordinaten der Punkte S_1 und S_2.
- Wie berechnet man das Volumen einer Pyramide?
- Was weiß man über die Form der Grundfläche?

1.3 **Tipps:**
- Wie heißt die Bedingung, damit zwei Geraden parallel sind?
- Was muss zusätzlich gelten, damit die Geraden verschieden sind?

Lösungen

1.1 **Schnittpunkt $E \cap g$**

Zur Bestimmung einer Gleichung der Ebene durch die Punkte A, B und C werden zunächst zwei Richtungsvektoren berechnet, z. B. $\overrightarrow{AB}$ und $\overrightarrow{AC}$:

$$\overrightarrow{AB} = \begin{pmatrix} -2 \\ 3 \\ -1 \end{pmatrix} - \begin{pmatrix} -5 \\ 2 \\ 1 \end{pmatrix} = \begin{pmatrix} 3 \\ 1 \\ -2 \end{pmatrix}$$

$$\overrightarrow{AC} = \begin{pmatrix} -1 \\ 3 \\ -2 \end{pmatrix} - \begin{pmatrix} -5 \\ 2 \\ 1 \end{pmatrix} = \begin{pmatrix} 4 \\ 1 \\ -3 \end{pmatrix}$$

Als Aufpunkt wählt man z. B. den Punkt A.

$$\Rightarrow \quad E\colon \vec{x} = \begin{pmatrix} -5 \\ 2 \\ 1 \end{pmatrix} + r\begin{pmatrix} 3 \\ 1 \\ -2 \end{pmatrix} + s\begin{pmatrix} 4 \\ 1 \\ -3 \end{pmatrix}; \; r, s \in \mathbb{R}$$

Der Schnittpunkt wird durch Gleichsetzen der Geradengleichung und der Ebenengleichung bestimmt:

$$E \cap g\colon \quad \begin{pmatrix} -5 \\ 2 \\ 1 \end{pmatrix} + r\begin{pmatrix} 3 \\ 1 \\ -2 \end{pmatrix} + s\begin{pmatrix} 4 \\ 1 \\ -3 \end{pmatrix} = \begin{pmatrix} 9 \\ 7 \\ 8 \end{pmatrix} + t\begin{pmatrix} 2 \\ 1 \\ 3 \end{pmatrix}$$

$$\text{umgeformt:} \quad \begin{array}{c} \\ \\ \end{array} \begin{pmatrix} \begin{array}{ccc|c} r & s & t & \\ \hline 3 & 4 & -2 & 14 \\ 1 & 1 & -1 & 5 \\ -2 & -3 & -3 & 7 \end{array} \end{pmatrix}$$

Nach GTR ergibt sich:

$r = -2; \quad s = 3; \quad t = -4$

Jetzt setzt man entweder $t = -4$ in die Geradengleichung oder $r = -2$ und $s = 3$ in die Ebenengleichung ein und erhält den Vektor $\vec{x} = \begin{pmatrix} 1 \\ 3 \\ -4 \end{pmatrix}$.

Der Schnittpunkt T heißt also: $T(1\,|\,3\,|\,-4)$

1.2 **Pyramide**

Skizze für die Berechnung des Volumens:

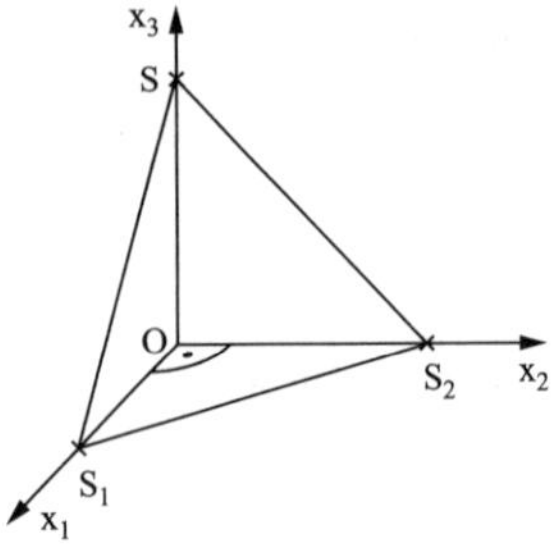

Berechnung von S_1

Schnitt mit der x_1-Achse bedeutet, dass $x_2 = x_3 = 0$ sein muss. Aus der zweiten und dritten Zeile der Ebenengleichung ergibt sich dann:

$$0 = 2 + r + s \quad\Rightarrow\quad r = -2 - s$$

$$0 = 1 - 2r - 3s \quad\Rightarrow\quad 0 = 1 - 2\cdot(-2-s) - 3s$$

$$0 = 1 + 4 + 2s - 3s$$

$$0 = 5 - s$$

$$s = 5$$

$$\Rightarrow\quad r = -2 - 5 = -7$$

Eingesetzt in E ergibt sich:

$x_1 = -5 + (-7)\cdot 3 + 5\cdot 4 = -6 \quad\Rightarrow\quad S_1(-6\,|\,0\,|\,0)$

Berechnung von S_2

Schnitt mit der x_2-Achse bedeutet, dass $x_1 = x_3 = 0$ sein muss. Aus der ersten und dritten Zeile der Ebenengleichung ergibt sich dann:

$$0 = -5 + 3r + 4s \quad\Rightarrow\quad r = \frac{5}{3} - \frac{4}{3}s$$

$$0 = 1 - 2r - 3s \quad\Rightarrow\quad 0 = 1 - 2\cdot\left(\frac{5}{3} - \frac{4}{3}s\right) - 3s$$

$$0 = 1 - \frac{10}{3} + \frac{8}{3}s - 3s$$

$$0 = -\frac{7}{3} - \frac{1}{3}s$$

$$s = -7$$

$$\Rightarrow\quad r = \frac{5}{3} - \frac{4}{3}\cdot(-7) = 11$$

Eingesetzt in E ergibt sich:

$x_2 = 2 + 11\cdot 1 + (-7)\cdot 1 = 6 \quad\Rightarrow\quad S_2(0\,|\,6\,|\,0)$

Berechnung von S

Für das Volumen einer Pyramide mit Grundfläche G und Höhe h gilt:

$$V = \frac{1}{3}\cdot G\cdot h$$

Das Dreieck S_1S_2O (Grundfläche) ist rechtwinklig bei O und gleichschenklig mit der gemeinsamen Kathetenlänge 6.

$$\Rightarrow\quad G = A_\Delta = \frac{1}{2}\cdot 6\cdot 6 = 18\text{ FE}$$

Die Pyramide soll das Volumen 30 VE haben, also muss gelten:

$$30 = \frac{1}{3}\cdot 18\cdot h$$

$$\Rightarrow\quad h = 5\text{ LE}$$

Ein möglicher Punkt S lautet $S(0\,|\,0\,|\,5)$. (Auch möglich ist der Punkt $S(0\,|\,0\,|\,-5)$.)

1.3 **Parallele Geraden**

Gegeben sind die Geraden g und h mit:

$$g\colon\ \vec{x}=\begin{pmatrix}9\\7\\8\end{pmatrix}+t\begin{pmatrix}2\\1\\3\end{pmatrix};\ t\in\mathbb{R}$$

$$h\colon\ \vec{x}=\begin{pmatrix}b\\4\\-1\end{pmatrix}+r\begin{pmatrix}-4\\-2\\2-4a\end{pmatrix};\ r\in\mathbb{R}$$

Die Geraden g und h sind parallel, wenn ihre Richtungsvektoren ein Vielfaches voneinander sind:

$$\begin{pmatrix}-4\\-2\\2-4a\end{pmatrix}=u\begin{pmatrix}2\\1\\3\end{pmatrix}$$

Man erhält:

$$\left.\begin{aligned}-4&=2u\\-2&=u\end{aligned}\right\}\ \Rightarrow\ u=-2$$

$$2-4a=3u\ \Rightarrow\ \begin{aligned}2-4a&=-6\\-4a&=-8\\a&=2\end{aligned}$$

Damit die Geraden zwar parallel, aber verschieden sind, darf der Aufpunkt der einen Geraden nicht auf der anderen Geraden liegen, also z. B. der Aufpunkt von h nicht auf g.

Der Parameter b wird zunächst so berechnet, dass der Punkt $(b\,|\,4\,|\,-1)$ auf der Geraden g liegt:

$$\begin{pmatrix}b\\4\\-1\end{pmatrix}=\begin{pmatrix}9\\7\\8\end{pmatrix}+t\begin{pmatrix}2\\1\\3\end{pmatrix}$$

Aus der zweiten und dritten Zeile erhält man:

$$\left.\begin{aligned}4&=7+t\\-1&=8+3t\end{aligned}\right\}\ \Rightarrow\ t=-3$$

$$b=9+2t\ \Rightarrow\ \begin{aligned}b&=9+2\cdot(-3)\\b&=3\end{aligned}$$

$\Rightarrow$ Für $a=2$ und $b\neq 3$ sind die Geraden g und h parallel und verschieden.

2

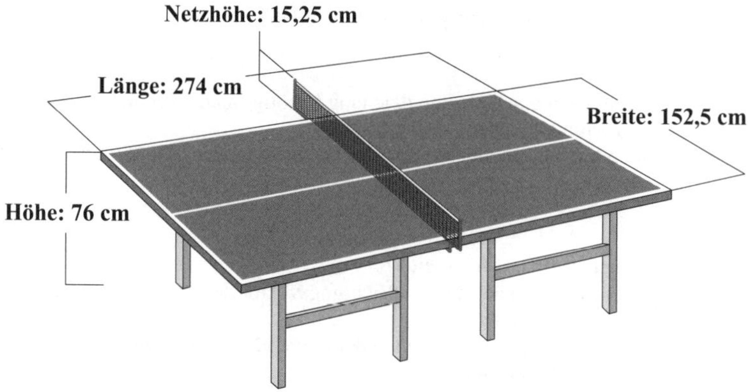

nach http://de.wikipedia.org/wiki/Tischtennis

Die Punkte A(0 | 91,5 | 76), B(122 | 0 | 76), C und D(164,4 | 310,7 | 76) sind die Eckpunkte einer Tischtennisplatte mit der Breite AB und der Länge AD. Die Koordinaten sind in cm angegeben.

2.1 Begründen Sie, dass die Platte parallel zur x_1x_2-Ebene liegt. Berechnen Sie die Koordinaten von C. (3 KP)

2.2 Bestimmen Sie eine Gleichung der Ebene, in der das Netz verläuft. (4 KP)

2.3 Zeigen Sie: Die obere Netzkante liegt auf der Geraden g mit

$$g:\ \vec{x} = \begin{pmatrix} 143{,}2 \\ 155{,}35 \\ 91{,}25 \end{pmatrix} + r \begin{pmatrix} 24{,}4 \\ -18{,}3 \\ 0 \end{pmatrix};\ r \in \mathbb{R}.$$ (4 KP)

2.4 Die Flugbahn eines Tischtennisballes lässt sich durch die Gerade h mit

$$h:\ \vec{x} = \begin{pmatrix} 220 \\ 310 \\ 150 \end{pmatrix} + s \begin{pmatrix} 2 \\ 4 \\ 1 \end{pmatrix};\ s \in \mathbb{R}\quad \text{beschreiben.}$$

Prüfen Sie, ob der Ball ins Netz geht. (4 KP)

(15 KP)

Hinweise und Tipps

2.1 **Tipps:**

- Was gilt für alle Punkte einer Ebene, die parallel zur x_1x_2-Ebene liegt? Beachten Sie die Koordinaten der gegebenen Punkte.
- Die Seiten der Tischtennisplatte sind parallel.

2.2 **Tipps:**

- Zum Aufstellen einer Ebenengleichung benötigt man zwei nicht parallele Richtungsvektoren und einen Aufpunkt.
- Beachten Sie die besondere Lage der Tischtennisplatte und die Lage des Netzes zu dieser.

2.3 **Tipps:**

- Wann sind zwei Geraden gleich?
- Vergleichen Sie zunächst einen Richtungsvektor der oberen Netzkante mit dem der gegebenen Geraden g.
- Prüfen Sie dann für einen Punkt Q der oberen Netzkante, ob dieser auf der Geraden g liegt (Punktprobe).

2.4 **Tipps:**

- In Teilaufgabe 2.2 wurde die Gleichung der Netzebene bestimmt. Berechnen Sie jetzt den Schnittpunkt dieser Ebene mit der Geraden h.
- Vergleichen Sie die x_3-Koordinate des Schnittpunkts mit der Höhe der oberen Netzkante.

Lösungen

2.1 Koordinaten eines Punktes

Die Tischtennisplatte liegt parallel zur x_1x_2-Ebene (Fußboden), da die Punkte A, B und D die gleiche x_3-Koordinate haben.

Gesucht ist der Punkt C, sodass die vier Punkte A, B, C und D ein Rechteck bilden:

Skizze:

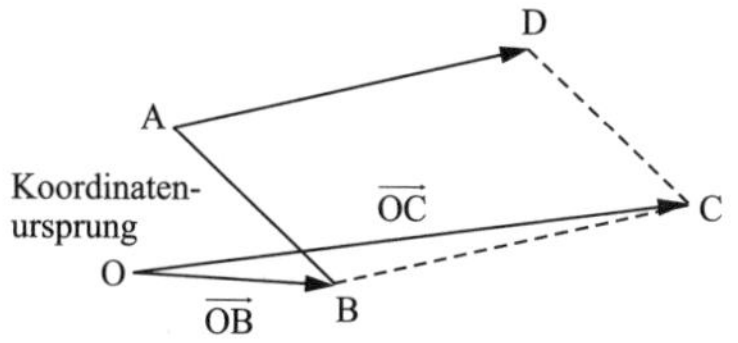

$$\overrightarrow{OC} = \overrightarrow{OB} + \overrightarrow{BC}$$

$$= \overrightarrow{OB} + \overrightarrow{AD}$$

$$= \begin{pmatrix} 122 \\ 0 \\ 76 \end{pmatrix} + \left[\begin{pmatrix} 164,4 \\ 310,7 \\ 76 \end{pmatrix} - \begin{pmatrix} 0 \\ 91,5 \\ 76 \end{pmatrix} \right]$$

$$= \begin{pmatrix} 122 \\ 0 \\ 76 \end{pmatrix} + \begin{pmatrix} 164,4 \\ 219,2 \\ 0 \end{pmatrix} = \begin{pmatrix} 286,4 \\ 219,2 \\ 76 \end{pmatrix}$$

Damit heißt der Punkt C(286,4 | 219,2 | 76).

2.2 Ebenengleichung

Da AB die Breite der Tischtennisplatte ist, sieht man anhand der Abbildung aus der Aufgabenstellung, dass man $\overrightarrow{AB}$ als ersten Richtungsvektor wählen kann. Als zweiten Richtungsvektor kann man den der x_3-Achse verwenden (da das Netz senkrecht zur Tischtennisplatte gespannt ist):

$$\vec{u}_1 = \overrightarrow{AB} = \begin{pmatrix} 122 \\ 0 \\ 76 \end{pmatrix} - \begin{pmatrix} 0 \\ 91,5 \\ 76 \end{pmatrix} = \begin{pmatrix} 122 \\ -91,5 \\ 0 \end{pmatrix}$$

$$\vec{u}_2 = \begin{pmatrix} 0 \\ 0 \\ 1 \end{pmatrix}$$

Diese beiden Vektoren sind nicht parallel, da sie keine Vielfachen voneinander sind.

Als Aufpunkt P kann man z. B. den Mittelpunkt der Strecke $\overline{AD}$ (Länge der Tischtennisplatte) wählen:

$$\overrightarrow{OP} = \frac{1}{2} \cdot (\overrightarrow{OA} + \overrightarrow{OD})$$

$$= \frac{1}{2} \cdot \left[\begin{pmatrix} 0 \\ 91,5 \\ 76 \end{pmatrix} + \begin{pmatrix} 164,4 \\ 310,7 \\ 76 \end{pmatrix} \right] = \begin{pmatrix} 82,2 \\ 201,1 \\ 76 \end{pmatrix}$$

Eine mögliche Gleichung der Netzebene N lautet somit:

$$N:\ \vec{x} = \begin{pmatrix} 82,2 \\ 201,1 \\ 76 \end{pmatrix} + u \begin{pmatrix} 0 \\ 0 \\ 1 \end{pmatrix} + v \begin{pmatrix} 122 \\ -91,5 \\ 0 \end{pmatrix};\ u, v \in \mathbb{R}$$

2.3 **Netzkante auf g**

Die Richtung der oberen Netzkante ist z. B. gegeben durch den Vektor $\overrightarrow{AB}$.
Es gilt: $\overrightarrow{AB}$ ist ein Vielfaches des Richtungsvektors $\vec{r}_g$ von g, nämlich $\overrightarrow{AB} = 5 \cdot \vec{r}_g$:

$$\begin{pmatrix} 122 \\ -91{,}5 \\ 0 \end{pmatrix} = 5 \cdot \begin{pmatrix} 24{,}4 \\ -18{,}3 \\ 0 \end{pmatrix}$$

$\Rightarrow$ Die obere Netzkante und die Gerade g sind parallel.

Ein Punkt Q der oberen Netzkante liegt z. B. 15,25 cm (Netzhöhe) senkrecht über dem Mittelpunkt $P(82{,}2 \mid 201{,}1 \mid 76)$ der Strecke $\overline{AD}$ (vgl. Teilaufgabe 2.2).

$$\Rightarrow \quad \overrightarrow{OQ} = \begin{pmatrix} 82{,}2 \\ 201{,}1 \\ 91{,}25 \end{pmatrix}$$

Liegt Q auf g?

$$\begin{pmatrix} 82{,}2 \\ 201{,}1 \\ 91{,}25 \end{pmatrix} = \begin{pmatrix} 143{,}2 \\ 155{,}35 \\ 91{,}25 \end{pmatrix} + r \begin{pmatrix} 24{,}4 \\ -18{,}3 \\ 0 \end{pmatrix}$$

$$\text{umgeformt:} \quad \begin{pmatrix} -61 \\ 45{,}75 \\ 0 \end{pmatrix} = r \begin{pmatrix} 24{,}4 \\ -18{,}3 \\ 0 \end{pmatrix}$$

Aus den ersten beiden Zeilen ergibt sich:

$$\left.\begin{aligned} -61 &= 24{,}4r \\ 45{,}75 &= -18{,}3r \end{aligned}\right\} \quad \Rightarrow \quad r = -2{,}5$$

Die dritte Gleichung ist für diesen Wert ebenfalls erfüllt.

$\Rightarrow$ Die obere Netzkante liegt auf der Geraden g.

2.4 **Schnitt von Gerade und Ebene**

Zunächst bestimmt man den Schnittpunkt der Netzebene N (vgl. Teilaufgabe 2.2) mit der Geraden h (bzw. den x_3-Wert des Schnittpunkts):

$$N \cap h: \quad \begin{pmatrix} 82{,}2 \\ 201{,}1 \\ 76 \end{pmatrix} + u \begin{pmatrix} 0 \\ 0 \\ 1 \end{pmatrix} + v \begin{pmatrix} 122 \\ -91{,}5 \\ 0 \end{pmatrix} = \begin{pmatrix} 220 \\ 310 \\ 150 \end{pmatrix} + s \begin{pmatrix} 2 \\ 4 \\ 1 \end{pmatrix}$$

$$\text{umgeformt:} \quad \begin{array}{ccc|c} u & v & s & \\ \hline 0 & 122 & -2 & 137{,}8 \\ 0 & -91{,}5 & -4 & 108{,}9 \\ 1 & 0 & -1 & 74 \end{array}$$

Nach GTR ergibt sich:

$$s = -\frac{849}{22}$$

Einsetzen von s in die Geradengleichung liefert die x_3-Koordinate des Schnittpunkts:

$$x_3 = 150 - \frac{849}{22} = 111\frac{9}{22} \approx 111{,}41$$

Die obere Netzkante liegt aber 91,25 cm über dem Boden (x_1x_2-Ebene), somit geht der Ball nicht ins Netz, sondern darüber hinweg.

Berufliche Gymnasien Baden-Württemberg: Mathematik ohne CAS
Abiturprüfung 2012 – Teil 4 (Wirtschaftliche Anwendungen), Aufgabe 1

1 Die drei Abteilungen A, B und C eines Unternehmens sind nach dem LEONTIEF-Modell miteinander verflochten.

In der vergangenen Produktionsperiode I produzierte A Waren im Wert von 180 Geldeinheiten (GE). Davon lieferte sie Waren im Wert von 60 GE an den Markt und Waren im Wert von 15 GE an C. Waren im Wert von 45 GE deckten den Eigenbedarf und die restlichen Waren wurden an B geliefert.

B produzierte Waren im Wert von 120 GE, lieferte Waren im Wert von 60 GE an den Markt, Waren im Wert von 30 GE an A und die restlichen Waren an C.

C lieferte Waren im Wert von 90 GE an den Markt und Waren im Wert von jeweils 60 GE an A und B. Waren im Wert von 30 GE deckten den Eigenbedarf von C.

1.1 Bestimmen Sie die Inputmatrix. (5 KP)

1.2 Die Marktabgabe von A hat in der laufenden Produktionsperiode II einen Wert von 87 GE und die von C einen Wert von 78 GE. Der Wert der Produktion von B hat sich von der vergangenen Produktionsperiode I zu der laufenden Produktionsperiode II nicht verändert.

Ermitteln Sie den Wert der Produktion von A und C und den Wert der Marktabgabe von B für die laufende Produktionsperiode II. (5 KP)

1.3 Für die kommende Produktionsperiode III planen B und C den Wert ihrer Produktion gegenüber der vergangenen Produktionsperiode I zu verdoppeln.

Welchen Wert muss die Produktion von A mindestens und welchen Wert darf sie höchstens haben, damit diese Verdoppelung möglich ist? (5 KP)

(15 KP)

Hinweise und Tipps

1.1 **Tipps:**

- Wie lauten die Beziehungen zwischen Produktion $\vec{x}$, Marktabgabe $\vec{y}$ und Lieferung der Abteilungen $\mathbf{X} = (x_{ij})$ untereinander?
- Wie lautet die LEONTIEF-Annahme (also die Beziehung zwischen $\mathbf{X} = (x_{ij})$, $\vec{x}$ und $\mathbf{A} = (a_{ij})$)?

1.2 **Tipps:**

- Wie lautet die LEONTIEF-Gleichung?
- Das entstehende LGS können Sie „von Hand“ oder mit dem GTR lösen.

1.3 **Tipp:**

Unter der Voraussetzung, dass die Nachfrage $\vec{y} \geq \vec{o}$ ist, können Sie aus der LEONTIEF-Gleichung Bedingungen für x_1 ableiten.

Lösungen

1 **Gegeben:** LEONTIEF-Modell mit 3 Abteilungen A, B, C

Produktionsperiode I:

A produzierte insgesamt Waren im Wert von 180 GE: $x_1 = 180$
B produzierte insgesamt Waren im Wert von 120 GE: $x_2 = 120$
C produzierte insgesamt Waren im Wert von x_3 GE.

A lieferte an den Markt Waren im Wert von 60 GE: $y_1 = 60$
B lieferte an den Markt Waren im Wert von 60 GE: $y_2 = 60$
C lieferte an den Markt Waren im Wert von 90 GE: $y_3 = 90$

A produzierte für den Eigenbedarf Waren im Wert von 45 GE: $x_{11} = 45$
A lieferte an die Abteilung B Waren im Wert von x_{12} GE.
A lieferte an die Abteilung C Waren im Wert von 15 GE: $x_{13} = 15$

B lieferte an die Abteilung A Waren im Wert von 30 GE: $x_{21} = 30$
B produzierte für den Eigenbedarf Waren im Wert von 0 GE: $x_{22} = 0$
B lieferte an die Abteilung C Waren im Wert von x_{23} GE.

C lieferte an die Abteilung A Waren im Wert von 60 GE: $x_{31} = 60$
C lieferte an die Abteilung B Waren im Wert von 60 GE: $x_{32} = 60$
C produzierte für den Eigenbedarf Waren im Wert von 30 GE: $x_{33} = 30$

1.1 **Gesucht: Inputmatrix**

Wegen

$x_i = x_{i1} + x_{i2} + x_{i3} + y_i$ für $i = 1, 2, 3$ und

$a_{ij} = \frac{x_{ij}}{x_j}$ für $i, j = 1, 2, 3$ (LEONTIEF-Annahme)

erhält man (berechnete Werte sind **fett** und *kursiv* dargestellt):

	A	B	C	Markt $\vec{y}$	Prod. $\vec{x}$
A	45	***60***	15	60	180
B	30	0	***30***	60	120
C	60	60	30	90	***240***
$\vec{x}^T$	180	120	***240***		
	1/4	***1/2***	***1/16***		
A	***1/6***	***0***	***1/8***		
	1/3	***1/2***	***1/8***		

Die dicke Linie in der Tabelle kann als Bruchstrich interpretiert werden, z. B.:

$$a_{32} = \frac{x_{32}}{x_2} = \frac{60}{120} = \frac{1}{2}$$

1.2 **Gesucht: x_1, x_3, y_2 für Produktionsperiode II**

Gegeben: Produktionsperiode II

A liefert an den Markt Waren im Wert von $y_1 = 87$.

C liefert an den Markt Waren im Wert von $y_3 = 78$.

Der Wert der Produktion von B hat sich nicht verändert: $x_2 = 120$

LEONTIEF-Gleichung: $(\mathbf{E} - \mathbf{A}) \cdot \vec{\mathbf{x}} = \vec{\mathbf{y}}$

$$\mathbf{E} - \mathbf{A} = \begin{pmatrix} 1 & 0 & 0 \\ 0 & 1 & 0 \\ 0 & 0 & 1 \end{pmatrix} - \begin{pmatrix} \frac{1}{4} & \frac{1}{2} & \frac{1}{16} \\ \frac{1}{6} & 0 & \frac{1}{8} \\ \frac{1}{3} & \frac{1}{2} & \frac{1}{8} \end{pmatrix} = \begin{pmatrix} \frac{3}{4} & -\frac{1}{2} & -\frac{1}{16} \\ -\frac{1}{6} & 1 & -\frac{1}{8} \\ -\frac{1}{3} & -\frac{1}{2} & \frac{7}{8} \end{pmatrix}$$

$$(\mathbf{E} - \mathbf{A}) \cdot \vec{\mathbf{x}} = \vec{\mathbf{y}} \quad \Leftrightarrow \quad \begin{pmatrix} \frac{3}{4} & -\frac{1}{2} & -\frac{1}{16} \\ -\frac{1}{6} & 1 & -\frac{1}{8} \\ -\frac{1}{3} & -\frac{1}{2} & \frac{7}{8} \end{pmatrix} \cdot \begin{pmatrix} x_1 \\ 120 \\ x_3 \end{pmatrix} = \begin{pmatrix} 87 \\ y_2 \\ 78 \end{pmatrix}$$

$$\Leftrightarrow \begin{cases} (1) & \frac{3}{4} \cdot x_1 - 60 - \frac{1}{16} \cdot x_3 = 87 \\ (2) & -\frac{1}{6} \cdot x_1 + 120 - \frac{1}{8} \cdot x_3 = y_2 \\ (3) & -\frac{1}{3} \cdot x_1 - 60 + \frac{7}{8} \cdot x_3 = 78 \end{cases}$$

$$\Leftrightarrow \begin{cases} (1) & \frac{3}{4} \cdot x_1 - \frac{1}{16} \cdot x_3 = 147 \\ (2) & -\frac{1}{6} \cdot x_1 - \frac{1}{8} \cdot x_3 - y_2 = -120 \\ (3) & -\frac{1}{3} \cdot x_1 + \frac{7}{8} \cdot x_3 = 138 \end{cases}$$

Lösung mit dem GTR oder „von Hand" ergibt $x_1 = 216$, $x_3 = 240$ und $y_2 = 54$.

Ergebnis: A produziert Waren im Wert von 216 GE.

C produziert Waren im Wert von 240 GE.

B liefert an den Markt Waren im Wert von 54 GE.

1.3 **Gesucht: Schranken für x_1 ($\hat{=}$ Produktion von A)**

Gegeben: Produktionsperiode III

B will Produktion gegenüber Produktionsperiode I verdoppeln:
$x_2 = 2 \cdot 120 = 240$

C will Produktion gegenüber Produktionsperiode I verdoppeln:
$x_3 = 2 \cdot 240 = 480$

LEONTIEF-Gleichung: $(\mathbf{E} - \mathbf{A}) \cdot \vec{\mathbf{x}} = \vec{\mathbf{y}}$

$$(\mathbf{E} - \mathbf{A}) \cdot \vec{\mathbf{x}} = \vec{\mathbf{y}} \quad \Leftrightarrow \quad \begin{pmatrix} \frac{3}{4} & -\frac{1}{2} & -\frac{1}{16} \\ -\frac{1}{6} & 1 & -\frac{1}{8} \\ -\frac{1}{3} & -\frac{1}{2} & \frac{7}{8} \end{pmatrix} \cdot \begin{pmatrix} x_1 \\ 240 \\ 480 \end{pmatrix} = \begin{pmatrix} y_1 \\ y_2 \\ y_3 \end{pmatrix} \overset{!}{\geq} \begin{pmatrix} 0 \\ 0 \\ 0 \end{pmatrix}$$

Zur Beachtung:
$\vec{\mathbf{y}} \overset{!}{\geq} \vec{\mathbf{o}}$, da die Marktabgabe y_i ($i = 1, 2, 3$) nicht negativ sein kann.

$$\Leftrightarrow \begin{cases} (1) & \frac{3}{4} \cdot x_1 - 120 - 30 = y_1 \overset{!}{\geq} 0 \\ (2) & -\frac{1}{6} \cdot x_1 + 240 - 60 = y_2 \overset{!}{\geq} 0 \\ (3) & -\frac{1}{3} \cdot x_1 - 120 + 420 = y_3 \overset{!}{\geq} 0 \end{cases}$$

$$\Leftrightarrow \begin{cases} (1) & \frac{3}{4} \cdot x_1 \geq 150 \Rightarrow x_1 \geq 200 \\ (2) & -\frac{1}{6} \cdot x_1 \geq -180 \Rightarrow x_1 \leq 1\,080 \\ (3) & -\frac{1}{3} \cdot x_1 \geq -300 \Rightarrow x_1 \leq 900 \end{cases} \qquad (2),(3) \Rightarrow x_1 \leq 900$$

Ergebnis: Für die Produktion von A muss gelten: $200 \leq x_1 \leq 900$ (GE)

2 In einer Werkstatt werden kleine quadratische Rahmen, große quadratische Rahmen sowie rechteckige Rahmen gefertigt.
Dazu werden kurze Streben, lange Streben und Eckverbinder verwendet.
Diese werden jeweils aus zwei Komponenten hergestellt.

Die folgende Tabelle gibt den Bedarf an Komponenten in Mengeneinheiten (ME) für je einen Rahmen an.

	kleiner quadratischer Rahmen	großer quadratischer Rahmen	rechteckiger Rahmen
Komponente 1	32	44	38
Komponente 2	12	16	14

2.1 Von der Komponente 1 sind noch 19 600 ME, von der Komponente 2 noch 7 200 ME auf Lager.
Wie viele Rahmen des jeweiligen Typs können hergestellt werden, wenn das Lager vollständig geräumt werden muss und die Nachfrage nach großen quadratischen Rahmen doppelt so groß ist wie die nach kleinen quadratischen Rahmen? (4 KP)

2.2 Jeder Rahmen besteht aus vier Eckverbindern und vier Streben. Die folgende Tabelle gibt den Bedarf an Streben und Eckverbindern für je einen Rahmen an.

	kleiner quadratischer Rahmen	großer quadratischer Rahmen	rechteckiger Rahmen
kurze Streben	4	0	2
lange Streben	0	4	2
Eckverbinder	4	4	4

2.2.1 Für eine kurze Strebe werden 5 ME von Komponente 1 und für einen Eckverbinder wird 1 ME von Komponente 2 benötigt.
Berechnen Sie, wie viele ME der Komponenten 1 und 2 für je eine Strebe und für einen Eckverbinder benötigt werden. (6 KP)

2.2.2 Es liegt ein Auftrag über 100 kleine quadratische Rahmen, 200 große quadratische Rahmen und 200 rechteckige Rahmen vor.
Die Kosten für alle benötigten Komponenten betragen 3 400 € und die Kosten (in €) für die Fertigung von Streben und Eckverbindern sind je Stück durch den Kostenvektor $\vec{k}_Z^T = (0{,}25 \quad 0{,}35 \quad 0{,}30)$ bestimmt. Die Montage eines quadratischen Rahmens kostet 0,10 €. Fixe Kosten sind in Höhe von 1 500 € zu berücksichtigen.

Berechnen Sie, wie viel die Montage eines rechteckigen Rahmens höchstens kosten darf, damit die Gesamtkosten für diesen Auftrag 6 174 € nicht überschreiten. (5 KP)

(15 KP)

2 **Tipps:**

- Betrachten Sie die Komponente 1 und die Komponente 2 als Rohstoffe, die Streben und den Eckverbinder als Zwischenprodukte und die quadratischen und den rechteckigen Rahmen als Endprodukte.
- Führen Sie „sprechende" Bezeichnungen für die benötigten Vektoren und Matrizen ein. Wenn Sie zusätzlich passende Indizes verwenden, dient das der Übersichtlichkeit. Beispiele:
  $\mathbf{A}_{R/Z}$: Matrix für „Rohstoffe pro Zwischenprodukt"
  $\mathbf{B}_{Z/E}$: Matrix für „Zwischenprodukte pro Endprodukt"
  $\mathbf{C}_{R/E}$: Matrix für „Rohstoffe pro Endprodukt"
  $\vec{\mathbf{x}}_E$: Produktionsvektor
  $\vec{\mathbf{r}}_R$: Rohstoffvektor
  $\overrightarrow{\mathbf{kfz}}^T_{€/Z}$: Vektor der Fertigungskosten der Zwischenprodukte in € pro Zwischenprodukt; der Vektor $\vec{\mathbf{k}}_Z$ aus der Aufgabenstellung wurde der Kompatibilität wegen in $\overrightarrow{\mathbf{kfz}}_{€/Z}$ umbenannt: $\vec{\mathbf{k}}_Z^T = (0{,}25 \quad 0{,}35 \quad 0{,}30) = \overrightarrow{\mathbf{kfz}}^T_{€/Z}$
  $\overrightarrow{\mathbf{kfe}}^T_{€/E}$: Vektor der Fertigungskosten der Endprodukte in € pro Endprodukt
  usw.
  Den Zweck der „passenden Indizierung" erkennt man an folgendem Beispiel:
  $\mathbf{C}_{R/E} = \mathbf{A}_{R/Z} \cdot \mathbf{B}_{Z/E}$
  „Z" kürzt sich weg; übrig bleibt „R/E".
- Für den Einsatz des GTR sollten Sie eine kleine Liste anlegen, in der Sie festhalten, welche Matrix/welchen Vektor Sie wohin gespeichert haben. Beispiel:

Matrix/Vektor	$\mathbf{B}_{Z/E}$	$\mathbf{C}_{R/E}$	$\vec{\mathbf{x}}_E$	$\overrightarrow{\mathbf{kfe}}^T_{€/E}$	…
Speicherplatz	[B]	[C]	[D]	[E]	…

2.1 **Tipps:**

- Im Aufgabentext lautet es „Die Nachfrage nach großen quadratischen Rahmen ist doppelt so groß wie die Nachfrage nach kleinen quadratischen Rahmen."
  Wie setzen Sie das formelmäßig um?
- Welche Beziehung besteht zwischen $\vec{\mathbf{x}}_E$ und $\vec{\mathbf{r}}_R$?
- Das entstehende LGS können Sie „von Hand" oder mit dem GTR lösen.

2.2.1 **Tipps:**

- In der Gleichung $\mathbf{A}_{R/Z} \cdot \mathbf{B}_{Z/E} = \mathbf{C}_{R/E}$ mit

  $$\mathbf{B}_{Z/E} = \begin{pmatrix} 4 & 0 & 2 \\ 0 & 4 & 2 \\ 4 & 4 & 4 \end{pmatrix}, \quad \mathbf{C}_{R/E} = \begin{pmatrix} 32 & 44 & 38 \\ 12 & 16 & 14 \end{pmatrix}$$

  ist $\mathbf{A}_{R/Z}$ gesucht. (Warum klappt $\mathbf{A}_{R/Z} = \mathbf{C}_{R/E} \cdot (\mathbf{B}_{Z/E})^{-1}$ nicht?)
- Wie viele Zeilen und Spalten besitzt $\mathbf{A}_{R/Z}$ und warum?
- Welche Einträge von $\mathbf{A}_{R/Z}$ sind bekannt?

2.2.2 **Tipps:**

- Sie sollten Kostenvektoren stets transponiert verwenden (z. B. $\overrightarrow{\mathbf{kfz}}_{€/Z}^{T} \cdot \mathbf{B}_{Z/E} \cdot \vec{\mathbf{x}}_E$).
- Die gesamten Kosten setzen sich – wie üblich – zusammen aus den Kosten für die Rohstoffe, den Kosten für die Zwischenprodukte, den Kosten für die Endprodukte und den Fixkosten. Stellen Sie die entsprechenden Gleichungen zusammen.
- Für die Kosten der Fertigung (≙ Montage) der Endprodukte (≙ Rahmen) können Sie $\overrightarrow{\mathbf{kfz}}_{€/E}^{T} = (0{,}10 \quad 0{,}10 \quad k_3)$ ansetzen.

Lösungen

2 **Bezeichnungen/Gegeben:**

$\vec{\mathbf{x}}_E = (x_1 \quad x_2 \quad x_3)^T$	Produktionsvektor mit	x_1: kleine quadratische Rahmen x_2: große quadratische Rahmen x_3: rechteckige Rahmen
$\vec{\mathbf{z}}_Z = (z_1 \quad z_2 \quad z_3)^T$	Zwischenproduktvektor mit	z_1: kurze Streben z_2: lange Streben z_3: Eckverbinder
$\vec{\mathbf{r}}_R = (r_1 \quad r_2)^T$	Rohstoffvektor mit	r_1: Komponente 1 r_2: Komponente 2

$\mathbf{A}_{R/Z}$: Matrix für „Rohstoffe pro Zwischenprodukt“
$\mathbf{B}_{Z/E}$: Matrix für „Zwischenprodukte pro Endprodukt“
$\mathbf{C}_{R/E}$: Matrix für „Rohstoffe pro Endprodukt“

$$\mathbf{C}_{R/E} = \begin{pmatrix} 32 & 44 & 38 \\ 12 & 16 & 14 \end{pmatrix} \quad \text{mit} \quad \mathbf{A}_{R/Z} \cdot \mathbf{B}_{Z/E} = \mathbf{C}_{R/E}$$

2.1 **Gesucht:** $\vec{\mathbf{x}}_E$

Zusätzlich gegeben: $\vec{\mathbf{r}}_R = (19\,600 \quad 7\,200)^T$ und $x_2 = 2 \cdot x_1$

Zusammenhang: $\mathbf{C}_{R/E} \cdot \vec{\mathbf{x}}_E = \vec{\mathbf{r}}_R$ (E kürzt sich weg.)

$$\mathbf{C}_{R/E} \cdot \vec{\mathbf{x}}_E = \vec{\mathbf{r}}_R = \begin{pmatrix} 32 & 44 & 38 \\ 12 & 16 & 14 \end{pmatrix} \cdot \begin{pmatrix} x_1 \\ x_2 \\ x_3 \end{pmatrix} = \begin{pmatrix} 19\,600 \\ 7\,200 \end{pmatrix}$$

Dies ergibt das LGS:

$$32 \cdot x_1 + 44 \cdot x_2 + 38 \cdot x_3 = 19\,600$$
$$12 \cdot x_1 + 16 \cdot x_2 + 14 \cdot x_3 = 7\,200$$

Wegen $x_2 = 2 \cdot x_1$ erhält man:

$$120 \cdot x_1 + 38 \cdot x_3 = 19\,600$$
$$44 \cdot x_1 + 14 \cdot x_3 = 7\,200$$

Lösung mit dem GTR oder „von Hand“ ergibt $x_1 = 100$ und $x_3 = 200$.

Damit gilt: $x_2 = 2 \cdot x_1 = 2 \cdot 100 = 200 \quad \Rightarrow \quad \vec{\mathbf{x}}_E = (100 \quad 200 \quad 200)^T$

Ergebnis: Von den kleinen quadratischen Rahmen können $x_1 = 100$ Stück, von den großen quadratischen Rahmen können $x_2 = 200$ Stück und von den rechteckigen Rahmen können $x_3 = 200$ Stück hergestellt werden.

2.2 **Gegeben:**

$$\mathbf{B}_{Z/E} = \begin{pmatrix} 4 & 0 & 2 \\ 0 & 4 & 2 \\ 4 & 4 & 4 \end{pmatrix}$$

2.2.1 **Gesucht: $\mathbf{A}_{R/Z}$**

Von $\mathbf{A}_{R/Z} = \begin{pmatrix} a_{11} & a_{12} & a_{13} \\ a_{21} & a_{22} & a_{23} \end{pmatrix}$ sind bekannt:

5 ME von Komponente 1 werden für eine kurze Strebe benötigt $\Rightarrow$ $a_{11} = 5$
1 ME von Komponente 2 wird für einen Eckverbinder benötigt $\Rightarrow$ $a_{23} = 1$

Zusammenhang: $\mathbf{A}_{R/Z} \cdot \mathbf{B}_{Z/E} = \mathbf{C}_{R/E}$ (Z kürzt sich weg.)

$$\begin{pmatrix} 5 & a_{12} & a_{13} \\ a_{21} & a_{22} & 1 \end{pmatrix} \cdot \begin{pmatrix} 4 & 0 & 2 \\ 0 & 4 & 2 \\ 4 & 4 & 4 \end{pmatrix} = \begin{pmatrix} 32 & 44 & 38 \\ 12 & 16 & 14 \end{pmatrix}$$

$$\Leftrightarrow \begin{pmatrix} 20 + 4 \cdot a_{13} & 4 \cdot a_{12} + 4 \cdot a_{13} & 10 + 2 \cdot a_{12} + 4 \cdot a_{13} \\ 4 \cdot a_{21} + 4 & 4 \cdot a_{22} + 4 & 2 \cdot a_{21} + 2 \cdot a_{22} + 4 \end{pmatrix} = \begin{pmatrix} 32 & 44 & 38 \\ 12 & 16 & 14 \end{pmatrix}$$

Dies ergibt das LGS:

(1) $20 + 4 \cdot a_{13} = 32 \quad \Rightarrow \quad a_{13} = 3$

(2) $4 \cdot a_{12} + 4 \cdot a_{13} = 44$

(3) $10 + 2 \cdot a_{12} + 4 \cdot a_{13} = 38$

(4) $4 \cdot a_{21} + 4 = 12 \quad \Rightarrow \quad a_{21} = 2$

(5) $4 \cdot a_{22} + 4 = 16 \quad \Rightarrow \quad a_{22} = 3$

(6) $2 \cdot a_{21} + 2 \cdot a_{22} + 4 = 14$

Einsetzen von $a_{13} = 3$ in (2) liefert:

(2) $4 \cdot a_{12} + 4 \cdot 3 = 44 \quad \Rightarrow \quad a_{12} = 8$

Probe, ob die übrigen Gleichungen mit den bereits berechneten Werten erfüllt sind:

(3) $10 + 2 \cdot 8 + 4 \cdot 3 \stackrel{?}{=} 38$ ✓

(6) $2 \cdot 2 + 2 \cdot 3 + 4 \stackrel{?}{=} 14$ ✓

Ergebnis: $\mathbf{A}_{R/Z} = \begin{pmatrix} 5 & 8 & 3 \\ 2 & 3 & 1 \end{pmatrix}$

oder als Tabelle (Angaben in ME):

	kurze Strebe	lange Strebe	Eckverbinder
Komponente 1	5	8	3
Komponente 2	2	3	1

2.2.2 **Gesucht: Kosten für die Montage eines rechteckigen Rahmens ($\triangleq k_3$)**

Gegeben:

$\vec{x}_E = (100 \quad 200 \quad 200)^T$	Produktionsvektor
$Kr_€ = 3\,400$	Gesamte Rohstoffkosten
$\overrightarrow{kfz}^T_{€/Z} = (0{,}25 \quad 0{,}35 \quad 0{,}30)$	Kosten für die Fertigung der Zwischenprodukte in €
$\overrightarrow{kfe}^T_{€/E} = (0{,}10 \quad 0{,}10 \quad k_3)$	Kosten für die Fertigung der Endprodukte in €; $k_3 \geq 0$
$Kfix_€ = 1\,500$	Fixe Kosten in €
$Kges_€ \leq 6\,174$	Bedingung für die gesamten Kosten in €

Zusammenhang:

$$Kges_€ = Kr_€ + \overrightarrow{kfz}^T_{€/Z} \cdot \mathbf{B}_{Z/E} \cdot \vec{x}_E + \overrightarrow{kfe}^T_{€/E} \cdot \vec{x}_E + Kfix_€$$

„E“ kürzt sich weg;
„Z“ bzw. „E“ kürzt sich weg;
übrig bleibt jeweils „€“.

Zwischenrechnungen (GTR!):

$$\overrightarrow{kfz}^T_{€/Z} \cdot \mathbf{B}_{Z/E} \cdot \vec{x}_E = (0{,}25 \quad 0{,}35 \quad 0{,}30) \cdot \begin{pmatrix} 4 & 0 & 2 \\ 0 & 4 & 2 \\ 4 & 4 & 4 \end{pmatrix} \cdot \begin{pmatrix} 100 \\ 200 \\ 200 \end{pmatrix} = 1\,220$$

$$\overrightarrow{kfe}^T_{€/E} \cdot \vec{x}_E = (0{,}10 \quad 0{,}10 \quad k_3) \cdot \begin{pmatrix} 100 \\ 200 \\ 200 \end{pmatrix} = 30 + 200 \cdot k_3$$

Damit ergibt sich:

$$\begin{aligned} Kges_€ &= Kr_€ + \overrightarrow{kfz}^T_{€/Z} \cdot \mathbf{B}_{Z/E} \cdot \vec{x}_E + \overrightarrow{kfe}^T_{€/E} \cdot \vec{x}_E + Kfix_€ \\ &= 3\,400 + 1\,220 + 30 + 200 \cdot k_3 + 1\,500 \\ &= 6\,150 + 200 \cdot k_3 \end{aligned}$$

Die Bedingung $\quad Kges_€ \overset{!}{\leq} 6\,174$

führt zu

$$\begin{aligned} 6\,150 + 200 \cdot k_3 &\leq 6\,174 & &|-6\,150 \\ 200 \cdot k_3 &\leq 24 & &|:200 \\ k_3 &\leq 0{,}12 \end{aligned}$$

Ergebnis: Die Montage eines rechteckigen Rahmens darf höchstens 0,12 € kosten, damit die Gesamtkosten für diesen Auftrag den Betrag von 6 174 € nicht überschreiten.

Berufliche Gymnasien Baden-Württemberg: Mathematik ohne CAS
Abiturprüfung 2012 – Teil 4 (Lineare Optimierung), Aufgabe 1

1.1 Die Schülerbibliothek wird renoviert und bekommt neue Regale.

Es wird Platz für mindestens 4 400 Bücher mittlerer Größe und für mindestens 2 600 großformatige Bücher benötigt.

Ein Lieferant A bietet ein Regal zu einem Preis von 400 Euro an, in das man 110 Bücher mittlerer Größe und 100 großformatige Bücher einstellen kann.

Ein Lieferant B bietet zum Preis von 600 Euro ein Regal an, das Platz für 220 Bücher mittlerer Größe und für 100 großformatige Bücher bietet.

Der örtliche Wirtschaftsförderplan schreibt der Schule vor, dass jeder Lieferant Regale im Wert von höchstens 9 600 Euro liefern darf.

1.1.1 Ermitteln Sie grafisch, wie viele Regale bei Lieferant A und wie viele Regale bei Lieferant B gekauft werden können, wenn die Kosten minimal sein sollen.

Geben Sie diese Kosten an. (6 KP)

1.1.2 Der Lieferant A senkt den Preis für ein Regal auf 300 Euro.

Bestimmen Sie die Anzahl der Regale, die die Schule bei Lieferant A maximal bestellen darf, wenn die Kosten minimal sein sollen.

Wie hoch sind jetzt die minimalen Kosten? (3 KP)

1.2 Ein lineares Maximierungsproblem führt auf folgendes Simplextableau:

x	y	z	u	v	w	
1	1	0	1	0	−2	20
0	0	0	−1	1	3	70
0	0,2	1	0	0	−2	5
0	0	0	−3	0	−1	E − 78 000

Es gilt: $x, y, z, u, v, w \geq 0$

Erläutern Sie, warum das Optimierungsproblem mehrere Lösungen besitzt. Bestimmen Sie alle ganzzahligen Werte von z, für die es optimale Lösungen gibt. (6 KP)

(15 KP)

Hinweise und Tipps

1.1.1 **Tipps:**

- Die Angaben im Text werden in Gleichungen bzw. Ungleichungen umgesetzt. Diese werden in ein Achsenkreuz eingetragen und die zulässige Fläche bestimmt.
- Das Schaubild der Kostenfunktion wird so weit verschoben, bis es die markierte Fläche zum ersten Mal berührt.

1.1.2 **Tipps:**

- Durch die Preisänderung ändern sich eine Ungleichung aus 1.1.1 und die Zielfunktion.
- Welche Punkte sind jetzt Lösungen des Optimierungsproblems? Suchen Sie unter diesen Punkten den mit dem größten x-Wert.

1.2 **Tipps:**

- Warum ist das gegebene Tableau bereits ein Endtableau des Simplexverfahrens?
- Lesen Sie aus dem Tableau die Lösungen für die Basisvariablen ab.
- Beachten Sie die Besonderheit in der Zielfunktionszeile.
- Was folgt daraus für die Anzahl der Lösungen?
- Lesen Sie aus dem Tableau drei Gleichungen ab. Welche Bedingungen ergeben sich für z?

Lösungen

1.1.1 **Minimale Kosten**

Wir wählen:
x Regale werden bei Lieferant A gekauft.
y Regale werden bei Lieferant B gekauft.

Aus dem Text ergeben sich die folgenden (Un-)Gleichungen:
$x \geq 0, \quad y \geq 0$

(1) $110 \cdot x + 220 \cdot y \geq 4\,400$ (Bücher mittlerer Größe)

(2) $100 \cdot x + 100 \cdot y \geq 2\,600$ (großformatige Bücher)

(3) $400 \cdot x \leq 9\,600$ (Kosten bei Lieferant A)

(4) $600 \cdot y \leq 9\,600$ (Kosten bei Lieferant B)

Zielfunktion (Gesamtkosten K):
$K = 400 \cdot x + 600 \cdot y$ (K)

Die (Un-)Gleichungen werden nach y bzw. x aufgelöst:

(1) $y \geq -\frac{1}{2}x + 20$

(2) $y \geq -x + 26$

(3) $x \leq 24$

(4) $y \leq 16$

(K) $y = -\frac{2}{3}x + \frac{K}{600}$

Die zugehörigen Geraden werden in ein Koordinatensystem eingetragen. Da alle Ungleichungen gleichzeitig gelten müssen, ergibt sich die markierte Fläche.

Bei der Zielfunktion wählt man zunächst K = 0, also $y = -\frac{2}{3}x$ (Gerade (K*)):

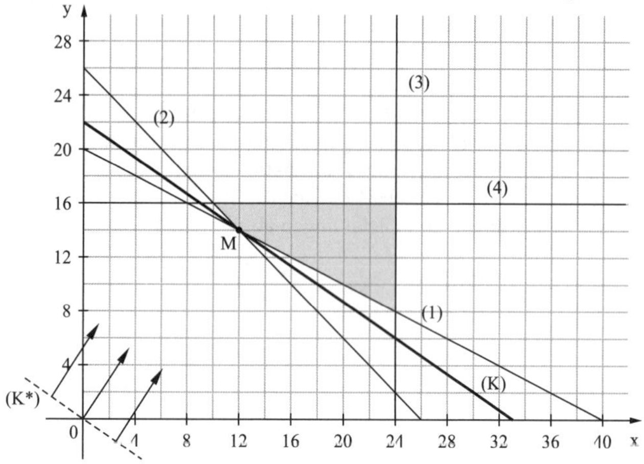

Die Gerade (K*) wird nun so weit nach oben verschoben, bis sie die markierte Fläche zum ersten Mal berührt (im Punkt M).

Berechnung der Koordinaten von M (Schnittpunkt der Geraden (1) und (2)):

$$-\frac{1}{2}x + 20 = -x + 26$$

$$\frac{1}{2}x = 6$$

$$x = 12$$

$$\Rightarrow \quad y = -12 + 26$$

$$y = 14 \qquad \Rightarrow \quad M(12\,|\,14)$$

Die Zielfunktion nimmt also für x = 12 und y = 14 ihr Minimum an.

$$K_{min} = 400 \cdot 12 + 600 \cdot 14 = 13\,200$$

Um die minimalen Kosten von 13 200 Euro zu erzielen, müssen 12 Regale bei Lieferant A und 14 Regale bei Lieferant B gekauft werden.

1.1.2 Minimale Kosten bei Preisänderung

Durch die Preissenkung von Lieferant A ändert sich die

Ungleichung (3) $\quad 400 \cdot x \leq 9\,600$

zur Ungleichung (3*) $\quad \mathbf{300} \cdot x \leq 9\,600.$

$$\Rightarrow \quad x \leq 32 \quad (3^*)$$

Ebenso ändert sich die Zielfunktion zu:

$$K^* = \mathbf{300} \cdot x + 600 \cdot y \quad \Leftrightarrow \quad y = -\frac{1}{2}x + \frac{K^*}{600} \quad (K^*)$$

Diese neue Zielfunktion hat die gleiche Steigung wie die Gerade (1).

Damit sind alle Punkte der markierten Fläche, die auf der Geraden (1) liegen (alle Punkte zwischen M und N in der nebenstehenden Skizze), Lösungen des Optimierungsproblems.

Von diesen Punkten hat der Punkt N den größten x-Wert (Lieferungen von A).

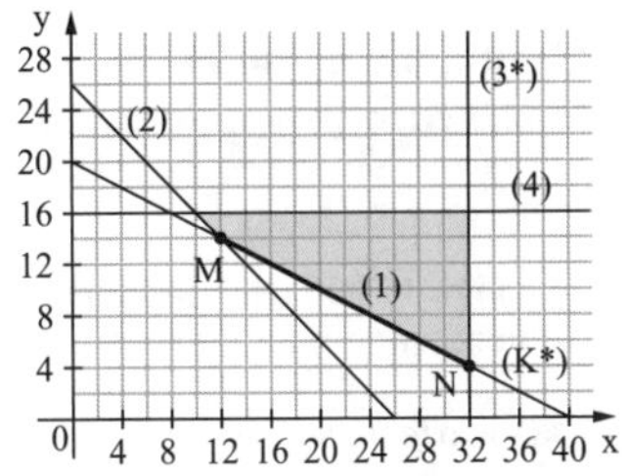

Berechnung der Koordinaten von N (Schnittpunkt der Geraden (1) und (3*)):

$$\left.\begin{array}{l} y = -\frac{1}{2}x + 20 \\ x = 32 \end{array}\right\} \Rightarrow \quad y = -\frac{1}{2} \cdot 32 + 20 = 4 \quad \Rightarrow \quad N(32\,|\,4)$$

Eingesetzt in die Zielfunktion ergeben sich die Kosten:

$K^* = 300 \cdot 32 + 600 \cdot 4 = 12\,000$

Die Schule kann also bei Lieferant A maximal 32 Regale bestellen, die minimalen Kosten betragen dann 12 000 €.

1.2 Simplextableau, mehrere Lösungen

In der untersten Zeile des Tableaus, der Zielfunktionszeile, sind alle Koeffizienten null oder negativ. Deshalb liegt bereits das Endtableau des Verfahrens vor.

Für $y = u = w = 0$ ergeben sich für die Basisvariablen die Lösungen $x = 20$ (erste Zeile), $z = 5$ (dritte Zeile) und $v = 70$ (zweite Zeile).

Aus dem Tableau sieht man, dass in der Zielfunktionszeile der Koeffizient von y null ist. Deshalb kann y in die Basis aufgenommen werden, ohne dass sich der maximale Wert der Zielfunktion E (nämlich 78 000) ändert. Das Optimierungsproblem hat somit mehrere Lösungen.

Ganzzahlige Werte von z

Für $u = w = 0$ ergeben sich aus dem Tableau folgende drei Gleichungen mit den vier Variablen x, y, z und v:

$$x + y = 20 \quad \Rightarrow \quad x + 25 - 5z = 20 \quad \Rightarrow \quad x = 5z - 5 \quad (2)$$

$$v = 70$$

$$0{,}2y + z = 5 \quad \Rightarrow \quad y = 25 - 5z \quad (1)$$

Wegen $x \geq 0$, $y \geq 0$ und $z \geq 0$ folgt

aus (1): $25 - 5z \geq 0$; $-5z \geq -25$; $z \leq 5$

aus (2): $5z - 5 \geq 0$; $5z \geq 5$; $z \geq 1$

$\Rightarrow$ Ganzzahlige Werte von z, für die es optimale Lösungen gibt, sind 1, 2, 3, 4 und 5.

2 Die Geschäfte einer Einkaufsstraße in einer Kleinstadt beschließen ein Straßenfest zu veranstalten und planen dafür verschiedene Aktivitäten.

2.1 Das Kaffeehaus „arabica" möchte Packungen mit einer eigenen Hochlandmischung verschenken. Es steht Kaffee aus Peru und aus Ecuador zur Verfügung. Je höher der Anteil des Kaffees aus Peru, umso höher ist die Qualität der Mischung. Jede Packung soll mindestens 20 g Kaffee enthalten. Der Anteil des peruanischen Kaffees an der Mischung soll mindestens 25 % betragen. Im Einkauf kosten 100 g des peruanischen Kaffees 1,20 € und der Kaffee aus Ecuador kostet 0,60 € pro 100 g. Das Kaffeehaus möchte pro Packung nicht mehr als 0,30 € ausgeben.

Der Kaffeehausbesitzer möchte wissen, welche Möglichkeiten es für die Zusammensetzung der Hochlandmischung gibt.

Zeichnen Sie das zugehörige Planungsvieleck und geben Sie die Koordinaten aller Eckpunkte des Planungsvielecks an, die eine Mischung beschreiben, die aus beiden Kaffeesorten besteht.

Vergleichen Sie diese Mischungen hinsichtlich Gewicht, Kosten und Qualität.

Geben Sie eine mögliche Mischung aus beiden Kaffeesorten an, die eine höhere Qualität hat. (8 KP)

2.2 In der Straße befindet sich auch ein Kiosk, der bei diesem Straßenfest die beiden frisch gepressten Obstsäfte „Orango" und „Marange" anbieten will. Beide Getränke werden aus Orangen und Mangos hergestellt. Das Verhältnis Orange zu Mango beträgt beim Getränk „Orango" drei zu eins und beim Getränk „Marange" zwei zu eins. Für die Herstellung der beiden Säfte kauft der Kioskbetreiber Orangen, aus denen maximal 60 ℓ Saft gepresst werden können, und Mangos, aus denen maximal 25 ℓ Saft gepresst werden können. Die Säfte werden in 0,25-ℓ-Bechern angeboten. Aufgrund der Erfahrungen früherer Jahre sollen vom Getränk „Orango" nicht mehr als 300 Becher hergestellt werden. Der Gewinn je Becher beträgt beim Getränk „Orango" 0,90 € und beim Getränk „Marange" 1,00 €.

Ermitteln Sie mithilfe des Simplex-Verfahrens, wie viel Liter von jedem Getränk hergestellt und verkauft werden müssen, damit der Gesamtgewinn möglichst groß ist. Geben Sie den maximalen Gesamtgewinn an.

Untersuchen Sie, inwieweit das eingekaufte Obst verbraucht wird. (7 KP)

(15 KP)

Hinweise und Tipps

2.1 **Tipps:**

- Die Angaben im Text werden in Gleichungen bzw. Ungleichungen umgesetzt, wobei die Variablen x und y die Mengen der verschiedenen Kaffeesorten angeben. Die Ungleichungen werden in ein Achsenkreuz eingetragen und die zulässige Fläche bestimmt.
- Was lässt sich aus den Eckpunkten dieser Fläche über die Kaffeemischungen bzgl. Gewicht, Kosten und Qualität ablesen?

2.2 **Tipps:**

- Als Variablen x bzw. y wählt man die Mengen der beiden Saftmischungen. Die Angaben im Text werden dann in Gleichungen umgesetzt und durch die sogenannten Schlupfvariablen ergänzt.
- Diese Gleichungen werden in das Simplex-Tableau eingetragen und nach bekanntem Verfahren umgeformt. Sobald in der „G-Zeile" nur noch Zahlen kleiner oder gleich null stehen, sind die Umformungen beendet, die Werte für x, y und G können abgelesen werden.

Lösungen

2.1 **Kaffeemischung, Gewicht, Kosten, Qualität**

Im Folgenden werden alle Berechnungen zu den Kosten in Cent durchgeführt.

Für die Kaffeepackungen gilt:

	Peru	Ecuador
Menge in g	x	y
Kosten in Cent pro g	1,2	0,6

Aus dem Text ergeben sich die folgenden Ungleichungen:

$$x \geq 0$$

$$y \geq 0$$

(1) $x + y \geq 20$ (Mindestmenge)

(2) $x \geq 0{,}25(x+y)$ (Kaffeeanteil aus Peru)

(3) $1{,}2x + 0{,}6y \leq 30$ (Kosten in Cent)

Die Ungleichungen werden nach y aufgelöst:

(1) $y \geq -x + 20$

(2) $y \leq 3x$

(3) $y \leq -2x + 50$

Die zugehörigen Geraden werden in ein Koordinatensystem eingetragen und das Planungsvieleck wird markiert:

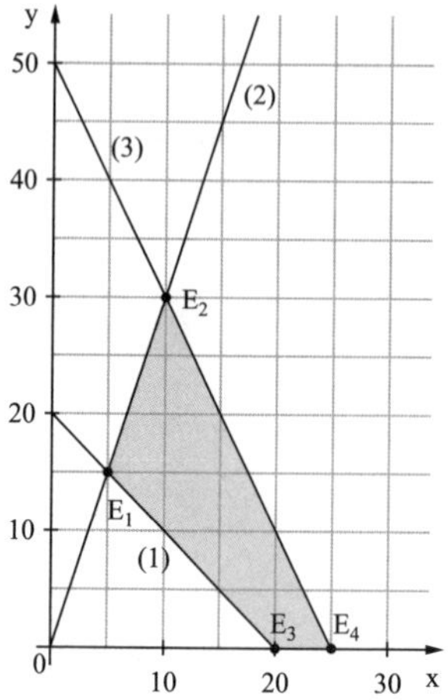

Bei den Eckpunkten E_1 und E_2 besteht die Mischung aus beiden Kaffeesorten, bei E_3 und E_4 nur aus peruanischem Kaffee.

Berechnung der Koordinaten von E_1 (Schnittpunkt der Geraden (1) und (2)):

$$\Rightarrow \quad -x + 20 = 3x$$
$$20 = 4x$$
$$5 = x \quad \Rightarrow \quad y = 15 \quad \Rightarrow \quad E_1(5\,|\,15)$$

Berechnung der Koordinaten von E_2 (Schnittpunkt der Geraden (2) und (3)):

$$\Rightarrow \quad 3x = -2x + 50$$
$$5x = 50$$
$$x = 10 \quad \Rightarrow \quad y = 30 \quad \Rightarrow \quad E_2(10\,|\,30)$$

Für $E_1(5\,|\,15)$ gilt:
Die Packung besteht aus 5 g peruanischem Kaffee und 15 g Kaffee aus Ecuador.
Die Kosten betragen $1{,}2 \cdot 5 + 0{,}6 \cdot 15 = 15$ Cent.
Die Packung beinhaltet die Mindestmenge von 20 g.

Für $E_2(10\,|\,30)$ gilt:
Die Packung besteht aus 10 g peruanischem Kaffee und 30 g Kaffee aus Ecuador.
Die Kosten betragen $1{,}2 \cdot 10 + 0{,}6 \cdot 30 = 30$ Cent.
Die Packung beinhaltet 40 g Kaffee.

Die Qualität beider Mischungen ist gleich, weil beide jeweils 25 % peruanischen Kaffee enthalten. Mischung 2 enthält insgesamt aber mehr Kaffee und ist teurer.

Um eine Mischung höherer Qualität zu erhalten, muss man einen Punkt der markierten Fläche suchen, bei dem der x-Wert mehr als $\frac{1}{3}y$ beträgt (da dann $x > 0{,}25(x + y)$ gilt), z. B. den Punkt $P(10\,|\,10)$. Dies entspricht einer Mischung aus 10 g peruanischem Kaffee und 10 g Kaffee aus Ecuador.

2.2 Simplexverfahren

Bezeichnungen:
x sei die Menge „Orango“ in Liter.
y sei die Menge „Marange“ in Liter.

	Orango	Marange
Anteil Orangensaft (in Liter)	$\frac{3}{4}$	$\frac{2}{3}$
Anteil Mangosaft (in Liter)	$\frac{1}{4}$	$\frac{1}{3}$
Gewinn pro Liter (in Euro)	$0{,}90 \cdot 4 = 3{,}60$	$1{,}00 \cdot 4 = 4{,}00$

Die Zielfunktion für den Gewinn G ergibt sich damit zu:
$G(x, y) = 3{,}6x + 4y$

Dieser Gewinn soll maximal werden.

Es gelten folgende Ungleichungen:

$$x \geq 0$$

$$y \geq 0$$

$$\frac{3}{4}x + \frac{2}{3}y \leq 60 \qquad \text{(Orangensaft)}$$

$$\frac{1}{4}x + \frac{1}{3}y \leq 25 \qquad \text{(Mangosaft)}$$

$$x \leq 300 \cdot 0{,}25 \qquad \text{(Orango)}$$

Mit den sogenannten Schlupfvariablen u, v, w ($u \geq 0$, $v \geq 0$, $w \geq 0$) ergeben sich die Gleichungen:

$$\frac{3}{4}x + \frac{2}{3}y + u = 60$$

$$\frac{1}{4}x + \frac{1}{3}y + v = 25$$

$$x + w = 75$$

Das Ausgangstableau hat damit folgendes Aussehen:

x	y	u	v	w	b_i	Einschränkung	
$\frac{3}{4}$	$\frac{2}{3}$	1	0	0	60	90	·1
$\frac{1}{4}$	$\boxed{\frac{1}{3}}$	0	1	0	25	$\boxed{75}$	·(−2) ·(−12)
1	0	0	0	1	75	–	
3,6	④	0	0	0	G		·1

Die Spalte „Einschränkung“ und die weiteren Tableaus ergeben sich wie folgt:

1. Schritt: Suche in der Zeile mit der Zielfunktion G die größte Zahl, hier ④.
Die gesamte Spalte mit der ④ heißt Pivotspalte.

2. Schritt: Dividiere die Elemente der Spalte 6, also $\begin{pmatrix} 60 \\ 25 \\ 75 \end{pmatrix}$, durch die jeweiligen Elemente der Pivotspalte:

$$60 : \frac{2}{3} = 90$$

$$25 : \frac{1}{3} = 75$$

$$75 : 0 = -$$

Die Ergebnisse stehen in der Spalte „Einschränkung".

3. Schritt: Suche in der Spalte „Einschränkung" die kleinste Zahl, hier die $\boxed{75}$. Die gesamte Zeile mit der Zahl $\boxed{75}$ heißt Pivotzeile.

4. Schritt: Der Kreuzungspunkt von Pivotzeile mit Pivotspalte heißt Pivotelement, hier die Zahl $\boxed{\frac{1}{3}}$.

5. Schritt: Mithilfe von elementaren Zeilenumformungen werden jetzt alle Elemente der Pivotspalte zu null gemacht, außer dem Pivotelement selbst.

Die weiteren Tableaus ergeben sich durch Wiederholung dieser 5 Schritte.

x	y	u	v	w	b_i	Einschränkung	
$\boxed{\frac{1}{4}}$	0	1	−2	0	10	$\boxed{40}$	·(−1) ┐ ·(−4) ┐ ·(−0,6) ┐
$\frac{1}{4}$	$\frac{1}{3}$	0	1	0	25	100	·1 ←
1	0	0	0	1	75	75	·1 ←
(0,6)	0	0	−12	0	G − 300		$\cdot\frac{1}{4}$ ←

x	y	u	v	w	b_i
$\frac{1}{4}$	0	1	−2	0	10
0	$\frac{1}{3}$	−1	3	0	15
0	0	−4	8	1	35
0	0	−0,6	−1,8	0	$\frac{1}{4}$G − 81

Für $u = v = 0$ ergibt sich aus dem Tableau:

$$\frac{1}{4}x = 10 \quad \Rightarrow \quad x = 40$$

$$\frac{1}{3}y = 15 \quad \Rightarrow \quad y = 45$$

$$w = 35 \quad \Rightarrow \quad w = 35$$

Der maximale Gewinn wird also erzielt, wenn 40 Liter „Orango" und 45 Liter „Marange" hergestellt und verkauft werden.

Der Gewinn beträgt dann
$G = 3{,}6 \cdot 40 + 4 \cdot 45$
$G = 324$ €

(oder aus $0 = \frac{1}{4}G - 81 \quad \Rightarrow \quad G = 324$ €)

Das eingekaufte Obst wird vollständig verbraucht, da die Schlupfvariablen u und v null sind.

Berufliche Gymnasien Baden-Württemberg: Mathematik ohne CAS
Abiturprüfung 2013 – Teil 1 (Analysis), Aufgabe 1

1.1 Die Funktion f ist gegeben durch

$$f(x) = 2 + 2\sin\left(\frac{\pi}{2}x\right);\quad x \in \mathbb{R}.$$

Das Schaubild von f ist K.

1.1.1 Beschreiben Sie, wie K aus dem Schaubild mit der Gleichung $y = \sin x$ hervorgeht. Geben Sie die Periode und die Wertemenge von f an.

Zeichnen Sie K für $-3 \le x \le 5$. (8 KP)

1.1.2 Bestimmen Sie den Schnittwinkel der Tangenten an K in zwei benachbarten Wendepunkten von K. (5 KP)

1.1.3 Zwischen zwei benachbarten Tiefpunkten von K schließen K und die x-Achse eine Fläche ein.

Berechnen Sie den Inhalt dieser Fläche.

Ermitteln Sie die Stammfunktion F von f, deren Schaubild durch den Punkt $P(-1\,|\,0)$ verläuft.

Dem Funktionswert F(4) entspricht der Inhalt einer Fläche in Ihrer Zeichnung aus 1.1.1. Schraffieren Sie diese Fläche. (8 KP)

1.1.4 Im 2. Quadranten schließt K mit den Koordinatenachsen eine Fläche ein. In diese Fläche werden Rechtecke so einbeschrieben, dass zwei Seiten auf den Koordinatenachsen liegen.

Bestimmen Sie die Seitenlängen des Rechtecks mit dem größten Flächeninhalt. (5 KP)

1.1.5 Das Schaubild K und die Gerade mit der Gleichung $y = 2$ begrenzen mehrere Flächenstücke. Diese rotieren um die x-Achse.

Berechnen Sie für eines der Flächenstücke das Volumen des von ihm erzeugten Rotationskörpers. (5 KP)

1.2 Für $a > 0$ ist die Funktion g_a gegeben durch

$$g_a(x) = ax + e^{-x};\quad x \in \mathbb{R}.$$

Das Schaubild von g_a ist G_a.

1.2.1 Die Gerade n ist die Normale von $G_{0,5}$ im Schnittpunkt von $G_{0,5}$ mit der y-Achse. Weisen Sie nach, dass es keine Tangente an $G_{0,5}$ gibt, die parallel zu n verläuft. (4 KP)

1.2.2 Bestimmen Sie a so, dass das Schaubild G_a die x-Achse berührt.

Geben Sie den Berührpunkt an. (6 KP)

1.3 In der Abbildung sind die Schaubilder der Funktion h, ihrer Ableitungsfunktion h' und einer Stammfunktion H von h eingezeichnet.

Ordnen Sie die Schaubilder den Funktionen h, h' und H zu und begründen Sie Ihre Entscheidung.

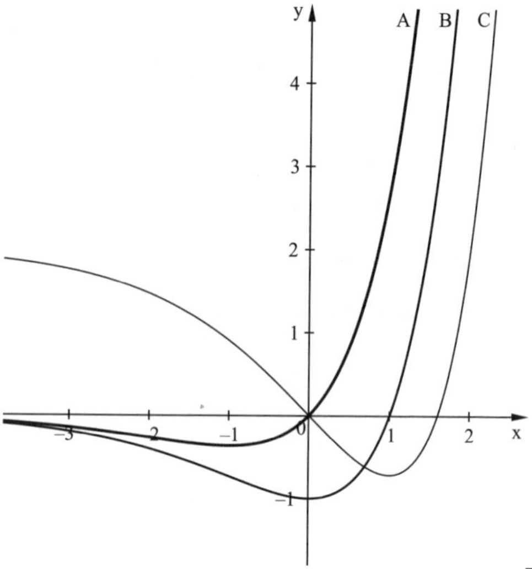

(4 KP)

(45 KP)

Hinweise und Tipps

1.1.1 **Tipps:**
- Überlegen Sie, welchen Einfluss die verschiedenen Zahlen auf das ursprüngliche Schaubild haben.
- Wie lässt sich die Periode berechnen?
- Aus welchen Zahlen besteht die Wertemenge einer Funktion? Wie lautet die Wertemenge der Sinusfunktion?

1.1.2 **Tipps:**
- Bestimmen Sie zunächst zwei benachbarte Wendepunkte von K, beachten Sie dabei die Periode der Funktion.
- Für die Formel für den Schnittwinkel zweier Geraden benötigen Sie noch die Steigungen dieser Geraden.

1.1.3 **Tipps:**
- Für die Grenzen des Integrals benötigen Sie die x-Werte zweier benachbarter Tiefpunkte. (Periode der Funktion beachten!)
- Der Parameter c bei der Stammfunktion F sagt aus, dass es unendlich viele Stammfunktionen gibt. Durch Einsetzen der Koordinaten des Punktes P in die Gleichung der Stammfunktion lässt sich c berechnen.
- Wie groß ist $F(-1)$? Was lässt sich daraus über die Bedeutung von $F(4)$ schließen?

1.1.4 **Tipps:**
- Fertigen Sie zunächst eine Skizze an, in die eines der beschriebenen Rechtecke eingezeichnet wird.
- Erstellen Sie eine Formel für die Berechnung der Fläche dieses Rechtecks.
- Diese Flächenfunktion soll nun maximal werden.

1.1.5 **Tipps:**
- Fertigen Sie eine Skizze der beschriebenen Flächenstücke an.
- Wie lautet die Formel zur Berechnung eines Rotationsvolumens?

1.2.1 **Tipps:**
- Bestimmen Sie zunächst den Schnittpunkt der Funktion $g_{0,5}$ mit der y-Achse.
- Eine Normale ist eine Senkrechte auf eine Tangente.
- Bestimmen Sie die Steigungen von Tangente und Normale über die Ableitung.

1.2.2 **Tipp:**
Für die Berührung müssen zwei Bedingungen gelten:
Es muss einen gemeinsamen Punkt geben und in diesem Punkt eine gemeinsame Steigung.

1.3 **Tipps:**
- Wie groß ist die Steigung im Tiefpunkt eines Schaubilds? Wie drückt sich dies im Schaubild der Ableitung aus?
- Eine entsprechende Beziehung gibt es zwischen Stammfunktion und ursprünglicher Funktion.

Lösungen

1.1 Gegeben ist die Funktion f durch

$$f(x) = 2 + 2\sin\left(\frac{\pi}{2}x\right);\ x \in \mathbb{R}.$$

1.1.1 **Periode, Wertemenge, Schaubild**

Aus dem Faktor $\frac{\pi}{2}$ lässt sich die Periode p berechnen:

$$p = \frac{2\pi}{\frac{\pi}{2}} = 2\pi \cdot \frac{2}{\pi} = 4$$

Die Periode ist also um den Faktor $\frac{2}{\pi}$ kleiner als die Periode von $y = \sin x$, das Schaubild ist somit in x-Richtung gestreckt mit dem Faktor $\frac{1}{\frac{\pi}{2}} = \frac{2}{\pi}$.

Der Faktor 2 vor $\sin\left(\frac{\pi}{2}x\right)$ bedeutet eine Streckung in y-Richtung mit dem Faktor 2 (die Amplitude wird also verdoppelt).

Der Summand 2 bedeutet eine Verschiebung des Schaubilds um 2 Einheiten nach oben.

Die Wertemenge von f, also die Menge aller möglichen y-Werte, beträgt somit $W = [0; 4]$ (siehe Schaubild).

Schaubild:

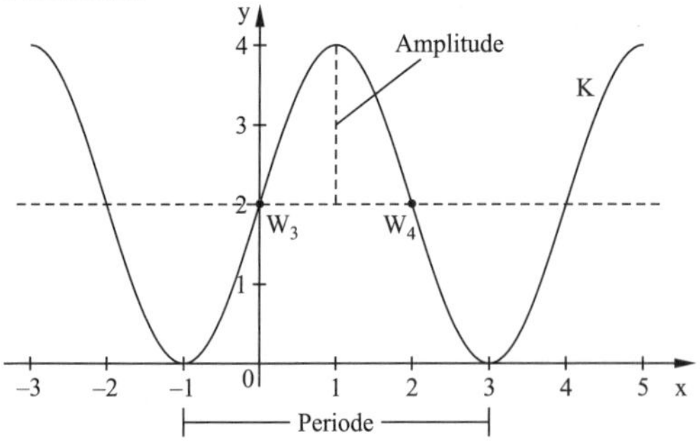

1.1.2 **Schnittwinkel**

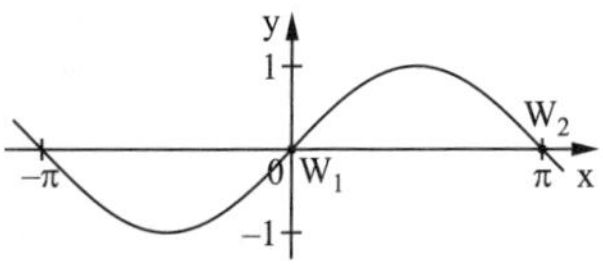

Bestimmung zweier benachbarter Wendepunkte: Das Schaubild von $y = \sin x$ hat z. B. die benachbarten Wendepunkte $W_1(0\,|\,0)$ und $W_2(\pi\,|\,0)$. Durch die drei in Teilaufgabe 1.1.1 beschriebenen Abbildungen (Streckungen und Verschiebung) ergeben sich für das Schaubild K die beiden benachbarten Wendepunkte $W_3(0\,|\,2)$ und $W_4(2\,|\,2)$ (siehe Schaubild in Teilaufgabe 1.1.1).

Für den Schnittwinkel α zweier Geraden gilt die Formel

$$\tan\alpha = \left|\frac{m_1 - m_2}{1 + m_1 \cdot m_2}\right| \quad \text{mit } m_1 = f'(0) \text{ und } m_2 = f'(2).$$

$$f(x) = 2 + 2\sin\left(\frac{\pi}{2}x\right)$$

$$f'(x) = 2 \cdot \frac{\pi}{2} \cdot \cos\left(\frac{\pi}{2}x\right) = \pi \cdot \cos\left(\frac{\pi}{2}x\right)$$

$$\Rightarrow \quad f'(0) = \pi \cdot \cos 0 = \pi$$

$$f'(2) = \pi \cdot \cos\left(\frac{\pi}{2} \cdot 2\right) = \pi \cdot \cos \pi = -\pi$$

$$\Rightarrow \quad \tan\alpha = \left|\frac{\pi - (-\pi)}{1 + \pi \cdot (-\pi)}\right| = \left|\frac{2\pi}{1 - \pi^2}\right|$$

$$\Rightarrow \quad \alpha \approx 35{,}3°$$

1.1.3 **Fläche, Stammfunktion**

Aus den in Teilaufgabe 1.1.1 beschriebenen Streckungen und der Verschiebung sowie aus dem Schaubild von f ergeben sich z. B. die benachbarten Tiefpunkte T_1 und T_2 mit $T_1(-1\,|\,0)$ und $T_2(3\,|\,0)$.

Skizze:

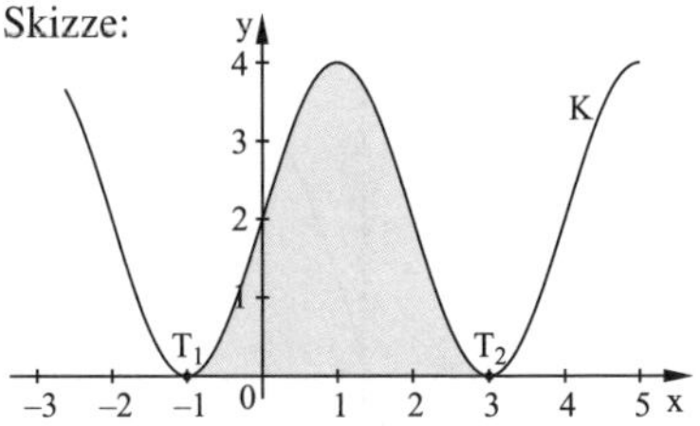

Flächeninhalt:

$$A = \int_{-1}^{3} f(x)\,dx = \int_{-1}^{3} \left(2 + 2\sin\left(\frac{\pi}{2}x\right)\right) dx$$

$$= \left[2x - \frac{4}{\pi} \cdot \cos\left(\frac{\pi}{2}x\right)\right]_{-1}^{3} = \left(2 \cdot 3 - \frac{4}{\pi} \cdot \cos\left(\frac{\pi}{2} \cdot 3\right)\right) - \left(2 \cdot (-1) - \frac{4}{\pi} \cdot \cos\left(\frac{\pi}{2} \cdot (-1)\right)\right)$$

$$= (6 - 0) - (-2 - 0) = 8$$

Der gesuchte Flächeninhalt beträgt also 8 FE.

Stammfunktion von f:

$$f(x) = 2 + 2\sin\left(\frac{\pi}{2}x\right)$$

$$F(x) = 2x - \frac{4}{\pi} \cdot \cos\left(\frac{\pi}{2}x\right) + c$$

In die Gleichung von F werden die Koordinaten von $P(-1\,|\,0)$ eingesetzt (∗):

$$0 = 2 \cdot (-1) - \frac{4}{\pi} \cdot \cos\left(\frac{\pi}{2} \cdot (-1)\right) + c$$

$$0 = -2 - 0 + c$$

$$\Rightarrow \quad c = 2$$

Die gesuchte Stammfunktion hat also die Gleichung:

$$F(x) = 2x - \frac{4}{\pi} \cdot \cos\left(\frac{\pi}{2}x\right) + 2$$

Die Fläche oben wurde berechnet aus F(3) – F(–1). Da aber F(–1) = 0 gilt (siehe ∗), ist F(4) folglich die Fläche zwischen dem Schaubild von f und der x-Achse zwischen x = –1 und x = 4:

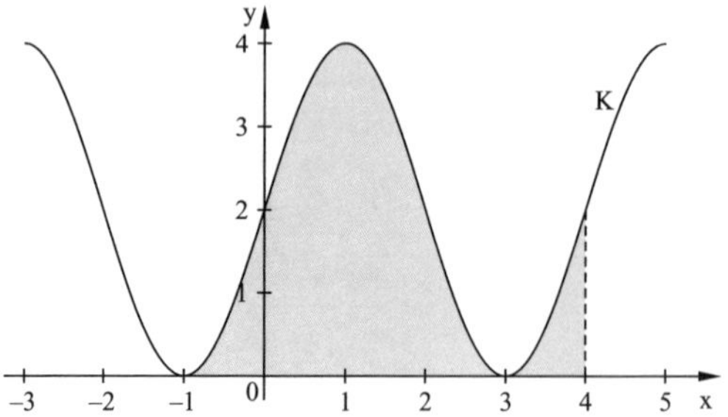

$$A = \int_{-1}^{4} f(x)\,dx$$

$$= F(4) - F(-1) = F(4)$$

1.1.4 **Extremwertaufgabe**

Skizze:

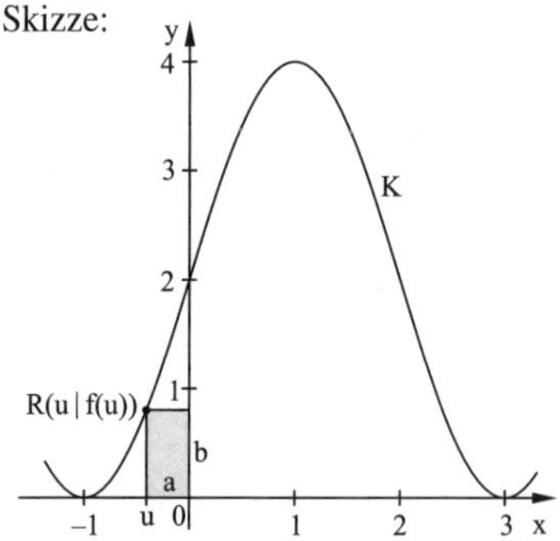

Die Größe des Rechtecks wird bestimmt durch den Punkt R(u | f(u)) mit $-1 \le u \le 0$.

Die Längen der Seiten des Rechtecks sind a und b mit $a = 0 - u = -u$ und $b = f(u)$.

Für die Fläche des Rechtecks ergibt sich damit:

$$A(u) = -u \cdot f(u) = -u \cdot \left(2 + 2\sin\left(\frac{\pi}{2}u\right)\right) \quad \text{mit } -1 \le u \le 0$$

Schaubild der Flächenfunktion A:

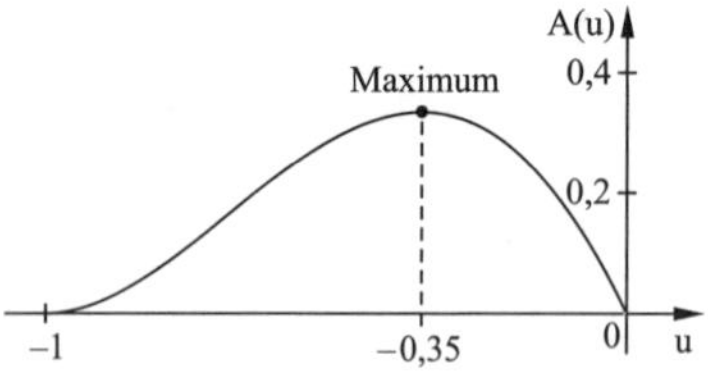

Laut GTR liegt das absolute Maximum bei $u \approx -0{,}35$ (mit $A \approx 0{,}33$ FE).

Die Länge der Seite a beträgt somit $a \approx 0{,}35$ LE, die Länge von b beträgt $b \approx f(-0{,}35) \approx 0{,}94$ LE (bei Rechnung mit exaktem Wert).

1.1.5 **Rotationsvolumen**

Skizze:

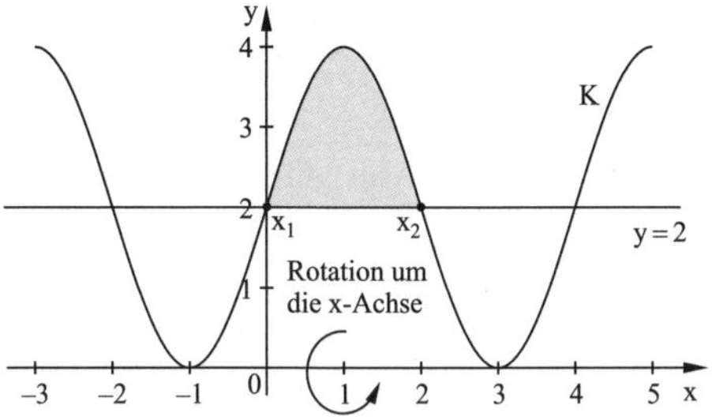

Die Schnittstellen x_1 und x_2 sind die x-Werte der Wendepunkte aus Teilaufgabe 1.1.2, also $x_1 = 0$ und $x_2 = 2$.

Das gesuchte Volumen berechnet sich aus dem Gesamtrotationsvolumen zwischen Kurve und x-Achse abzüglich des Rotationsvolumens zwischen Gerade und x-Achse. (Achtung: Nicht die Funktionsterme voneinander abziehen, sondern die Volumina!)

$$V = \pi \cdot \int_0^2 (f(x))^2\,dx - \pi \cdot \int_0^2 2^2\,dx = \pi \cdot \int_0^2 ((f(x))^2 - 2^2)\,dx$$

Laut GTR ergibt sich:

$V \approx 44{,}57$ VE

Andere Möglichkeit:
Wenn man die rechts markierte Fläche um die x-Achse rotieren lässt, ergibt sich:

$$V = \pi \cdot \int_2^4 (2^2 - (f(x))^2)\,dx$$

$$\approx 19{,}43 \text{ VE}$$

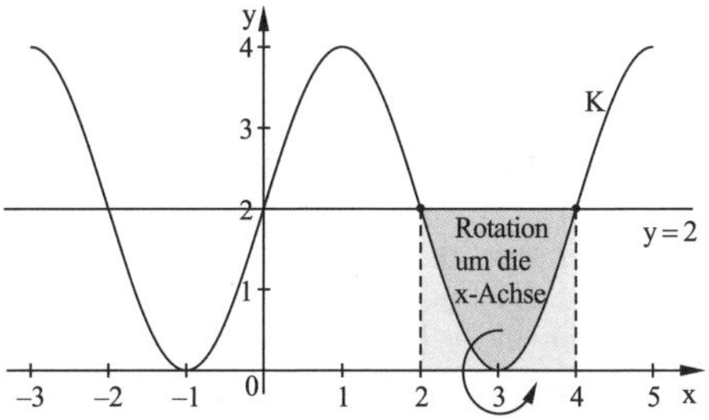

1.2 Gegeben ist die Funktion g_a durch

$g_a(x) = ax + e^{-x}; \;\; x \in \mathbb{R}; \;\; a > 0.$

1.2.1 **Normale, Tangente**

$a = 0{,}5 \;\; \Rightarrow \;\; g_{0,5}(x) = 0{,}5x + e^{-x}$

Schnittpunkt von $G_{0,5}$ mit der y-Achse $(x = 0)$:

$g_{0,5}(0) = e^0 = 1 \;\; \Rightarrow \;\; S(0\,|\,1)$

Steigung der Normalen:

$g'_{0,5}(x) = 0,5 - e^{-x}$

$m_T = g'_{0,5}(0) = 0,5 - 1 = -0,5 \quad \Rightarrow \quad m_N = 2$ (wegen $m_N \cdot m_T = -1$)

Die Normale im Punkt $S(0\,|\,1)$ hat also die Gleichung $y_N = 2x + 1$.

Nachzuweisen ist, dass keine Tangente von $g_{0,5}$ die Steigung 2 haben kann.

$g'_{0,5}(x) = 0,5 - e^{-x}$

Da der Summand e^{-x} immer positiv ist, wird von 0,5 immer eine positive Zahl subtrahiert. Die Steigung der Tangente ist somit immer kleiner als 0,5.

1.2.2 **Bestimmung des Parameters a, Berührpunkt**

$g_a(x) = ax + e^{-x}$

$g'_a(x) = a - e^{-x}$

Für die Berührung mit der x-Achse muss gelten:

(1) $g_a(x_0) = 0$ und (2) $g'_a(x_0) = 0$

$g'_a(x_0) = 0 \quad \Rightarrow \quad a - e^{-x_0} = 0 \quad \Rightarrow \quad x_0 = -\ln a \quad (a > 0)$

$\Rightarrow$ (1) $g_a(-\ln a) = 0$

$\Rightarrow \quad a \cdot (-\ln a) + e^{\ln a} = 0 \quad \Rightarrow \quad -a \cdot \ln a + a = 0 \quad \Rightarrow \quad a \cdot \ln a = a$

$\Rightarrow \quad \ln a = 1 \quad (\text{da } a > 0)$

$\Rightarrow \quad a = e$

Der Berührpunkt heißt also $B(x_0\,|\,0) = B(-\ln e\,|\,0) = B(-1\,|\,0)$.

1.3 **Zuordnung von Schaubildern**

(1) Das Schaubild A hat bei $x \approx -1$ einen Tiefpunkt. Wäre dies das Schaubild von h, müsste das Schaubild von h' bei $x \approx -1$ das Vorzeichen wechseln. Kein anderes Schaubild geht aber durch den Punkt $N(-1\,|\,0)$, somit kann das Schaubild von A nicht zur Funktion h gehören.

(2) Das Schaubild C hat bei $x = 1$ einen Tiefpunkt, das Schaubild B wechselt bei $x = 1$ das Vorzeichen von – nach +. Also könnte C das Schaubild von h sein, B das Schaubild von h'. Dann müsste aber A das Schaubild der Stammfunktion H sein. Das Schaubild A hat rechts vom Ursprung durchgehend positive Steigungen, aber keines der beiden anderen Schaubilder verläuft für $x > 0$ vollständig im positiven Bereich.
$\Rightarrow$ C kann ebenfalls nicht das Schaubild von h sein.

(3) Demnach muss B das Schaubild von h sein. Am Tiefpunkt von B, also bei $x = 0$, wechselt nur das Schaubild A sein Vorzeichen von – nach +, also ist A das Schaubild von h'.
Das Schaubild C ist somit das Schaubild der Stammfunktion H.

Berufliche Gymnasien Baden-Württemberg: Mathematik ohne CAS
Abiturprüfung 2013 – Teil 1 (Analysis), Aufgabe 2

2.1 Gegeben ist für jedes $t<0$ die Funktion f_t mit

$$f_t(x) = \frac{t}{4}x^2 + \frac{1+4t}{t};\ x \in \mathbb{R}.$$

Das Schaubild von f_t ist K_t.

2.1.1 Zeichnen Sie K_{-1} sowie die Gerade g mit der Gleichung $y = \frac{3}{2}x + 6$ in ein gemeinsames Koordinatensystem.

Die Orthogonale zur Geraden g durch den Punkt $Q(0\,|\,6)$ bildet zusammen mit g und der x-Achse ein Dreieck.

K_{-1} begrenzt mit der x-Achse eine Fläche, die aus dem Dreieck ausgeschnitten wird. Berechnen Sie den Inhalt der verbleibenden Fläche. (9 KP)

2.1.2 Weisen Sie nach, dass die Gerade mit der Gleichung $y = x + 4$ Tangente an $K_{-0,1}$ ist, und ermitteln Sie den zugehörigen Berührpunkt.

Bestimmen Sie die Gleichung der Normalen von $K_{-0,1}$ in diesem Punkt. (4 KP)

2.1.3 Zeigen Sie, dass es keinen Punkt gibt, der auf allen Schaubildern K_t liegt. (3 KP)

2.1.4 A ist das Schaubild einer Funktion, B das Schaubild ihrer Ableitungsfunktion und C das einer ihrer Stammfunktionen.

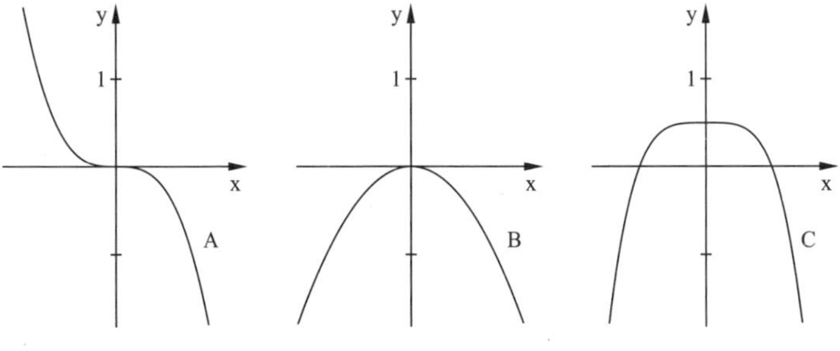

Es gibt einen Wert von t, für das K_t eines der Schaubilder A, B, C ist. Bestimmen Sie diesen Wert von t.

Bestimmen Sie damit die Funktionsterme der zu A, B und C gehörenden Funktionen. (5 KP)

2.2 Für jedes $a>0$ ist C_a das Schaubild der Funktion h_a mit

$$h_a(x) = (x-4a)\cdot e^{-a\cdot x};\ x \in \mathbb{R}.$$

2.2.1 Bestimmen Sie die Achsenschnittpunkte von C_a. (3 KP)

2.2.2 Zeichnen Sie $C_{\frac{1}{4}}$.

Die Koordinatenachsen und das Schaubild $C_{\frac{1}{4}}$ schließen eine Fläche ein. Diese Fläche rotiert um die x-Achse.

Bestimmen Sie das Volumen des dabei entstehenden Rotationskörpers. (6 KP)

2.2.3 Zeigen Sie, dass die Gerade mit der Gleichung $y = (4a^2 + 1) \cdot x - 4a$ mit $a > 0$ das Schaubild C_a auf der y-Achse berührt.

Berechnen Sie den Wert von a, für den der Schnittpunkt dieser Geraden mit der x-Achse am weitesten rechts liegt. (7 KP)

2.3 Die Funktion g hat folgende Eigenschaften:

(1) $g(1) = -1$ und $g'(1) = 0$

(2) $g'(0) > 0$

(3) $g''(-2) > 0$

(4) $\int_0^6 g(x)\,dx = 0$

Welche Bedeutung hat jede einzelne Eigenschaft für das Schaubild von g?

Skizzieren Sie ein mögliches Schaubild von g. (8 KP)

(45 KP)

Hinweise und Tipps

2.1.1 **Tipps:**

- Zeichnen Sie zunächst die geforderten Schaubilder und das Dreieck.
- Überlegen Sie, wie sich die aus dem Dreieck ausgeschnittene Fläche berechnen lässt.

2.1.2 **Tipps:**

- Eine Tangente berührt das Schaubild $K_{-0,1}$.
- Für die Berührung müssen zwei Bedingungen gelten:
  Es muss einen gemeinsamen Punkt geben und in diesem Punkt eine gemeinsame Steigung.
- Eine Normale ist eine Senkrechte auf eine Tangente.

2.1.3 **Tipps:**

- Berechnen Sie den Schnittpunkt zweier Schaubilder mit zwei verschiedenen t-Werten.
- Für einen gemeinsamen Punkt aller Schaubilder K_t müsste der Parameter t bei der Berechnung der Koordinaten herausfallen.

2.1.4 **Tipps:**

- Die Schaubilder der Kurvenschar K_t sind Parabeln (wegen x^2). Warum passt dazu nur das Schaubild B?
- Erstellen Sie zunächst die Gleichung der Funktion zu Schaubild B.
- Welches der restlichen Schaubilder könnte eine Stammfunktion von B darstellen? (Beachten Sie den Verlauf der Kurven und damit den Grad der Funktionen.)
- In welcher Beziehung steht das Schaubild C zu Schaubild A? (Beachten Sie wieder den Grad der Funktionen.)

2.2.1 **Tipp:**

Zu bestimmen sind die Schnittpunkte mit der x- und mit der y-Achse. (Beachten Sie den Satz vom Nullprodukt!)

2.2.2 **Tipps:**

- Wie lautet die Formel für das Rotationsvolumen?
- Bestimmen Sie die Grenzen des zugehörigen Integrals.

2.2.3 **Tipps:**

- Für die Berührung müssen zwei Bedingungen gelten:
  Es muss einen gemeinsamen Punkt geben und in diesem Punkt eine gemeinsame Steigung.
- „Am weitesten rechts“ bedeutet, dass der x-Wert möglichst groß sein muss. (Extremwertaufgabe!)

2.3 **Tipps:**

- Was sagen die Gleichungen von g, von g' und von g'' jeweils über das Schaubild von g aus?
- Was bedeutet es für das Schaubild, wenn das Integral über einen Bereich null ist?

Lösungen

2.1 Gegeben ist die Funktion f_t durch

$$f_t(x) = \frac{t}{4}x^2 + \frac{1+4t}{t}; \quad x \in \mathbb{R}, \; t < 0.$$

2.1.1 Schaubild, Fläche

$$t = -1 \;\Rightarrow\; f_{-1}(x) = -\frac{1}{4}x^2 + 3$$

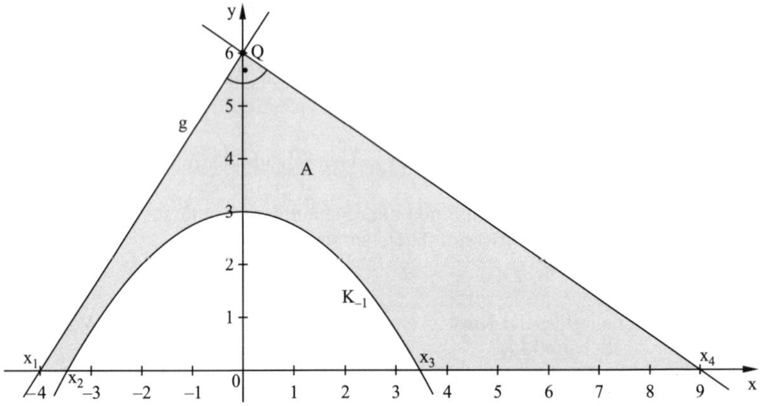

Die Orthogonale zur Geraden g mit $y = \frac{3}{2}x + 6$ im Punkt $Q(0\,|\,6)$ hat die Gleichung $y = -\frac{2}{3}x + 6$.

Die gesuchte Fläche A ergibt sich aus der Fläche des Dreiecks abzüglich der Fläche unter der Parabel K_{-1}.

Zunächst bestimmt man die Nullstellen x_1 bis x_4:

x_1: $\quad \frac{3}{2}x_1 + 6 = 0 \;\Rightarrow\; \frac{3}{2}x_1 = -6 \;\Rightarrow\; x_1 = -4$

x_4: $\quad -\frac{2}{3}x_4 + 6 = 0 \;\Rightarrow\; \frac{2}{3}x_4 = 6 \;\Rightarrow\; x_4 = 9$

$x_{2/3}$: $\quad -\frac{1}{4}x^2 + 3 = 0 \;\Rightarrow\; \frac{1}{4}x^2 = 3 \;\Rightarrow\; x_{2/3} = \pm\sqrt{12}$

Fläche A_D des Dreiecks:

$$A_D = \frac{1}{2} \cdot g \cdot h = \frac{1}{2} \cdot (9 - (-4)) \cdot 6 = \frac{1}{2} \cdot 13 \cdot 6 = 39 \text{ FE}$$

Fläche A_P unter der Parabel K_{-1}:

$$A_P = \int_{-\sqrt{12}}^{\sqrt{12}} \left(-\frac{1}{4}x^2 + 3\right) dx = \left[-\frac{1}{12}x^3 + 3x\right]_{-\sqrt{12}}^{\sqrt{12}}$$

$$= -\frac{1}{12} \cdot 12 \cdot \sqrt{12} + 3\sqrt{12} - \left(-\frac{1}{12} \cdot 12 \cdot (-\sqrt{12}) - 3\sqrt{12}\right)$$

$$= -\sqrt{12} + 3\sqrt{12} - \sqrt{12} + 3\sqrt{12}$$

$$= 4\sqrt{12} \approx 13{,}856 \text{ FE}$$

$\Rightarrow$ Gesuchte Fläche:

$$A = A_D - A_P \approx 39 - 13{,}856 = 25{,}144$$

Der gesuchte Flächeninhalt beträgt also etwa 25,144 FE.

2.1.2 **Tangente, Berührpunkt, Normale**

$$t = -0{,}1 \quad \Rightarrow \quad f_{-0,1}(x) = -\frac{1}{40}x^2 - 6$$

Damit die Gerade mit der Gleichung $y = x + 4$ Tangente an das Schaubild von $f_{-0,1}$ ist, müssen zwei Bedingungen erfüllt sein, nämlich:

(1) Gerade und Schaubild müssen einen gemeinsamen Punkt haben.

(2) In diesem Punkt müssen beide dieselbe Steigung haben.

$$f_{-0,1}(x) = -\frac{1}{40}x^2 - 6$$

$$f'_{-0,1}(x) = -\frac{1}{20}x$$

Die Gerade $y = x + 4$ hat die Steigung 1.

(2) $-\frac{1}{20}x = 1 \quad \Rightarrow \quad x = -20$

(1) $-\frac{1}{40} \cdot (-20)^2 - 6 = -20 + 4$

$$-\frac{400}{40} - 6 = -20 + 4$$

$$-16 = -16 \qquad \text{wahre Aussage}$$

$f_{-0,1}(-20) = -16 \quad \Rightarrow \quad$ Der Berührpunkt heißt $B(-20\,|\,-16)$.

Die Gerade ist also Tangente an das Schaubild von $f_{-0,1}$ im Punkt $B(-20\,|\,-16)$.

Steigung der Tangente in B:

$f'_{-0,1}(-20) = 1 \quad \Rightarrow \quad m_N = -1$

$B(-20\,|\,-16)$ und $m_N = -1$ in $y = mx + b$ einsetzen:

$-16 = -1 \cdot (-20) + b$

$-36 = b$

Die Gleichung der Normalen in B lautet $y = -x - 36$.

2.1.3 **Gemeinsamer Punkt von Schaubildern**

Man schneidet z. B. die Schaubilder mit $t=-1$ und $t=-\frac{1}{4}$, also:

$$f_{-1}(x)=f_{-\frac{1}{4}}(x)$$

$$-\frac{1}{4}x^2+3=-\frac{1}{16}x^2$$

$$\frac{3}{16}x^2=3$$

$$x^2=16$$

$$x_{1/2}=\pm 4$$

Diese x-Werte setzt man in die allgemeine Funktionsgleichung ein:

$$f_t(4)=f_t(-4)=\frac{t}{4}\cdot 16+\frac{1+4t}{t}=4t+\frac{1}{t}+4$$

Die y-Werte sind abhängig von t, somit gibt es keinen gemeinsamen Punkt aller Schaubilder.

2.1.4 **Zuordnung von Schaubildern**

Das Schaubild von f_t ist eine Parabel, also kommt nur das Schaubild B infrage.

Das Schaubild B geht durch den Ursprung, also muss gelten:

$$f_t(0)=0 \;\Rightarrow\; \frac{1+4t}{t}=0 \;\Rightarrow\; t=-\frac{1}{4}$$

Die Gleichung zum Schaubild B heißt also $f_{-\frac{1}{4}}(x)=-\frac{1}{16}x^2$.

Die Stammfunktionen zu $f_{-\frac{1}{4}}$ heißen $F_1(x)=-\frac{1}{48}x^3+c_1$.

Da auch das Schaubild A der Stammfunktion durch den Ursprung geht, muss $c_1=0$ sein, also lautet die Gleichung zu Schaubild A: $F_1(x)=-\frac{1}{48}x^3$

Das Schaubild C soll das Schaubild einer Stammfunktion von A sein, also:

$$F_2(x)=-\frac{1}{192}x^4+c_2$$

Das Schaubild C geht durch P(0 | 0,5).

$\Rightarrow\; 0{,}5=0+c_2$

$\Rightarrow\; c_2=0{,}5$

Die Gleichung zu Schaubild C heißt also $F_2(x)=-\frac{1}{192}x^4+0{,}5$.

2.2 Gegeben ist die Funktion h_a durch

$h_a(x) = (x - 4a) \cdot e^{-ax}; \ x \in \mathbb{R}, \ a > 0.$

2.2.1 **Achsenschnittpunkte**

Schnitt mit der y-Achse, also $x = 0$:

$h_a(0) = (0 - 4a) \cdot e^0 = -4a$

$\Rightarrow \ S_y(0 \mid -4a)$

Schnitt mit der x-Achse, also $y = 0$:

$0 = (x - 4a) \cdot e^{-ax} \qquad \big| : e^{-ax} \neq 0$

$0 = x - 4a$

$x = 4a$

$\Rightarrow \ S_x(4a \mid 0)$

2.2.2 **Schaubild, Rotationsvolumen**

$a = \frac{1}{4} \ \Rightarrow \ h_{\frac{1}{4}}(x) = (x - 1) \cdot e^{-\frac{1}{4}x}$

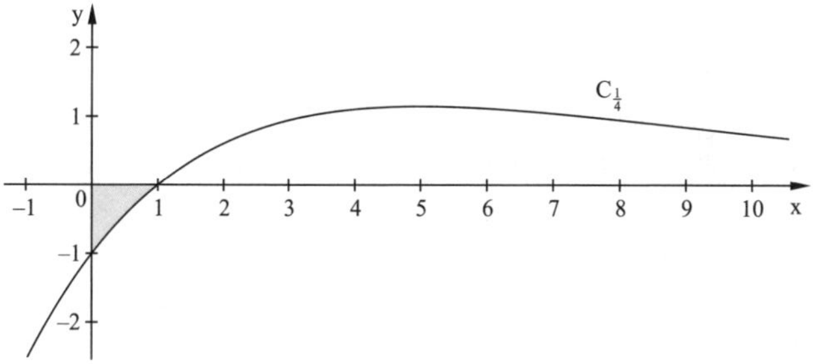

Die Integrationsgrenzen heißen $x_1 = 0$ und $x_2 = 4a$, also $x_2 = 1$.

$$V = \pi \cdot \int_0^1 (h_{\frac{1}{4}}(x))^2 \, dx \overset{\text{GTR}}{\approx} 0{,}93 \text{ VE}$$

2.2.3 **Berühren von Schaubildern**

Es müssen zwei Bedingungen erfüllt sein:

(1) Die beiden Schaubilder haben einen gemeinsamen Punkt.

(2) In diesem Punkt haben beide dieselbe Steigung.

(1) Die Gerade mit der Gleichung $y = (4a^2 + 1) \cdot x - 4a$ geht bei $y = -4a$ durch die y-Achse.

Das Schaubild von h_a schneidet die y-Achse ebenfalls im Punkt $S_y(0 \mid -4a)$ (vgl. Teilaufgabe 2.2.1).

$\Rightarrow$ Beide Schaubilder gehen durch den Punkt $S_y(0 \mid -4a)$.

(2) Die Steigung der Geraden in diesem Punkt beträgt $4a^2+1$.

Für die Steigung von h_a gilt:

$$h'_a(x) = e^{-ax} + (x-4a)\cdot(-a)\cdot e^{-ax} = e^{-ax}\cdot(1-ax+4a^2)$$

$$h'_a(0) = e^0\cdot(1-0+4a^2) = 4a^2+1$$

$\Rightarrow$ Auch die Steigungen im gemeinsamen Punkt sind gleich, also berühren sich die Schaubilder im Punkt $S_y(0\,|\,-4a)$ auf der y-Achse.

Schnittpunkt der Geraden mit der x-Achse (y = 0):

$$0 = (4a^2+1)\cdot x - 4a$$

$$x = \frac{4a}{4a^2+1}$$

Dieser x-Wert soll möglichst weit rechts auf der x-Achse liegen, gesucht ist also das absolute Maximum der Funktion $d(a) = \frac{4a}{4a^2+1}$ mit $a > 0$.

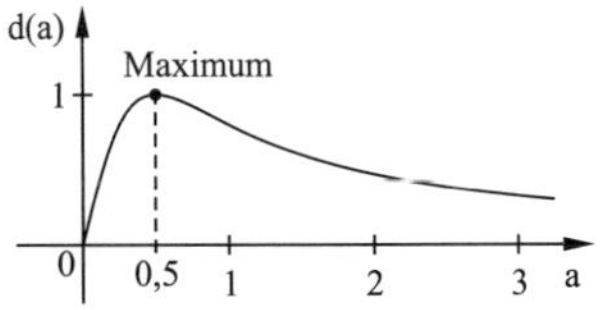

Das absolute Maximum der Funktion d liegt laut GTR bei a = 0,5.

$\Rightarrow$ Die Nullstelle der Geraden liegt für a = 0,5 am weitesten rechts.

2.3 Eigenschaften einer Funktion

(1) Das Schaubild von g hat im Punkt $P(1\,|\,-1)$ eine waagrechte Tangente.

(2) Für x = 0 hat das Schaubild von g eine positive Steigung.

(3) Bei x = –2 liegt eine Linkskurve vor.

(4) Für x zwischen 0 und 6 begrenzen das Schaubild von g und die x-Achse mehrere Flächenstücke. Die Summe der über der x-Achse liegenden Flächenstücke ist gleich groß wie die Summe der unter der x-Achse liegenden Flächenstücke.

Mögliches Schaubild:

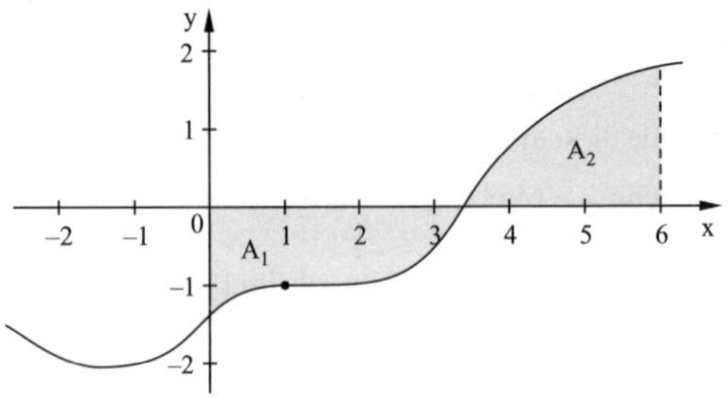

Berufliche Gymnasien Baden-Württemberg: Mathematik ohne CAS
Abiturprüfung 2013 – Teil 2 (Stochastik), Aufgabe 1

1 An den Ausfahrten eines kostenpflichtigen Autobahnnetzes befinden sich vier Mautstellen A, B, C und D.
Von den am Autobahnkreuz AK ankommenden Fahrzeugen verlassen 10 % die Autobahn bei A, 60 % bei D und 6 % bei B.

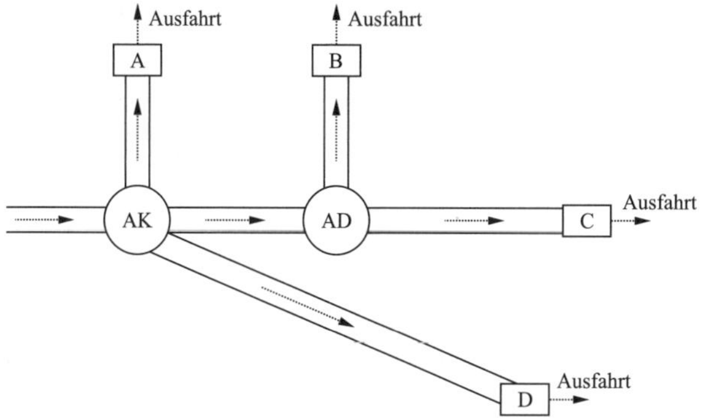

1.1 Berechnen Sie die Wahrscheinlichkeit, dass ein bei AK ankommendes Fahrzeug weiter zum Autobahndreieck AD fährt.

Wie groß ist die Wahrscheinlichkeit, dass ein bei AK ankommendes Fahrzeug die Autobahn bei Mautstelle C verlässt?

Bestimmen Sie die Wahrscheinlichkeit, dass ein bei AD ankommendes Fahrzeug die Autobahn bei Mautstelle C verlässt. (4 KP)

1.2 Drei Fahrzeuge kommen bei AK an.

Berechnen Sie die Wahrscheinlichkeiten der folgenden Ereignisse:
E_1: Alle drei Fahrzeuge verlassen die Autobahn bei Mautstelle D.
E_2: Jedes Fahrzeug verlässt die Autobahn bei einer anderen Mautstelle. (5 KP)

1.3 Wie viele Fahrzeuge müssen bei AK mindestens ankommen, damit mit einer Wahrscheinlichkeit von mehr als 99 % mindestens ein Fahrzeug die Autobahn bei Mautstelle A verlässt? (3 KP)

1.4 Beim Verlassen der Autobahn müssen Gebühren nach folgender Tabelle entrichtet werden:

Mautstelle A	Mautstelle B	Mautstelle C	Mautstelle D
2 €	5 €	8 €	4 €

Wie viele Fahrzeuge müssen beim Autobahnkreuz AK mindestens ankommen, damit mit 100 000 € Einnahmen gerechnet werden kann? (3 KP)

(15 KP)

Hinweise und Tipps

1.1 **Tipps:**

- 100 % der Fahrzeuge kommen am Autobahnkreuz (AK) an. Diese Fahrzeuge fahren anschließend entweder nach A, nach AD oder nach D. Die Wahrscheinlichkeiten für die Fahrt nach A bzw. D sind in der Aufgabenstellung gegeben. Welche Wahrscheinlichkeit bleibt somit für die Fahrt nach AD übrig?
- Sie wissen nun, wie viel Prozent der Fahrzeuge nach AD fahren. Von AD aus gibt es (nur noch) die zwei Ausfahrten B und C. Da aus der Aufgabenstellung bekannt ist, dass 6 % der Fahrzeuge an Ausfahrt B das Autobahnnetz verlassen, bleiben für die Möglichkeit C wie viel Prozent übrig?
- Es ist eine bedingte Wahrscheinlichkeit gesucht.
  $P_{AD}(C)$: Unter der Voraussetzung, dass ein Fahrzeug bei AD ankommt, ist nach der Wahrscheinlichkeit gefragt, dass es dann bei Mautstelle C die Autobahn verlässt.

1.2 **Tipps:**

- E_1: Die Wahrscheinlichkeit für das Verlassen der Autobahn bei Mautstelle D ist (für jedes Fahrzeug) 60 %.
- E_2: Überlegen Sie sich zunächst, welche verschiedenen Möglichkeiten es gibt, dass drei Fahrzeuge die Autobahn an verschiedenen Mautstellen verlassen (ABC oder ABD oder … oder …). Bei jeder dieser Möglichkeiten gibt es wiederum unterschiedliche Kombinationen, da z. B. Fahrzeug 1 bei A, Fahrzeug 2 bei B und Fahrzeug 3 bei C oder Fahrzeug 1 bei A, Fahrzeug 2 bei C und Fahrzeug 3 bei B abfahren kann. Wie viele Permutationen gibt es für jede Möglichkeit?

1.3 **Tipps:**

- Es ist die (Mindest-)Anzahl n der Fahrzeuge zu bestimmen.
- Berechnen Sie zunächst die Wahrscheinlichkeit des Gegenereignisses „Keines der n Fahrzeuge verlässt die Autobahn bei Mautstelle A". Diese Wahrscheinlichkeit von 100 % (= 1) abgezogen ergibt die Wahrscheinlichkeit des Ereignisses „Mindestens ein Fahrzeug verlässt die Autobahn bei Mautstelle A".
  Diese Wahrscheinlichkeit soll nun größer als 0,99 sein.
- Beachten Sie beim Lösen der entstehenden Ungleichung die Logarithmengesetze.

1.4 **Tipp:**

Es ist der Erwartungswert für die Einnahmen je Fahrzeug zu berechnen.
100 000 € geteilt durch diesen Wert ergibt dann die Mindestzahl an Fahrzeugen.

Lösungen

1 **Gegeben:** Ein an AK ankommendes Fahrzeug verlässt das Autobahnnetz
bei Mautstelle A: $P(A) = 10\,\% = 0{,}10$
bei Mautstelle D: $P(D) = 60\,\% = 0{,}60$
bei Mautstelle B: $P(B) = 6\,\% = 0{,}06$

1.1 **Berechnung von Wahrscheinlichkeiten, bedingte Wahrscheinlichkeit**

Am Autobahnkreuz AK kommen 100 % der Fahrzeuge an. Ein Fahrzeug fährt dann von AK nach AD, wenn es das Autobahnnetz nicht an Mautstelle A oder D verlässt:

$P(AD) = 1 - P(A) - P(D) = 1 - 0{,}10 - 0{,}60 = 0{,}30$

Die Wahrscheinlichkeit, dass ein bei AK ankommendes Fahrzeug weiter zum Autobahndreieck AD fährt, beträgt 30 %.

Ein bei AK ankommendes Fahrzeug verlässt die Autobahn bei Mautstelle C, wenn es zum Autobahndreieck AD fährt (P(AD) siehe oben) und anschließend die Autobahn **nicht** bei Mautstelle B verlässt:

$P(C) = P(AD) - P(B) = 0{,}30 - 0{,}06 = 0{,}24$

Alternative Überlegung:

Ein bei AK ankommendes Fahrzeug verlässt die Autobahn bei Mautstelle C, wenn es das Autobahnnetz weder bei Mautstelle A noch bei Mautstelle B oder Mautstelle D verlässt, also:

$P(C) = 1 - P(A) - P(B) - P(D) = 1 - 0{,}10 - 0{,}06 - 0{,}60 = 0{,}24$

Die Wahrscheinlichkeit, dass ein bei AK ankommendes Fahrzeug die Autobahn bei Mautstelle C verlässt, beträgt 24 %.

Bedingte Wahrscheinlichkeit:

Unter der Bedingung, dass ein Fahrzeug (bereits) am Autobahndreieck AD angekommen ist, verlässt dieses die Autobahn bei Mautstelle C.

$$P_{AD}(C) = \frac{P(AD \cap C)}{P(AD)} = \frac{P(C)}{P(AD)} = \frac{0{,}24}{0{,}3} = 0{,}8$$

$AD \cap C$ bedeutet: Ein Fahrzeug fährt zum Autobahndreieck AD und verlässt das Autobahnnetz an Mautstelle C. Da es aber nur diese eine Strecke zur Mautstelle C gibt, gilt: $P(AD \cap C) = P(C)$

Die Wahrscheinlichkeit, dass ein bei AD ankommendes Fahrzeug die Autobahn bei Mautstelle C verlässt, beträgt 80 %.

1.2 **Wahrscheinlichkeiten von Ereignissen bei 3 Fahrzeugen**

$P(E_1) = 0{,}6 \cdot 0{,}6 \cdot 0{,}6 = (0{,}6)^3 = 0{,}216$

Die Wahrscheinlichkeit, dass alle drei Fahrzeuge die Autobahn bei Mautstelle D verlassen, beträgt 21,6 %.

Die verschiedenen Möglichkeiten, dass jedes Fahrzeug die Autobahn bei einer anderen Mautstelle verlässt, sind:

A B C
A B D
A C D
B C D

Da es drei Fahrzeuge sind, gibt es für jede dieser 4 Möglichkeiten jeweils 3! Kombinationsmöglichkeiten (Permutationen). Somit erhält man:

$$\begin{aligned}P(E_2) &= P(A)\cdot P(B)\cdot P(C)\cdot 3! + P(A)\cdot P(B)\cdot P(D)\cdot 3! + P(A)\cdot P(C)\cdot P(D)\cdot 3!\\ &\quad + P(B)\cdot P(C)\cdot P(D)\cdot 3!\\ &= 0{,}1\cdot 0{,}06\cdot 0{,}24\cdot 3! + 0{,}1\cdot 0{,}06\cdot 0{,}6\cdot 3! + 0{,}1\cdot 0{,}24\cdot 0{,}6\cdot 3! + 0{,}06\cdot 0{,}24\cdot 0{,}6\cdot 3!\\ &\approx 0{,}168\end{aligned}$$

Die Wahrscheinlichkeit, dass jedes Fahrzeug die Autobahn bei einer anderen Mautstelle verlässt, beträgt ungefähr 16,8 %.

1.3 **Mindestanzahl der Fahrzeuge**

Falls n Fahrzeuge bei AK ankommen, ist die Wahrscheinlichkeit, dass **keines** der Fahrzeuge bei A die Autobahn verlässt:

$p = 0{,}9^n$

Entsprechend gilt für die Wahrscheinlichkeit des Gegenereignisses „Mindestens eines der n Fahrzeuge verlässt bei A die Autobahn“:

$p = 1 - 0{,}9^n$

Diese Wahrscheinlichkeit muss größer als 99 % sein:

$$\begin{aligned}& 1-0{,}9^n > 0{,}99\\ \Leftrightarrow\quad & 1-0{,}99 > 0{,}9^n\\ \Leftrightarrow\quad & \ln(0{,}01) > \ln(0{,}9^n)\\ \Leftrightarrow\quad & \ln(0{,}01) > n\cdot\ln(0{,}9)\\ \Leftrightarrow\quad & n \overset{!!!}{>} \frac{\ln(0{,}01)}{\ln(0{,}9)} \quad (\text{da } \ln(0{,}9) < 0)\\ \Leftrightarrow\quad & n > 43{,}708\ldots\end{aligned}$$

Es müssen mindestens 44 Fahrzeuge bei AK ankommen, damit mit einer Wahrscheinlichkeit von mehr als 99 % mindestens ein Fahrzeug die Autobahn bei Mautstelle A verlässt.

1.4 **Erwartungswert der Einnahmen**

Mautstelle	A	B	C	D
Einnahmen je Fahrzeug	2 €	5 €	8 €	4 €
Wahrscheinlichkeit p	0,1	0,06	0,24	0,6

X: Einnahmen in € je Fahrzeug

Erwartungswert der Einnahmen in € je Fahrzeug:

$E(X) = 2\cdot 0{,}1 + 5\cdot 0{,}06 + 8\cdot 0{,}24 + 4\cdot 0{,}6 = 4{,}82\ (€)$

Je Fahrzeug, das am Autobahnkreuz AK ankommt, kann mit einer Einnahme von 4,82 € gerechnet werden.

Wie viele Autos müssen ankommen?

$$\frac{100\,000\ €}{4{,}82\ €} \approx 20\,746{,}89$$

Es müssen mindestens 20 747 Fahrzeuge am Autobahnkreuz AK ankommen, damit mit 100 000 € Einnahmen gerechnet werden kann.

2 Zwei Dodekaeder werden als Spielwürfel verwendet. Ihre 12 Seiten sind wie unten abgebildet beschriftet. Es gilt stets die Zahl als geworfen, die auf der obersten Fläche zu sehen ist. Alle Seiten liegen mit derselben Wahrscheinlichkeit oben.

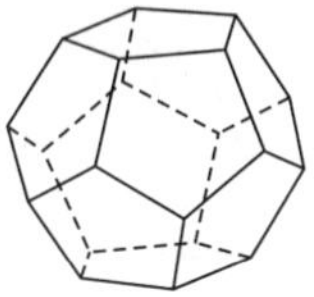

Dodekaeder

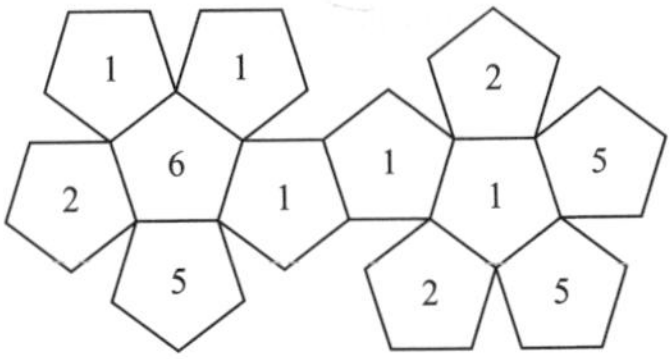

Seiten von Würfel I

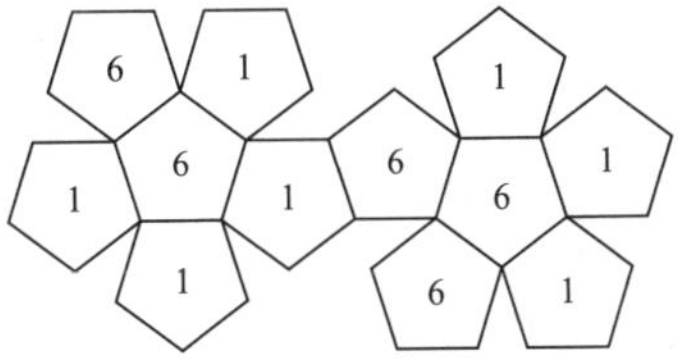

Seiten von Würfel II

2.1 Würfel I wird viermal geworfen. Berechnen Sie die Wahrscheinlichkeiten der folgenden Ereignisse:
A: Es tritt die Zahlenreihenfolge 5 – 6 – 2 – 2 auf.
B: Alle Zahlen sind verschieden.

Marc behauptet: Das Ereignis „alle Zahlen sind gleich" ist das Gegenereignis von B. Nehmen Sie Stellung. (6 KP)

2.2 Würfel II wird viermal geworfen.

Berechnen Sie die Wahrscheinlichkeit, dass dabei die Sechs häufiger auftritt als die Eins. (3 KP)

2.3 Jonas und Marc benutzen die beiden Würfel für ein Spiel. Jonas wirft Würfel I einmal, Marc wirft Würfel II einmal.
Gewonnen hat derjenige, dessen Würfel die höhere Zahl anzeigt. Der Gewinner erhält vom Verlierer die höhere der geworfenen Zahlen in Euro ausgezahlt. Bei gleichen Zahlen endet das Spiel unentschieden und keiner der beiden muss zahlen.

Prüfen Sie, für wen sich das Spiel langfristig lohnt. (6 KP)

(15 KP)

Hinweise und Tipps

2.1 **Tipps:**

- Überlegen Sie sich zunächst für jeden Würfel die Wahrscheinlichkeiten für das Werfen der verschiedenen Zahlen.
- Überlegen Sie dann, um welche Art von Stichprobe (geordnet, ungeordnet, mit oder ohne Zurücklegen) es sich jeweils handelt.
- Ereignis A: Sowohl die Zahlen als auch ihre Reihenfolge sind bereits angegeben! Die entsprechenden Wahrscheinlichkeiten können also miteinander multipliziert werden.
- Ereignis B: Welche (unterschiedlichen) Zahlen müssen gewürfelt werden, damit alle Zahlen verschieden sind? Bedenken Sie anschließend noch, dass jede dieser vier Zahlen an vier verschiedenen Stellen auftreten kann ⇒ Permutation!
- Marcs Behauptung: Formulieren Sie selbst das Gegenereignis $\overline{B}$ zu B, indem Sie das Wort „nicht" oder das Wort „mindestens" verwenden.

2.2 **Tipp:**

Wie oft muss die Sechs geworfen werden, damit sie häufiger auftritt als die Eins?

2.3 **Tipps:**

- Das Spiel lohnt sich für einen Spieler dann, wenn der Betrag, den er langfristig erhält, höher ist als der Betrag, den er zu zahlen hat. Entscheiden Sie sich daher zunächst, aus welcher Spielersicht (Jonas oder Marc) Sie die Zufallsvariable X definieren. Überlegen Sie anschließend, ob die Werte der Zufallsvariablen den zu zahlenden oder den zu erhaltenden Betrag darstellen.
  Ist die Zufallsvariable X z. B. definiert als der Betrag, den Jonas an Marc zahlen muss, bedeutet z. B. der Wert 6 €: Jonas zahlt an Marc 6 € bzw. der Wert –2 €: Jonas erhält von Marc 2 €.
  (Eine andere Festlegung von X ist selbstverständlich genauso möglich, etwa als Betrag, den Marc an Jonas zahlt oder aber als Betrag, den Jonas von Marc erhält – Vorzeichen beachten!)
- Überlegen Sie nun, welche Spielausgänge möglich sind und welchen Betrag dann jeweils dieser Spieler erhält bzw. zu zahlen hat.
- Es empfiehlt sich, eine Tabelle zu erstellen, in die Sie alle möglichen Beträge und die dazugehörigen Spielausgänge eintragen. (So lassen sich die Wahrscheinlichkeiten besser berechnen!)
- Das Wort langfristig deutet darauf hin, dass der Erwartungswert E(X) zu berechnen ist.
- Interpretieren Sie zum Schluss den berechneten Erwartungswert:
  Ist die Zufallsvariable X z. B. definiert als der Betrag, den Jonas an Marc zahlt, so bedeutet $E(X) > 0$: Jonas zahlt langfristig mehr Geld an Marc, als er von ihm erhält, also lohnt sich das Spiel für Marc.
  Entsprechend ist $E(X) < 0$ so zu interpretieren, dass Jonas langfristig mehr von Marc erhält, als er an ihn zahlt, also lohnt sich das Spiel langfristig für Jonas.

Lösungen

2 Für Würfel I gilt:

$P(1) = \frac{5}{12}$

$P(2) = \frac{3}{12} = \frac{1}{4}$

$P(5) = \frac{3}{12} = \frac{1}{4}$

$P(6) = \frac{1}{12}$

Für Würfel II gilt:

$P(1) = \frac{7}{12}$

$P(6) = \frac{5}{12}$

2.1 **Viermaliges Werfen des Würfels I**

A: Es tritt die Zahlenreihenfolge 5 – 6 – 2 – 2 auf.
(Die Zahlen müssen in dieser Reihenfolge auftreten!)

$$P(A) = \frac{1}{4} \cdot \frac{1}{12} \cdot \frac{1}{4} \cdot \frac{1}{4} = \frac{1}{768} \approx 0{,}0013$$

Mit einer Wahrscheinlichkeit von 0,13 % tritt die Zahlenfolge 5 – 6 – 2 – 2 auf.

B: Alle Zahlen sind verschieden.
Mit Würfel I können nur die vier Zahlen 1, 2, 5 und 6 gewürfelt werden. Wenn also jede dieser vier Zahlen einmal gewürfelt wird, dann sind alle vier Zahlen verschieden. Für die Reihenfolge der Zahlen gibt es dabei 4! Möglichkeiten (z. B. 1 – 2 – 5 – 6, 1 – 2 – 6 – 5, 1 – 5 – 2 – 6, 1 – 5 – 6 – 2, ...).

$$P(B) = \frac{5}{12} \cdot \frac{1}{4} \cdot \frac{1}{4} \cdot \frac{1}{12} \cdot 4! = \frac{5}{96} \approx 0{,}052$$

Mit einer Wahrscheinlichkeit von 5,2 % sind alle Zahlen verschieden.

Das Gegenereignis $\overline{B}$ zu B ist

$\overline{B}$: Nicht alle Zahlen sind verschieden.

bzw.

$\overline{B}$: Mindestens zwei Zahlen sind gleich.

Damit gehört z. B. die Zahlenfolge 5 – 5 – 2 – 1 zum Gegenereignis $\overline{B}$. Bei dieser Zahlenfolge sind aber nicht alle Zahlen gleich.
Somit ist Marcs Behauptung falsch.

2.2 **Viermaliges Werfen des Würfels II**

Würfel II wird viermal geworfen.
Die Sechs tritt dabei häufiger auf als die Eins, wenn die Sechs drei- oder viermal geworfen wird. Im ersten Fall gibt es 4 Möglichkeiten für die Position der Eins.

$$p = 4 \cdot \left(\frac{5}{12}\right)^3 \cdot \frac{7}{12} + \left(\frac{5}{12}\right)^4 = \frac{1\,375}{6\,912} \approx 0{,}199$$

Mit einer Wahrscheinlichkeit von 19,9 % tritt die Sechs beim viermaligen Werfen von Würfel II häufiger auf als die Eins.

2.3 **Spiel, Erwartungswert**

Die Zufallsvariable X sei definiert als der Betrag, den **J**(onas) bei einem Spiel an **M**(arc) zahlt.
Tabelle (J1 M1 bedeutet: Jonas würfelt eine 1 und Marc würfelt eine 1):

x_i	0 €	–2 €	–5 €	–6 €	6 €
Ergebnisse	J1 M1, J6 M6	J2 M1	J5 M1	J6 M1	$\overline{\text{J6}}$ M6
$P(X=x_i)$	$\frac{5}{12}\cdot\frac{7}{12}+\frac{1}{12}\cdot\frac{5}{12}$ $=\frac{5}{18}$	$\frac{1}{4}\cdot\frac{7}{12}$ $=\frac{7}{48}$	$\frac{1}{4}\cdot\frac{7}{12}$ $=\frac{7}{48}$	$\frac{1}{12}\cdot\frac{7}{12}$ $=\frac{7}{144}$	$\frac{11}{12}\cdot\frac{5}{12}$ $=\frac{55}{144}$

Erwartungswert des Auszahlungsbetrags in €:

$$E(X)=0\cdot\frac{5}{18}+(-2)\cdot\frac{7}{48}+(-5)\cdot\frac{7}{48}+(-6)\cdot\frac{7}{144}+6\cdot\frac{55}{144}=\frac{47}{48}\approx 0{,}979$$

Auf lange Sicht zahlt Jonas etwa 98 Cent pro Spiel an Marc. Das Spiel lohnt sich also langfristig für Marc.

Berufliche Gymnasien Baden-Württemberg: Mathematik ohne CAS
Abiturprüfung 2013 – Teil 3 (Anwendungsorientierte Aufgaben), Aufgabe 1

1 Lena ist Läuferin. Zum Laufen benötigt ihr Körper Energie.
Der Körper gewinnt auf zwei Arten Energie: Aerob (Energiegewinnung mit Sauerstoffverbrauch) und anaerob (Energiegewinnung ohne Sauerstoffverbrauch).
Zu Beginn der Belastung wird die Energie hauptsächlich durch anaerobe Energiegewinnung bereitgestellt. Später wird der Hauptanteil der Energie durch aerobe Energiegewinnung bereitgestellt.
Das Schaubild zeigt für einen Lauf von Lena die aerobe Energiegewinnung in Kilojoule pro Sekunde $\left(\frac{kJ}{s}\right)$ zwischen der 10. und der 100. Sekunde.

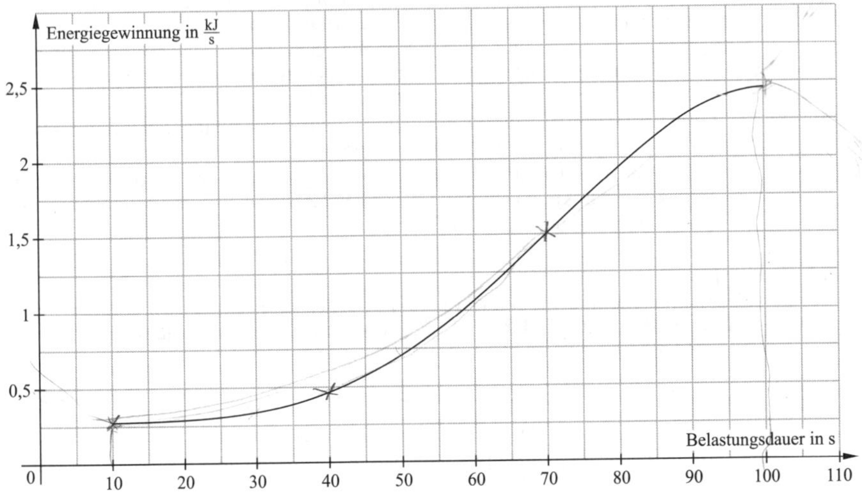

1.1 Bestimmen Sie eine Funktion, die das Schaubild näherungsweise beschreibt.
Die aerobe Energiegewinnung nimmt ständig zu. Prüfen Sie, ob Ihre Funktion diese Eigenschaft zwischen der 10. und der 100. Sekunde richtig wiedergibt. (6 KP)

1.2 Zwischen der 10. und der 100. Sekunde wurden insgesamt 275 kJ bereitgestellt.
Bestimmen Sie den prozentualen Anteil, der auf die aerobe Energie entfällt. (3 KP)

1.3 Die anaerobe Energiegewinnung in $\frac{kJ}{s}$ wird zwischen der 10. und der 100. Sekunde durch eine Funktion g mit $g(t) = a \cdot t \cdot e^{b \cdot t}$ dargestellt. Dabei gibt t die Zeit in Sekunden an.
Nach 26 Sekunden hat die anaerobe Energiegewinnung mit $2{,}5\,\frac{kJ}{s}$ ihren größten Wert. Bestimmen Sie a und b.
Berechnen Sie den Zeitpunkt, ab dem der aerobe Anteil überwiegt. (6 KP)

(15 KP)

Hinweise und Tipps

1.1 **Tipps:**

- Die Aufgabenstellung hier ist sehr offen. Sie sollen eine Funktion angeben, die das Schaubild näherungsweise beschreibt, also mithilfe einer Regression die dargestellten Messwerte mathematisch modellieren. Mit dem GTR lassen sich verschiedene Regressionen berechnen.
- Dazu müssen Sie zunächst die Koordinaten verschiedener Punkte aus dem Schaubild ablesen und in Listen eingeben. Beginnen Sie bei $t = 10$ und gehen Sie dann bis $t = 100$ in Zehnerschritten weiter. Da das Ablesen nicht bei jedem Punkt ganz eindeutig ist, empfiehlt es sich (insbesondere bei der Abiturprüfung), diese abgelesenen Punkte zum besseren Nachvollziehen aufzuschreiben.
- Einen ersten Hinweis darauf, wie gut die Messwerte mit der jeweiligen Regression beschrieben werden, gibt das Bestimmtheitsmaß R^2 an. (Die Anzeige des Bestimmtheitsmaßes lässt sich über das Menü [CATALOG] ([2nd] [0]); `DiagnoseAn`; [ENTER]; [ENTER] einstellen.) Liegt dieser Wert nahe bei 1, deutet dies auf eine gute bis sehr gute Annäherung hin. Wenn Sie sich zusätzlich die berechnete Regressionsfunktion im [Y=]-Editor speichern lassen, können Sie anschließend den gesamten Verlauf der Kurve betrachten und entscheiden, mit welcher Funktion die geplotteten Punkte am besten angenähert werden.
- Der zweite Teil der Aufgabe kann selbstverständlich nur anhand der von Ihnen gefundenen Funktion beantwortet werden. Lesen Sie also das Monotonieverhalten des Schaubilds anhand dieser Funktion ab.

1.2 **Tipp:**

Berechnen Sie mithilfe Ihrer Funktion f die gesamte aerobe Energie zwischen der 10. und 100. Sekunde (Integral!) und setzen Sie diese ins Verhältnis zur angegebenen Gesamtenergie.

1.3 **Tipps:**

- Stellen Sie aus den Angaben in der Aufgabenstellung die Bedingungen zur Bestimmung der Funktionsgleichung von g auf, wobei der Hinweis „größter Wert" auf ein Maximum schließen lässt.
- Denken Sie bei der Berechnung von $g'(t)$ an die Produktregel.
- „Aerober Anteil überwiegt" bedeutet: $f(t) > g(t)$

Lösungen

1.1 **Bestimmung der Regressionskurve; Untersuchung der Monotonie**

Zur näherungsweisen Beschreibung eignet sich eine ganzrationale Funktion 4. Grades. (Das Bestimmtheitsmaß R^2 für diese Regression liegt fast bei 1 und ist der optimale Wert bezüglich aller möglichen Regressionen.)

Mit den am Schaubild ungefähr abgelesenen Punkten $(10\,|\,0{,}3)$, $(20\,|\,0{,}31)$, $(30\,|\,0{,}33)$, $(40\,|\,0{,}45)$, $(50\,|\,0{,}7)$, $(60\,|\,1{,}1)$, $(70\,|\,1{,}5)$, $(80\,|\,1{,}9)$, $(90\,|\,2{,}3)$ und $(100\,|\,2{,}45)$ erhält man z. B. die Funktion f mit:

$$f(t) = a \cdot t^4 + b \cdot t^3 + c \cdot t^2 + d \cdot t + e \quad \text{mit} \quad a \approx -1{,}10431 \cdot 10^{-7};\quad b \approx 1{,}84946 \cdot 10^{-5};$$
$$c \approx -5{,}76952 \cdot 10^{-4};\quad d \approx 4{,}69483 \cdot 10^{-3};$$
$$e \approx 0{,}300$$

Überprüfung der angegebenen Eigenschaft anhand der berechneten Regressionskurve:

1. Möglichkeit:
Der GTR berechnet als Tiefpunkt von f: TP(19,468 | 0,2933)
Da z. B. $f(10) \approx 0{,}30664$ und damit $f(10) > f(19{,}468)$, gibt die Funktion die Eigenschaft **nicht** richtig wieder.

2. Möglichkeit:
Anhand des Schaubilds von f' erkennt man $f'(t) \leq 0$ für $t \in [10; 19{,}468]$. In diesem Intervall ist die Funktion f monoton fallend, d. h., die aerobe Energiegewinnung nimmt **nicht** ständig zu.

1.2 **Prozentualer Anteil der aeroben Energie an der bereitgestellten Energie**

Mit der in Teilaufgabe 1.1 bestimmten Funktion f(t) folgt:

Aerobe Energie: $E_{ae} = \int_{10}^{100} f(t)\,dt \approx 99{,}572\ (\text{kJ})$

Bereitgestellte Energie: $E_g = 275\ (\text{kJ})$

Berechnung des Anteils: $\frac{E_{ae}}{E_g} \approx \frac{99{,}572\ \text{kJ}}{275\ \text{kJ}} \approx 0{,}362$

Der prozentuale Anteil, der auf die aerobe Energie entfällt, beträgt etwa 36,2 %.

1.3 **Bestimmung der Funktion g mit $g(t) = a \cdot t \cdot e^{bt}$; $t \in [10; 100]$**

$g(t) = a \cdot t \cdot e^{bt}$

$g'(t) = a \cdot e^{bt} + a \cdot t \cdot e^{bt} \cdot b = a \cdot e^{bt} \cdot (1 + bt)$

Bedingungen:

(1) Funktionswert: $g(26) = 2{,}5$ also $a \cdot 26 \cdot e^{26b} = 2{,}5$

(2) Maximum: $g'(26) = 0$ also $a \cdot e^{26b} \cdot (1 + 26b) = 0$

Wegen des Satzes vom Nullprodukt, $a \neq 0$ und $e^x > 0$ folgt aus (2):

$1 + 26b = 0 \Leftrightarrow b = -\frac{1}{26}$

Eingesetzt in (1):

$a \cdot 26 \cdot e^{26 \cdot \left(-\frac{1}{26}\right)} = 2{,}5 \Leftrightarrow a \cdot 26 \cdot e^{-1} = 2{,}5 \Leftrightarrow a = \frac{2{,}5}{26 \cdot e^{-1}} = \frac{2{,}5 \cdot e}{26}$

Damit ergibt sich die Funktionsgleichung:

$g(t) = \frac{2{,}5 \cdot e}{26} \cdot t \cdot e^{-\frac{1}{26}t}$

Zeitpunkt, ab dem der aerobe Anteil überwiegt

Der aerobe Anteil überwiegt, wenn gilt:

$f(t) > g(t)$

Mit dem GTR lassen sich die Schaubilder von f und g darstellen und damit die Schnittstelle der beiden Kurven bestimmen:

$t \approx 66{,}590$

Da rechts von dieser Stelle das Schaubild von f oberhalb des Schaubilds von g verläuft, überwiegt der aerobe Anteil nach etwa 66,6 Sekunden.

2 Ein Parfumhersteller möchte ein neues Produkt auf den Markt bringen. Das Parfum wird in einem gläsernen Flakon angeboten.

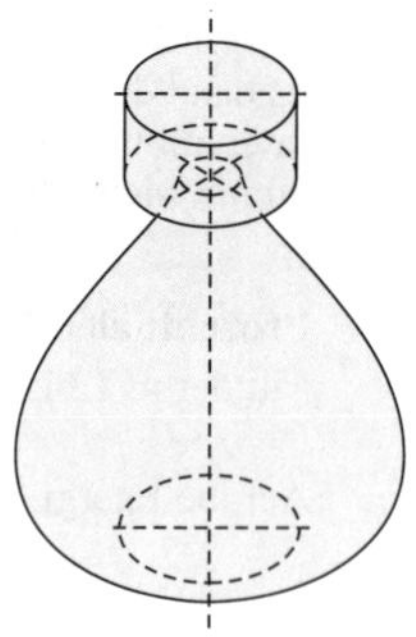

Die Mantelfläche des Flakons wird durch Rotation des Schaubilds der Funktion f mit

$f(x) = 0{,}02x^3 - 0{,}33x^2 + 1{,}20x + 1{,}75;\ x \in [-0{,}5;\ 8]$

um die x-Achse erzeugt.

Dabei gilt: 1 Längeneinheit $\hat{=}$ 1 cm
Die Öffnung befindet sich bei $x = 8$.

Der Flakon wird durch einen Korken mit aufgesetztem Glaszylinder verschlossen. Der Verschluss ist so gestaltet, dass nur der Glaszylinder (Durchmesser 2,72 cm, Höhe 1,5 cm) übersteht.
Die Rotationsachsen des Flakons und des Verschlusses stimmen überein.

2.1 Zeichnen Sie die Außenkontur des verschlossenen Flakons mit dem Glaszylinder in ein Koordinatensystem. (5 KP)

2.2 Die Wandstärke des Flakons, parallel zum Boden des Flakons gemessen, beträgt 0,2 cm, die Dicke des Bodens 0,5 cm.

Prüfen Sie, ob der Flakon die gewünschte Füllmenge von 100 *mℓ* fasst, wenn bis zum oberen Rand ein Abstand von mindestens 2 cm eingehalten werden muss. (5 KP)

2.3 Die Verpackung des Flakons besteht aus stabilem dünnem Karton und hat die Form einer quadratischen Pyramide. Der Boden des Flakons steht dabei auf der Grundfläche der Pyramide. Jede Seitenfläche der Verpackung berührt sowohl den Flakon als auch den oberen Rand des Verschlusses.

Berechnen Sie die Höhe dieser Verpackung. (5 KP)

(15 KP)

Hinweise und Tipps

2.1 **Tipps:**

- Beachten Sie für die Zeichnung: Der Definitionsbereich beginnt bei $-0{,}5$.
- Der Flakonboden befindet sich somit links vom Ursprung.
- Da der „verschlossene Flakon" gezeichnet werden soll, muss auch der Verschluss gezeichnet werden.

2.2 **Tipps:**

- Die Wandstärke von 0,2 cm muss von der Außenkontur abgezogen werden.
- Durch die Dicke des Bodens wird die untere, durch die maximale Füllhöhe wird die obere Integrationsgrenze festgelegt.

2.3 **Tipps:**

- Eine Skizze hilft, die Aufgabenstellung zu veranschaulichen.
- Für die Verpackung muss von einem Punkt ($\hat{=}$ oberer Rand des Verschlusses) eine Tangente an das Schaubild von f gelegt werden.
- Der Schnittpunkt dieser Tangente mit der x-Achse ist die Spitze der Verpackung.
- Bei der Bestimmung der Gesamthöhe der Verpackung muss auch die Dicke des Bodens berücksichtigt werden.

Lösungen

2.1 **Zeichnen der Außenkontur des verschlossenen Flakons**

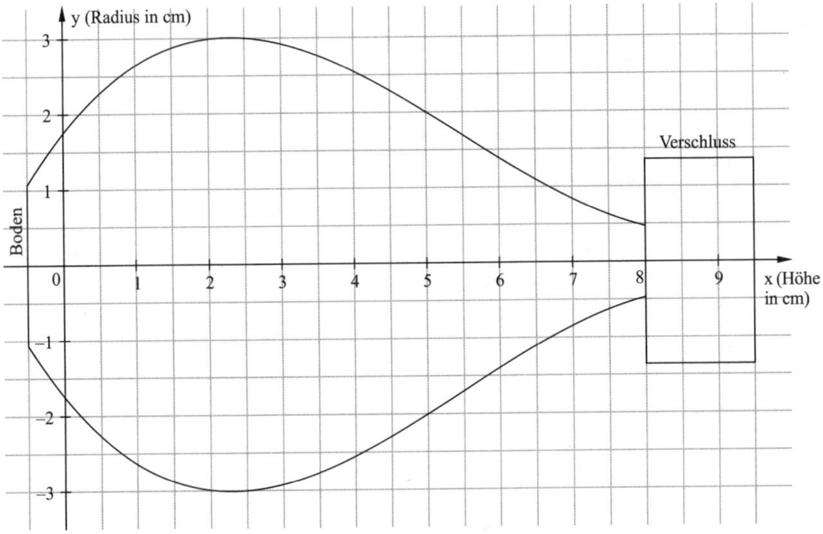

2.2 **Berechnung des Rotationsvolumens (= maximale Füllmenge)**

Skizze:

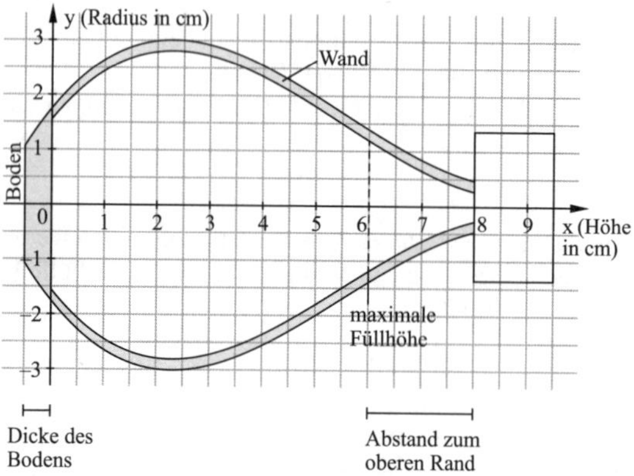

Unter Berücksichtigung der Wandstärke wird der Hohlraum des Flakons nicht durch Rotation des Schaubilds der Funktion f, sondern der Funktion g mit $g(x) = f(x) - 0{,}2$ um die x-Achse erzeugt.

Die Integrationsgrenzen für die Berechnung des Rotationsvolumens ergeben sich durch die Dicke des Bodens und die maximale Füllhöhe:

$x_u = -0{,}5 + 0{,}5 = 0$ und $x_0 = 8 - 2 = 6$

Für die Füllmenge des Flakons gilt:

$$V = \pi \cdot \int_0^6 (f(x) - 0{,}2)^2\, dx \approx 101{,}29\ \text{cm}^3 = 101{,}29\ m\ell$$

Also fasst der Flakon die gewünschte Füllmenge von 100 $m\ell$.

2.3 **Tangente an ein Schaubild legen; Spitze der Verpackung (≙ Nullstelle) berechnen**

Skizze:

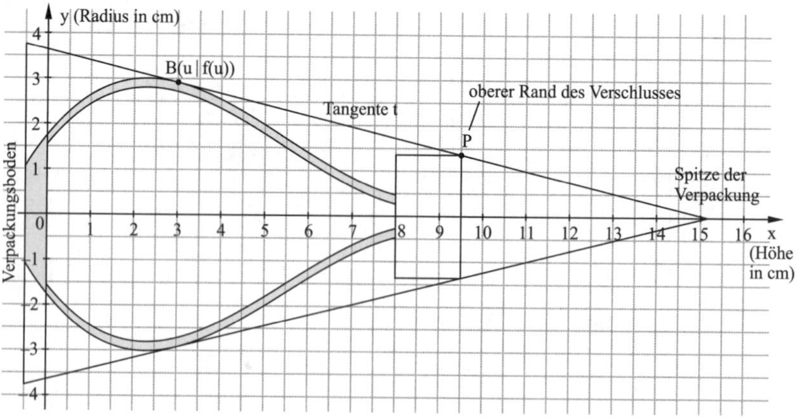

Gleichung der Tangente in einem Punkt $B(u \mid f(u))$: $y = f'(u) \cdot (x - u) + f(u)$

Da der Verschluss (Glaszylinder) einen Durchmesser von 2,72 cm hat, ergeben sich für den oberen Rand des Verschlusses die Koordinaten $P\left(9{,}5 \;\middle|\; \frac{2{,}72}{2}\right)$.

Mit der zusätzlichen Bedingung, dass die Tangente vom Punkt $P\,(9{,}5 \mid 1{,}36)$ an das Schaubild von f gelegt wird, kann u aus der folgenden Gleichung berechnet werden:

$$1{,}36 = f'(u) \cdot (9{,}5 - u) + f(u)$$

$$\Leftrightarrow \quad 1{,}36 = (0{,}06u^2 - 0{,}66u + 1{,}20) \cdot (9{,}5 - u) + 0{,}02u^3 - 0{,}33u^2 + 1{,}20u + 1{,}75$$

$$\Leftrightarrow \quad 0 = -0{,}04u^3 + 0{,}9u^2 - 6{,}27u + 11{,}79$$

Lösung mit GTR: $u = 3 \;\Rightarrow\; B(3 \mid 2{,}92)$

Mit $y = f'(3) \cdot (x - 3) + f(3)$ erhält man die Tangentengleichung:

t: $y = -0{,}24x + 3{,}64$

Die Nullstelle dieser Tangente ist die Spitze der Pyramide (siehe Grafik).

Nullstellenbestimmung für die Tangente t:

$-0{,}24x + 3{,}64 = 0 \;\Leftrightarrow\; x = 15{,}1666\ldots$

Da noch die Dicke des Bodens (0,5 cm) berücksichtigt werden muss, beträgt die Gesamthöhe der Pyramide und damit der Verpackung ca. 15,7 cm.

Berufliche Gymnasien Baden-Württemberg: Mathematik ohne CAS
Abiturprüfung 2013 – Teil 3 (Anwendungsorientierte Aufgaben), Aufgabe 3

3.1 Die Höhe h(t) eines Baums zum Zeitpunkt t wird näherungsweise beschrieben durch

$$h(t)=\frac{35}{160e^{-0{,}07632t}+1};\quad t\geq 0.$$

Dabei ist t die Zeit in Jahren seit Pflanzung des Baums im Frühling 1930, h(t) ist in m angegeben.

3.1.1 Berechnen Sie das Jahr, in dem der Baum am schnellsten gewachsen ist.
Wann war der Baum zu 75 % ausgewachsen? (5 KP)

3.1.2 Bestimmen Sie das durchschnittliche Jahreswachstum des Baums der letzten zehn Jahre. (2 KP)

3.2 Im Jahr 2013 wird der Durchmesser d(x) des Baumstamms in der Höhe x über dem Boden modelliert durch die Funktion d mit

$$d(x)=-3{,}003\cdot 10^{-9}x^3+9{,}000\cdot 10^{-6}x^2-1{,}682\cdot 10^{-2}x+39{,}73;\quad x\geq 0.$$

d(x) und x sind in cm angegeben.

In diesem Jahr wird der Baum gefällt. Der Schnitt wird in einer Höhe von 30 cm über dem Boden angesetzt.

3.2.1 Berechnen Sie den Durchmesser der Schnittfläche.
Bestimmen Sie die Länge des abgeschnittenen Stamms, die sich aus diesem Modell ergibt. (3 KP)

3.2.2 Ermitteln Sie das Volumen des Stamms in Kubikmeter.
Kurz vor der Fällung wurde der Durchmesser des Baumstamms in der Schnitthöhe auf 40 cm und die Länge des Stamms auf 30 m geschätzt. Das Volumen des Stamms wurde damit schon vorab geschätzt, wobei die Form des Stamms vereinfachend als Kreiskegel angenommen wurde.
Berechnen Sie die prozentuale Abweichung des geschätzten Volumens vom oben ermittelten Volumen. (5 KP)

(15 KP)

Hinweise und Tipps

3.1.1 **Tipps:**

- Es ist nicht nach dem Maximum der Höhe h(t), sondern nach dem Maximum der Wachstums**geschwindigkeit** gefragt. Welche Funktion stellt das Wachstum dar?
- Benutzen Sie den GTR zur Bestimmung des Maximums.
- $t=0$ entspricht dem Jahr 1930.
- „Baum ausgewachsen": Strebt h(t) gegen einen Grenzwert für $t \to \infty$?

3.1.2 **Tipp:**

Durchschnittliches Jahreswachstum des Baums:

$$\frac{\Delta h}{\Delta t} = \frac{h(\text{heute}) - h(\text{vor 10 Jahren})}{10}$$

3.2 **Tipps:**

- Mit der Angabe einer neuen Funktion d(x) wird für die Teilaufgaben 3.2.1 und 3.2.2 ein neues Modell zugrunde gelegt. Führen Sie daher Ihre weiteren Berechnungen mit der Funktion d(x) und nicht mehr mit h(t) (aus 3.1) durch.
- Bei diesem Modell wird davon ausgegangen, dass der Baum in einer Schnitthöhe von $x=30$ (cm) gefällt wurde, und folglich ist mit Baumstamm der abgeschnittene Stamm gemeint.

3.2.1 **Tipps:**

- Gefragt ist nach dem Durchmesser d(x) in einer Höhe von $x=30$ (cm).
- Zur Berechnung der Länge des abgeschnittenen Stamms ist die Gesamthöhe des Baums zu bestimmen. Dann gilt: $\ell_{\text{abgeschnitten}} = \ell_{\text{gesamt}} - 30$ cm
- Welchen Durchmesser d_{Spitze} hat die Spitze des Baums?
- Die Länge x des gesamten Baums berechnen Sie nun aus: $d(x) = d_{\text{Spitze}}$

3.2.2 **Tipps:**

- Gefragt ist nach dem Volumen des abgeschnittenen Baumstamms.
- Berechnen Sie dieses als Rotationsvolumen. Welche untere bzw. obere Integrationsgrenze ergibt sich somit? (Verwenden Sie auch das Ergebnis von Teilaufgabe 3.2.1.)
- d(x) gibt den Durchmesser des Stamms an. Zur Berechnung des Rotationsvolumens muss aber mit dem Radius gerechnet werden. Die Randfunktion ist daher **nicht** d(x)!
  Sondern $r(x) = \frac{d(x)}{2}$.
- Achten Sie bei der Berechnung des geschätzten Volumens auf die Einheiten.
- Prozentuale Abweichung:

$$\frac{V_{\text{Rotation}} - V_{\text{geschätzt}}}{V_{\text{Rotation}}}$$

3.1.1 **Jahr, in dem der Baum am schnellsten gewachsen ist**

Der Baum wächst am schnellsten, wenn h'(t) maximal ist. Mit dem GTR erhält man (bei geeigneter Fenstereinstellung!) etwa das folgende Schaubild von h':

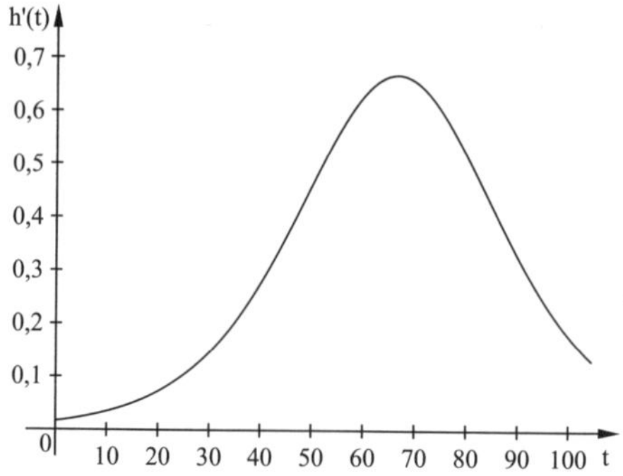

Somit ist h'(t) maximal für $t \approx 66{,}5$.

Im Jahr 1996 ist der Baum am schnellsten gewachsen.

Zeitpunkt, zu dem der Baum zu 75 % ausgewachsen ist

Zur Berechnung der Höhe des ausgewachsenen Baums ist der Grenzwert von h(t) für $t \to \infty$ zu bestimmen:

$$\lim_{t \to \infty} h(t) = 35 \quad \left(\text{da } \lim_{t \to \infty} e^{-0{,}07632t} = 0\right)$$

Die maximale Höhe des ausgewachsenen Baums beträgt 35 m.

75 % dieser maximalen Höhe sind somit: $0{,}75 \cdot 35\ \text{m} = 26{,}25\ \text{m}$

Mit der Gleichung $h(t) = 26{,}25$ kann der gesuchte Zeitpunkt berechnet werden. Mit dem GTR lassen sich das Schaubild der Funktion h und die Gerade mit der Gleichung $y = 26{,}25$ darstellen. Die Berechnung der Schnittstelle ergibt $t \approx 80{,}8934\ldots$

Der Baum war im Jahr 2011 zu 75 % ausgewachsen.

3.1.2 **Durchschnittliches Jahreswachstum der letzten 10 Jahre**

2013: $t = 83$

2003: $t = 73$

Damit ergibt sich für das durchschnittliche Jahreswachstum in den letzten 10 Jahren:

$$\frac{\Delta h}{\Delta t} = \frac{h(83) - h(73)}{10} \approx \frac{27{,}26 - 21{,}75}{10} = 0{,}551$$

Das durchschnittliche Jahreswachstum in den letzten 10 Jahren (von 2003 bis 2013) betrug etwa 55,1 cm pro Jahr.

3.2.1 **Durchmesser der Schnittfläche**

Der Schnitt wird 30 cm über dem Boden angesetzt; der Durchmesser dort beträgt:
$d(30) \approx 39{,}23$
Der Durchmesser der Schnittfläche beträgt ca. 39,23 cm.

Länge des abgeschnittenen Stamms

Die Länge des abgeschnittenen Stamms entspricht der Höhe des Baumstamms vom Schnitt (30 cm über dem Boden) bis zur Spitze.

Für die Spitze des Baumstamms ist hier (modellhaft!) ein Durchmesser d_{Spitze} von 0 cm anzusetzen. Die zugehörige Höhe x_0 über dem Boden ergibt sich aus:

$$d(x) = 0 \quad \overset{GTR}{\Leftrightarrow} \quad x_0 \approx 2\,723{,}87\ldots$$

Der Baum ist also insgesamt 27,24 m hoch. Der abgeschnittene Baumstamm hat etwa eine Länge von 26,94 m (= 27,24 m – 0,30 m).

3.2.2 **(Rotations-)Volumen des abgeschnittenen Stamms in Kubikmeter (m^3); prozentuale Abweichung**

Die untere Integrationsgrenze für das Rotationsvolumen ergibt sich aus der Höhe des Schnittes von 30 cm über dem Boden. Die obere Integrationsgrenze ($\hat{=}$ Höhe der Spitze des Baums) wurde in Teilaufgabe 3.2.1 berechnet.

Um den Stamm durch eine Rotation um die x-Achse darzustellen, wäre es falsch, mit dem Durchmesser d(x) zu rechnen. Die Form des Baumstamms wird dann richtig abgebildet, wenn das Schaubild des Radius $r(x) = \frac{d(x)}{2}$ um die x-Achse rotiert. Von der x-Achse aus betrachtet wird dann der Radius sowohl nach oben als auch nach unten dargestellt.

Mit diesen Überlegungen ergibt sich für das Rotationsvolumen das folgende Integral:

$$V_{Rotation} = \pi \cdot \int_{30}^{2\,723{,}87} \left(\frac{d(x)}{2}\right)^2 dx \approx 1{,}3979\ldots \cdot 10^6 \text{ cm}^3$$

Das (Rotations)volumen des abgeschnittenen Baumstamms beträgt ungefähr 1,398 m^3.

Volumen des (geschätzten) Kreiskegels (mit Durchmesser 0,4 m und Höhe 30 m):

$$V_{geschätzt} = \frac{1}{3} \cdot \pi \cdot \left(\frac{0{,}4 \text{ m}}{2}\right)^2 \cdot 30 \text{ m} \approx 1{,}257 \text{ m}^3$$

Für die prozentuale Abweichung ergibt sich damit:

$$\frac{V_{Rotation} - V_{geschätzt}}{V_{Rotation}} \approx \frac{1{,}398 \text{ m}^3 - 1{,}257 \text{ m}^3}{1{,}398 \text{ m}^3} = 0{,}100858\ldots$$

Die prozentuale Abweichung des geschätzten Volumens vom berechneten Rotationsvolumen beträgt somit etwa 10 %.

1 Der Flughafen Zürich-Kloten besitzt drei Landebahnen, die jeweils in beiden Richtungen benutzt werden können. (siehe Abbildung)

Das Flughafengelände liegt in der x_1x_2-Ebene. Die x_1-Achse des Koordinatensystems zeigt nach Süden, die x_2-Achse nach Osten.

Die Landebahn 14 verläuft in Richtung des Vektors $\begin{pmatrix}1\\1\\0\end{pmatrix}$.

Alle Ortskoordinaten sind in Meter angegeben.

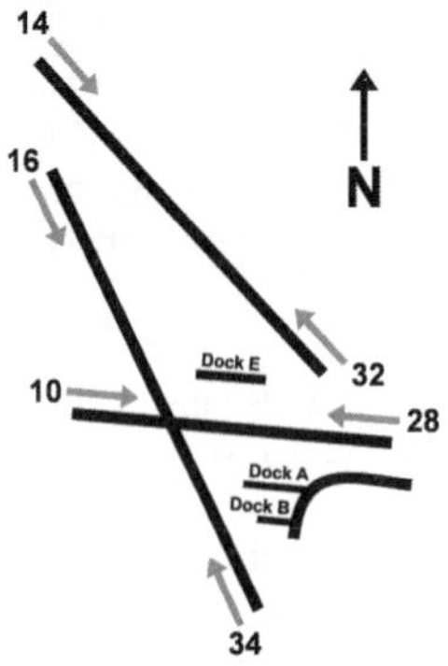

Das Flugzeug F1 befindet sich im Landeanflug auf den Flughafen Zürich-Kloten. Zum Zeitpunkt $t=0$ fliegt es in 1 200 m Höhe.
Der Verlauf des Landeanflugs wird durch folgende Geradengleichung dargestellt:

$$\vec{x} = \begin{pmatrix}-14\,000\\-13\,000\\1\,200\end{pmatrix} + t\begin{pmatrix}50\\50\\-5\end{pmatrix}$$

Dabei ist t die Zeit in Sekunden.

1.1 Bestimmen Sie die Strecke, die das Flugzeug F1 in einer Minute zurücklegt. (3 KP)

1.2 Begründen Sie, dass der Landeanflug von F1 in Richtung der Landebahn 14 erfolgt.

Berechnen Sie, wann und in welchem Punkt das Flugzeug F1 landet. (5 KP)

1.3 Das Flugzeug F2 befindet sich ebenfalls im Landeanflug auf den Flughafen Zürich-Kloten.
F2 befindet sich zum Zeitpunkt $t=0$ im Punkt $P(-23\,000 \mid -22\,000 \mid 2\,100)$ und soll nach 7 Minuten im Punkt $Q(-2\,000 \mid -1\,000 \mid 0)$ landen.

1.3.1 Welche Strecke muss das Flugzeug F2 bis zur Landung zurücklegen?

Bestimmen Sie eine Gleichung der Geraden, die den Landeanflug von F2 beschreibt. (4 KP)

1.3.2 Vergleichen Sie die Landeanflüge der beiden Flugzeuge. (3 KP)

(15 KP)

Hinweise und Tipps

1.1 **Tipps:**

- Überlegen Sie, warum der Richtungsvektor der angegebenen Geradengleichung die Einheit $\frac{m}{s}$ hat.
- Berechnen Sie die Geschwindigkeit in der Einheit $\frac{m}{s}$ und rechnen Sie dann in $\frac{km}{min}$ um.

1.2 **Tipps:**

- Vergleichen Sie den Vektor, der die Richtung der Landebahn angibt, mit dem Geschwindigkeitsvektor des Flugzeugs F1.
- Wie muss die x_3-Komponente des Aufsetzpunktes heißen?
- Berechnen Sie aus dieser Bedingung den Parameter t, also die Zeit bis zum Aufsetzen, und den Aufsetzpunkt.

1.3.1 **Tipps:**

- Berechnen Sie zunächst die Entfernung von P zum Aufsetzpunkt Q.
- Gesucht ist jetzt die Gleichung der Geraden durch die Punkte P und Q.

1.3.2 **Tipps:**

- Beachten Sie, dass der Parameter der in Teilaufgabe 1.3.1 ermittelten Geradengleichung die Einheit „7 Minuten“ hat.
- Formen Sie die Gleichung so um, dass der neue Parameter die Einheit „1 Sekunde“ hat, und vergleichen Sie dann die beiden Gleichungen für die Landeanflüge der Flugzeuge F1 und F2.

1 **Flughafen, Landeanflug**

Gegeben ist das Flughafengelände in der x_1x_2-Ebene und die Richtung der Landebahn 14 durch den Vektor $\begin{pmatrix}1\\1\\0\end{pmatrix}$. Landeanflug des Flugzeugs F1:

$$\vec{x} = \begin{pmatrix}-14\,000\\-13\,000\\1\,200\end{pmatrix} + t\begin{pmatrix}50\\50\\-5\end{pmatrix}$$

Ortskoordinaten in Meter, Zeit t in Sekunden.

1.1 **Geschwindigkeit, Streckenlänge**

Der Vektor $\vec{x}$ in der Gleichung $\vec{x} = \begin{pmatrix}-14\,000\\-13\,000\\1\,200\end{pmatrix} + t\begin{pmatrix}50\\50\\-5\end{pmatrix}$ besteht aus den drei Ortskoordinaten des anfliegenden Flugzeugs in Meter. Da t die Zeit in Sekunden bedeutet (vgl. Aufgabenstellung), muss der Vektor $\begin{pmatrix}50\\50\\-5\end{pmatrix}$ aus Geschwindigkeitskomponenten bestehen.

Der Betrag dieses Vektors gibt also die Geschwindigkeit des Flugzeugs F1 in der Einheit $\frac{m}{s}$ an:

$$\sqrt{50^2+50^2+(-5)^2} = \sqrt{5\,025} \approx 70{,}89$$

Die Geschwindigkeit des Flugzeugs F1 beträgt also $70{,}89\,\frac{m}{s} \approx 4{,}253\,\frac{km}{min}$.

Das Flugzeug F1 legt also 4,253 km in einer Minute zurück.

1.2 **Landebahn, Landepunkt, Landezeit**

Beim Aufsetzen des Flugzeugs ist die x_3-Komponente des Geschwindigkeitsvektors $\begin{pmatrix}50\\50\\-5\end{pmatrix}$ null, der Vektor heißt dann also $\begin{pmatrix}50\\50\\0\end{pmatrix}$. Dieser Vektor ist aber ein Vielfaches des Vektors $\begin{pmatrix}1\\1\\0\end{pmatrix}$, der die Richtung der Landebahn 14 festlegt.

Da die Flugzeuge nur auf einer der vorgegebenen Bahnen landen können, muss das Flugzeug folglich auf der Bahn 14 landen.

Der Aufsetzpunkt S ist der Schnittpunkt der gegebenen Geraden mit der Gleichung $\vec{x} = \begin{pmatrix}-14\,000\\-13\,000\\1\,200\end{pmatrix} + t\begin{pmatrix}50\\50\\-5\end{pmatrix}$ mit der x_1x_2-Ebene. Es muss also $x_3 = 0$ gelten.

$$\Rightarrow \quad 1\,200 - 5t = 0$$

$$\Rightarrow \quad t = 240$$

$$\Rightarrow \quad \overrightarrow{OS} = \begin{pmatrix}-14\,000\\-13\,000\\1\,200\end{pmatrix} + 240\cdot\begin{pmatrix}50\\50\\-5\end{pmatrix} = \begin{pmatrix}-2\,000\\-1\,000\\0\end{pmatrix}$$

Das Flugzeug F1 setzt also nach 240 s = 4 min im Punkt S(–2 000 | –1 000 | 0) auf.

1.3 **Flugzeug F2**

1.3.1 **Streckenlänge, Geradengleichung**

Länge der Strecke $\overline{PQ}$:

$$\overrightarrow{PQ} = \vec{q} - \vec{p} = \begin{pmatrix} -2\,000 \\ -1\,000 \\ 0 \end{pmatrix} - \begin{pmatrix} -23\,000 \\ -22\,000 \\ 2\,100 \end{pmatrix} = \begin{pmatrix} 21\,000 \\ 21\,000 \\ -2\,100 \end{pmatrix}$$

$$|\overrightarrow{PQ}| = \sqrt{21\,000^2 + 21\,000^2 + (-2\,100)^2} = \sqrt{886\,410\,000} \approx 29\,772{,}638$$

Das Flugzeug F2 muss also noch 29,773 km bis zum Aufsetzpunkt zurücklegen.

Der Landeanflug verläuft auf der Geraden g_2 von P nach Q:

$$g_2\colon\ \vec{x} = \overrightarrow{OP} + r \cdot \overrightarrow{PQ}$$

$$\vec{x} = \begin{pmatrix} -23\,000 \\ -22\,000 \\ 2\,100 \end{pmatrix} + r\left[\begin{pmatrix} -2\,000 \\ -1\,000 \\ 0 \end{pmatrix} - \begin{pmatrix} -23\,000 \\ -22\,000 \\ 2\,100 \end{pmatrix}\right]$$

$$\vec{x} = \begin{pmatrix} -23\,000 \\ -22\,000 \\ 2\,100 \end{pmatrix} + r\begin{pmatrix} 21\,000 \\ 21\,000 \\ -2\,100 \end{pmatrix};\quad r \in \mathbb{R}$$

1.3.2 **Vergleich der Landeanflüge von F1 und F2**

In der Geradengleichung aus Teilaufgabe 1.3.1 bedeutet $r = 1$ die Einheit 7 Minuten. Um die Landeanflüge von F1 und F2 vergleichen zu können, muss dieser Parameter in die Einheit 1 Sekunde umgerechnet werden. Mit 7 min = 420 s folgt:

$$g_2\colon\ \vec{x} = \begin{pmatrix} -23\,000 \\ -22\,000 \\ 2\,100 \end{pmatrix} + \frac{k}{420}\begin{pmatrix} 21\,000 \\ 21\,000 \\ -2\,100 \end{pmatrix}$$

$$\vec{x} = \begin{pmatrix} -23\,000 \\ -22\,000 \\ 2\,100 \end{pmatrix} + k\begin{pmatrix} 50 \\ 50 \\ -5 \end{pmatrix}$$

Die Richtungsvektoren beider Geraden sind gleich und damit auch die Landegeschwindigkeiten von F1 und F2.

Das Flugzeug F2 fliegt also ebenfalls die Landebahn 14 an (Begründung siehe Teilaufgabe 1.2).

Es landet 3 Minuten nach F1 im selben Punkt Q(–2 000 | –1 000 | 0).

2 Gegeben sind die Punkte A(1 | 2 | 2), B(7 | 14 | 2) und C(2 | 4 | –3).

2.1 Prüfen Sie, ob das Dreieck ABC rechtwinklig ist.

Bestimmen Sie einen Punkt D so, dass die Punkte A, B, C und D die Eckpunkte eines Parallelogramms sind. (5 KP)

2.2 Prüfen Sie, ob die Ebene, in der das Dreieck ABC liegt, die x_3-Achse enthält. (4 KP)

2.3 Zeigen Sie, dass eine Seite des Dreiecks ABC parallel zu einer der Koordinatenebenen ist.

Zeigen Sie, dass die x_1x_2-Ebene aus der Dreiecksfläche eine Strecke ausschneidet, und berechnen Sie die Länge dieser Strecke. (6 KP)

(15 KP)

Hinweise und Tipps

2.1 **Tipps:**
- Welcher Satz über die Längen der Dreiecksseiten gilt für rechtwinklige Dreiecke?
- Berechnen Sie die Seitenlängen des Dreiecks.
- Wie lang müssen die gegenüberliegenden Seiten bei einem Parallelogramm sein?
- Welche Lage müssen diese Seiten zueinander haben?

2.2 **Tipps:**
- Bestimmen Sie zunächst die Gleichung der Ebene, in der das Dreieck ABC liegt.
- Schneiden Sie jetzt die x_3-Achse mit dieser Ebene und überlegen Sie, was das Ergebnis bedeutet.

2.3 **Tipps:**
- Überlegen Sie, welche Besonderheiten die Richtungsvektoren der drei Koordinatenebenen haben. Betrachten Sie dann die Verbindungsvektoren der Punkte A, B und C.
- Die Geraden durch A und C bzw. B und C schneiden die x_1x_2-Ebene in zwei Punkten. Berechnen Sie diese Punkte und dann die Länge zwischen ihnen.

Lösungen

2 Gegeben sind 3 Punkte:
$A(1|2|2)$, $B(7|14|2)$, $C(2|4|-3)$

2.1 **Rechtwinkliges Dreieck**

Bei einem rechtwinkligen Dreieck wie in der Skizze rechts gilt:
$a^2 + b^2 = c^2$

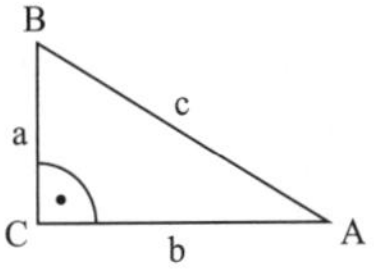

Zunächst werden die Quadrate der Längen der drei Seiten des Dreiecks ABC berechnet:

$$|\overrightarrow{AB}|^2 = \left|\begin{pmatrix}7\\14\\2\end{pmatrix} - \begin{pmatrix}1\\2\\2\end{pmatrix}\right|^2 = \left|\begin{pmatrix}6\\12\\0\end{pmatrix}\right|^2 = 6^2 + 12^2 + 0^2 = 180$$

$$|\overrightarrow{AC}|^2 = \left|\begin{pmatrix}2\\4\\-3\end{pmatrix} - \begin{pmatrix}1\\2\\2\end{pmatrix}\right|^2 = \left|\begin{pmatrix}1\\2\\-5\end{pmatrix}\right|^2 = 1^2 + 2^2 + (-5)^2 = 30$$

$$|\overrightarrow{BC}|^2 = \left|\begin{pmatrix}2\\4\\-3\end{pmatrix} - \begin{pmatrix}7\\14\\2\end{pmatrix}\right|^2 = \left|\begin{pmatrix}-5\\-10\\-5\end{pmatrix}\right|^2 = (-5)^2 + (-10)^2 + (-5)^2 = 150$$

Das Dreieck ABC ist also rechtwinklig (bei C), weil $|\overrightarrow{AC}|^2 + |\overrightarrow{BC}|^2 = |\overrightarrow{AB}|^2$ gilt.

Parallelogramm

Da $\overline{AB} \parallel \overline{CD}$ und $\overrightarrow{AB} = \overrightarrow{DC}$ gelten muss (vgl. Skizze rechts), ergibt sich:

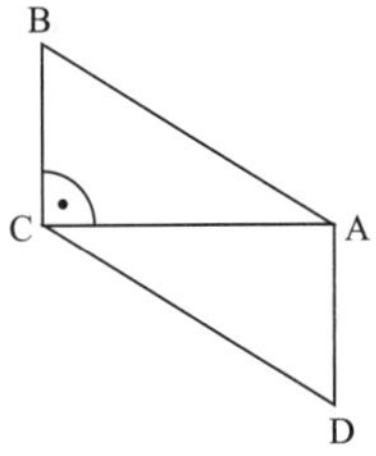

$$\overrightarrow{AB} = \begin{pmatrix}7\\14\\2\end{pmatrix} - \begin{pmatrix}1\\2\\2\end{pmatrix} = \begin{pmatrix}6\\12\\0\end{pmatrix}$$

$$\overrightarrow{DC} = \begin{pmatrix}2\\4\\-3\end{pmatrix} - \begin{pmatrix}d_1\\d_2\\d_3\end{pmatrix} = \begin{pmatrix}2-d_1\\4-d_2\\-3-d_3\end{pmatrix}$$

$$\overrightarrow{AB} = \overrightarrow{DC} \quad \Rightarrow \quad \begin{pmatrix}6\\12\\0\end{pmatrix} = \begin{pmatrix}2-d_1\\4-d_2\\-3-d_3\end{pmatrix} \quad \Rightarrow \quad \begin{pmatrix}d_1\\d_2\\d_3\end{pmatrix} = \begin{pmatrix}-4\\-8\\-3\end{pmatrix}$$

Ebenso gilt:

$$\overrightarrow{AD} = \overrightarrow{BC}$$

$$\begin{pmatrix}d_1-1\\d_2-2\\d_3-2\end{pmatrix} = \begin{pmatrix}-5\\-10\\-5\end{pmatrix} \quad \Rightarrow \quad \begin{matrix}d_1 = -4\\d_2 = -8\\d_3 = -3\end{matrix}$$

Der Punkt D könnte also $D(-4|-8|-3)$ heißen.

Falls die Punkte des Parallelogramms so liegen wie in der Skizze rechts (was aber nicht der üblichen Reihenfolge entspricht), würde sich der Punkt $D(8|16|-3)$ ergeben.

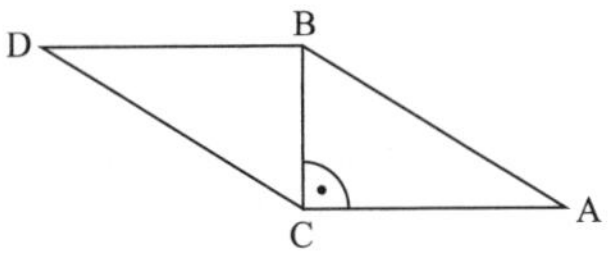

2.2 **x_3-Achse im Dreieck ABC**

Die Gleichung der Ebene durch A, B und C lautet z. B.:

E_{ABC}: $\vec{x} = \vec{a} + r(\vec{b} - \vec{a}) + s(\vec{c} - \vec{a})$

$$\vec{x} = \begin{pmatrix} 1 \\ 2 \\ 2 \end{pmatrix} + r \begin{pmatrix} 6 \\ 12 \\ 0 \end{pmatrix} + s \begin{pmatrix} 1 \\ 2 \\ -5 \end{pmatrix}; \quad r, s \in \mathbb{R}$$

Gleichung der x_3-Achse:

$$\vec{x} = t \begin{pmatrix} 0 \\ 0 \\ 1 \end{pmatrix}; \quad t \in \mathbb{R}$$

Wenn sich beim Schnitt der Ebene E_{ABC} mit der x_3-Achse unendlich viele Punkte ergeben, liegt die x_3-Achse in E_{ABC}:

$$\begin{pmatrix} 1 \\ 2 \\ 2 \end{pmatrix} + r \begin{pmatrix} 6 \\ 12 \\ 0 \end{pmatrix} + s \begin{pmatrix} 1 \\ 2 \\ -5 \end{pmatrix} = t \begin{pmatrix} 0 \\ 0 \\ 1 \end{pmatrix}$$

$$\begin{matrix} & r & s & t & \\ \Rightarrow & \left(\begin{matrix} 6 & 1 & 0 \\ 12 & 2 & 0 \\ 0 & -5 & -1 \end{matrix}\right. & \left|\begin{matrix} -1 \\ -2 \\ -2 \end{matrix}\right) \end{matrix} \overset{\text{GTR}}{\Rightarrow} \left(\begin{matrix} 1 & 0 & -\frac{1}{30} \\ 0 & 1 & \frac{1}{5} \\ 0 & 0 & 0 \end{matrix}\right. \left|\begin{matrix} -\frac{7}{30} \\ \frac{2}{5} \\ 0 \end{matrix}\right)$$

Da in der letzten Zeile nur Nullen stehen, hat das LGS unendlich viele Lösungen, also liegt die x_3-Achse in der Ebene E_{ABC}.

2.3 **Dreiecksseite parallel zu einer Koordinatenebene**

Da die x_3-Koordinate des Vektors $\overrightarrow{AB}$ den Wert 0 hat, ist die Dreiecksseite $\overline{AB}$ parallel zur x_1x_2-Ebene.

Streckenlänge

Die Punkte A und B haben eine positive x_3-Koordinate, der Punkt C eine negative x_3-Koordinate und die Dreiecksseite $\overline{AB}$ ist parallel zur x_1x_2-Ebene.

Eine zugehörige Skizze könnte wie folgt aussehen:

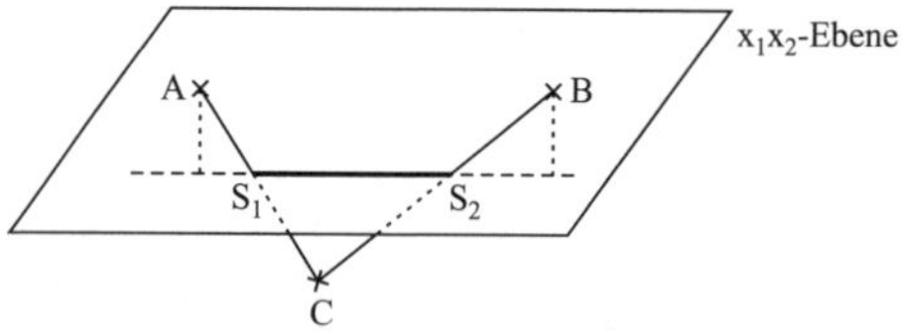

Gesucht ist die Länge der Strecke $\overline{S_1S_2}$.

S_1 ergibt sich aus dem Schnitt der Geraden (AC) mit der x_1x_2-Ebene, S_2 durch Schnitt der Geraden (BC) mit der x_1x_2-Ebene.

Gleichung der Geraden (AC):

$$g_1\colon \vec{x} = \begin{pmatrix} 1 \\ 2 \\ 2 \end{pmatrix} + t \left[\begin{pmatrix} 2 \\ 4 \\ -3 \end{pmatrix} - \begin{pmatrix} 1 \\ 2 \\ 2 \end{pmatrix} \right] = \begin{pmatrix} 1 \\ 2 \\ 2 \end{pmatrix} + t \begin{pmatrix} 1 \\ 2 \\ -5 \end{pmatrix}; \quad t \in \mathbb{R}$$

Schnitt mit der x_1x_2-Ebene bedeutet $x_3 = 0$:

$\Rightarrow \quad 0 = 2 - 5t$

$\Rightarrow \quad t = \frac{2}{5}$

Einsetzen in die Gleichung der Geraden g_1 ergibt:

$$\vec{x} = \begin{pmatrix} 1 \\ 2 \\ 2 \end{pmatrix} + \frac{2}{5} \cdot \begin{pmatrix} 1 \\ 2 \\ -5 \end{pmatrix} = \begin{pmatrix} \frac{7}{5} \\ \frac{14}{5} \\ 0 \end{pmatrix}$$

Der Schnittpunkt S_1 heißt also $S_1\left(\frac{7}{5} \,\middle|\, \frac{14}{5} \,\middle|\, 0\right)$.

Gleichung der Geraden (BC):

$$g_2\colon \vec{x} = \begin{pmatrix} 7 \\ 14 \\ 2 \end{pmatrix} + r\left[\begin{pmatrix} 2 \\ 4 \\ -3 \end{pmatrix} - \begin{pmatrix} 7 \\ 14 \\ 2 \end{pmatrix}\right] = \begin{pmatrix} 7 \\ 14 \\ 2 \end{pmatrix} + r\begin{pmatrix} -5 \\ -10 \\ -5 \end{pmatrix}; \quad r \in \mathbb{R}$$

Schnitt mit der x_1x_2-Ebene bedeutet wieder $x_3 = 0$:

$\Rightarrow \quad 0 = 2 - 5r$

$\Rightarrow \quad r = \frac{2}{5}$

Einsetzen in die Gleichung der Geraden g_2 ergibt:

$$\vec{x} = \begin{pmatrix} 7 \\ 14 \\ 2 \end{pmatrix} + \frac{2}{5} \cdot \begin{pmatrix} -5 \\ -10 \\ -5 \end{pmatrix} = \begin{pmatrix} 5 \\ 10 \\ 0 \end{pmatrix}$$

Der Schnittpunkt S_2 heißt somit $S_2(5 \,|\, 10 \,|\, 0)$.

Berechnung der Länge der Strecke $\overline{S_1S_2}$:

$$|\overrightarrow{S_1S_2}| = \left|\begin{pmatrix} 5 \\ 10 \\ 0 \end{pmatrix} - \begin{pmatrix} \frac{7}{5} \\ \frac{14}{5} \\ 0 \end{pmatrix}\right| = \left|\begin{pmatrix} \frac{18}{5} \\ \frac{36}{5} \\ 0 \end{pmatrix}\right| = \sqrt{\left(\frac{18}{5}\right)^2 + \left(\frac{36}{5}\right)^2 + 0^2} = \sqrt{\frac{324}{5}} \approx 8{,}05$$

Die Länge der ausgeschnittenen Strecke $\overline{S_1S_2}$ beträgt also 8,05 LE.

Berufliche Gymnasien Baden-Württemberg: Mathematik ohne CAS
Abiturprüfung 2013 – Teil 4 (Wirtschaftliche Anwendungen), Aufgabe 1

1 Eine Imbisskette bietet drei verschiedene Salatteller S_1, S_2 und S_3 an, die aus Blattsalat, Radieschen, Gurken, Tomaten und Paprika zubereitet werden.
Die benötigten Mengen in Gramm (g) an vorbereiteten Zutaten pro Salatteller sind in der nebenstehenden Tabelle aufgeführt.

Zutaten in g	S_1	S_2	S_3
Blattsalat	75	75	50
Gurken	100	50	75
Radieschen	25	25	0
Tomaten	0	100	75
Paprika	50	0	50

1.1 Eine Filiale der Imbisskette hat einen Vorrat von 5,75 kg Blattsalat, 7 kg Gurken, 1,25 kg Radieschen, 5 kg Tomaten sowie 3,75 kg Paprika vorbereitet.

Wie viele Salatteller können aus diesen Vorräten zubereitet werden, wenn Blattsalat, Gurken und Radieschen vollständig aufgebraucht werden sollen? Welche Mengen an Tomaten und Paprika bleiben übrig? (6 KP)

1.2 Die Schulverwaltung eines Berufsschulzentrums beabsichtigt, mit der Imbisskette für die Cafeteria einen Liefervertrag über die in der nebenstehenden Tabelle angegebenen Mengen an Salattellern abzuschließen.

Wochentag	S_1	S_2	S_3
Montag	15	25	30
Dienstag	25	18	37
Mittwoch	20	20	40
Donnerstag	38	36	31

1.2.1 Berechnen Sie, welche Mengen der einzelnen Zutaten an jedem der vier Wochentage benötigt werden.

Reichen 20 kg Tomaten für die vier Tage aus? (4 KP)

1.2.2 Die Imbisskette kauft im Großmarkt Blattsalat zu 1,90 € pro kg, Gurken zu 1,80 € pro kg, Radieschen zu 3,80 € pro kg, Tomaten zu 1,70 € pro kg und Paprika zu 3,90 € pro kg. Sie geht davon aus, dass bei der Zubereitung 10 % Abfall entstehen.
Zur Deckung der sonstigen Kosten kalkuliert sie pauschal einen Preiszuschlag von 0,40 € pro Salatteller.
Aus organisatorischen Gründen sollen die Salatteller zu einem einheitlichen Preis verkauft werden.

Berechnen Sie den Preis, den die Imbisskette pro Salatteller mindestens verlangen muss, um bei der Erfüllung dieses Liefervertrags keinen Verlust zu machen. (5 KP)

(15 KP)

Hinweise und Tipps

1.1 **Tipps:**

- Mit den Mengenangaben der Tabelle lässt sich die Zutaten-Salatteller-Matrix $\mathbf{A}_{ZS}$ bilden.
- Die Gleichung $\mathbf{A}_{ZS} \cdot \vec{\mathbf{s}} = \vec{\mathbf{z}}$ stellt den Zusammenhang zwischen der Zutaten-Salatteller-Matrix $\mathbf{A}_{ZS}$, dem Salatteller-Vektor $\vec{\mathbf{s}}$ (=Produktionsvektor) und dem Zutaten-Vektor $\vec{\mathbf{z}}$ (=Vorrat an Zutaten) dar. Aus dieser Gleichung erhält man ein LGS.
- Wegen der Aufgabenstellung genügt es, die ersten drei Gleichungen des LGS zu verwenden und damit die Lösungen zu bestimmen. Diese stellen die Anzahl an Salattellern S_1, S_2 und S_3 dar, die aus den vorrätigen Zutaten zubereitet werden können. (Blattsalat, Gurken und Radieschen werden dabei vollständig aufgebraucht!)
- Durch Einsetzen der Lösungen in die 4. bzw. 5. Gleichung kann leicht die Frage „Welche Mengen an Tomaten und Paprika bleiben übrig?“ beantwortet werden.

1.2.1 **Tipps:**

- Berechnet werden soll eine Zutaten-Wochentage-Matrix. Diese erhält man, indem die Zutaten-Salatteller-Matrix (aus Teilaufgabe 1.1) mit einer Salatteller-Wochentage-Matrix multipliziert wird.
- Die Tabelle in 1.2 gibt je Wochentag die Mengen an Salattellern an, also in der umgekehrten Zuordnung. Für die Salatteller-Wochentage-Matrix müssen daher die Mengenangaben zeilen- und spaltenweise vertauscht werden.
- In der 4. Zeile der ermittelten Zutaten-Wochentage-Matrix kann der Bedarf an Tomaten je Wochentag abgelesen werden. Durch Aufsummieren lässt sich leicht herausfinden, ob 20 kg ausreichen.

1.2.2 **Tipps:**

- Um keinen Verlust zu machen, muss der zu verlangende Preis die Gesamt-Zubereitungskosten (Kosten für die Zutaten und 0,40 € Preiszuschlag pro Salatteller) decken. Die Kosten für die Zutaten können Sie der Aufgabenstellung entnehmen und daraus den Zutaten-Kostenvektor $\vec{\mathbf{k}}_Z$ bilden.
- Ist $\vec{\mathbf{z}}$ der Vektor, der den Bedarf an Zutaten angibt, so können mit dem Term $\vec{\mathbf{k}}_Z^T \cdot \vec{\mathbf{z}}$ die Kosten für die Zutaten berechnet werden.
  Aus Teilaufgabe 1.2.1 erhält man durch zeilenweises Aufsummieren die Menge an Zutaten, die notwendig ist für 90 % der Salatteller (es entstehen ja 10 % Abfall!). Warum muss man diese Mengen mit $\frac{100}{90}$ multiplizieren, um die erforderliche Menge für 100 % zu erhalten?
- Die verschiedenen Salatteller werden bei diesem Aufgabenteil nicht mehr unterschieden. Wie kann aus der Tabelle in 1.2 die Gesamtzahl der zuzubereitenden Salatteller bestimmt werden?

Lösungen

1.1 **Anzahl der Salatteller, die aus den Vorräten zubereitet werden können**

Aus der Aufgabenstellung erhält man die Zutaten-Salatteller-Matrix $\mathbf{A}_{ZS}$ (die Angaben sind jeweils in g)

$$\mathbf{A}_{ZS} = \begin{pmatrix} 75 & 75 & 50 \\ 100 & 50 & 75 \\ 25 & 25 & 0 \\ 0 & 100 & 75 \\ 50 & 0 & 50 \end{pmatrix} \text{ und den Zutatenvektor: } \vec{\mathbf{z}} = \begin{pmatrix} 5\,750 \\ 7\,000 \\ 1\,250 \\ 5\,000 \\ 3\,750 \end{pmatrix} \begin{matrix} \text{Blattsalat} \\ \text{Gurken} \\ \text{Radieschen} \\ \text{Tomaten} \\ \text{Paprika} \end{matrix}$$

Gefragt ist nach der (maximalen) Anzahl an Salattellern, die zubereitet werden können, wenn die Zutaten Blattsalat, Gurken und Radieschen (also die ersten drei Komponenten von $\vec{\mathbf{z}}$) vollständig aufgebraucht werden. Gesucht ist also der Salatteller-Vektor

$$\vec{\mathbf{s}} = \begin{pmatrix} s_1 \\ s_2 \\ s_3 \end{pmatrix} \text{ („Produktionsvektor“).}$$

Aus der Matrizengleichung $\mathbf{A}_{ZS} \cdot \vec{\mathbf{s}} = \vec{\mathbf{z}}$ erhält man folgendes lineare Gleichungssystem:

$$\begin{aligned} 75 \cdot s_1 + 75 \cdot s_2 + 50 \cdot s_3 &= 5\,750 \\ 100 \cdot s_1 + 50 \cdot s_2 + 75 \cdot s_3 &= 7\,000 \\ 25 \cdot s_1 + 25 \cdot s_2 + 0 \cdot s_3 &= 1\,250 \\ 0 \cdot s_1 + 100 \cdot s_2 + 75 \cdot s_3 &= 5\,000 \quad (4) \\ 50 \cdot s_1 + 0 \cdot s_2 + 50 \cdot s_3 &= 3\,750 \quad (5) \end{aligned}$$

Da es um die vollständige Verarbeitung der ersten drei Zutaten geht, werden s_1, s_2 und s_3 mit den ersten drei Gleichungen bestimmt:

$$\left(\begin{array}{ccc|c} 75 & 75 & 50 & 5\,750 \\ 100 & 50 & 75 & 7\,000 \\ 25 & 25 & 0 & 1\,250 \end{array}\right) \overset{\text{GTR}}{\sim} \left(\begin{array}{ccc|c} 1 & 0 & 0 & 30 \\ 0 & 1 & 0 & 20 \\ 0 & 0 & 1 & 40 \end{array}\right) \begin{array}{l} \Rightarrow s_1 = 30 \\ \Rightarrow s_2 = 20 \\ \Rightarrow s_3 = 40 \end{array}$$

Oder Rechnung „per Hand“:

$$\left(\begin{array}{ccc|c} 75 & 75 & 50 & 5\,750 \\ 100 & 50 & 75 & 7\,000 \\ 25 & 25 & 0 & 1\,250 \end{array}\right) \sim \left(\begin{array}{ccc|c} 75 & 75 & 50 & 5\,750 \\ 0 & -150 & 25 & -2\,000 \\ 0 & 0 & 50 & 2\,000 \end{array}\right) \begin{array}{l} \\ -4 \cdot \text{I} + 3 \cdot \text{II} \\ \text{I} + (-3) \cdot \text{III} \end{array} \begin{array}{l} \Rightarrow s_1 = 30 \\ \Rightarrow s_2 = 20 \\ \Rightarrow s_3 = 40 \end{array}$$

Das LGS ist eindeutig lösbar. Somit können (genau) 30 Salatteller S_1, 20 Salatteller S_2 und 40 Salatteller S_3 zubereitet werden, wobei der Vorrat an Blattsalat, Gurken und Radieschen vollständig aufgebraucht wird.

Menge an Tomaten und Paprika, die bei dieser Anzahl an Salattellern übrig bleibt

Mit dieser Anzahl an Salattellern benötigt man wegen Gleichung (4) im obigen LGS die folgende Menge an Tomaten:

$100 \cdot 20 + 75 \cdot 40 = 5\,000$

Da ein Vorrat von 5 kg Tomaten vorbereitet ist und genau 5 000 g benötigt werden, bleiben keine Tomaten übrig.

Ebenso ergibt sich aus Gleichung (5) im obigen LGS der Bedarf an Paprika mit $50 \cdot 30 + 50 \cdot 40 = 3\,500$.

Also werden 3,5 kg Paprika benötigt.

Da ein Vorrat von 3,75 kg Paprika vorbereitet ist, bleiben 250 g Paprika übrig.

1.2.1 Menge der einzelnen Zutaten an jedem der vier Wochentage

Zu berechnen ist eine Zutaten-Wochentage-Matrix $\mathbf{C}_{ZW}$, aus der die benötigten Zutaten an jedem der vier Wochentage ersichtlich sind.

Um diese Matrix $\mathbf{C}_{ZW}$ zu erhalten, muss die Zutaten-Salatteller-Matrix $\mathbf{A}_{ZS}$ (aus Teilaufgabe 1.1) mit einer Salatteller-Wochentage-Matrix $\mathbf{B}_{SW}$ multipliziert werden. Die Tabelle in 1.2 hat jedoch die Form Wochentage-Salatteller!

Die Zahlen aus der Tabelle können daher nicht einfach übernommen werden. Erst wenn zuvor die Zeilen und Spalten der Tabelle vertauscht (transponiert!) werden, ergibt sich die Matrix $\mathbf{B}_{SW}$:

$$\mathbf{B}_{SW} = \begin{matrix} & \text{Mo} & \text{Di} & \text{Mi} & \text{Do} \\ S_1 & 15 & 25 & 20 & 38 \\ S_2 & 25 & 18 & 20 & 36 \\ S_3 & 30 & 37 & 40 & 31 \end{matrix}$$

Mit $\mathbf{A}_{ZS} \cdot \mathbf{B}_{SW} = \mathbf{C}_{ZW}$ ergibt sich die Matrix

$$\mathbf{C}_{ZW} = \begin{pmatrix} 4\,500 & 5\,075 & 5\,000 & 7\,100 \\ 5\,000 & 6\,175 & 6\,000 & 7\,925 \\ 1\,000 & 1\,075 & 1\,000 & 1\,850 \\ 4\,750 & 4\,575 & 5\,000 & 5\,925 \\ 2\,250 & 3\,100 & 3\,000 & 3\,450 \end{pmatrix}.$$

Damit erhält man die nachfolgende Tabelle:

Zutaten in g	Montag	Dienstag	Mittwoch	Donnerstag
Blattsalat	4 500	5 075	5 000	7 100
Gurken	5 000	6 175	6 000	7 925
Radieschen	1 000	1 075	1 000	1 850
Tomaten	4 750	4 575	5 000	5 925
Paprika	2 250	3 100	3 000	3 450

Reichen 20 kg Tomaten aus?

Aus der 4. Zeile der obigen Matrix bzw. Tabelle erhält man durch Aufsummieren die benötigte Menge an Tomaten für alle vier Wochentage.
Es werden 20,25 kg Tomaten benötigt. Daher reichen 20 kg Tomaten nicht aus.

1.2.2 Preis, den die Imbisskette verlangen muss, damit für sie kein Verlust entsteht

Die Imbisskette macht dann keinen Verlust, wenn der Preis mindestens die Gesamtkosten zur Herstellung der Salatteller deckt. Gefragt ist also nach den Gesamtkosten K_{ges}.

Die Kosten setzen sich aus den Rohstoffkosten für die Zutaten (unter Berücksichtigung von 10 % Abfall) und einem pauschalen Preiszuschlag von 0,40 € pro Salatteller zusammen.

Da aus organisatorischen Gründen alle Salatteller zu einem einheitlichen Preis verkauft werden sollen, ergibt sich durch Aufsummieren der Mengenangaben in der Tabelle zu 1.2 eine Gesamtzahl von 335 $(15+25+30+25+\ldots)$ Salattellern. Somit:

$K_{ges} = K_{Zutaten} + K_{Zuschlag} = K_{Zutaten} + 335 \cdot 0{,}40$ €

Berechnung von $K_{Zutaten}$:

Aus den Angaben lässt sich der Zutaten-Kostenvektor bilden:

$$\vec{\mathbf{k}}_Z = \begin{pmatrix} 1,90 \\ 1,80 \\ 3,80 \\ 1,70 \\ 3,90 \end{pmatrix} \quad \text{(in € je kg)}$$

Der Bedarf an Zutaten für alle Salatteller und unter Berücksichtigung, dass 10 % Abfall entsteht, ergibt sich mit folgenden Überlegungen:

Die in Teilaufgabe 1.2.1 erstellte Tabelle gibt die benötigte Menge der einzelnen Zutaten an jedem der vier Wochentage an. Da nun weder nach Wochentagen noch nach Art der Salatteller (S_1, S_2 oder S_3) unterschieden wird, erhält man die benötigten Mengen durch Aufsummieren der Zeilen:

Zutaten	Menge (kg)
Blattsalat	21,675
Gurken	25,100
Radieschen	4,925
Tomaten	20,250
Paprika	11,800

Da mit 10 % Abfall gerechnet wird, reichen diese Mengenangaben aber nur für 90 % der Salatteller. Für 100 % sind also z. B. vom Blattsalat 21,675 kg $\cdot \frac{100}{90}$ notwendig.

Erklärung: 21,675 kg Blattsalat reichen (nur) für 90 % der Salatteller. Für 1 % der Salatteller sind $\frac{21{,}675}{90}$ kg und für 100 % entsprechend 21,675 kg $\cdot \frac{100}{90}$ notwendig.

Dies gilt für alle Zutaten, sodass sich mit dieser Überlegung als Zutatenvektor $\vec{z}$ ergibt:

$$\vec{\mathbf{z}} = \begin{pmatrix} 21,675 \\ 25,100 \\ 4,925 \\ 20,250 \\ 11,800 \end{pmatrix} \cdot \frac{100}{90}$$

Mit dem Kostenvektor $\vec{\mathbf{k}}_Z$ und dem Zutatenvektor $\vec{\mathbf{z}}$ erhält man schließlich die Kosten für die Zutaten:

$$K_{Zutaten} = \vec{\mathbf{k}}_Z^T \cdot \vec{\mathbf{z}} = (1,90 \quad 1,80 \quad 3,80 \quad 1,70 \quad 3,90) \cdot \begin{pmatrix} 21,675 \\ 25,100 \\ 4,925 \\ 20,250 \\ 11,800 \end{pmatrix} \cdot \frac{100}{90} = 206,136\ldots\ (€)$$

Als Gesamtkosten für 335 Salatteller und unter Berücksichtigung von 10 % Abfall erhält man damit insgesamt:

$$K_{ges} = K_{Zutaten} + K_{Zuschlag} \approx 206,14\ € + 335 \cdot 0,40\ € = 340,14\ €$$

Damit ergeben sich als Herstellungskosten je Salatteller:

$$K_{Salatteller} \approx \frac{340,14\ €}{335} = 1,0153\ldots\ €$$

Die Imbisskette muss für einen Salatteller mindestens 1,02 € verlangen, um keinen Verlust zu machen.

Berufliche Gymnasien Baden-Württemberg: Mathematik ohne CAS
Abiturprüfung 2013 – Teil 4 (Wirtschaftliche Anwendungen), Aufgabe 2

2.1 Die Produktion einer Firma ist auf drei Werke W_1, W_2 und W_3 verteilt, die nach dem Leontief-Modell miteinander verflochten sind. Gegeben ist die Input-Matrix **A** durch

$$\mathbf{A} = \frac{1}{120}\begin{pmatrix} 24 & 48 & 0 \\ 36 & 12 & 15 \\ 0 & 18 & 5 \end{pmatrix}.$$

Die Lieferungen untereinander und an den Markt sowie die Produktion werden in Geldeinheiten (GE) angegeben.

2.1.1 In der vergangenen Produktionsperiode lieferte Werk W_1 Waren im Wert von 48 GE, Werk W_2 Waren im Wert von 222 GE und Werk W_3 Waren im Wert von 176 GE an den Markt.

Erstellen Sie das zugehörige Verflechtungsdiagramm. (6 KP)

2.1.2 Überprüfen Sie, ob jede beliebige Marktnachfrage erfüllt werden kann. (2 KP)

2.1.3 In der laufenden Produktionsperiode produzieren die Werke W_1 und W_2 jeweils Waren im Wert von 100 GE. Werk W_1 gibt Waren im Wert von 40 GE an den Markt ab. Die Werke W_2 und W_3 beliefern den Markt mit Waren im Wert von zusammen 145 GE.

Berechnen Sie den Wert der Lieferungen der Werke W_2 und W_3 an den Markt und den Wert der Produktion des Werks W_3. (4 KP)

2.2 Für $t \in \mathbb{R}$ ist das folgende lineare Gleichungssystem gegeben:

$$x_1 + 3x_3 = 4t$$
$$x_2 + 3tx_3 = 5$$
$$(t^2 - 1)x_3 = 3t + 3$$

Untersuchen Sie, für welche Werte von t das lineare Gleichungssystem keine Lösung, unendlich viele Lösungen bzw. genau eine Lösung besitzt. (3 KP)

(15 KP)

Hinweise und Tipps

2.1.1 **Tipps:**

- Wie hängen Input-Matrix **A** und Verflechtungstabelle zusammen?
  $\left(a_{ij} = \frac{x_{ij}}{x_j} \quad \Leftrightarrow \quad x_{ij} = a_{ij} \cdot x_j \right)$
- Welchen Vektor erhält man aus der Aufgabenstellung? Welcher Vektor lässt sich dann mit der Leontief-Gleichung berechnen?
- Speichern Sie die Leontief-Inverse $(\mathbf{E}-\mathbf{A})^{-1}$ im GTR ab, sie wird in Teilaufgabe 2.1.2 nochmals benötigt.

2.1.2 **Tipp:**

Wie muss die Leontief-Inverse $(\mathbf{E}-\mathbf{A})^{-1}$ beschaffen sein, damit jede beliebige Marktnachfrage erfüllt werden kann?

2.1.3 **Tipps:**

- Übernehmen Sie die Angaben aus der Aufgabenstellung in die entsprechenden Komponenten des Produktionsvektors $\vec{\mathbf{x}}$ bzw. des Marktvektors $\vec{\mathbf{y}}$ und füllen Sie fehlende Angaben mit Variablen.
- Mit der Leontief-Gleichung erhalten Sie ein LGS, mit dem diese Variablen berechnet werden können.

2.2 **Tipps:**

- Bringen Sie das LGS in Dreiecksform (hier bereits gegeben!).
- Von den Elementen der Hauptdiagonalen und der letzten Zeile hängt die Anzahl der Lösungen ab. Wie?

Lösungen

2.1.1 **Verflechtungsdiagramm**

Aus der Aufgabenstellung erhält man folgenden Marktvektor:

$$\vec{y} = \begin{pmatrix} 48 \\ 222 \\ 176 \end{pmatrix}$$

Nach der Leontief-Gleichung gilt:

$$(\mathbf{E}-\mathbf{A}) \cdot \vec{\mathbf{x}} = \vec{\mathbf{y}} \quad \Leftrightarrow \quad \vec{\mathbf{x}} = (\mathbf{E}-\mathbf{A})^{-1} \cdot \vec{\mathbf{y}}$$

Mit dem GTR und der gegebenen Input-Matrix **A** erhält man hieraus den Produktionsvektor:

$$\vec{\mathbf{x}} = \begin{pmatrix} 240 \\ 360 \\ 240 \end{pmatrix}$$

Da $x_{ij} = a_{ij} \cdot x_j$ gilt, lassen sich die Elemente der Verflechtungstabelle berechnen, indem jedes Element a_{ij} (am besten spaltenweise) mit der Produktionsmenge des jeweiligen Werks multipliziert wird.

Verflechtungstabelle:

	Werk W_1	Werk W_2	Werk W_3	Markt $\vec{y}$	Produktion $\vec{x}$
Werk W_1	$\frac{24}{120}\cdot 240 = 48$	$\frac{48}{120}\cdot 360 = 144$	$0\cdot 240 = 0$	48	240
Werk W_2	$\frac{36}{120}\cdot 240 = 72$	$\frac{12}{120}\cdot 360 = 36$	$\frac{15}{120}\cdot 240 = 30$	222	360
Werk W_3	$0\cdot 240 = 0$	$\frac{18}{120}\cdot 360 = 54$	$\frac{5}{120}\cdot 240 = 10$	176	240

Verflechtungsdiagramm:

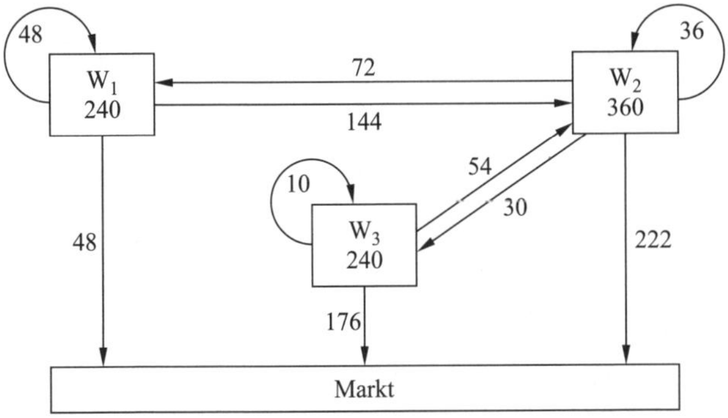

2.1.2 **Erfüllung beliebiger Marktnachfragen**

Die Leontief-Inverse lautet (GTR):

$$(\mathbf{E}-\mathbf{A})^{-1} = \begin{pmatrix} \frac{675}{448} & \frac{115}{168} & \frac{5}{56} \\ \frac{115}{224} & \frac{115}{84} & \frac{5}{28} \\ \frac{9}{112} & \frac{3}{14} & \frac{15}{14} \end{pmatrix}$$

Die Leontief-Inverse $(\mathbf{E}-\mathbf{A})^{-1}$ wurde bereits in Teilaufgabe 2.1.1 berechnet bzw. verwendet, also existiert sie. Da außerdem alle Elemente der Leontief-Inverse nicht negativ sind, kann jede beliebige Marktnachfrage erfüllt werden.

2.1.3 **Berechnung von Lieferungen an den Markt und Produktion des Werks W_3**

Produktionsvektor:

$$\vec{\mathbf{x}} = \begin{pmatrix} 100 \\ 100 \\ x_3 \end{pmatrix}$$

Marktvektor (mit der Bedingung $y_2 + y_3 = 145$ bzw. $y_3 = 145 - y_2$):

$$\vec{\mathbf{y}} = \begin{pmatrix} 40 \\ y_2 \\ 145 - y_2 \end{pmatrix}$$

Leontief-Gleichung:

$$(\mathbf{E}-\mathbf{A})\cdot\vec{\mathbf{x}}=\vec{\mathbf{y}} \quad\Leftrightarrow\quad \begin{pmatrix} \frac{4}{5} & -\frac{2}{5} & 0 \\ -\frac{3}{10} & \frac{9}{10} & -\frac{1}{8} \\ 0 & -\frac{3}{20} & \frac{23}{24} \end{pmatrix}\cdot\begin{pmatrix} 100 \\ 100 \\ x_3 \end{pmatrix}=\begin{pmatrix} 40 \\ y_2 \\ 145-y_2 \end{pmatrix}$$

$$\begin{pmatrix} 40 \\ 60-\frac{1}{8}x_3 \\ -15+\frac{23}{24}x_3 \end{pmatrix}=\begin{pmatrix} 40 \\ y_2 \\ 145-y_2 \end{pmatrix}$$

Hieraus erhält man das LGS:

(1) $40=40$

(2) $\frac{1}{8}x_3+y_2=60$

(3) $\frac{23}{24}x_3+y_2=160$

Mit der Umformung $-1\cdot(2)+(3)$ erhält man:

(3)' $\frac{5}{6}x_3=100 \quad\Rightarrow\quad x_3=120$

$x_3=120$ in (2): $\frac{1}{8}\cdot 120+y_2=60 \quad\Rightarrow\quad y_2=45$

$y_2=45$ in $y_2+y_3=145 \quad\Rightarrow\quad y_3=100$

Ergebnis: Werk 3 produziert Waren im Wert von 120 GE, Werk 2 liefert Waren im Wert von 45 GE und Werk 3 Waren im Wert von 100 GE an den Markt.

2.2 Anzahl der Lösungen eines linearen Gleichungssystems

LGS in Matrixform:

$$\left(\begin{array}{ccc|c} \mathbf{1} & 0 & 3 & 4t \\ 0 & \mathbf{1} & 3t & 5 \\ 0 & 0 & \mathbf{t^2-1} & 3t+3 \end{array}\right)$$

Da $a_{11}=a_{22}=1$ ($\neq 0$; unabhängig von t!), kann die Anzahl der Lösungen nur von $a_{33}=t^2-1=(t+1)(t-1)$ und $3t+3=3(t+1)$ abhängen.

Untersuchung der dritten Zeile in Abhängigkeit von t:

- Das LGS ist <u>eindeutig lösbar</u>, wenn alle Elemente der Hauptdiagonalen $\neq 0$ sind.
  Dies ist der Fall, falls $t^2-1=(t+1)(t-1)\neq 0$.
  Dies gilt für $t\in\mathbb{R}\setminus\{-1;1\}$.
- Das LGS ist <u>unendlich oft lösbar</u>, falls die 3. Zeile eine Nullzeile ist: $0\ 0\ 0\mid 0$
  $a_{33}=(t+1)(t-1)=0$ **und** $3(t+1)=0$
  $t=-1$ oder $t=1$ **und** $t=-1$
  Dies gilt für $\mathbf{t=-1}$.
- Das LGS ist <u>unlösbar</u>, falls die 3. Zeile keine durchgehende Nullzeile ist: $0\ 0\ 0\mid\neq 0$
  $a_{33}=(t+1)(t-1)=0$ **und** $3(t+1)\neq 0$
  $t=-1$ oder $t=1$ **und** $t\neq -1$
  Dies gilt für $\mathbf{t=1}$.

Berufliche Gymnasien Baden-Württemberg: Mathematik ohne CAS
Abiturprüfung 2013 – Teil 4 (Lineare Optimierung), Aufgabe 1

1 Ein Unternehmen fertigt zwei Arten von Ledergürteln, das Modell „Texas" und das Modell „Arizona".

1.1 Zur Herstellung eines Gürtels „Texas" werden zwei Zeiteinheiten (ZE) benötigt, die Herstellung eines Gürtels „Arizona" erfordert eine ZE. Für die Fertigung beider Modelle stehen insgesamt 1 000 ZE pro Tag zur Verfügung.
Die Lagerkapazität erlaubt die Herstellung von höchstens 800 Ledergürteln pro Tag.
Modell „Texas" wird mit einer besonderen Schnalle versehen, von der pro Tag höchstens 400 zur Verfügung stehen. Für Modell „Arizona" stehen täglich maximal 700 Schnallen zur Verfügung.
Der Gewinn je Gürtel beträgt bei Modell „Texas" 4 € und bei Modell „Arizona" 3 €.

1.1.1 Ermitteln Sie grafisch, wie viele Gürtel „Texas" und wie viele Gürtel „Arizona" hergestellt werden müssen, um den Gewinn zu maximieren. (6 KP)

1.1.2 Eine Analyse hat ergeben, dass pro Gürtel „Texas" ein Gewinn von mindestens 1 € und höchstens 5 € veranschlagt werden kann.

Bestimmen Sie den Gewinn für einen Gürtel „Texas", bei dem das Unternehmen mehrere Möglichkeiten hat, den maximalen Gewinn zu erzielen. (3 KP)

1.2 Die Produktpalette des Unternehmens soll um das Gürtel-Modell „New Mexico" erweitert werden. Mithilfe des Simplexalgorithmus soll das gewinnmaximale Produktionsprogramm ermittelt werden. Es ergibt sich folgendes Starttableau:

x	y	z	u	v	w	b_i
3	1	2	1	0	0	1 800
1	1	1	0	1	0	1 200
1	0	1	0	0	1	800
4	3	3,5	0	0	0	G

x: Anzahl Modell „Texas"
y: Anzahl Modell „Arizona"
z: Anzahl Modell „New Mexico"

u, v und w sind Schlupfvariable.

Berechnen Sie das nächste Tableau und erläutern Sie die ökonomischen Überlegungen zur Wahl des Pivotelements. (6 KP)

(15 KP)

Hinweise und Tipps

1.1.1 **Tipps:**

- Stellen Sie zunächst die Gleichungen bzw. Ungleichungen auf, die sich aus dem Aufgabentext ergeben. Lösen Sie dann die Gleichung und die Ungleichungen nach y auf und tragen Sie alles in ein gemeinsames Koordinatensystem ein.
- Verschieben Sie die Gerade für den Gewinn so weit wie möglich nach oben und berechnen Sie den sich ergebenden Punkt.

1.1.2 **Tipps:**

- Der Gewinn pro Gürtel „Texas" ist jetzt variabel. Wie heißt damit die Gleichung für den Gewinn?
- Lösen Sie diese Gleichung wieder nach y auf. Wie groß ist die Steigung der Geraden?
- Zwischen welchen Werten kann sie variieren?
- Im Gegensatz zu Teilaufgabe 1.1.1 soll die Gerade jetzt für einen bestimmten Steigungswert die markierte Fläche nicht nur in einem Punkt, sondern längs einer Strecke treffen. Bei welcher Steigung ist dies der Fall?

1.2 **Tipps:**

- Formen Sie das gegebene Simplextableau nach den üblichen Vorschriften um.
- Das Pivotelement ergibt sich als Kreuzungspunkt der Pivotspalte mit der Pivotzeile.
- Welche Bedeutung hat die größte Zahl in der „Gewinnzeile"?
- Warum wählt man in der Spalte „Einschränkung" die kleinste Zahl?

Lösungen

1 Es werden zwei Sorten Gürtel hergestellt, Modell „Texas" und Modell „Arizona".

1.1.1 **Maximaler Gewinn**

Aus den im Aufgabentext bei 1.1 gegebenen Daten werden zunächst die zugehörigen Gleichungen bzw. Ungleichungen erstellt.

Bezeichnungen:
Es werden x Stück des Gürtels „Texas"
und y Stück des Gürtels „Arizona" hergestellt.

(1) $2x + y \leq 1\,000$ (Zeiteinheiten)

(2) $x + y \leq 800$ (Lagerkapazität)

(3) $x \leq 400$ (Schnalle „Texas")

(4) $y \leq 700$ (Schnalle „Arizona")

(5) $x \geq 0$

(6) $y \geq 0$

Zielfunktion „Gewinn":
(G) $G = 4x + 3y$

Die Ungleichungen (1) und (2) sowie die Gleichung (G) werden nach y aufgelöst:

(1) $2x + y \le 1\,000$

$y \le -2x + 1\,000$

(2) $x + y \le 800$

$y \le -x + 800$

(G) $G = 4x + 3y$

$y = -\frac{4}{3}x + \frac{G}{3}$

Die zu den Ungleichungen (1)–(6) gehörenden Geraden werden in ein gemeinsames Koordinatensystem eingezeichnet, die Gerade (G) zunächst für einen kleinen Wert von G (Gerade (G*)):

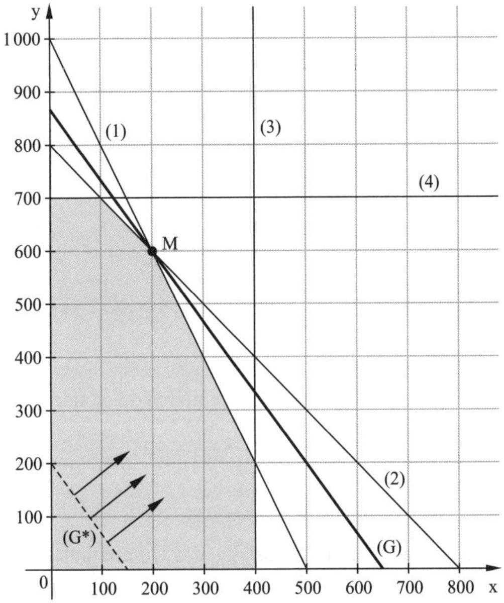

Die Punkte der markierten Fläche erfüllen alle Ungleichungen.

Jetzt wird die Gerade (G*) so weit nach oben verschoben, bis sie die markierte Fläche gerade noch berührt. Dies ist am Punkt M der Fall.

Berechnung der Koordinaten von M (Schnitt der Geraden (1) und (2)):

$-2x + 1\,000 = -x + 800$

$200 = x$

$\Rightarrow \quad y = -200 + 800 = 600$

Der Punkt M heißt $M(200\,|\,600)$, es werden also für den maximalen Gewinn 200 Gürtel des Modells „Texas“ und 600 Gürtel des Modells „Arizona“ hergestellt.

Der Gewinn beträgt dann $G = 4 \cdot 200 + 3 \cdot 600 = 2\,600$ (nicht gefragt).

1.1.2 Gewinn für einen Gürtel „Texas“

Da der Gewinn a € für einen Gürtel „Texas“ jetzt variabel ist, ändert sich die bisherige Zielfunktion (Gewinn) und heißt jetzt: $G = ax + 3y$ mit $1 \le a \le 5$

Aufgelöst nach y ergibt sich:

$$y = -\frac{a}{3}x + \frac{G}{3}$$

Die Steigung dieser Geraden beträgt $m = -\frac{a}{3}$.

Mit $1 \le a \le 5$ ergibt sich $-\frac{5}{3} \le m \le -\frac{1}{3}$.

Mehrere Möglichkeiten, den maximalen Gewinn zu erzielen, ergeben sich genau dann, wenn die verschobene Gerade (G*) den markierten Bereich nicht nur in einem Punkt, sondern längs einer Strecke trifft. Dies ist dann der Fall, wenn sie dieselbe Steigung wie eine der Begrenzungsgeraden hat:

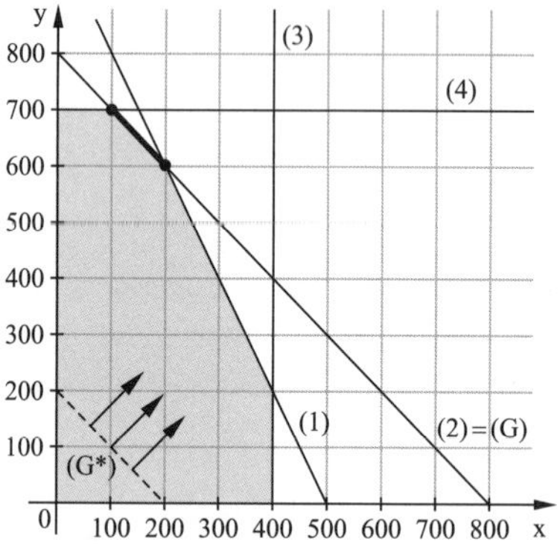

(Die Gerade (1) kommt nicht infrage, weil ihre Steigung gleich –2 ist und damit nicht zwischen $-\frac{5}{3}$ und $-\frac{1}{3}$ liegt.)

Die Steigung der Geraden (2) ist –1, also muss gelten:

$$-\frac{a}{3} = -1 \quad \Rightarrow \quad a = 3$$

Bei einem Gewinn von 3 € für einen Gürtel „Texas“ hat das Unternehmen mehrere Möglichkeiten, den maximalen Gewinn zu erzielen.

1.2 Simplexverfahren

Das Starttableau ist gegeben durch:

x	y	z	u	v	w	b_i
3	1	2	1	0	0	1 800
1	1	1	0	1	0	1 200
1	0	1	0	0	1	800
4	3	3,5	0	0	0	G

x: Anzahl Modell „Texas“
y: Anzahl Modell „Arizona“
z: Anzahl Modell „New Mexico“

u, v und w sind die sog. Schlupfvariablen.

In der Zielfunktionszeile (G) sucht man die größte Zahl, hier die 4 in der ersten Spalte. Die zugehörige Spalte – hier die erste – nennt man Pivotspalte.

Bedeutung:
Um den Gewinn zu steigern, soll die Produktionsmenge für das Modell, das den höchsten Stückgewinn abwirft – hier das Modell „Texas“ – so weit wie möglich erhöht werden. Deshalb wählt man die Spalte mit der größten Zahl in der Zielfunktionszeile als Pivotspalte.
Jetzt untersucht man, wie viele Gürtel „Texas“ produziert werden könnten, wenn man auf die beiden anderen Modelle völlig verzichtet. Dazu berechnet man die sog. „Einschränkung“, d. h. den Quotienten aus der Zahl b_i und dem zugehörigen Koeffizienten der Pivotspalte:

$1\,800 : 3 = 600$
$1\,200 : 1 = 1\,200$
$800 : 1 = 800$

Die größte Einschränkung liegt in der ersten Zeile vor (kleinste Zahl ist die 600), also $x \leq 600$. Die zugehörige Zeile heißt Pivotzeile.
Der Kreuzungspunkt der Pivotspalte mit der Pivotzeile heißt Pivotelement, hier also die 3.

Mithilfe von elementaren Zeilenumformungen werden jetzt alle Elemente der Pivotspalte zu null gemacht, außer dem Pivotelement selbst.

Gesucht ist das nächste Tableau. Dieses kann die Form (1) oder (2) haben.

x	y	z	u	v	w	b_i	Einschränkung	
3	1	2	1	0	0	1800	600	$\cdot\left(-\frac{1}{3}\right)$
1	1	1	0	1	0	1200	1200	$\cdot 1$
1	0	1	0	0	1	800	800	$\cdot 1$
4	3	3,5	0	0	0	G		$\cdot \frac{1}{4}$

x	y	z	u	v	w	b_i	
3	1	2	1	0	0	1800	$:3$
0	$\frac{2}{3}$	$\frac{1}{3}$	$-\frac{1}{3}$	1	0	600	
0	$-\frac{1}{3}$	$\frac{1}{3}$	$-\frac{1}{3}$	0	1	200	
0	$\frac{5}{12}$	$\frac{5}{24}$	$-\frac{1}{3}$	0	0	$\frac{G}{4} - 600$	$\cdot 4$

(1)

x	y	z	u	v	w	b_i
1	$\frac{1}{3}$	$\frac{2}{3}$	$\frac{1}{3}$	0	0	600
0	$\frac{2}{3}$	$\frac{1}{3}$	$-\frac{1}{3}$	1	0	600
0	$-\frac{1}{3}$	$\frac{1}{3}$	$-\frac{1}{3}$	0	1	200
0	$\frac{5}{3}$	$\frac{5}{6}$	$-\frac{4}{3}$	0	0	$G - 2\,400$

(2)

2 In einer Schmuckfabrik in Pforzheim werden Goldketten aus verschiedenen Legierungen hergestellt.
Die Herstellung der Kettenstränge findet auf Maschine M_1 statt, die Fertigstellung der Ketten findet auf Maschine M_2 statt. Es werden Panzerketten und Kordelketten hergestellt. Eine Panzerkette enthält 10 g Feingold und eine Kordelkette 15 g Feingold.
M_1 benötigt für eine Panzerkette 60 Minuten, M_2 benötigt 40 Minuten. Für eine Kordelkette werden 40 Minuten auf M_1 und 40 Minuten auf M_2 benötigt.
M_1 kann täglich maximal 8 Stunden laufen, M_2 maximal 6 Stunden.
Pro Tag stehen maximal 120 g Feingold zur Verfügung.
Eine Panzerkette bringt einen Gewinn von 100 Euro, eine Kordelkette einen Gewinn von 120 Euro.

2.1 Bestimmen Sie grafisch die Anzahl der Panzer- und der Kordelketten, die pro Tag hergestellt werden müssen, um den größtmöglichen Gewinn zu erzielen. (6 KP)

2.2 Wie hoch muss der Gewinn pro Panzerkette mindestens sein, damit es sich lohnt, diese anzubieten? (3 KP)

2.3 Obwohl nicht mehr Feingold zur Verfügung steht und die Maschinenlaufzeiten nicht erhöht werden können, überlegt die Geschäftsleitung, das Angebot um Singapurketten zu erweitern.
Eine Singapurkette benötigt 45 Minuten auf M_1 und 45 Minuten auf M_2. Die Singapurketten enthalten jeweils 12 g Feingold. Der Gewinn pro Singapurkette beträgt 110 Euro.

Untersuchen Sie mithilfe des Simplexalgorithmus, ob es sich lohnt, Singapurketten herzustellen. (6 KP)

(15 KP)

Hinweise und Tipps

2.1 **Tipps:**

- Stellen Sie zunächst die Gleichungen bzw. Ungleichungen auf, die sich aus dem Aufgabentext ergeben. Lösen Sie dann die Gleichung und die Ungleichungen nach y auf und tragen Sie alles in ein gemeinsames Koordinatensystem ein.
- Verschieben Sie die Gerade für den Gewinn so weit wie möglich nach oben und berechnen Sie den sich ergebenden Punkt.

2.2 **Tipps:**

- Wenn die „Gewinngerade“ so weit wie möglich nach oben verschoben wird und dann die markierte Fläche nur noch auf der y-Achse trifft, wäre $x = 0$.
- Lösen Sie die Gleichung für den Gewinn mit variablem Gewinn pro Panzerkette nach y auf.
- Überlegen Sie, wie die Steigung dieser Geraden sein muss, damit diese die markierte Fläche nicht nur auf der y-Achse trifft.

2.3 **Tipps:**

- Stellen Sie zunächst die Gleichungen bzw. Ungleichungen auf, die sich aus dem Aufgabentext ergeben.
- Tragen Sie die entsprechenden Zahlen mit den zusätzlichen Schlupfvariablen in ein Simplextableau ein.
- Formen Sie dieses Tableau nach den üblichen Vorschriften um.
- Woran erkennt man im letzten Tableau, dass keine Singapurketten hergestellt werden sollten?

Lösungen

2 Es werden zwei Sorten Goldketten hergestellt, Panzerketten und Kordelketten.

2.1 **Maximaler Gewinn**

Aus den im Aufgabentext gegebenen Daten werden zunächst die Gleichungen bzw. Ungleichungen erstellt.

Bezeichnungen:
x ist die Anzahl der Panzerketten,
y ist die Anzahl der Kordelketten.

(1) $60x + 40y \leq 480$ (Maschine M_1)

(2) $40x + 40y \leq 360$ (Maschine M_2)

(3) $10x + 15y \leq 120$ (Feingoldmenge)

(4) $x \geq 0$

(5) $y \geq 0$

Zielfunktion „Gewinn“:
(G) $G = 100x + 120y$

Die Gleichung und die Ungleichungen werden jetzt nach y aufgelöst:

(1) $y \leq -\frac{3}{2}x + 12$

(2) $y \leq -x + 9$

(3) $y \leq -\frac{2}{3}x + 8$

(G) $y = -\frac{5}{6}x + \frac{G}{120}$

Die zu den Ungleichungen (1)–(5) gehörenden Geraden werden in ein gemeinsames Koordinatensystem eingezeichnet, ebenso die Zielfunktion (G) zunächst für einen kleinen Wert von G (Gerade (G*)):

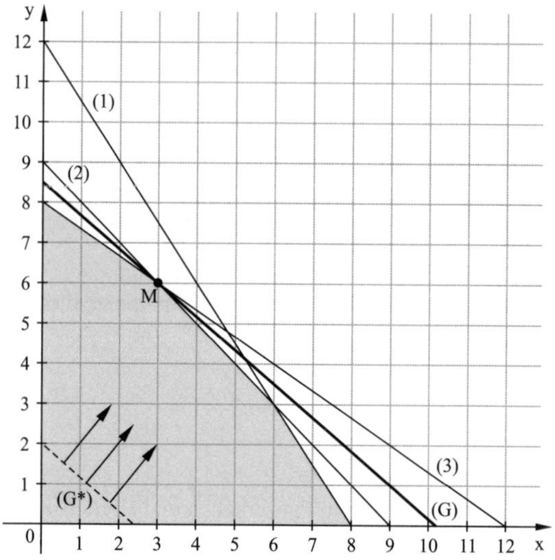

Die Gerade (G*) wird nun so weit nach oben verschoben, bis sie die markierte Fläche gerade noch im Punkt M berührt.

Berechnung der Koordinaten von M (M ist der Schnittpunkt der Geraden (2) und (3)):

$$-x + 9 = -\frac{2}{3}x + 8$$

$$1 = \frac{1}{3}x$$

$$x = 3$$

$\Rightarrow \quad y = -3 + 9 = 6 \quad \Rightarrow \quad M(3 \mid 6)$

Um maximalen Gewinn zu erzielen, müssen also pro Tag drei Panzerketten und sechs Kordelketten hergestellt werden.

Der Gewinn beträgt dann $G = 100 \cdot 3 + 120 \cdot 6 = 1\,020$ (nicht gefragt).

2.2 **Gewinn pro Panzerkette**

Wenn die Gerade (G) flacher verlaufen würde als die Gerade (3), würde der Punkt M auf der y-Achse liegen, also M(0 | 8). Es würden dann für den maximalen Gewinn keine Panzerketten hergestellt (x = 0).
Damit es sich also lohnt, Panzerketten herzustellen, muss die Gerade (G) die gleiche Steigung wie die Gerade (3) haben oder sie muss steiler sein als Gerade (3).

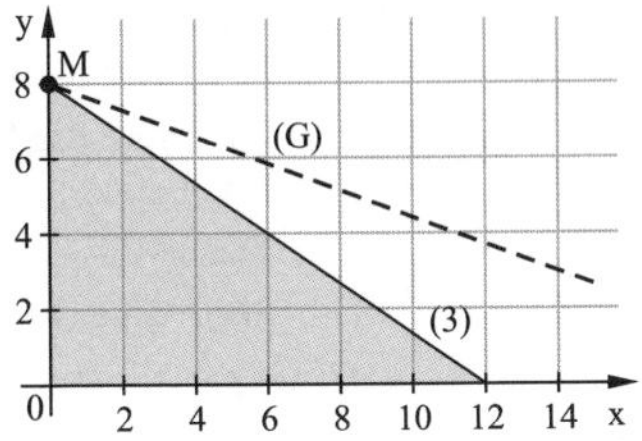

a sei der Gewinn pro Panzerkette.

$\Rightarrow \quad G = a \cdot x + 120y$

$\Rightarrow \quad y = -\frac{a}{120}x + \frac{G}{120}$

Für die Steigung $-\frac{a}{120}$ dieser Geraden muss gelten:

$-\frac{a}{120} \leq -\frac{2}{3} \quad \Rightarrow \quad a \geq 80$

Der Gewinn pro Panzerkette muss also mindestens 80 € betragen, damit es sich lohnt, diese anzubieten.

2.3 **Simplexverfahren**

Bezeichnungen: x ist die Anzahl der Panzerketten.
y ist die Anzahl der Kordelketten.
z ist die Anzahl der Singapurketten.
u, v, w sind die zugehörigen Schlupfvariablen.

Aus dem Aufgabentext ergeben sich die folgenden Gleichungen:

(1) $60x + 40y + 45z + u = 480$ (Maschine M_1)

(2) $40x + 40y + 45z + v = 360$ (Maschine M_2)

(3) $10x + 15y + 12z + w = 120$ (Feingoldmenge)

(4) $x \geq 0$

(5) $y \geq 0$

Zielfunktion „Gewinn“:

(G) $G = 100x + 120y + 110z$

Zugehöriges Simplextableau:

x	y	z	u	v	w	b_i	Einschränkung	
60	40	45	1	0	0	480	12	·15
40	40	45	0	1	0	360	9	·15
10	[15]	12	0	0	1	120	[8]	·(−40) ·(−8)
100	(120)	110	0	0	0	G		

Die Spalte „Einschränkung“ und die weiteren Tableaus ergeben sich wie folgt:

1. Schritt: Suche in der Zeile mit der Zielfunktion G die größte Zahl, hier (120). Die gesamte Spalte mit der (120) heißt Pivotspalte.

2. Schritt: Dividiere die Elemente der Spalte b_i durch die jeweiligen Elemente der Pivotspalte:

$480 : 40 = 12$

$360 : 40 = 9$

$120 : 15 = 8$

Die Ergebnisse stehen in der Spalte „Einschränkung“.

3. Schritt: Suche in der Spalte „Einschränkung“ die kleinste Zahl, hier die [8]. Die gesamte Zeile mit der Zahl [8] heißt Pivotzeile.

4. Schritt: Der Kreuzungspunkt der Pivotzeile mit der Pivotspalte heißt Pivotelement, hier die Zahl [[15]].

5. Schritt: Mithilfe von elementaren Zeilenumformungen werden jetzt alle Elemente der Pivotspalte zu null gemacht, außer dem Pivotelement selbst.

x	y	z	u	v	w	b_i	Einschränkung	
500	0	195	15	0	−40	2 400	$\frac{24}{5}$	· 2 ←
[[200]]	0	195	0	15	−40	600	[3]	· (−5); · (−1); · (−1)
10	15	12	0	0	1	120	12	· 20 ←
(20)	0	14	0	0	−8	G − 960		· 10 ←

x	y	z	u	v	w	b_i	
0	0	−585	30	−75	120	1 800	: 30
200	0	195	0	15	−40	600	: 200
0	300	45	0	−15	60	1 800	: 300
0	0	−55	0	−15	−40	10G − 10 200	: 10

x	y	z	u	v	w	b_i
0	0	$-\frac{39}{2}$	1	$-\frac{5}{2}$	4	60
1	0	$\frac{39}{40}$	0	$\frac{3}{40}$	$-\frac{1}{5}$	3
0	1	$\frac{3}{20}$	0	$-\frac{1}{20}$	$\frac{1}{5}$	6
0	0	$-\frac{11}{2}$	0	$-\frac{3}{2}$	−4	G − 1 020

$\Rightarrow \quad x = 3; \quad y = 6; \quad z = 0; \quad u = 60; \quad v = w = 0$

Der maximale Gewinn (1 020 Euro) kann also nur bei $z = 0$ erzielt werden, d. h., es dürfen keine Singapurketten hergestellt werden.

Berufliche Gymnasien Baden-Württemberg: Mathematik ohne CAS
Abiturprüfung 2014 – Teil 1 (Analysis)

1.1 Für jedes $t \in \mathbb{R}$ ist die Funktion f_t gegeben durch

$$f_t(x) = \frac{1}{2}x^3 - 3tx^2 + 4(t^2 - 1)x + 10t^2; \quad x \in \mathbb{R}.$$

Das Schaubild von f_t ist K_t.

1.1.1 Bestimmen Sie die Schnittpunkte von K_1 mit den Koordinatenachsen. Berechnen Sie von Hand die Koordinaten der Extrempunkte von K_1. Zeichnen Sie K_1. (9 KP)

1.1.2 Betrachten Sie nun Geraden mit negativer Steigung, die den Hochpunkt von K_1 enthalten und mit K_1 zwei Flächenstücke einschließen.

1.1.2.1 Zeichnen Sie eine dieser Geraden in das Koordinatensystem von 1.1.1 ein und geben Sie die Gleichung dieser Geraden an. (2 KP)

1.1.2.2 Bestimmen Sie alle Werte der Steigungen dieser Geraden, sodass diese drei Eigenschaften erfüllt sind. (4 KP)

1.1.3 Zeigen Sie, dass für alle t das Schaubild K_t zwei Extrempunkte besitzt. Berechnen Sie die Ortskurve der Wendepunkte von K_t. (8 KP)

1.1.4 F_t ist eine Stammfunktion von f_t.

Untersuchen Sie, ob es einen Wert für t gibt, sodass F_t an der Stelle $x = -4$ eine Wendestelle besitzt und das Schaubild von F_t in $S(0|20)$ die Steigung 10 hat.

Geben Sie gegebenenfalls diese Stammfunktion F_t an. (6 KP)

1.2 Für jedes $a \neq 0$ ist die Funktion g_a gegeben durch

$$g_a(x) = a + a \cdot \cos x \quad \text{mit} \quad x \in [-2\pi; 2\pi].$$

1.2.1 Prüfen Sie für jede der folgenden Abbildungen, ob die dort gezeigten Schaubilder zu einer Funktion g_a gehören können. Begründen Sie jeweils, und ermitteln Sie gegebenenfalls den zugehörigen Wert von a. (6 KP)

Abbildung 1

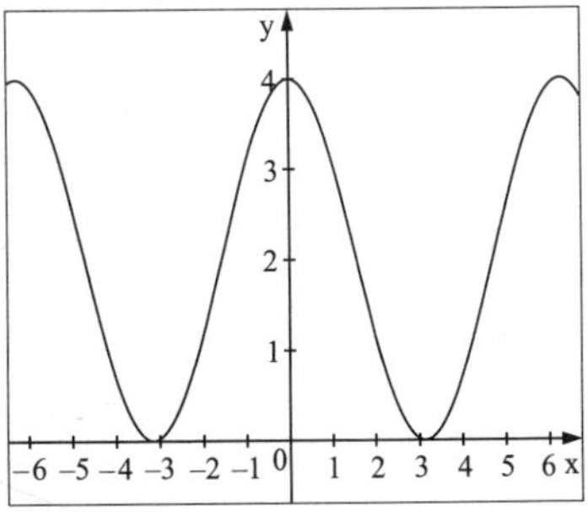

Abbildung 2

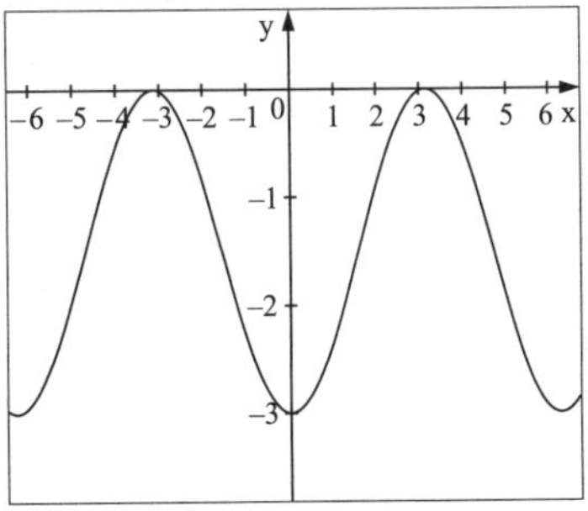

Abbildung 3

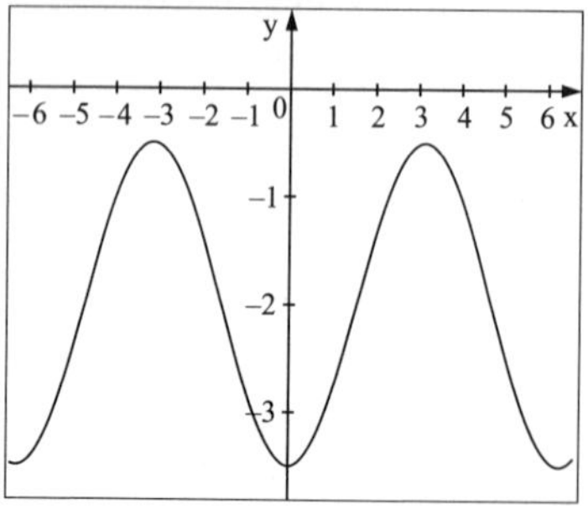

Abbildung 4

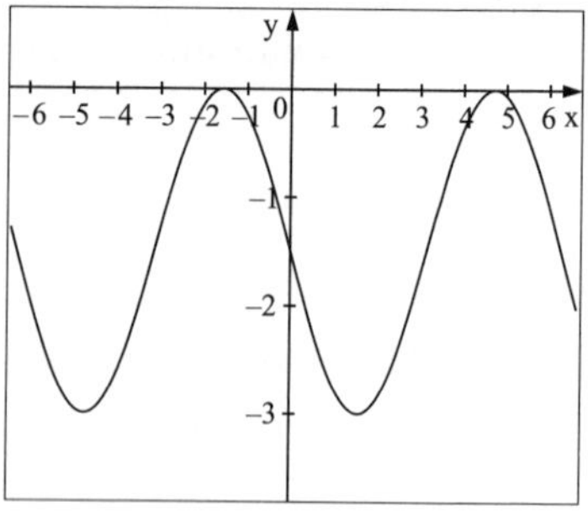

1.2.2 Für $0 < u < \pi$ bilden die Punkte $O(0 \mid 0)$, $P(u \mid 0)$, $Q(u \mid g_2(u))$ und $R(0 \mid 1)$ ein Viereck. Für welchen Wert von u wird der Flächeninhalt dieses Vierecks maximal? (5 KP)

1.2.3 Das Schaubild der Funktion g_a schließt mit der x-Achse eine Fläche ein. Diese Fläche rotiert um die x-Achse. Für welche Werte von a beträgt das Volumen des Drehkörpers 120 Volumeneinheiten? (5 KP)

(45 KP)

Hinweise und Tipps

1.1.1 **Tipps:**

- Setzen Sie $t = 1$ in die Funktionsgleichung ein.
- Die „Bestimmung“ der Schnittpunkte mit den Koordinatenachsen kann mit dem GTR durchgeführt werden.
- Wenden Sie die Bedingungen für Extrempunkte an.

1.1.2.1 **Tipps:**

- Stellen Sie zunächst Überlegungen an einer Skizze an.
- Wählen Sie eine geschickte Gerade, z. B. durch den Wendepunkt.
- Bestimmen Sie die Steigung der Geraden und stellen Sie die Gleichung auf.

1.1.2.2 **Tipps:**

- Stellen Sie die Geradengleichung mit dem Parameter m (Steigung) auf.
- Schneiden Sie die Gerade mit der Kurve.
- Wie viele Lösungen müssen sich ergeben, damit die Eigenschaften erfüllt sind?
- Andere Möglichkeit: Legen Sie als Grenzfälle vom Hochpunkt aus Tangenten an die Kurve.

1.1.3 **Tipps:**

- Wenden Sie die Bedingungen für Extrempunkte an, vgl. Teilaufgabe 1.1.1.
- Warum ergeben sich immer zwei Lösungen?
- Bestimmen Sie allgemein die Koordinaten des Wendepunktes.
- Für die Ortskurve müssen Sie den Parameter t aus den Koordinaten entfernen.

1.1.4 **Tipps:**

- Wie lautet eine Stammfunktion von f_t allgemein?
- Beachten Sie den Zusammenhang zwischen einer Extremstelle von f_t und der Wendestelle der zugehörigen Stammfunktion.
- Mit welcher Funktion lässt sich die Steigung der Stammfunktion bestimmen?
- Die Konstante c in der Gleichung der Stammfunktion lässt sich durch Einsetzen des gegebenen Punktes bestimmen.

1.2.1 **Tipps:**

- Welche Eigenschaften der Schaubilder der Funktion g_a lassen sich aus der Funktionsgleichung ablesen? Denken Sie vor allem an Extrempunkte und Symmetrie.
- Welche Schaubilder erfüllen diese Bedingungen, welche nicht?

1.2.2 **Tipps:**

- Extremwertaufgabe. Fertigen Sie zunächst eine Skizze an. Um was für ein Viereck handelt es sich?
- Stellen Sie eine Formel zur Berechnung des Flächeninhalts des Vierecks auf und bestimmen Sie dann das Maximum mit dem GTR.

1.2.3 **Tipps:**

- Wie heißt die Formel für das Volumen eines Drehkörpers?
- Lesen Sie aus einer Skizze die Grenzen für das Integral ab. Beachten Sie dabei die Überlegungen zu Aufgabenteil 1.2.1 bzgl. Extrempunkten und Symmetrie.

Lösungen

1.1 Gegeben ist die Funktion f_t durch

$$f_t(x) = \frac{1}{2}x^3 - 3tx^2 + 4(t^2-1)x + 10t^2,\quad t \in \mathbb{R},\ x \in \mathbb{R}.$$

1.1.1 **Schnittpunkte mit den Achsen**

Für $t = 1$ ergibt sich die Gleichung:

$$f_1(x) = \frac{1}{2}x^3 - 3x^2 + 10$$

Schnitt mit der y-Achse, also $x = 0$:

$f_1(0) = 10 \quad \Rightarrow \quad S(0\,|\,10)$

Schnitt mit der x-Achse, also $y = 0$:

Mit dem GTR ergibt sich:

$x_1 = -1{,}6200\ldots \quad \Rightarrow \quad N_1(-1{,}62\,|\,0)$

$x_2 = 2{,}3365\ldots \quad \Rightarrow \quad N_2(2{,}34\,|\,0)$

$x_3 = 5{,}2835\ldots \quad \Rightarrow \quad N_3(5{,}28\,|\,0)$

Extrempunkte

$$f_1'(x) = \frac{3}{2}x^2 - 6x$$

$$f_1''(x) = 3x - 6$$

Bedingung für Extrempunkte:

$$f_1'(x) = 0$$

$$\frac{3}{2}x^2 - 6x = 0$$

$$x\left(\frac{3}{2}x - 6\right) = 0$$

$$\Rightarrow \quad x_1 = 0;\quad x_2 = 4$$

y-Werte:

$f_1(0) = 10 \qquad \Rightarrow \quad E_1(0\,|\,10)$

$f_1(4) = \frac{1}{2}\cdot 4^3 - 3\cdot 4^2 + 10 = 32 - 48 + 10 = -6 \quad \Rightarrow \quad E_2(4\,|\,-6)$

Hoch- oder Tiefpunkt?

$f_1''(0) = -6 < 0 \quad \Rightarrow \quad H(0\,|\,10)$

$f_1''(4) = 6 > 0 \quad \Rightarrow \quad T(4\,|\,-6)$

Schaubild K_1 von f_1

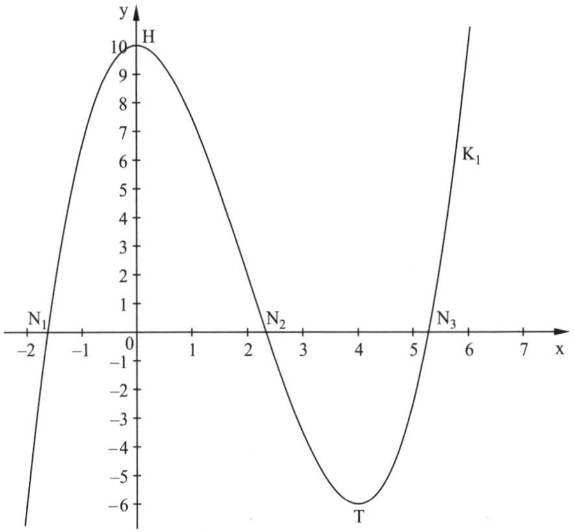

1.1.2 **Geraden durch den Hochpunkt**

1.1.2.1 **Schaubild, Gleichung**

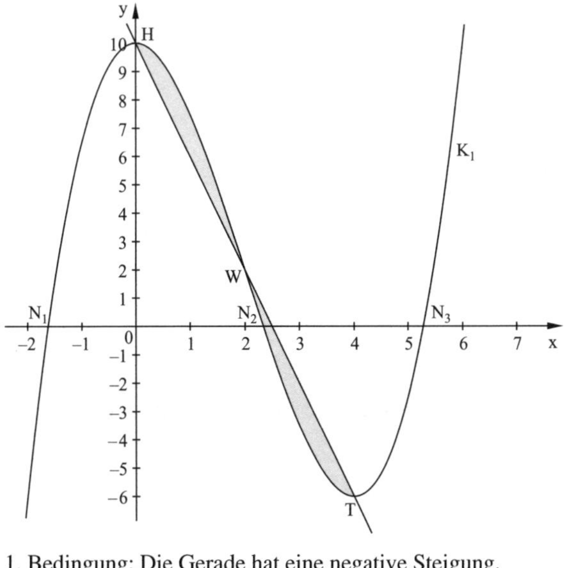

1. Bedingung: Die Gerade hat eine negative Steigung.
2. Bedingung: Die Gerade geht durch den Hochpunkt $H(0\,|\,10)$.
3. Bedingung: Die Gerade schließt mit K_1 zwei Flächenstücke ein.

Eine der gesuchten Geraden geht durch den Wendepunkt von K_1.

Bestimmung des Wendepunktes:

$$f_1''(x) = 0$$
$$0 = 3x - 6$$
$$x = 2$$
$$\Rightarrow \quad f_1(2) = \frac{1}{2} \cdot 2^3 - 3 \cdot 2^2 + 10 = 4 - 12 + 10 = 2$$

$$f_1'''(x) = 3 \neq 0 \quad \Rightarrow \quad W(2\,|\,2)$$

Berechnung der Geradengleichung:

$y = m_{HW}x + b$ (Gerade durch Hoch- und Wendepunkt)

$$m_{HW} = \frac{\Delta y}{\Delta x} = \frac{10-2}{0-2} = \frac{8}{-2} = -4$$

$b = 10$ (wegen $H(0\,|\,10)$)

$$\Rightarrow \quad y = -4x + 10$$

1.1.2.2 Bestimmung zulässiger Steigungswerte

1. Möglichkeit:

Die Gerade schließt mit K_1 genau dann zwei Flächenstücke ein, wenn sie die Kurve drei Mal schneidet. Man berechnet die Schnittpunkte der Geraden $y = mx + 10$ mit K_1:

$$mx + 10 = \frac{1}{2}x^3 - 3x^2 + 10$$
$$0 = \frac{1}{2}x^3 - 3x^2 - mx$$
$$0 = x\left(\frac{1}{2}x^2 - 3x - m\right)$$

$\Rightarrow \quad x_1 = 0$ (Schnitt im Hochpunkt!) oder $0 = \frac{1}{2}x^2 - 3x - m \quad |\cdot 2$

$$0 = x^2 - 6x - 2m$$
$$x_{2/3} = \frac{6 \pm \sqrt{36 - 4 \cdot 1 \cdot (-2m)}}{2}$$
$$= \frac{6 \pm \sqrt{36 + 8m}}{2}$$

Wenn die Diskriminante $36 + 8m$ positiv ist, gibt es zwei weitere Schnittstellen:

$$36 + 8m > 0$$
$$8m > -36$$
$$m > -\frac{9}{2}$$

Laut vorgegebener Bedingung muss die Steigung außerdem negativ sein, also folgt:

$$-\frac{9}{2} < m < 0$$

Für diese Werte von m schließt die Gerade mit K_1 zwei Flächenstücke ein.

2. Möglichkeit:

Man klappt die in Aufgabenteil 1.1.2.1 berechnete Gerade nach oben, bis sie das Schaubild K_1 nur noch im Hochpunkt H berührt (obere Grenzlage g_1 der Geraden).

Dann dreht man die Gerade (bei festem Punkt H) nach unten, bis sie K_1 im Berührpunkt B berührt (untere Grenzlage g_2 der Geraden).

Skizze:

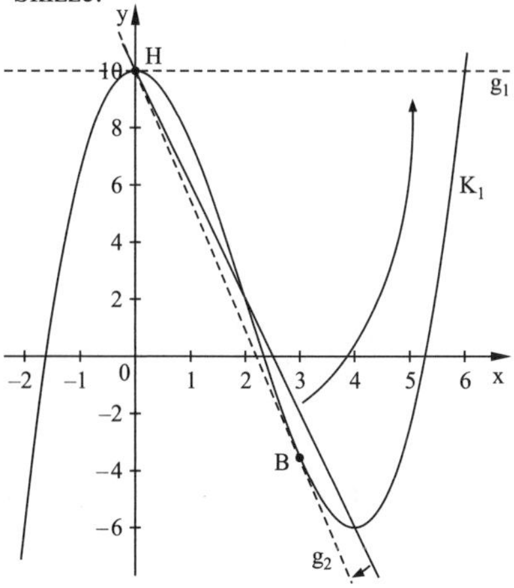

Berechnung der Gleichung von g_2:

H(0 | 10) und B(u | f(u)) mit $u \neq 0$

$$\Rightarrow \quad m_{HB} = \frac{10 - f(u)}{0 - u}$$

$$= \frac{10 - \left(\frac{1}{2}u^3 - 3u^2 + 10\right)}{-u}$$

$$= \frac{-\frac{1}{2}u^3 + 3u^2}{-u}$$

Wegen $u \neq 0$ darf man kürzen:

$$\Rightarrow \quad m_{HB} = \frac{1}{2}u^2 - 3u$$

Mithilfe der Ableitung ergibt sich für die Steigung andererseits:

$$f_1'(u) = \frac{3}{2}u^2 - 6u$$

Gleichsetzen:
$$\frac{3}{2}u^2 - 6u = \frac{1}{2}u^2 - 3u$$
$$u^2 - 3u = 0$$
$$u(u-3) = 0$$
$$u_1 = 0 \quad \text{oder} \quad u_2 = 3$$

Wegen $B \neq H$ scheidet $u_1 = 0$ aus, also B(3 | f(3)) bzw. B(3 | −3,5).

$$\Rightarrow \quad m_{HB} = f_1'(3) = \frac{3}{2} \cdot 3^2 - 6 \cdot 3 = \frac{3}{2} \cdot 9 - 18 = -\frac{9}{2}$$

$\Rightarrow$ m muss zwischen $-\frac{9}{2}$ und 0 liegen, also $-\frac{9}{2} < m < 0$.

1.1.3 Extrempunkte von K_t

$$f_t(x) = \frac{1}{2}x^3 - 3tx^2 + 4(t^2 - 1)x + 10t^2$$

$$f_t'(x) = \frac{3}{2}x^2 - 6tx + 4t^2 - 4$$

$$f_t''(x) = 3x - 6t$$

Für die Extrempunkte muss gelten:

$f_t'(x) = 0$

$$0 = \frac{3}{2}x^2 - 6tx + 4t^2 - 4 \qquad |\cdot 2$$

$$0 = 3x^2 - 12tx + 8t^2 - 8$$

$$x_{1/2} = \frac{12t \pm \sqrt{144t^2 - 4 \cdot 3 \cdot (8t^2 - 8)}}{6} = \frac{12t \pm \sqrt{144t^2 - 96t^2 + 96}}{6} = \frac{12t \pm \sqrt{48t^2 + 96}}{6}$$

Damit sich zwei Lösungen ergeben, muss die Diskriminante $48t^2 + 96$ größer als null sein. Dies ist aber für alle Werte von t der Fall (da stets $t^2 > 0$ gilt).

Die Ableitungsfunktion f_t' hat also zwei einfache Nullstellen, damit gibt es für alle Werte von t zwei Extrempunkte.

Ortskurve der Wendepunkte von K_t

Bedingung für Wendepunkte:

$f_t''(x) = 0$

$$0 = 3x - 6t$$

$$x - 2t$$

$f_t'''(x) = 3 \neq 0 \quad \Rightarrow \quad$ Wendepunkt

y-Wert von W:

$$f_t(2t) = \frac{1}{2} \cdot (2t)^3 - 3t \cdot (2t)^2 + 4(t^2 - 1) \cdot 2t + 10t^2$$

$$= \frac{1}{2} \cdot 8t^3 - 12t^3 + 8t^3 - 8t + 10t^2 = 10t^2 - 8t$$

$\Rightarrow \quad W(2t \mid 10t^2 - 8t)$

Zur Entfernung des Parameters t wird der x-Wert nach t aufgelöst und das Ergebnis in den y-Wert eingesetzt:

$$x = 2t \quad \Rightarrow \quad t = \frac{x}{2} \quad \Rightarrow \quad y = 10 \cdot \left(\frac{x}{2}\right)^2 - 8 \cdot \frac{x}{2}$$

$$y = \frac{5}{2}x^2 - 4x; \; x \in \mathbb{R}$$ (Gleichung der Ortskurve)

1.1.4 Stammfunktion mit Bedingungen

Für eine Stammfunktion F_t von f_t gilt:

$$F_t(x) = \frac{1}{8}x^4 - tx^3 + 2(t^2 - 1)x^2 + 10t^2x + c$$

$$F_t'(x) = f_t(x) = \frac{1}{2}x^3 - 3tx^2 + 4(t^2 - 1)x + 10t^2$$

$$F_t''(x) = f_t'(x) = \frac{3}{2}x^2 - 6tx + 4t^2 - 4$$

$\Rightarrow \quad$ Eine Wendestelle von F_t ist gleichzeitig eine Extremstelle von f_t.

1. Bedingung: F_t hat eine Wendestelle an der Stelle $x=-4$.

Mit $x=-4$ folgt:

$$F_t''(-4) = f_t'(-4) = \frac{3}{2}\cdot(-4)^2 - 6t\cdot(-4) + 4t^2 - 4$$
$$= 24 + 24t + 4t^2 - 4 = 4t^2 + 24t + 20$$

Bedingung für Extrempunkt:

$$F_t''(-4) = f_t'(-4) = 0$$
$$0 = 4t^2 + 24t + 20 \qquad |:4$$
$$0 = t^2 + 6t + 5$$
$$t_{1/2} = -3 \pm \sqrt{9-5} = -3 \pm 2 \quad \Rightarrow \quad t_1 = -3+2 = -1$$
$$t_2 = -3-2 = -5$$

2. Bedingung: Das Schaubild von F_t hat in $S(0\,|\,20)$ die Steigung 10.

$$\Rightarrow \quad F_t'(0) = f_t(0) = 10$$
$$10t^2 = 10$$
$$t_{1/2} = \pm 1$$

Beide Bedingungen für die Stammfunktion sind nur erfüllt für $t=-1$.

$$\Rightarrow \quad F_{-1}(x) = \frac{1}{8}x^4 + x^3 + 10x + c$$

Das Schaubild von F_t soll außerdem durch $S(0\,|\,20)$ verlaufen. $\Rightarrow$ $20=c$

Die gesuchte Stammfunktion hat die Gleichung:

$$F_{-1}(x) = \frac{1}{8}x^4 + x^3 + 10x + 20$$

1.2 Gegeben ist die Funktion g_a durch

$g_a(x) = a + a\cdot\cos x;\ \ a \neq 0;\ \ x \in [-2\pi;\, 2\pi]$.

1.2.1 **Schaubilder, Bestimmung von a**

Bei der Gleichung $g_a(x) = a + a\cdot\cos x$ bedeutet das erste a eine Verschiebung in y-Richtung, das zweite a eine Streckung in y-Richtung, also eine Änderung der Amplitude der cos-Funktion.

Beispiel $a=2$: $y_1 = \cos x$

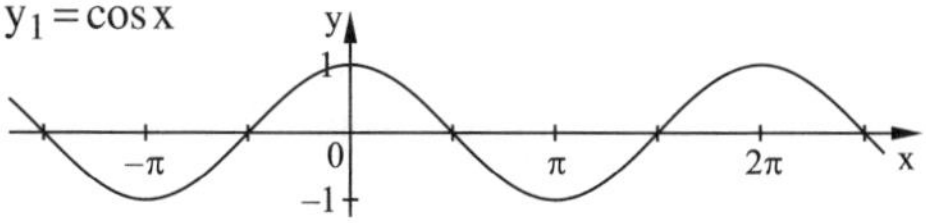

$y_2 = 2\cdot\cos x$ (Änderung der Amplitude)

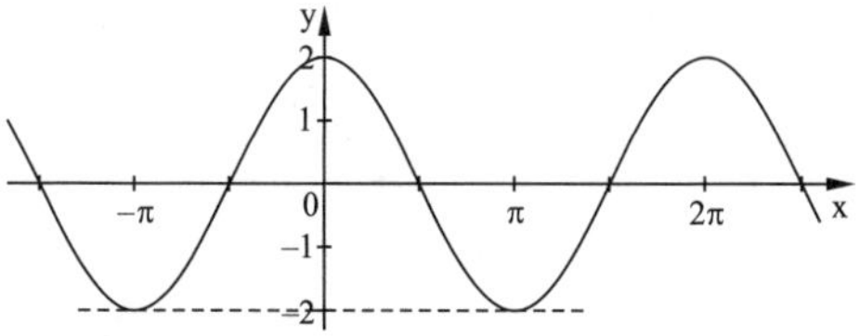

$y_3 = 2 + 2 \cdot \cos x$ (zusätzliche Verschiebung um 2 Einheiten nach oben)

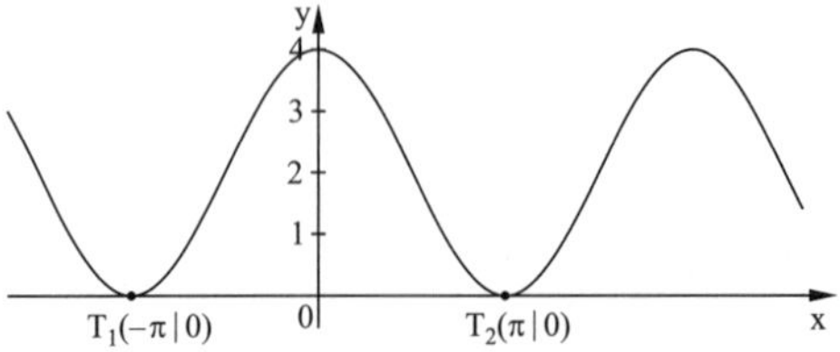

Die Tiefpunkte liegen jetzt auf der x-Achse.

Entsprechendes gilt für alle positiven a-Werte. Durch die Streckung mit dem Faktor a und die anschließende Verschiebung um a liegen die Tiefpunkte immer auf der x-Achse. Bei negativem a gilt dies entsprechend für die Hochpunkte.

In x-Richtung ändert sich nichts, d. h., die x-Werte der Tief- bzw. Hochpunkte heißen immer $x_1 = -\pi$ und $x_2 = \pi$, das Schaubild ist symmetrisch zur y-Achse.

Der Hoch- bzw. Tiefpunkt bei $x = 0$ heißt $H(0 \mid 2a)$ für $a > 0$ und $T(0 \mid 2a)$ für $a < 0$.

Abbildung 1: Alle Bedingungen sind erfüllt, der Hochpunkt bei $x = 0$ heißt $H(0 \mid 4)$.
$\Rightarrow \ a = 2$

Abbildung 2: Alle Bedingungen sind erfüllt, der Tiefpunkt bei $x = 0$ heißt $T(0 \mid -3)$.
$\Rightarrow \ a = -1{,}5$

Abbildung 3: Die Extrempunkte liegen nicht auf der x-Achse, somit gehört dieses Schaubild nicht zu einer Funktion g_a.

Abbildung 4: Die Extrempunkte liegen zwar auf der x-Achse, aber nicht bei $x = -\pi$ bzw. $x = \pi$ (Schaubild nicht symmetrisch zur y-Achse).
Dieses Schaubild gehört somit nicht zu einer Funktion g_a.

1.2.2 Fläche eines Vierecks, Extremwertaufgabe

Die Funktion g_2 hat die Gleichung $g_2(x) = 2 + 2\cos x$.

Laut Teilaufgabe 1.2.1 zeigt Abbildung 1 das Schaubild zu g_2.

Skizze:

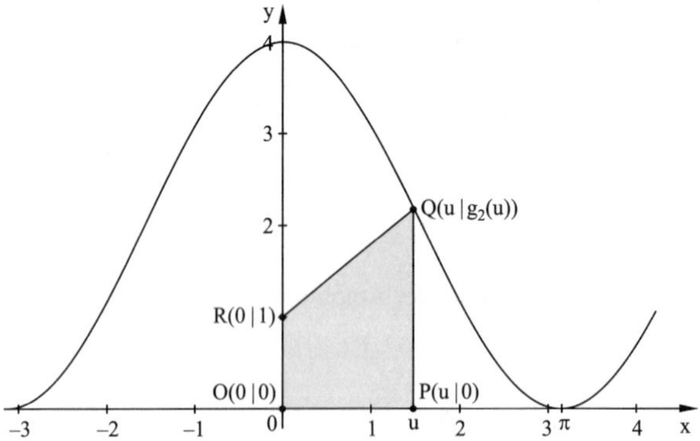

Das Viereck OPQR ist ein Trapez.

Flächeninhalt eines Trapezes:

$A = \frac{1}{2}(a+c)\cdot h$, wobei a und c die beiden parallelen Seiten sind.

Hier gilt: $a = \overline{PQ} = g_2(u) = 2 + 2\cos u$

$c = \overline{OR} = 1$

$h = \overline{OP} = u$

$\Rightarrow \quad A(u) = \frac{1}{2}\cdot(2+2\cos u + 1)\cdot u = \frac{1}{2}u\cdot(3+2\cos u)$

Mit dem GTR ergibt sich das Maximum von A(u) für $u \approx 1{,}5359$.

$\Rightarrow \quad A(1{,}5359) \approx 2{,}3574$ FE

Für die Randwerte (nicht gefragt!) $u \to 0$ bzw. $u \to \pi$ ergibt sich:

$\lim\limits_{u\to 0} A(u) = 0$ und $\lim\limits_{u\to \pi} A(u) \approx 1{,}5708$

$\Rightarrow$ Das Viereck hat für $u \approx 1{,}5359$ den maximalen Flächeninhalt.

1.2.3 **Volumenberechnung**

Skizze:

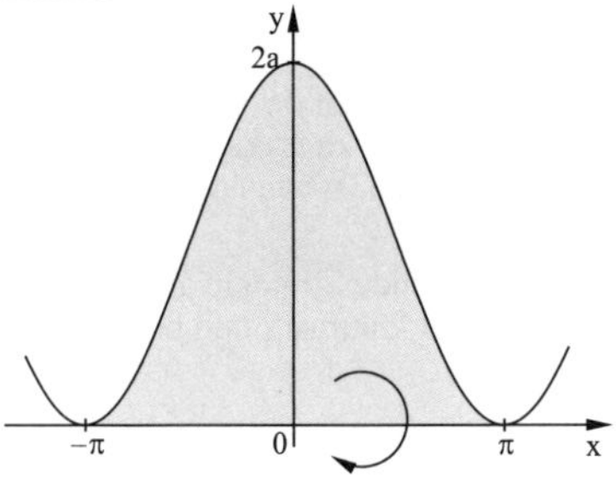

Für das Volumen des Drehkörpers gilt:

$$V = \pi\cdot\int_{-\pi}^{\pi}(g_a(x))^2\,dx = \pi\cdot\int_{-\pi}^{\pi}(a + a\cos x)^2\,dx = \pi\cdot\int_{-\pi}^{\pi}(a\cdot(1+\cos x))^2\,dx$$

$$= \pi\cdot a^2\cdot\int_{-\pi}^{\pi}(1+\cos x)^2\,dx$$

Mit dem GTR ergibt sich: $V \approx \pi\cdot a^2\cdot 9{,}4248 \approx a^2\cdot 29{,}6088$ VE

Das Volumen soll jetzt 120 VE betragen.

$\Rightarrow \quad a^2\cdot 29{,}6088 = 120 \quad \Rightarrow \quad a^2 \approx 4{,}0528$

$\Rightarrow \quad a_{1/2} = \pm 2{,}0132$

Berufliche Gymnasien Baden-Württemberg: Mathematik ohne CAS
Abiturprüfung 2014 – Teil 2 (Stochastik), Aufgabe 1

1 Auf einem Glücksrad sind 40 gleich große Sektoren vorhanden. Jeder Sektor ist mit einer der Zahlen 0, 1, 2, 3 beschriftet. Die Zahlen sind mit folgenden absoluten Häufigkeiten vertreten:

Zahl	0	1	2	3
Absolute Häufigkeit	20	10	6	4

Das Glücksrad wird gedreht und zufällig gestoppt. Ein fest stehender Pfeil zeigt dann auf einen der Sektoren. Die Zahl im Sektor wird abgelesen und notiert.

1.1 Dieser Vorgang wird genau viermal durchgeführt.
Berechnen Sie die Wahrscheinlichkeiten der folgenden Ereignisse:

A: Die Zahlen 0, 1, 2, 3 werden in dieser Reihenfolge abgelesen.
B: Alle vier Zahlen treten je einmal auf.
C: Die 3 tritt mindestens zweimal auf.
D: Die Summe der vier Zahlen ist größer als 10. (8 KP)

1.2 Ein Veranstalter bietet folgendes Spiel an: Ein Spieler darf das Glücksrad bis zu viermal drehen. Ziel ist es, eine möglichst hohe Zahl zu erreichen. Sobald der Spieler mit der Zahl zufrieden ist, kann er aufhören. Wenn er aber noch einmal dreht, wird die zuvor erreichte Zahl verworfen.

Der Veranstalter beobachtet, dass viele Spieler folgende Strategie anwenden: „Spiele nur so lange, bis mindestens der Zahlenwert 2 auftritt, und beende dann sofort das Spiel!"

1.2.1 Wie groß ist die Wahrscheinlichkeit, dass der Spieler mit dieser Strategie seine vier Versuche ausschöpft und nicht vorher aufhört? (2 KP)

1.2.2 Welchen Zahlenwert erreicht ein Spieler mit dieser Strategie im Durchschnitt? (5 KP)

(15 KP)

Hinweise und Tipps

1.1 **Tipps:**

- Mit den in der Tabelle angegebenen absoluten Häufigkeiten lassen sich die Wahrscheinlichkeiten für das Auftreten der Zahlen 0, 1, 2 und 3 beim einmaligen Drehen des Glücksrades berechnen. Bei den angegebenen Ereignissen wird das Glücksrad viermal gedreht, also müssen auch jeweils vier Wahrscheinlichkeiten miteinander multipliziert werden (Pfadmultiplikationsregel!).
- Ereignis A: Die Reihenfolge $0-1-2-3$ ist fest vorgegeben, somit werden die Wahrscheinlichkeiten in dieser Reihenfolge miteinander multipliziert.
- Ereignis B: Ereignis A ist ein Spezialfall von Ereignis B, denn die Zahlen 0, 1, 2 und 3 müssen jeweils alle auftreten, aber die Reihenfolge ist bei Ereignis B nicht festgelegt. Wie viele Möglichkeiten (Permutationen!) gibt es für die Reihenfolge, in der die Zahlen auftreten können? Womit muss also die Wahrscheinlichkeit für das Ereignis A multipliziert werden?
- Ereignis C: Die 3 tritt zweimal, dreimal oder viermal auf. Hier sind drei Wahrscheinlichkeiten zu berechnen. Geschickter ist es, mit dem Gegenereignis – die 3 tritt keinmal oder einmal auf (2 Wahrscheinlichkeiten) – zu rechnen und diese Wahrscheinlichkeit von 1 abzuziehen, also $1-P(\overline{C})$.
- Ereignis D: Die Summe welcher vier Zahlen ist größer als 10? Da $2-2-2-2$ die Summe 8 und $3-3-3-3$ die Summe 12 ergibt, ist zu überlegen, wie oft die 3 und wie oft die 2 gedreht werden müssen, damit sich eine Summe von 11 bzw. 12 ergibt. Welche verschiedenen Möglichkeiten gibt es dann für die Reihenfolge dieser Zahlenwerte 2 und 3?

1.2.1 **Tipps:**

- Ein Spieler, der nach der beobachteten Strategie vorgeht, beendet das Glücksspiel nach dem ersten Versuch, wenn das Glücksrad beim ersten Drehen den Zahlenwert 2 oder 3 anzeigt. Er beendet das Glücksspiel nach dem zweiten Versuch, wenn das Glücksrad beim ersten Drehen den Zahlenwert 0 oder 1 angezeigt hat und beim zweiten Versuch der Pfeil auf einen Sektor mit dem Zahlenwert 2 oder 3 zeigt. Folglich beendet er das Glücksspiel nach dem dritten Versuch, wenn in den ersten beiden Versuchen jeweils einer der Zahlenwerte 0 oder 1 gedreht wurde und im dritten Versuch dann entweder die Zahl 2 oder 3 auftritt.
- Damit ein Spieler alle vier Versuche ausschöpft und nicht vorher aufhört, dürfen also die Zahlenwerte 2 oder 3 erst beim vierten Versuch auftreten. Welche Zahl er dann beim vierten Versuch tatsächlich dreht, ist nicht relevant, da nur nach der Wahrscheinlichkeit für vier Versuche gefragt ist.

1.2.2 **Tipps:**

- Mit der Fragestellung dieser Aufgabe ist nach dem Erwartungswert (durchschnittlicher Zahlenwert) gefragt.
- Definieren Sie zunächst eine geeignete Zufallsvariable und berechnen Sie die Wahrscheinlichkeiten dafür, dass das Spiel mit dem Zahlenwert 0, 1, 2 oder 3 endet. Beachten Sie dabei, dass der Spieler immer noch nach der beschriebenen Strategie vorgeht – er spielt nur so lange, bis der Zahlenwert 2 oder 3 auftritt.

Lösungen

1 Aus der angegebenen Tabelle ergeben sich die folgenden Wahrscheinlichkeiten:

$P(0)=\frac{20}{40}$ $P(1)=\frac{10}{40}$ $P(2)=\frac{6}{40}$ $P(3)=\frac{4}{40}$

1.1 **Berechnung verschiedener Wahrscheinlichkeiten**

Da die Reihenfolge der gedrehten Zahlen bei Ereignis A vorgegeben ist, können die Wahrscheinlichkeiten in dieser Reihenfolge miteinander multipliziert werden:

$$P(A)=P(0)\cdot P(1)\cdot P(2)\cdot P(3)=\frac{20}{40}\cdot\frac{10}{40}\cdot\frac{6}{40}\cdot\frac{4}{40}=0{,}001875=0{,}1875\,\%$$

Die Wahrscheinlichkeit, dass die Zahlen 0, 1, 2, 3 in dieser Reihenfolge abgelesen werden, beträgt 0,1875 %.

Ereignis A ist ein Spezialfall von Ereignis B, da die Reihenfolge der Zahlen vorgegeben ist. In welcher Reihenfolge können bei Ereignis B die Zahlen 0, 1, 2, 3 auftreten? Möglich sind z. B. die Reihenfolgen 0–1–2–3, 1–2–3–0, 2–3–0–1, 3–0–1–2, usw. Für das erste Drehen gibt es 4 Möglichkeiten (0, 1, 2 oder 3), dann 3 Möglichkeiten (die erste gedrehte Zahl soll beim zweiten Drehen nicht mehr auftreten), dann 2 Möglichkeiten (es sollen nur noch die beiden Zahlen auftreten, die bei den ersten beiden Versuchen noch nicht gedreht worden sind) und zum Schluss nur noch die verbliebene letzte Zahl. Es ergeben sich also 4! Kombinationsmöglichkeiten für die Zahlen 0, 1, 2, 3. Die errechnete Wahrscheinlichkeit für Ereignis A muss somit mit 4! multipliziert werden, um die Wahrscheinlichkeit von Ereignis B zu berechnen:

$$P(B)=4!\cdot P(A)=4!\cdot\frac{20}{40}\cdot\frac{10}{40}\cdot\frac{6}{40}\cdot\frac{4}{40}=0{,}045=4{,}5\,\%$$

Die Wahrscheinlichkeit, dass alle vier Zahlen je einmal auftreten, beträgt 4,5 %.

Ereignis C: „Die 3 tritt mindestens zweimal auf“ bedeutet, dass die 3 zweimal oder dreimal oder viermal auftritt. Diese Wahrscheinlichkeiten können berechnet und aufaddiert werden.
Hierbei ist auch zu berücksichtigen, dass es beim 4-maligen Drehen ($\hat{=}$ 4 „Positionen“) $\binom{4}{2}=6$ verschiedene Möglichkeiten für die „Position“ der zwei Dreier bzw. $\binom{4}{3}=4$ verschiedene Möglichkeiten für die „Position“ von drei Dreiern gibt.

$$P(C)=P(\text{zweimal }3)+P(\text{dreimal }3)+P(\text{viermal }3)$$
$$=\left(\frac{4}{40}\right)^2\cdot\left(\frac{36}{40}\right)\cdot\left(\frac{36}{40}\right)\cdot\binom{4}{2}+\left(\frac{4}{40}\right)^3\cdot\left(\frac{36}{40}\right)\cdot\binom{4}{3}+\left(\frac{4}{40}\right)^4=0{,}0523=5{,}23\,\%$$

Alternative Berechnung mit dem Gegenereignis:
Alternativ rechnet man mit dem Gegenereignis (die 3 tritt keinmal oder einmal auf) und subtrahiert diese Wahrscheinlichkeit von 1:

$$P(C)=1-P(\overline{C})=1-[P(\text{keinmal }3)+P(\text{einmal }3)]$$
$$=1-\left[\left(\frac{36}{40}\right)^4+\left(\frac{36}{40}\right)^3\cdot\left(\frac{4}{40}\right)\cdot\binom{4}{1}\right]=0{,}0523=5{,}23\,\%$$

Mit einer Wahrscheinlichkeit von 5,23 % tritt die 3 mindestens zweimal auf.

Ereignis D: Durch Überlegen erkennt man, dass nur die Summe der vier Zahlen 2, 3, 3, 3 bzw. 3, 3, 3, 3 größer als 10 ist:

P(D) = P(dreimal 3 und einmal 2) + P(viermal 3)

$$= \left(\frac{4}{40}\right)^3 \cdot \left(\frac{6}{40}\right) \cdot \binom{4}{3} + \left(\frac{4}{40}\right)^4 = 0{,}0007 = 0{,}07\ \%$$

Mit einer Wahrscheinlichkeit von 0,07 % ist die Summe der vier Zahlen größer als 10.

1.2.1 Mit welcher Wahrscheinlichkeit schöpft ein Spieler mit der beobachteten Strategie seine vier Versuche aus?

Schöpft ein Spieler beim Spiel nach dieser Strategie alle vier Versuche aus, können die Zahlenwerte 2 oder 3 frühestens beim vierten und letzten Versuch abgelesen werden (bei einer 2 oder 3 in einem früheren Versuch hätte der Spieler das Spiel sofort beendet). Gesucht ist also die Wahrscheinlichkeit dafür, dass in den ersten drei Versuchen des Spiels immer nur eine 0 oder 1 abgelesen wird. Beim vierten Versuch kann dann jede beliebige der vier Zahlen auftreten.

Entsprechend ergibt sich für die gesuchte Wahrscheinlichkeit:

P(Spieler schöpft mit der beobachteten Strategie seine vier Versuche aus)

$$= P(0 \text{ oder } 1 \text{ im ersten Versuch}) \cdot P(0 \text{ oder } 1 \text{ im zweiten Versuch}) \cdot$$
$$\cdot P(0 \text{ oder } 1 \text{ im dritten Versuch}) \cdot P(\text{eine beliebige Zahl im vierten Versuch})$$

$$= \left(\frac{30}{40}\right) \cdot \left(\frac{30}{40}\right) \cdot \left(\frac{30}{40}\right) \cdot \left(\frac{40}{40}\right) = \frac{27}{64} \approx 0{,}4219 = 42{,}19\ \%$$

Die Wahrscheinlichkeit, dass der Spieler mit der beobachteten Strategie seine vier Versuche ausschöpft und nicht vorher aufhört, beträgt 42,19 %.

1.2.2 Erwartungswert E(X) der Zahlenwerte, mit denen das Spiel endet

Gefragt ist nach dem Zahlenwert, den ein Spieler mit der beobachteten Strategie im Durchschnitt erreicht. Das Spiel kann mit den Zahlenwerten 0, 1, 2 oder 3 enden.

Zur Berechnung des Erwartungswertes E(X) ist zunächst die Zufallsvariable X zu definieren, etwa:

X: Zahlenwert, mit dem das Spiel beendet wird.

In der nachfolgenden Übersicht ist dargestellt, welchen „Verlauf" das Spiel nehmen muss, damit es mit dem entsprechenden Zahlenwert endet, und die dazugehörige Wahrscheinlichkeit wird berechnet.

Spieler beendet Spiel mit	„Verlauf" des Spiels	$P(X = x_i)$
dem Zahlenwert 0 (X = 0).	Der Spieler beendet das Spiel erst mit dem vierten Versuch und dreht dabei den Zahlenwert 0: erster, zweiter und dritter Versuch: 0 oder 1 (sonst würde das Spiel mit einer 2 oder 3 enden und nicht fortgesetzt!) vierter Versuch: 0	$\left(\frac{30}{40}\right)^3 \cdot \left(\frac{20}{40}\right) = \frac{27}{128}$ $\approx 0{,}2109$

dem Zahlenwert 1 (X = 1).	Der Spieler beendet das Spiel erst mit dem vierten Versuch und dreht dabei den Zahlenwert 1: erster, zweiter und dritter Versuch: 0 oder 1 (sonst würde das Spiel mit einer 2 oder 3 enden und nicht fortgesetzt!) vierter Versuch: 1	$\left(\frac{30}{40}\right)^3 \cdot \left(\frac{10}{40}\right) = \frac{27}{256}$ $\approx 0{,}1055$
dem Zahlenwert 2 (X = 2).	Es gibt vier Möglichkeiten dafür, dass das Spiel mit dem Zahlenwert 2 endet: 2 im ersten Versuch 2 im zweiten Versuch (0 oder 1 im ersten Versuch) 2 im dritten Versuch (0 oder 1 im ersten und zweiten Versuch) 2 im vierten Versuch (0 oder 1 bei den ersten drei Versuchen)	$\left(\frac{6}{40}\right) + \left(\frac{30}{40}\right) \cdot \left(\frac{6}{40}\right)$ $+\left(\frac{30}{40}\right)^2 \cdot \left(\frac{6}{40}\right)$ $+\left(\frac{30}{40}\right)^3 \cdot \left(\frac{6}{40}\right)$ $= \frac{105}{256} \approx 0{,}4102$
dem Zahlenwert 3 (X = 3).	Es gibt vier Möglichkeiten dafür, dass das Spiel mit dem Zahlenwert 3 endet: 3 im ersten Versuch 3 im zweiten Versuch (0 oder 1 im ersten Versuch) 3 im dritten Versuch (0 oder 1 im ersten und zweiten Versuch) 3 im vierten Versuch (0 oder 1 bei den ersten drei Versuchen)	$\left(\frac{4}{40}\right) + \left(\frac{30}{40}\right) \cdot \left(\frac{4}{40}\right)$ $+\left(\frac{30}{40}\right)^2 \cdot \left(\frac{4}{40}\right)$ $+\left(\frac{30}{40}\right)^3 \cdot \left(\frac{4}{40}\right)$ $= \frac{35}{128} \approx 0{,}2734$

Hieraus ergibt sich der gesuchte Erwartungswert E(X):

$$E(X) = 0 \cdot \frac{27}{128} + 1 \cdot \frac{27}{256} + 2 \cdot \frac{105}{256} + 3 \cdot \frac{35}{128} = \frac{447}{256} \approx 1{,}7461$$

Ein Spieler erreicht mit dieser Strategie im Durchschnitt ungefähr den Zahlenwert 1,7.

Berufliche Gymnasien Baden-Württemberg: Mathematik ohne CAS
Abiturprüfung 2014 – Teil 2 (Stochastik), Aufgabe 2

2 Die Polizei plant für das Spiel der beiden Fußballvereine Rot-Weiß Kuburg (RWK) und TuS Restadt (TuS) einen Einsatz.

Sie geht davon aus, dass 48 % der Zuschauer Fans vom RWK und 30 % vom TuS sind. Keiner der Fans ist Fan von beiden Vereinen. Die restlichen Zuschauer werden als neutral eingestuft.

Die Polizei weiß aus Erfahrung, dass 15 % aller Zuschauer Alkohol bei sich haben, unter den RWK-Fans sind es sogar 20 % und unter den TuS-Fans nur 10 %.

2.1 Die Polizei kontrolliert vor dem Stadion vier zufällig ausgewählte Personen aus einer Gruppe von RWK-Fans.

Berechnen Sie die Wahrscheinlichkeiten folgender Ereignisse.

A: Mindestens eine Person hat Alkohol dabei.
B: Genau zwei Personen haben Alkohol dabei.
C: Höchstens eine Person hat keinen Alkohol dabei. (6 KP)

2.2 Wie viel Prozent der neutralen Zuschauer haben Alkohol bei sich?

Wie groß ist die Wahrscheinlichkeit, dass von allen Personen, die Alkohol dabei haben, eine zufällig ausgewählte Person ein TuS-Fan ist? (5 KP)

2.3 Der Einsatzleiter möchte wissen, wie viele Personen mindestens in einer Gruppe von TuS-Fans kontrolliert werden müssen, um mit mehr als 60 % Wahrscheinlichkeit mindestens zwei Personen mit Alkohol zu erwischen.

Der Sohn des Einsatzleiters meint, dass die kleinste natürliche Zahl n, die die Ungleichung

$$0{,}6 < 1-(0{,}9^{n}+0{,}9^{n-1}\cdot 0{,}1)$$

erfüllt, die gesuchte Personenzahl ist.

Begründen Sie, warum dieser Ansatz falsch ist. (4 KP)

(15 KP)

Hinweise und Tipps

2.1 **Tipps:**

- Notieren Sie sich zunächst die angegebenen Wahrscheinlichkeiten. Vielleicht hilft Ihnen dabei ein Baumdiagramm.
- Lesen Sie sich die Einleitung zu den in 2.1 definierten Ereignissen genau durch – bei allen drei Ereignissen sind die zufällig ausgewählten Personen RWK-Fans! Wie groß ist die Wahrscheinlichkeit, dass ein RWK-Fan Alkohol bei sich hat, wie groß die Wahrscheinlichkeit, dass er keinen Alkohol bei sich hat?
- Berechnen Sie die Wahrscheinlichkeiten der Ereignisse A, B und C mit diesen Wahrscheinlichkeiten.

2.2 **Tipps:**

- Identifizieren Sie die Wahrscheinlichkeit dafür, dass ein Zuschauer neutral ist und Alkohol bei sich hat, im Baumdiagramm und bezeichnen Sie diese – da unbekannt – mit x. Die Angabe in der Einleitung, dass 15 % aller Zuschauer Alkohol bei sich haben, liefert den Ansatz zur Berechnung von x.
- Überlegen Sie, aus welchen drei Wahrscheinlichkeiten sich die 15 % ergeben. Addieren Sie diese drei Wahrscheinlichkeiten und setzen Sie die Summe mit 0,15 gleich. Diese Gleichung ist anschließend noch nach x aufzulösen.
- Beachten Sie, dass sich durch die Formulierung der zweiten Fragestellung die zu berechnende Wahrscheinlichkeit auf den Personenkreis bezieht, der Alkohol bei sich hat (= 15 %). Es handelt sich um die bedingte Wahrscheinlichkeit, dass die zufällig ausgewählte Person (aus dem Kreis der Personen, die Alkohol bei sich haben!) ein TuS-Fan ist (und folglich Alkohol bei sich hat!).
- Zur Berechnung dieser bedingten Wahrscheinlichkeit, muss die Wahrscheinlichkeit P(TuS-Fan $\cap$ hat Alkohol bei sich) ins Verhältnis zum Gesamtanteil der Personen, die Alkohol bei sich haben, gesetzt werden.

2.3 **Tipps:**

- Die Fragestellung soll den Ansatz des Sohnes nicht vollkommen infrage stellen. Denn sein Ansatz mit 1 – P(Gegenereignis von „mindestens zwei Personen (aus der Gruppe der TuS-Fans) werden mit Alkohol erwischt“) ist vollkommen richtig. Bei der Berechnung der Wahrscheinlichkeit dieses Gegenereignisses ist dem Sohn allerdings ein Fehler unterlaufen. Welcher?
- Wie viele Möglichkeiten gibt es, dass genau einer von n TuS-Fans Alkohol bei sich hat?

Lösungen

2 Die in der Aufgabenstellung angegebenen Wahrscheinlichkeiten bzw. aus den Angaben errechneten Wahrscheinlichkeiten (**fett**) können in folgendem Baumdiagramm dargestellt werden:

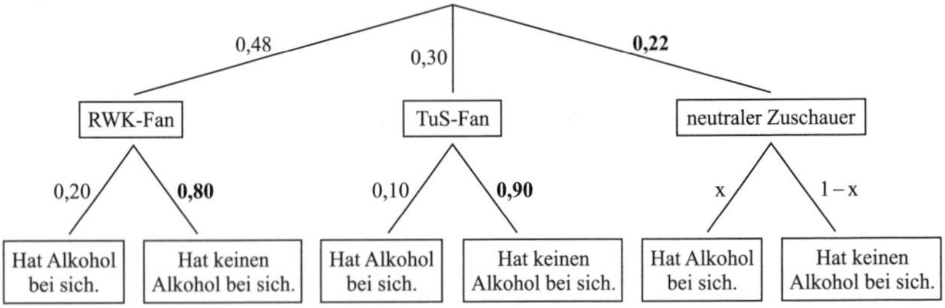

(Die Angabe, dass 15 % <u>aller</u> Zuschauer Alkohol bei sich haben, kann nicht direkt eingetragen werden. Diese Angabe bezieht sich ja auf alle Zuschauer (RWK-Fans, TuS-Fans bzw. neutrale) und kann keinem einzelnen Ast zugeordnet werden. Diese Angabe ist für Aufgabenteil 2.2 wichtig.)

2.1 **Berechnen verschiedener Wahrscheinlichkeiten**

Die Polizei kontrolliert vor dem Stadion vier zufällig ausgewählte Personen aus der Gruppe von RWK-Fans. Die Wahrscheinlichkeit, in dieser Gruppe eine Person zu kontrollieren, die Alkohol bei sich hat, ist demnach 20 % = 0,20. Mit einer Wahrscheinlichkeit von 80 % = 0,80 hat eine Person dieser Gruppe keinen Alkohol bei sich (s. Baumdiagramm). Damit lassen sich die Wahrscheinlichkeiten der drei Ereignisse berechnen.

Ereignis A: Mindestens eine Person hat Alkohol dabei.
„Mindestens eine Person" heißt: Bei der Kontrolle haben ein RWK-Fan, zwei RWK-Fans, drei RWK-Fans oder vier RWK-Fans Alkohol dabei. Zur Berechnung der Wahrscheinlichkeit auf diesem Wege sind vier (!) Wahrscheinlichkeiten zu berechnen und zu addieren. Geschickter ist es daher, die Wahrscheinlichkeit des Gegenereignisses
$\overline{A}$: Keine der vier kontrollierten Personen hat Alkohol dabei.
zu berechnen (eine Wahrscheinlichkeit!) und diese von 1 zu subtrahieren:

$$P(A) = 1 - P(\overline{A}) = 1 - 0,8^4 = 0,5904$$

Mit einer Wahrscheinlichkeit von 59,04 % hat bei der Polizeikontrolle mindestens einer der vier zufällig kontrollierten RWK-Fans Alkohol dabei.

Ereignis B: Genau zwei Personen haben Alkohol dabei.
Zwei der vier Personen haben Alkohol ($\hat{=}$ A) und zwei keinen Alkohol ($\hat{=}\ \overline{A}$) dabei. (Die abkürzende Bezeichnung A bzw. $\overline{A}$ bezieht sich nicht auf das Ereignis A oben!)
Die vier Personen können dabei in diesen möglichen Reihenfolgen kontrolliert werden:

$$AA\overline{A}\overline{A},\ A\overline{A}A\overline{A},\ A\overline{A}\overline{A}A,\ \overline{A}AA\overline{A},\ \overline{A}A\overline{A}A,\ \overline{A}\overline{A}AA$$

Dies sind 6 bzw. $\binom{4}{2}$ verschiedene Kombinationen, also:

$$P(B) = \binom{4}{2} \cdot 0,2^2 \cdot 0,8^2 = 0,1536$$

Mit einer Wahrscheinlichkeit von 15,36 % haben genau zwei Personen Alkohol dabei.

Ereignis C: Höchstens eine Person hat keinen Alkohol dabei.
„Höchstens eine Person" bedeutet: Keine oder eine Person hat keinen Alkohol dabei. Dies ist gleichbedeutend damit, dass alle vier oder drei Personen Alkohol dabei haben. Entsprechend ergibt sich für die Wahrscheinlichkeit des Ereignisses C:

P(C) = P(alle vier haben Alkohol dabei) + P(drei der vier haben Alkohol dabei)

Für die zweite Wahrscheinlichkeit gibt es vier verschiedene Möglichkeiten für die Reihenfolge ($AAA\overline{A}$, $AA\overline{A}A$, $A\overline{A}AA$, $\overline{A}AAA$). Somit erhält man:

$$P(C) = 0,2^4 + \binom{4}{3} \cdot 0,2^3 \cdot 0,8 = 0,0272$$

Mit einer Wahrscheinlichkeit von 2,72 % hat höchstens eine Person keinen Alkohol dabei.

2.2 **Prozentualer Anteil der neutralen Zuschauer, die Alkohol bei sich haben**

Anhand des Baumdiagramms erkennt man, dass die Wahrscheinlichkeit zu berechnen ist, die an dem entsprechenden Ast mit „x" bezeichnet ist. Die bisher noch nicht verwendete Wahrscheinlichkeit, dass 15 % aller Zuschauer Alkohol bei sich haben, führt zum Lösungsansatz. Dieser Personenkreis setzt sich zusammen aus den RWK-Fans, die Alkohol bei sich haben, den TuS-Fans, die Alkohol bei sich haben, und den neutralen Zuschauern, die Alkohol bei sich haben:

$$P(\text{RWK-Fan} \cap \text{hat Alkohol dabei}) + P(\text{TuS-Fan} \cap \text{hat Alkohol dabei}) \\ + P(\text{neutraler Zuschauer} \cap \text{hat Alkohol dabei}) \stackrel{!}{=} 0,15$$

Mit der Pfadmultiplikationsregel ergibt sich:

$$\begin{aligned} 0{,}48\cdot 0{,}2+0{,}3\cdot 0{,}1+0{,}22\cdot x &= 0{,}15\\ 0{,}126+0{,}22\cdot x &= 0{,}15\\ 0{,}22\cdot x &= 0{,}024\\ x &= \frac{6}{55}\approx 0{,}1091 \end{aligned}$$

Etwa 11 % der neutralen Zuschauer haben Alkohol bei sich.

Bedingte Wahrscheinlichkeit

Im zweiten Aufgabenteil wird der Personenkreis, der kontrolliert wird, auf alle Personen, die Alkohol dabei haben ($\hat{=}$ Alk), eingeschränkt. Es ist die Wahrscheinlichkeit zu berechnen, dass eine aus diesem Personenkreis zufällig ausgewählte Person ein TuS-Fan ist (der Alkohol bei sich hat!). Dies ist eine bedingte Wahrscheinlichkeit.

Mit der Festlegung Alk: Person hat Alkohol dabei. und T: Person ist TuS-Fan. ergibt sich die gesuchte Wahrscheinlichkeit mit:

$$P_{Alk}(T)=\frac{P(Alk\cap T)}{P(Alk)}=\frac{0{,}3\cdot 0{,}1}{0{,}15}=0{,}2$$

Die (bedingte) Wahrscheinlichkeit, dass von allen Personen, die Alkohol dabei haben, eine zufällig ausgewählte Person ein TuS-Fan ist, beträgt 0,2 = 20 %.

2.3 Anzahl der mindestens zu kontrollierenden Personen

Der Einsatzleiter möchte wissen, wie viele Personen n mindestens in einer Gruppe von TuS-Fans kontrolliert werden müssen, um mit mehr als 60 % Wahrscheinlichkeit mindestens zwei Personen mit Alkohol zu erwischen. Bei Aufgaben dieses Typs („Wie oft muss mindestens …, damit mit einer Wahrscheinlichkeit von mindestens (mehr als) … % mindestens …“) ist der Ansatz des Sohnes mithilfe des Gegenereignisses zunächst richtig. Das Problem liegt dann allerdings im Detail:

Zu dem Ereignis	D: Mindestens zwei von n TuS-Fans haben Alkohol dabei.
ist das Gegenereignis	$\overline{D}$: Höchstens einer von n TuS-Fans hat Alkohol dabei.
bzw.	$\overline{D}$: Keiner oder genau einer von n TuS-Fans hat Alkohol dabei.

Der Ansatz zur Fragestellung lautet also richtigerweise $0{,}6<1-P(\overline{D})$. Bei der Berechnung von $P(\overline{D})$ ist dem Sohn allerdings ein Fehler unterlaufen.

Ein TuS-Fan hat mit einer Wahrscheinlichkeit von 0,9 keinen Alkohol dabei. Entsprechend haben von n TuS-Fans mit einer Wahrscheinlichkeit von $0{,}9^n$ alle keinen Alkohol dabei. Dieser Teil der Rechnung ist richtig. Bei der Berechnung der Wahrscheinlichkeit für „genau einer von n TuS-Fans hat Alkohol dabei“ steckt der Fehler. Wenn von n kontrollierten TuS-Fans einer Alkohol dabei hat, haben die übrigen n – 1 keinen Alkohol dabei. Somit lässt sich die gesuchte Wahrscheinlichkeit zunächst mit $0{,}9^{n-1}\cdot 0{,}1^1$ berechnen, allerdings ist dabei noch nicht berücksichtigt, dass der TuS-Fan mit Alkohol als erster, zweiter, dritter … oder n-ter kontrolliert werden kann. Es gibt also genau n Möglichkeiten für diesen Fall. Hätte der Sohn die Wahrscheinlichkeit $0{,}9^{n-1}\cdot 0{,}1$ mit n (Möglichkeiten) multipliziert, wäre seine Ungleichung richtig gewesen.

Die gesuchte Personenzahl ist somit die kleinste natürliche Zahl n, die die Ungleichung $0{,}6<1-(0{,}9^n+\mathbf{n}\cdot 0{,}9^{n-1}\cdot 0{,}1)$ erfüllt.

Der falsche Ansatz liegt also darin, dass der Sohn bei der Berechnung übersehen hat, dass es bei „einer der n TuS-Fans hat Alkohol dabei“ n Möglichkeiten gibt.

Berufliche Gymnasien Baden-Württemberg: Mathematik ohne CAS
Abiturprüfung 2014 – Teil 3 (Anwendungsorientierte Aufgaben), Aufgabe 1

1 Die Gesamtkosten eines Unternehmens bei der Herstellung eines Produktes werden durch die Funktion K mit

$$K(x) = x^3 - 10x^2 + 40x + 100; \quad x \in [0; 11]$$

beschrieben.
Dabei bezeichnen x die Produktionsmenge in Mengeneinheiten (ME) und K(x) die Gesamtkosten in Geldeinheiten (GE). Der Verkaufspreis beträgt 50 GE.
Der Erlös ist das Produkt aus Verkaufspreis und Verkaufsmenge.

Das Schaubild der Funktion K ist SK.

1.1 Zeichnen Sie das Schaubild SK.

Prüfen Sie, ob eine größere Produktionsmenge stets auch mit höheren Gesamtkosten verbunden ist. (4 KP)

1.2 Der Gewinn ist die Differenz aus Erlös und Gesamtkosten.
Die Gewinnzone ist der Bereich, in dem die Produktionsmenge liegen muss, damit das Unternehmen keinen Verlust macht.

Berechnen Sie die Gewinnzone und den maximalen Gewinn.

Prüfen Sie, ob der mittlere Gewinn im Bereich der Gewinnzone 50 % des maximalen Gewinns übersteigt. (7 KP)

1.3 Die sogenannte „langfristige Preisuntergrenze" entspricht der Steigung der Tangente an SK, die durch den Ursprung verläuft.

Zeichnen Sie diese Tangente ein.

Ermitteln Sie rechnerisch die „langfristige Preisuntergrenze". (4 KP)

(15 KP)

Hinweise und Tipps

1.1 **Tipps:**

- Beachten Sie für die Zeichnung (keine Skizze!), dass der Definitionsbereich mit $x \in [0; 11]$ angegeben ist. (Nur) in diesem Bereich ist das Schaubild SK zu zeichnen. Für die Skalierung der x-Achse (in ME) bietet sich 1 cm $\hat{=}$ 1 ME an. Welche Skalierung ist für die y-K(x)-Achse (in GE) sinnvoll? Die Wertetabelle zum Ablesen der Punkte kann mit dem GTR erstellt werden.
- Ist eine größere Produktionsmenge x auch stets mit höheren Gesamtkosten $y = K(x)$ verbunden, d. h., gehört zu einem größeren x-Wert auch stets ein größerer y-Wert? Diese Frage kann nicht dadurch beantwortet werden, dass man zwei x-Werte (z. B. $x = 0$ und $x = 11$) und die dazugehörigen y-Werte vergleicht. Die Fragestellung bezieht sich auf den gesamten Definitionsbereich. Welche Eigenschaft muss also das Schaubild haben, damit einem größeren x-Wert auch stets ein größerer K(x)-Wert zugeordnet wird? Welche Bedingung muss $K'(x)$ hierbei erfüllen?

1.2 **Tipps:**

- Mit dem Hinweis in der Aufgabenstellung lässt sich die Gewinnfunktion als $G(x) = E(x) - K(x)$ mit $E(x) = \text{Verkaufspreis} \cdot \text{Verkaufsmenge} = 50 \cdot x$ bestimmen.
- Die Gewinnzone ist der Bereich, in dem die Produktionsmenge x liegen muss, damit das Unternehmen keinen Verlust macht, also muss dafür gelten: $G(x) \geq 0$ Mit $G(x) = 0$ werden die Produktionsmengen bestimmt, bei denen das Unternehmen weder Gewinn noch Verlust macht. Die Gewinnzone befindet sich also zwischen den beiden Nullstellen von G(x).
- Die Berechnung des maximalen Gewinns ist eine Extremwertaufgabe. Welche Bedingungen müssen für das Maximum der Gewinnfunktion G(x) erfüllt sein?
- Mit dem zuvor berechneten (ob richtig oder falsch!) Gewinnmaximum rechnen Sie nun weiter. Wie viel sind 50 % dieses maximalen Gewinns?
  Berechnen Sie den mittleren Gewinn im Bereich der Gewinnzone als Mittelwert der Gewinnfunktion in diesem Bereich. Vergleichen Sie dann die beiden Werte.

1.3 **Tipps:**

- Die zu zeichnende Tangente t an SK ist eine Ursprungsgerade, die das Schaubild etwa im Punkt $(6{,}2 \mid 204)$ berührt. Zeichnen Sie diese Tangente t in das Schaubild aus Aufgabenteil 1.1 möglichst exakt ein.
- Für die rechnerische Bestimmung der „langfristigen Preisuntergrenze" ($\hat{=}$ Steigung der eingezeichneten Tangente t) genügt es nicht, die Tangentensteigung m_t aus dem Schaubild abzulesen! Die Tangentensteigung muss also auf einem anderen Weg bestimmt werden.
- Zum Aufstellen einer Geradengleichung benötigt man entweder zwei Punkte oder einen Punkt und die Steigung. Da die Tangente t durch den Ursprung verläuft, ist zwar ein Punkt bekannt, aber weder ein zweiter Punkt noch die Steigung – die ja berechnet werden soll – sind gegeben. Sie wissen aber, dass der zweite Punkt als Berührpunkt B der Tangente t mit SK auf dem Schaubild SK liegt. Die Koordinaten dieses Punktes B sind nicht bekannt. Daher müssen Sie allgemein rechnen: Der x-Wert von B sei b und da der Punkt auf SK liegt, ist seine y-Koordinate K(b).
- Stellen Sie nun allgemein die Tangentengleichung in diesem Punkt B auf ($y = K'(b) \cdot (x - b) + K(b)$). Da die Tangente t durch den Ursprung $O(0 \mid 0)$ verläuft, erhalten Sie durch Einsetzen von $x = 0$ und $y = 0$ eine Gleichung zur Bestimmung von b. Wie können Sie nun mit der errechneten x-Koordinate des Punktes B die Tangentensteigung m_t und damit die „langfristige Preisuntergrenze" bestimmen?

Lösungen

1.1 **Zeichnung des Schaubildes SK**

Die Skalierung der x-Achse (in ME) mit 1 cm $\hat{=}$ 1 ME ist naheliegend. Für die Skalierung der y-K(x)-Achse bietet sich 1 cm $\hat{=}$ 100 GE an. Mit der Wertetabelle der Funktion K, die mit dem GTR angezeigt werden kann, können geeignete Punkte in das Koordinatensystem übertragen und das Schaubild SK gezeichnet werden.

Schaubild SK (mit der Tangente aus Aufgabenteil 1.3):

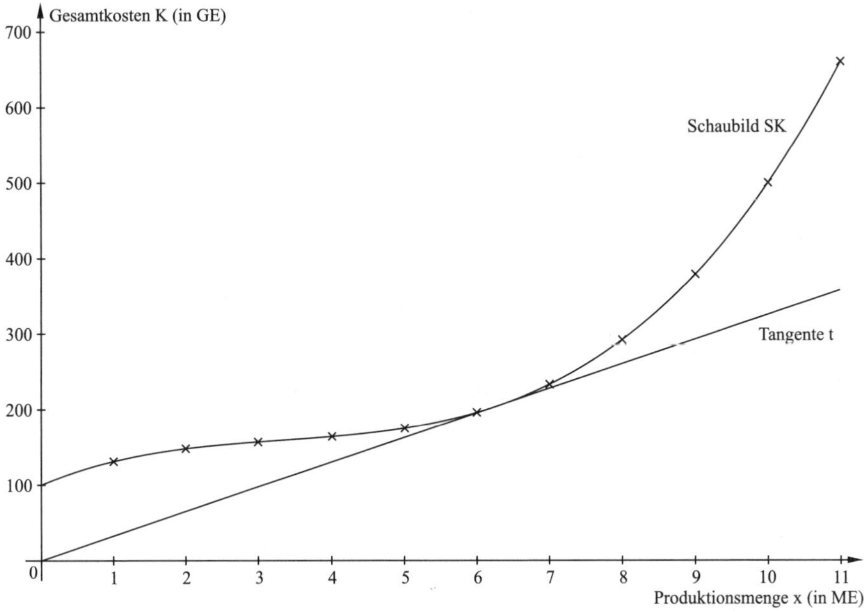

Untersuchung der strengen Monotonie

Damit eine größere Produktionsmenge x auch stets mit höheren Gesamtkosten K(x) verbunden ist, muss das Schaubild SK streng monoton steigend sein. Diese Eigenschaft kann mit der ersten Ableitung K'(x) überprüft werden. Gilt $K'(x) > 0$ für $x \in [0;\, 11]$, so ist SK streng monoton steigend.

Nachweis per Hand:

$K'(x) = 3x^2 - 20x + 40$ oder auf die Scheitelform gebracht $K'(x) = 3 \cdot \left(x - \frac{10}{3}\right)^2 + \frac{20}{3}$

Da die Ableitungsfunktion eine quadratische Funktion ist, der Scheitel oberhalb der x-Achse liegt und die Parabel nach oben geöffnet ist, gilt $K'(x) > 0$ für alle $x \in [0;\, 11]$. Somit ist nachgewiesen, dass SK im Definitionsbereich streng monoton steigend ist.

Nachweis mit dem GTR:
Die Ableitungsfunktion K'(x) lässt sich mithilfe des GTR darstellen. Das Schaubild von K' verläuft immer oberhalb der x-Achse, sodass nachgewiesen ist, dass $K'(x) > 0$ speziell für $x \in [0;\, 11]$ gilt. Zur Dokumentation bietet es sich an, das Schaubild von K' in einem Koordinatensystem zu skizzieren.

1.2 **Berechnung der Gewinnzone und des maximalen Gewinns**

Der Gewinn ist die Differenz aus Erlös E und Gesamtkosten K. Mit der Erlösfunktion $E(x) = \text{Verkaufspreis} \cdot \text{Verkaufsmenge} = 50 \cdot x$ ergibt sich die Gewinnfunktion:

$G(x) = 50x - (x^3 - 10x^2 + 40x + 100) = -x^3 + 10x^2 + 10x - 100$

Da für die gesuchte Gewinnzone die Bedingung $G(x) \geq 0$ gelten muss, sind zunächst die Nullstellen der Gewinnfunktion G zu bestimmen. Mit dem GTR erhält man:

$x_{N_1} \approx 3{,}1623 \quad (= \sqrt{10} \text{ exakt!}) \quad \text{bzw.} \quad x_{N_2} = 10$

Dazwischen gilt $G(x) > 0$.
Die Gewinnzone beginnt also etwa bei einer Produktionsmenge von 3,16 ME und endet bei einer Produktionsmenge von 10 ME.

Mit dem Ansatz $G'(x) = -3x^2 + 20x + 10 = 0$ lassen sich Extremstellen der Gewinnfunktion G berechnen. Als Lösungen dieser Gleichung erhält man mit dem GTR:

$x \approx -0{,}467 \notin [0;\ 11] \quad \text{bzw.} \quad x \approx 7{,}1339$

Da $G''(x) = -6x + 20$ und $G''(7{,}1339) = -22{,}8034 < 0$, ist das Maximum nachgewiesen. Somit erhält man $G_{max} = G(7{,}1339) \approx 117{,}20$.

Der maximale Gewinn beträgt bei 7,13 ME etwa 117,20 GE.

Vergleich des mittleren Gewinns in der Gewinnzone mit 50 % des maximalen Gewinns

50 % des oben berechneten maximalen Gewinns sind $0{,}5 \cdot 117{,}20 = 58{,}60$ GE.

Gefragt ist nun nach dem mittleren Gewinn, also dem Mittelwert m der Gewinnfunktion G(x) im Bereich der Gewinnzone, d. h. zwischen $x = \sqrt{10} \approx 3{,}1623$ und $x = 10$:

$$m = \frac{1}{10 - \sqrt{10}} \cdot \int_{\sqrt{10}}^{10} G(x)\,dx \approx 75{,}9247$$

Man erhält als mittleren Gewinn in der Gewinnzone etwa 75,92 GE.

Der Vergleich mit 50 % des maximalen Gewinns (= 58,60 GE) ergibt, dass der mittlere Gewinn 50 % des maximalen Gewinns übersteigt.

1.3 **Zeichnen der Tangente t**

Zeichnen Sie die Tangente an SK, die durch den Ursprung verläuft, möglichst exakt in das Schaubild aus Aufgabenteil 1.1 ein (vgl. Schaubild auf S. 2014-23). Der Berührpunkt B mit dem Schaubild SK hat etwa die Koordinaten $B(6{,}2\,|\,204)$.

Rechnerische Bestimmung der „langfristigen Preisuntergrenze"

Die „langfristige Preisuntergrenze" ist die Steigung m_t der eingezeichneten Tangente t an SK. Da sie rechnerisch zu bestimmen ist, kann sie nicht einfach aus dem Schaubild abgelesen werden. Eine Tangente ist eine Gerade und kann somit durch die Angabe von zwei Punkten oder durch einen Punkt und ihre Steigung bestimmt werden. Da weder ein zweiter Punkt noch die Steigung m_t – diese soll ja rechnerisch bestimmt werden – gegeben sind, muss nach einem anderen Lösungsansatz gesucht werden:

Die Tangente berührt das Schaubild SK in einem Punkt B. Dieser Punkt B liegt also auf SK. Da die genauen Koordinaten von B nicht bekannt sind, rechnet man allgemein für den Punkt B mit den Koordinaten $(b\,|\,K(b))$.

Mit der allgemeinen Tangentengleichung (siehe Formelsammlung!) und diesem Punkt $B(b \mid K(b))$ erhält man für die Tangente im Punkt B die Gleichung:

$$y = K'(b) \cdot (x - b) + K(b)$$

bzw.

$$y = (3b^2 - 20b + 40) \cdot (x - b) + b^3 - 10b^2 + 40b + 100$$

Da diese Tangente t im Punkt B des Schaubildes SK auch durch den Ursprung verläuft, erhält man mit der Punktprobe ($x = 0$ und $y = 0$) die Gleichung:

$0 = (3b^2 - 20b + 40) \cdot (0 - b) + b^3 - 10b^2 + 40b + 100$ oder umgeformt:

$$0 = -3b^3 + 20b^2 - 40b + b^3 - 10b^2 + 40b + 100$$

$$0 = -2b^3 + 10b^2 + 100$$

Als Lösung dieser Gleichung erhält man mit dem GTR: $b \approx 6{,}2713$

Der Punkt B hat also die Koordinaten $B(6{,}2713 \mid K(6{,}2713))$.

Für die Steigung m_t der Tangente in $B(6{,}2713 \mid K(6{,}2713))$ erhält man (mit dem GTR):

$K'(6{,}2713) \approx 32{,}5616$ (GE)

Die „langfristige Preisuntergrenze" liegt bei etwa 32,56 GE.

2 In einem chemischen Experiment wird die Reaktionsgeschwindigkeit bei der Reaktion von Zink mit Salzsäure betrachtet. Man gibt Zink in verdünnte Salzsäure. Dabei entstehen unter anderem Zinkionen und Wasserstoff.

2.1 Die Konzentration der Zinkionen in Abhängigkeit von der Zeit wird näherungsweise durch die Funktion c beschrieben:

$$c(t) = 0{,}5 \cdot (1 - e^{-0{,}343t}); \quad t \geq 0$$

t ist hierbei die Zeit in Minuten, c(t) ist die Konzentration der Zinkionen in Mol pro Liter. Die Reaktionsgeschwindigkeit (gemessen in $\frac{\text{mol}}{\ell \cdot \text{min}}$) ist die momentane Änderungsrate von c.

2.1.1 Zeichnen Sie das Schaubild von c für die ersten 12 Minuten.
Welchem Wert nähert sich die Konzentration im Laufe der Zeit an? (3 KP)

2.1.2 Geben Sie die maximale Reaktionsgeschwindigkeit an.

Die Messung wird abgebrochen, wenn die Reaktionsgeschwindigkeit unter $0{,}002 \frac{\text{mol}}{\ell \cdot \text{min}}$ gefallen ist.

Nach wie vielen Minuten ist dies der Fall? (4 KP)

2.2 Bei dem Experiment wird der entstehende Wasserstoff in einem Standzylinder aufgefangen. Bei einer ersten Messung ergeben sich die folgenden Daten für die Zuwachsrate des Wasserstoffvolumens:

Zeit in min	1	2	3	4	5	6
Zuwachsrate in $\frac{m\ell}{\text{min}}$	13	10	6	4	3	2

2.2.1 Stellen Sie die Daten in einem Koordinatensystem dar.

Bestimmen Sie eine geeignete Näherungsfunktion für die Zuwachsrate des Wasserstoffvolumens in Abhängigkeit von der Zeit und bewerten Sie deren Güte. (5 KP)

2.2.2 Die momentane Änderungsrate des Wasserstoffvolumens (in $\frac{m\ell}{\text{min}}$) wird durch die Funktion r beschrieben:

$$r(t) = 19 \cdot e^{-0{,}343t}; \quad t \geq 0$$

Wie viele Minuten dauert es, bis 50 $m\ell$ Wasserstoff entstanden sind? (3 KP)

(15 KP)

Hinweise und Tipps

2.1 **Tipp:**

Lesen Sie die Angaben in der Aufgabenstellung zu 2.1 genau durch, um zu erkennen, welche Funktion in 2.1.1 gezeichnet und untersucht bzw. mit welcher in 2.1.2 gerechnet werden muss: Bei dem chemischen Experiment wird die Konzentration der Zinkionen durch die Funktion c beschrieben. Die momentane Änderungsrate von c (= die 1. Ableitung von c) gibt die Reaktionsgeschwindigkeit an. Also ist c'(t) die Reaktionsgeschwindigkeit zu einem bestimmten Zeitpunkt t.

2.1.1 **Tipps:**

- Um das Schaubild von c zu zeichnen, lassen Sie sich zur besseren Vorstellung des Verlaufes das Schaubild vom GTR zeichnen. Ist die Grafik auf Standardzoom eingestellt, so ist das Schaubild im ersten Quadranten kaum von der x-Achse zu unterscheiden. Woran liegt das? Ein Blick in die Wertetabelle kann helfen, die passende Skalierung für die y-c(t)-Achse zu finden. Die c(t)-Werte können Sie dann aus der Wertetabelle des GTR in das Koordinatensystem übertragen. Durch Verbinden der Punkte ergibt sich das Schaubild von c.
- Welchem Wert (= Grenzwert) nähert sich die Konzentration (= c(t)) im Laufe der Zeit ($t \to \infty$) an? Aufgrund der Fragestellung müssen Sie den Wert, dem sich das Schaubild für immer größere t-Werte nähert, nur angeben. Ein ausführlicher Rechenweg ist nicht gefordert. Erklären Sie aber trotzdem kurz, durch welche Überlegungen Sie zu Ihrem angegebenen Grenzwert gekommen sind.
- Sie können diesen Grenzwert aus Ihrem Schaubild ablesen. Oder Sie bestimmen ihn mithilfe der Wertetabelle – lassen Sie sich die c(t)-Werte für immer größere t-Werte anzeigen. Welcher Wert liegt nahe? Oder Sie überlegen sich, welchen Grenzwert die Klammer im Funktionsterm für $t \to \infty$ annimmt. Dieser Wert noch mit 0,5 multipliziert ergibt den Grenzwert für die Konzentration.

2.1.2 **Tipps:**

- In Aufgabe 2.1.2 ist mit der Ableitungsfunktion c' von c zu rechnen. Zunächst ist nach der maximalen Reaktionsgeschwindigkeit, also dem Maximum von c', gefragt.
- Lassen Sie sich dazu vom GTR zunächst das Schaubild von c' darstellen. Dieses Schaubild ist streng monoton fallend. Wo befindet sich bei streng monoton fallenden Funktionen für $t \geq 0$ der größte Funktionswert?
- Alternativ können Sie sich auch durch das Anlegen eines Geodreiecks/Lineals an das in 2.1.1 gezeichnete Schaubild von c die Tangenten veranschaulichen. Da die Reaktionsgeschwindigkeit die Steigung der Tangente an das Schaubild von c für jeden t-Wert ist, ist das gesuchte Maximum die Steigung der Tangente, die am steilsten verläuft. An welcher Stelle finden Sie diese Tangente?
- Wenn die Reaktionsgeschwindigkeit (also c') unter (also „<") $0{,}002 \frac{\text{mol}}{\ell \cdot \text{min}}$ gefallen ist, wird die Messung abgebrochen. Welche Bedeutung hat dann der Zeitpunkt t_0, an dem die Reaktionsgeschwindigkeit genau $0{,}002 \frac{\text{mol}}{\ell \cdot \text{min}}$ beträgt?

2.2.1 **Tipps:**

- Wählen Sie für die Darstellung der Daten in einem Koordinatensystem eine geeignete Skalierung der x-Achse (≙ Zeit t) und der y-Achse (≙ Zuwachsrate). Übertragen Sie dann die Daten der Tabelle in das Koordinatensystem – ohne sie zu verbinden!
- Mit Ihrem GTR lassen sich nach Eingabe der Daten Näherungskurven mittels verschiedener Regressionen berechnen und im [Y=]-Editor abspeichern. Je nach Taschenrechnertyp sind dabei unterschiedliche Ergebnisse möglich. Selbstverständlich zählt – sofern richtig berechnet – das Ergebnis Ihres Taschenrechners!
- Lassen Sie sich die berechnete Regressionskurve anzeigen und beurteilen Sie deren Güte. Wie gut bildet die vom GTR berechnete Regressionskurve die Messdaten ab? Wie weit liegen die Punkte von der Regressionskurve entfernt?
- Zur Beurteilung der Güte der Regression eignet sich vor allem aber das Bestimmtheitsmaß R^2 bzw. r^2 (Anzeige beim TI-84 über [CATALOG] ([2nd] [0]); `DiagnoseAn`; [ENTER]; [ENTER]). Je näher dieser Wert bei 1 liegt, umso besser bildet die Kurve die Daten ab. Da es sich aber um ein mathematisches Modell handelt, ist nicht ausschließlich die Regression mit dem besten Bestimmtheitsmaß auch die geeignetste Funktion. Wählen Sie (z. B. drei) der laut GTR besten Regressionen aus und stellen Sie zu jeder weitergehende Überlegungen an.
- Da die Zuwachsraten stetig abnehmen, handelt es sich um negatives Wachstum bzw. einen „Zerfallsprozess“. Welcher Funktionstyp ist zur Beschreibung hierfür geeignet? Bei Ihren Überlegungen sollten Sie auch beachten, dass es einen Unterschied macht, ob nur für die Zeit t zwischen einer Minute und sechs Minuten (Wertetabelle) argumentiert wird oder ob der Verlauf bereits ab $t = 0$ bzw. auch nach diesen sechs Minuten bewertet wird. So ist das Bestimmtheitsmaß R^2 bei einer quadratischen Regression sehr nahe bei 1 (die Näherung also sehr gut), allerdings werden die Funktionswerte (Zuwachsraten) für $t > 6$ wieder größer, was nicht dem tatsächlichen Verlauf des Experiments entspricht. Auch bei der Regression 4. Grades bildet der Funktionsgraph das Experiment für $0 \le t \le 1$ bzw. $t > 6$ nicht passend ab. Auch für den Zeitraum der Wertetabelle gibt diese Funktion die stetige Abnahme nicht angemessen wieder.
  Weisen Sie bei Ihrer Antwort also auch darauf hin, in welchem Bereich Sie die Güte Ihrer Näherungskurve bewerten.

2.2.2 **Tipps:**

- Die angegebene Funktion r gibt die momentane Änderungsrate des Wasserstoffvolumens, d. h. die Ableitung des Wasserstoffvolumens, an. Die Fragestellung zielt jedoch auf die Zeit, nach der 50 $m\ell$ Wasserstoff (≙ Wasserstoffvolumen!) entstanden sind. Wie kommen Sie von der Änderungsrate (≙ Ableitung) des Wasserstoffvolumens zum Wasserstoffvolumen selbst?
- Wie wird bei der Rechnung die Zeit von $t = 0$ bis $t = t_0$ (Zeitpunkt, zu dem 50 $m\ell$ Wasserstoff entstanden sind) berücksichtigt? Der zu jedem Zeitpunkt dieses Zeitraumes entstehende Wasserstoff muss aufsummiert werden, um insgesamt 50 $m\ell$ Wasserstoff zu erhalten. Verwenden Sie also für Ihre Berechnung ein Integral!

Lösungen

2.1.1 Zeichnen des Schaubildes von c für die ersten 12 Minuten

Das Schaubild ist zu zeichnen für die ersten 12 Minuten, also für $0 \leq t \leq 12$.

Die Wertetabelle (GTR) gibt c(t)-Werte an, die zwischen 0 und 0,5 $\left(\frac{\text{mol}}{\ell}\right)$ liegen. Entsprechend sollte die Skalierung der y-c(t)-Achse gewählt werden, etwa $1\,\text{cm} \mathrel{\hat{=}} 0{,}1\,\frac{\text{mol}}{\ell}$.

Mit der Übertragung der Konzentrationen c(t) der Zinkionen aus der Wertetabelle in das Koordinatensystem lässt sich das Schaubild von c zeichnen.

Schaubild der Funktion c (hier verkleinert dargestellt):

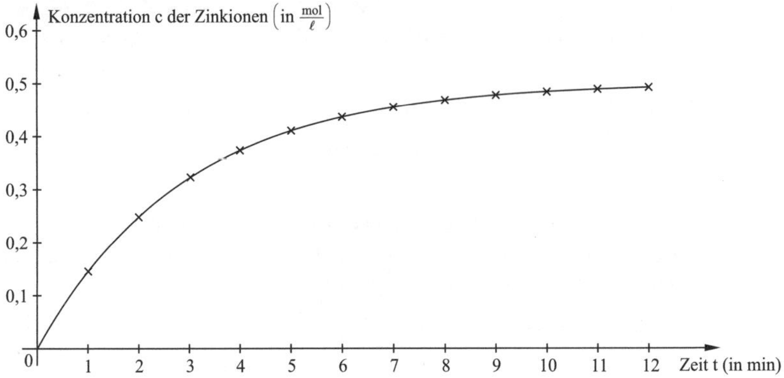

Grenzwert des Schaubildes von c für $t \to \infty$

Der Grenzwert der Konzentration c(t) für $t \to \infty$ lässt sich mit $0{,}5\,\frac{\text{mol}}{\ell}$ aus dem gezeichneten Schaubild ablesen. Auch mithilfe der Wertetabelle des GTR (nach unten scrollen!) ergibt sich dieser Wert.

Alternativ errechnet sich durch Betrachtung des Funktionsterms der Grenzwert:

$$\lim_{t \to \infty} c(t) = \lim_{t \to \infty} 0{,}5 \cdot (1 - e^{-0{,}343t}) = 0{,}5, \quad \text{da} \quad \lim_{t \to \infty} e^{-0{,}343t} = 0$$

Die Konzentration nähert sich im Laufe der Zeit dem Wert $0{,}5\,\frac{\text{mol}}{\ell}$ an.

2.1.2 Angabe der maximalen Reaktionsgeschwindigkeit

Die maximale Reaktionsgeschwindigkeit ist das Maximum der Reaktionsgeschwindigkeits-Funktion c'. Es stellt sich also die Frage, für welches t der (Ableitungs-)Funktionswert c'(t) maximal ist.
Die Ableitungsfunktion c' lässt sich mit dem GTR darstellen. Anhand des Schaubildes erkennt man, dass der größte Funktionswert von c' bei $t = 0$ zu finden ist.

Eine andere Möglichkeit, die maximale Tangentensteigung zu bestimmen, ist, sich die verschiedenen Tangenten an das Schaubild von c vorzustellen. Da die Steigungen dieser Tangenten die Reaktionsgeschwindigkeit angeben, lassen sich durch das „Simulieren" (z. B. durch Anlegen des Geodreiecks/Lineals an das Schaubild) die verschiedenen Steigungswerte darstellen. Auch bei diesem Vorgehen erkennt man, dass die Tangente mit der größten Steigung (alle Tangenten haben eine positive Steigung!) die Tangente im Ursprung und folglich diese Tangentensteigung die gesuchte maximale Reaktionsgeschwindigkeit ist.

Die maximale Reaktionsgeschwindigkeit ist somit $c'(0) = 0{,}1715\,\frac{\text{mol}}{\ell \cdot \text{min}}$.

Nach wie vielen Minuten wird die Messung abgebrochen?

Die Messung wird abgebrochen, wenn die Reaktionsgeschwindigkeit c'(t) unter $0{,}002\,\frac{\text{mol}}{\ell \cdot \text{min}}$ gefallen ist. Mit der Gleichung $c'(t) = 0{,}002\,\frac{\text{mol}}{\ell \cdot \text{min}}$ wird der Zeitpunkt t_0 berechnet, zu dem die Reaktionsgeschwindigkeit genau $0{,}002\,\frac{\text{mol}}{\ell \cdot \text{min}}$ beträgt. Ggf. muss dieser Zeitpunkt t_0 noch auf die nächste volle Minute aufgerundet werden.

Die Gleichung kann grafisch gelöst werden. Haben Sie den Funktionsterm c(t) bereits in den [Y=]-Editor eingegeben (z. B. für die Zeichnung in Aufgabenteil 2.1.1), lässt sich auch die Ableitungsfunktion c' vom GTR darstellen (sofern nicht bereits im ersten Teil der Aufgabe geschehen). Durch die zusätzliche Eingabe der Geradengleichung $y = 0{,}002$ erhalten Sie bei passender Skalierung als t-Koordinate des Schnittpunktes dieser Geraden mit der Ableitungsfunktion c' den gesuchten Zeitpunkt t_0.

Alternativ lässt sich t_0 mit dem Gleichungslöser (Solver) des GTR berechnen.

Als Lösung der Gleichung $c'(t) = 0{,}002\,\frac{\text{mol}}{\ell \cdot \text{min}}$ ergibt sich $t_0 = 12{,}9779\ldots$

Nach ca. 13 Minuten wird die Messung abgebrochen.

2.2.1 **Darstellung der Zuwachsraten in einem Koordinatensystem**

Eine mögliche Darstellung der Daten wäre etwa (hier mit eingezeichneten Näherungskurven der quadratischen und der exponentiellen Regression):

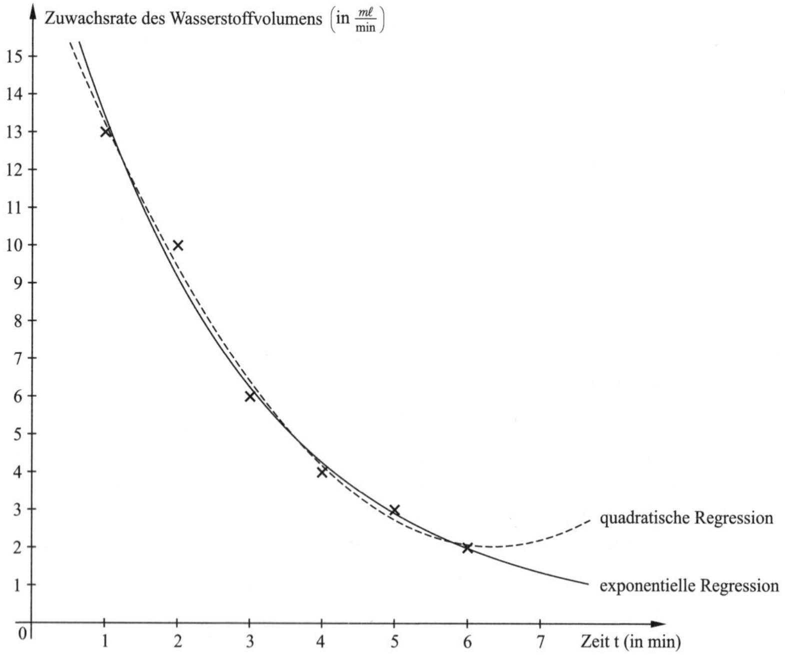

Bestimmung einer geeigneten Näherungsfunktion

Mit Ihrem GTR lassen sich nach Eingabe der Daten verschiedene Näherungskurven berechnen und im [Y=]-Editor abspeichern. Je nach Taschenrechnertyp sind unterschiedliche Ergebnisse möglich. Als Näherungskurven, die die gegebenen Daten am besten wiedergeben, erhält man (mit dem TI-84 berechnet):

$f(t) \approx 0{,}39286t^2 - 4{,}9786t + 17{,}8$ mit $R^2 = 0{,}9929591837$

$g(t) \approx -0{,}0833t^4 + 1{,}185t^3 - 5{,}361t^2 + 5{,}942t + 11{,}33$ mit $R^2 = 0{,}9993197279$

$h(t) \approx 19{,}63272 \cdot 0{,}68237^t = 19{,}63272 \cdot e^{-0{,}38218t}$ mit $r^2 = 0{,}9939864527$

Bei allen Regressionen liegt das Bestimmtheitsmaß sehr nahe bei 1, was für die Güte der Näherung spricht. Bei weitergehenden Überlegungen erkennt man jedoch, dass nur die Funktionen f (im Bereich der Wertetabelle!) und die Funktion h (für $t \geq 0$) geeignet sind, die Messdaten des Experiments mathematisch zu modellieren.
Alle drei Näherungskurven verlaufen sehr nahe oder sogar genau durch die sechs Messpunkte. Da naheliegend ist, dass bei diesem Experiment die größte Zuwachsrate gleich zu Beginn des Experiments ($t = 0$) vorhanden ist und sich die Zuwachsrate für $t > 6$ immer mehr dem Wert null nähert, sind die Näherungskurven 2. Grades bzw. 4. Grades ungeeignet, den tatsächlichen Verlauf des Experiments auch in diesen beiden Bereichen wiederzugeben. Außerdem wird die stetige Abnahme der Zuwachsrate durch die Näherungskurve 4. Grades im Bereich zwischen der 4. und 6. Minute nicht passend wiedergegeben.

Sollen durch die Näherungskurve nur die sechs Datenwerte beschrieben werden – was durch die Aufgabenstellung nicht deutlich wird –, so sind die Funktionen f und h dazu sehr gut geeignet. Die Funktion h eignet sich darüber hinaus auch zur Beschreibung der Zuwachsrate des Wasserstoffvolumens für $t \geq 0$.

2.2.2 **Wie viele Minuten dauert es, bis 50 *ml* Wasserstoff entstanden sind?**

Die Funktion r beschreibt die momentane Änderungsrate des Wasserstoffvolumens. Berechnet werden soll das Wasserstoffvolumen bzw. der Zeitpunkt, zu dem 50 *ml* Wasserstoff entstanden sind.

Zu Beginn des Experiments befindet sich noch kein Wasserstoff im Standzylinder. Dann füllt er sich und enthält nach t_0 Minuten 50 *ml* Wasserstoff. Die Menge an Wasserstoff, die im Zeitraum zwischen dem Start des Experiments ($t = 0$) und dem Zeitpunkt t_0 im Standzylinder aufgefangen wurde, lässt sich als Integral $\int_0^{t_0} r(t)\,dt$ schreiben. Die Berechnung dieses Integrals ergibt:

$$\int_0^{t_0} r(t)\,dt = \int_0^{t_0} 19 \cdot e^{-0{,}343t}\,dt = \left[\frac{19}{-0{,}343} \cdot e^{-0{,}343t}\right]_0^{t_0} = \left[-55{,}3936 \cdot e^{-0{,}343t}\right]_0^{t_0}$$

$$= -55{,}3936 \cdot e^{-0{,}343t_0} - (-55{,}3936) = 55{,}3936 - 55{,}3936 \cdot e^{-0{,}343t_0}$$

Nach t_0 Minuten sind $55{,}3936 - 55{,}3936 \cdot e^{-0{,}343t_0}$ *ml* Wasserstoff im Standzylinder.

Nach Aufgabenstellung ist der Zeitpunkt t_0, zu dem dies 50 *ml* Wasserstoff sind, gesucht. Durch Gleichsetzen erhält man die Bestimmungsgleichung

$55{,}3936 - 55{,}3936 \cdot e^{-0{,}343t_0} = 50,$

für die der GTR die Lösung $t_0 = 6{,}7908\ldots$ liefert.

Nach etwa 7 Minuten befinden sich 50 *ml* Wasserstoff im Standzylinder.

1 Gegeben sind die Geraden

$$g\colon \vec{x} = \begin{pmatrix} 1 \\ 3 \\ -5 \end{pmatrix} + r \cdot \begin{pmatrix} 2 \\ -4 \\ 6 \end{pmatrix};\quad r \in \mathbb{R}$$

und

$$h\colon \vec{x} = \begin{pmatrix} 3 \\ -1 \\ 2 \end{pmatrix} + s \cdot \begin{pmatrix} -1 \\ 2 \\ -3 \end{pmatrix};\quad s \in \mathbb{R}$$

sowie die Punkte $A(1\,|\,3\,|\,-5)$, $B(5\,|\,-5\,|\,7)$, $C(7\,|\,-9\,|\,14)$ und $D(3\,|\,-1\,|\,2)$.

1.1 Zeigen Sie, dass die Geraden g und h parallel, aber nicht identisch sind. Geben Sie eine Gleichung der Ebene an, die g und h enthält. (4 KP)

1.2 Untersuchen Sie, ob die Punkte A, B, C und D in einer gemeinsamen Ebene liegen. (2 KP)

1.3 Zeigen Sie, dass das Viereck ABCD ein Parallelogramm, aber kein Rechteck ist. (4 KP)

1.4 Untersuchen Sie, ob die Gerade

$$k\colon \vec{x} = \begin{pmatrix} 1 \\ -1 \\ -3 \end{pmatrix} + t \cdot \begin{pmatrix} 4 \\ 8 \\ 2 \end{pmatrix};\quad t \in \mathbb{R}$$

die Fläche des Parallelogramms ABCD durchstößt. (5 KP)

(15 KP)

Hinweise und Tipps

1.1 **Tipps:**
- Wie lauten die Bedingungen für die Parallelität von Geraden?
- Was muss für die Aufpunkte gelten, damit die Geraden nicht identisch sind?
- Wie lauten die Bedingungen für die Richtungsvektoren einer Ebene?

1.2 **Tipps:**
- Wie viele der vier Punkte liegen auf jeden Fall in einer Ebene?
- Erstellen Sie diese Ebenengleichung und prüfen Sie, ob auch der vierte Punkt in dieser Ebene liegt.

1.3 **Tipps:**
- Welche Bedingungen müssen erfüllt sein, damit ein Viereck ein Parallelogramm ist?
- Berechnen Sie die Verbindungsvektoren der Eckpunkte und die Längen der Seiten.
- Für die Überprüfung auf einen rechten Winkel verwenden Sie den Satz des Pythagoras.

1.4 **Tipps:**
- Durch welche Gleichung wird die Ebene des Parallelogramms beschrieben? Welche Richtungsvektoren wählt man am einfachsten?
- Schneiden Sie die Gerade k mit dieser Ebene. Wie lässt sich aus dem Ergebnis ableiten, dass die Gerade nicht die Fläche des Parallelogramms durchstößt?

Lösungen

1 Gegeben sind die Geraden g und h durch

$$g: \vec{x} = \begin{pmatrix} 1 \\ 3 \\ -5 \end{pmatrix} + r\begin{pmatrix} 2 \\ -4 \\ 6 \end{pmatrix}; \quad r \in \mathbb{R}$$

$$h: \vec{x} = \begin{pmatrix} 3 \\ -1 \\ 2 \end{pmatrix} + s\begin{pmatrix} -1 \\ 2 \\ -3 \end{pmatrix}; \quad s \in \mathbb{R}$$

sowie die Punkte A(1 | 3 | –5), B(5 | –5 | 7), C(7 | –9 | 14) und D(3 | –1 | 2).

1.1 **Gegenseitige Lage der Geraden**

Für die Richtungsvektoren von g und h gilt:

$$\begin{pmatrix} 2 \\ -4 \\ 6 \end{pmatrix} = -2 \cdot \begin{pmatrix} -1 \\ 2 \\ -3 \end{pmatrix}$$

Die Geraden sind also parallel.

Jetzt überprüft man z. B., ob der Aufpunkt von g auf der Geraden h liegt.

$$\begin{pmatrix} 1 \\ 3 \\ -5 \end{pmatrix} = \begin{pmatrix} 3 \\ -1 \\ 2 \end{pmatrix} + s\begin{pmatrix} -1 \\ 2 \\ -3 \end{pmatrix}$$

$$\begin{pmatrix} -2 \\ 4 \\ -7 \end{pmatrix} = s\begin{pmatrix} -1 \\ 2 \\ -3 \end{pmatrix}$$

Es gibt kein solches s, also sind die Geraden parallel, aber nicht identisch.

Ebenengleichung

Skizze:

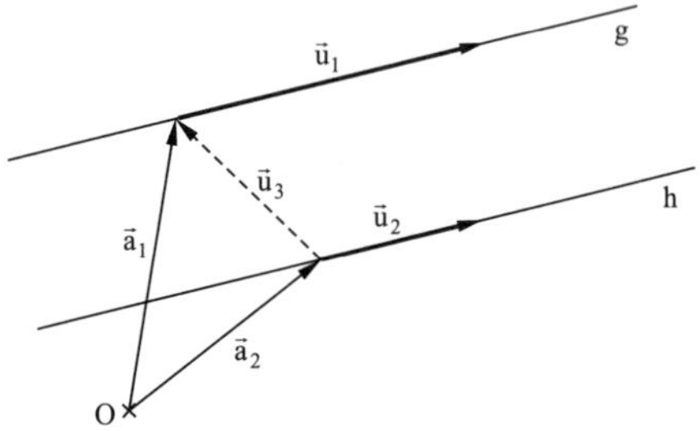

Für die Ebenengleichung benötigt man einen Aufpunkt, z. B. $\begin{pmatrix} 1 \\ 3 \\ -5 \end{pmatrix}$, und zwei linear unabhängige Richtungsvektoren, z. B. $\begin{pmatrix} 2 \\ -4 \\ 6 \end{pmatrix}$ und den Verbindungsvektor der beiden Aufpunkte, also $\begin{pmatrix} 1 \\ 3 \\ -5 \end{pmatrix} - \begin{pmatrix} 3 \\ -1 \\ 2 \end{pmatrix} = \begin{pmatrix} -2 \\ 4 \\ -7 \end{pmatrix}$.

$$\Rightarrow \quad E: \vec{x} = \begin{pmatrix} 1 \\ 3 \\ -5 \end{pmatrix} + r\begin{pmatrix} 2 \\ -4 \\ 6 \end{pmatrix} + s\begin{pmatrix} -2 \\ 4 \\ -7 \end{pmatrix}; \quad r, s \in \mathbb{R}$$

1.2 **Lage der Punkte A, B, C, D**

1. Möglichkeit:
Wenn man bei der Geraden g einmal $r=0$, dann $r=2$ setzt, erhält man die Punkte A bzw. B.
Setzt man bei der Geraden h einmal $s=0$, dann $s=-4$, erhält man die Punkte D und C. Damit liegen alle vier Punkte in der bei Teilaufgabe 1.1 berechneten Ebene.

2. Möglichkeit:
Die drei Punkte A, B und C liegen auf jeden Fall in einer Ebene (oder auch drei andere der vier Punkte). Als Aufpunkt wählen wir den Punkt A, als Richtungsvektoren die Verbindungen von A nach B und von A nach C.

$$\Rightarrow \; E_{ABC}\colon \vec{x}=\begin{pmatrix}1\\3\\-5\end{pmatrix}+r\left(\begin{pmatrix}5\\-5\\7\end{pmatrix}-\begin{pmatrix}1\\3\\-5\end{pmatrix}\right)+s\left(\begin{pmatrix}7\\-9\\14\end{pmatrix}-\begin{pmatrix}1\\3\\-5\end{pmatrix}\right)$$

$$\vec{x}=\begin{pmatrix}1\\3\\-5\end{pmatrix}+r\begin{pmatrix}4\\-8\\12\end{pmatrix}+s\begin{pmatrix}6\\-12\\19\end{pmatrix};\quad r,s\in\mathbb{R}$$

Die beiden Richtungsvektoren sind nicht parallel, also bilden die drei Punkte A, B, C eine Ebene.

Jetzt prüft man, ob der Punkt D in dieser Ebene liegt:

$$\begin{pmatrix}3\\-1\\2\end{pmatrix}-\begin{pmatrix}1\\3\\-5\end{pmatrix}+r\begin{pmatrix}4\\-8\\12\end{pmatrix}+s\begin{pmatrix}6\\-12\\19\end{pmatrix}$$

$$\begin{pmatrix}2\\-4\\7\end{pmatrix}=r\begin{pmatrix}4\\-8\\12\end{pmatrix}+s\begin{pmatrix}6\\-12\\19\end{pmatrix}$$

Laut GTR ist dieses LGS eindeutig lösbar, nämlich mit $r=-1$ und $s=1$.

Somit liegen also alle vier Punkte in einer Ebene.

1.3 **Parallelogramm**

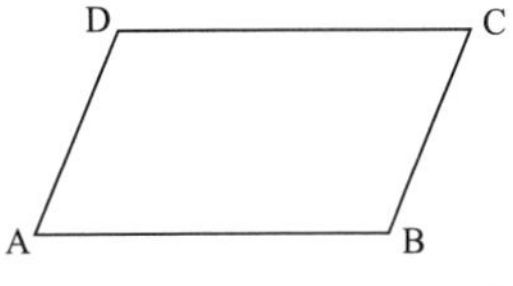

Berechnung der Vektoren $\overrightarrow{AB}$, $\overrightarrow{BC}$, $\overrightarrow{CD}$ und $\overrightarrow{DA}$:

$$\overrightarrow{AB}=\begin{pmatrix}5\\-5\\7\end{pmatrix}-\begin{pmatrix}1\\3\\-5\end{pmatrix}=\begin{pmatrix}4\\-8\\12\end{pmatrix}\qquad \overrightarrow{BC}=\begin{pmatrix}7\\-9\\14\end{pmatrix}-\begin{pmatrix}5\\-5\\7\end{pmatrix}=\begin{pmatrix}2\\-4\\7\end{pmatrix}$$

$$\overrightarrow{CD}=\begin{pmatrix}3\\-1\\2\end{pmatrix}-\begin{pmatrix}7\\-9\\14\end{pmatrix}=\begin{pmatrix}-4\\8\\-12\end{pmatrix}\qquad \overrightarrow{DA}=\begin{pmatrix}1\\3\\-5\end{pmatrix}-\begin{pmatrix}3\\-1\\2\end{pmatrix}=\begin{pmatrix}-2\\4\\-7\end{pmatrix}$$

Es gilt: $\overrightarrow{AB}=-\overrightarrow{CD}$ und $\overrightarrow{BC}=-\overrightarrow{DA}$

Die Vektoren sind also jeweils parallel und gleich lang. Das Viereck ist somit ein Parallelogramm.

Ist dieses Parallelogramm sogar ein Rechteck?

Dann müsste nach Satz des Pythagoras gelten:

$|\overrightarrow{AB}|^2 + |\overrightarrow{BC}|^2 = |\overrightarrow{AC}|^2$ (vgl. Skizze)

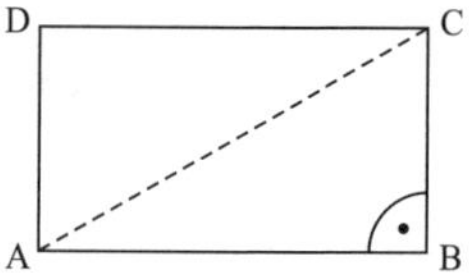

$$|\overrightarrow{AB}| = \sqrt{4^2 + (-8)^2 + 12^2} = \sqrt{224}$$

$$|\overrightarrow{BC}| = \sqrt{2^2 + (-4)^2 + 7^2} = \sqrt{69}$$

$$\overrightarrow{AC} = \begin{pmatrix} 7 \\ -9 \\ 14 \end{pmatrix} - \begin{pmatrix} 1 \\ 3 \\ -5 \end{pmatrix} = \begin{pmatrix} 6 \\ -12 \\ 19 \end{pmatrix}$$

$$|\overrightarrow{AC}| = \sqrt{6^2 + (-12)^2 + 19^2} = \sqrt{541}$$

$$\sqrt{224}^2 + \sqrt{69}^2 \neq \sqrt{541}^2$$

$$224 + 69 \neq 541$$

Somit ist das Parallelogramm kein Rechteck.

1.4 **Durchstoßpunkt Gerade – Parallelogrammfläche**

Die Punkte des Parallelogramms werden beschrieben durch die Gleichung $\vec{x} = \overrightarrow{OA} + r \cdot \overrightarrow{AB} + s \cdot \overrightarrow{AD}$, wobei r und s im Intervall [0; 1] liegen müssen.

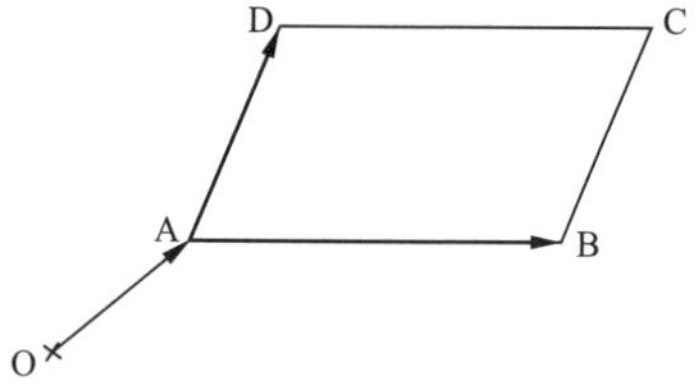

$$\vec{x} = \begin{pmatrix} 1 \\ 3 \\ -5 \end{pmatrix} + r\begin{pmatrix} 4 \\ -8 \\ 12 \end{pmatrix} + s\begin{pmatrix} 2 \\ -4 \\ 7 \end{pmatrix}; \quad r, s \in [0; 1]$$

Schnitt der gegebenen Geraden k mit der Parallelogrammebene:

$$\begin{pmatrix} 1 \\ 3 \\ -5 \end{pmatrix} + r\begin{pmatrix} 4 \\ -8 \\ 12 \end{pmatrix} + s\begin{pmatrix} 2 \\ -4 \\ 7 \end{pmatrix} = \begin{pmatrix} 1 \\ -1 \\ -3 \end{pmatrix} + t\begin{pmatrix} 4 \\ 8 \\ 2 \end{pmatrix}$$

Dies ergibt das folgende LGS:

$$\begin{array}{ccc|c} r & s & t & \\ \hline 4 & 2 & -4 & 0 \\ -8 & -4 & -8 & -4 \\ 12 & 7 & -2 & 2 \end{array}$$

Laut GTR ergibt sich als Lösung:

$$r = \frac{1}{2}; \quad s = -\frac{1}{2}; \quad t = \frac{1}{4}$$

Da s nicht im Intervall [0; 1] liegt, durchstößt die Gerade k die Parallelogrammfläche nicht.

1 Drei Weingärtner U, V und W eines Winzervereins bauen Trauben an. U baut die Sorte R_1 an, V die Sorte R_2 und W baut die Sorte R_3 an. Die Trauben werden zum Teil an den Winzerverein geliefert und zum Teil innerbetrieblich verarbeitet. Die Weingärtner U, V, W sind untereinander und mit dem Winzerverein nach dem Leontief-Modell verflochten. Die Inputmatrix dieser Verflechtung lautet

$$A = \begin{pmatrix} 0{,}06 & 0{,}02 & 0{,}05 \\ 0{,}04 & 0{,}06 & 0{,}03 \\ 0{,}02 & 0{,}04 & 0{,}06 \end{pmatrix}.$$

1.1 Weingärtner U erntet 8 000 Mengeneinheiten (ME), Weingärtner V 9 000 ME und Weingärtner W 6 000 ME. Wie viele ME geben die Weingärtner davon an den Winzerverein ab? Erstellen Sie die hierzu gehörende Input-Output-Tabelle. (5 KP)

1.2 Beschreiben Sie die Bedeutung der Zahlen 0,06 in der Hauptdiagonalen der Inputmatrix A. (2 KP)

1.3 Aus den Trauben werden im Winzerverein zunächst die drei Zwischenprodukte Z_1, Z_2 und Z_3 und daraus die Endprodukte E_1, E_2 und E_3 hergestellt. Der Traubenbedarf in ME für je eine ME der Zwischenprodukte bzw. der Endprodukte ist den folgenden Tabellen zu entnehmen:

	Z_1	Z_2	Z_3
R_1	2	4	1
R_2	3	3	4
R_3	4	4	6

	E_1	E_2	E_3
R_1	12	9	11
R_2	17	13	13
R_3	24	18	18

1.3.1 Berechnen Sie die Matrix für den mengenmäßigen Zusammenhang von Zwischenprodukten und Endprodukten. (3 KP)

1.3.2 Vom Endprodukt E_1 werden 295 ME, vom Endprodukt E_2 35 ME und vom Endprodukt E_3 80 ME bestellt. Wie viele Mengeneinheiten der Traubensorten R_1, R_2 und R_3 müssen die Weingärtner an den Winzerverein liefern? Wie groß ist ihre Gesamtproduktion für diese Bestellung? (5 KP)

(15 KP)

Hinweise und Tipps

1.1 **Tipps:**

- Da die Winzer U, V, W und der Winzerverein nach dem Leontief-Modell verflochten sind, gilt für diese Verflechtung die Leontief-Gleichung: $(E - A) \cdot \vec{x} = \vec{y}$
- Hierbei ist in der Aufgabenstellung die Inputmatrix A gegeben, die Komponenten des Produktionsvektors $\vec{x}$ ($\hat{=}$ Erntevektor) sind die angegebenen ME an geernteten Trauben der Winzer U, V und W. Durch Multiplikation entsprechend der Gleichung erhalten Sie den Marktvektor $\vec{y}$ ($\hat{=}$ Abgabe an den Winzerverein).
- Da $x_{ij} = a_{ij} \cdot x_j$ gilt, lassen sich die Elemente der Verflechtungstabelle (am besten spaltenweise) berechnen, indem jedes Element der Inputmatrix A mit der Erntemenge x_j des jeweiligen Winzers multipliziert wird. Die Abgaben an den Winzerverein und die Erntemengen können Sie dem berechneten „Marktvektor" und der Aufgabenstellung entnehmen.

1.2 **Tipp:**

Jedes Element $a_{ij} = \frac{x_{ij}}{x_j}$ der Inputmatrix A gibt das Verhältnis von x_{ij} zu x_j wieder. x_{ij} gibt dabei die Lieferung an Trauben von Weingärtner i an Weingärtner j an, x_j die gesamte Traubenernte des Weingärtners j. Die Elemente a_{11}, a_{22} und a_{33} der Hauptdiagonalen geben also das Verhältnis der Traubenlieferung von Weingärtner U bzw. V bzw. W an sich selbst (Eigenverbrauch) im Verhältnis zur jeweils eigenen Gesamtproduktion wieder. Deuten Sie die Zahlen $0{,}06 = \frac{6}{100} = 6\,\%$ in der Hauptdiagonalen als Prozentangaben.

1.3.1 **Tipps:**

- Die Einleitung zu Aufgabenteil 1.3 macht deutlich, dass für die Berechnungen in 1.3.1 (und zum Teil auch in 1.3.2) ein neues mathematisches Modell angewendet werden soll. Die Verflechtung zwischen den einzelnen Weingärtnern hat hier zunächst keine Bedeutung mehr, da der Winzerverein aus den ihm gelieferten Trauben Zwischenprodukte und anschließend Endprodukte herstellt.
- Mit der Gleichung $A_{RZ} \cdot B_{ZE} = C_{RE}$ ist die Beziehung zwischen der Rohstoff-Zwischenprodukt-Matrix, der Zwischenprodukt-Endprodukt-Matrix und der Rohstoff-Endprodukt-Matrix gegeben. Aus den beiden Tabellen können A_{RZ} und C_{RE} gebildet werden. Durch Umformen dieser Gleichung (Multiplikation mit A_{RZ}^{-1} von links) erhalten Sie die gesuchte Matrix B_{ZE}.

1.3.2 **Tipps:**

- Zunächst ist der Bedarf an Rohstoffen ($\hat{=}$ Traubensorten R_1, R_2 und R_3) für die angegebene Produktion der Endprodukte E_1, E_2 und E_3 zu berechnen. Da die Matrix C_{RE} den Bedarf (in ME) an Trauben R_1, R_2 und R_3 für je eine ME der Endprodukte wiedergibt, lassen sich die benötigten Mengen für die angegebene Produktion an Endprodukten durch Multiplikation von C_{RE} mit dem Endprodukt-Vektor (siehe Aufgabenstellung) errechnen.
- Der zweite Teil der Aufgabe fragt nach der Größe der jeweiligen Gesamtproduktion der Weingärtner U, V, W ($\vec{x}$), damit diese Bestellung $\vec{y}$ des Winzervereins ($\hat{=}$ Lieferung an den Winzerverein) erfüllt werden kann. Für diese Berechnung muss nun wieder die Verflechtung nach dem Leontief-Modell zugrunde gelegt werden. Denn die Gesamtproduktion hängt nicht nur von der Marktabgabe $\vec{y}$ ($\hat{=}$ Lieferung an den Winzerverein), sondern auch von der Verflechtung der Weingärtner untereinander ab.

Lösungen

1.1 **Abgabe der Weingärtner an den Winzerverein; Input-Output-Tabelle**

Nach der Leontief-Gleichung gilt: $(E - A) \cdot \vec{x} = \vec{y}$

Mit $A = \begin{pmatrix} 0,06 & 0,02 & 0,05 \\ 0,04 & 0,06 & 0,03 \\ 0,02 & 0,04 & 0,06 \end{pmatrix}$ und dem Erntevektor $\vec{x} = \begin{pmatrix} 8\,000 \\ 9\,000 \\ 6\,000 \end{pmatrix}$ erhält man daraus:

$$\vec{y} = \begin{pmatrix} 7\,040 \\ 7\,960 \\ 5\,120 \end{pmatrix}$$

Input-Output-Tabelle:

	Weingärtner U	Weingärtner V	Weingärtner W	Abgabe an Winzerverein	Ernte-menge
Wein-gärtner U	$\frac{6}{100} \cdot 8\,000 = 480$	$\frac{2}{100} \cdot 9\,000 = 180$	$\frac{5}{100} \cdot 6\,000 = 300$	7 040	8 000
Wein-gärtner V	$\frac{4}{100} \cdot 8\,000 = 320$	$\frac{6}{100} \cdot 9\,000 = 540$	$\frac{3}{100} \cdot 6\,000 = 180$	7 960	9 000
Wein-gärtner W	$\frac{2}{100} \cdot 8\,000 = 160$	$\frac{4}{100} \cdot 9\,000 = 360$	$\frac{6}{100} \cdot 6\,000 = 360$	5 120	6 000

1.2 **Bedeutung der Zahlen 0,06 in der Hauptdiagonalen der Inputmatrix A**

Die Elemente der Inputmatrix A werden durch $a_{ij} = \frac{x_{ij}}{x_j}$ gebildet.

Damit stellt dieser Quotient das Verhältnis dar, in dem die Abgabe des Weingärtners i an den Weingärtner j zur Gesamterntemenge des Weingärtners j steht. Handelt es sich um die Elemente a_{11}, a_{22} und a_{33} der Hauptdiagonalen, so geben diese Zahlen das Verhältnis wieder, in dem die Abgabe des Weingärtners U bzw. V bzw. W an sich selbst zu der eigenen Gesamterntemenge steht.

Die Weingärtner U, V und W geben also jeweils 0,06 = 6 % ihrer eigenen Traubenernte an sich selbst ab, d. h., 6 % der jeweiligen Traubenernte wird für den Eigenverbrauch genutzt.

1.3.1 **Berechnen der Matrix für den mengenmäßigen Zusammenhang von Zwischenprodukten und Endprodukten (Matrix B_{ZE})**

Es gilt der Zusammenhang: $A_{RZ} \cdot B_{ZE} = C_{RE}$

Aus den beiden Tabellen der Aufgabenstellung erhält man:

$$A_{RZ} = \begin{pmatrix} 2 & 4 & 1 \\ 3 & 3 & 4 \\ 4 & 4 & 6 \end{pmatrix} \quad \text{und} \quad C_{RE} = \begin{pmatrix} 12 & 9 & 11 \\ 17 & 13 & 13 \\ 24 & 18 & 18 \end{pmatrix}$$

Die gesuchte Matrix B_{ZE} erhält man durch Umformen der obigen Gleichung (Multiplikation mit A_{RZ}^{-1} von links): $B_{ZE} = A_{RZ}^{-1} \cdot C_{RE}$

Mit dem GTR erhält man:

$$B_{ZE} = \begin{pmatrix} 1 & 2 & 1 \\ 2 & 1 & 2 \\ 2 & 1 & 1 \end{pmatrix}$$

1.3.2 Bedarf an Traubensorten R_1, R_2 und R_3 für die Bestellung

Die Matrix C_{RE} gibt den Bedarf (in ME) an Trauben R_1, R_2 und R_3 für je eine ME der Endprodukte an. Somit erhält man den Bedarf an Traubensorte R_1 bzw. R_2 bzw. R_3 zur Herstellung von $\vec{e} = \begin{pmatrix} 295 \\ 35 \\ 80 \end{pmatrix}$ Endprodukten mit:

$$C_{RE} \cdot \begin{pmatrix} 295 \\ 35 \\ 80 \end{pmatrix} = \begin{pmatrix} 4\,735 \\ 6\,510 \\ 9\,150 \end{pmatrix}$$

Zur Herstellung von 295 ME von E_1, 35 ME von E_2 und 80 ME von E_3 werden somit 4 735 ME von Traubensorte R_1, 6 510 ME von Traubensorte R_2 und 9 150 ME von Traubensorte R_3 benötigt. Diese Mengen an Trauben müssen somit von den Weingärtnern an den Winzerverein (= Markt) geliefert werden.

Welche Gesamtproduktion $\vec{x}$ ist für diese Bestellung notwendig?

Die Antwort hierauf kann nun wiederum nur das Leontief-Modell geben, da für die Gesamtproduktion der Weingärtner nicht nur die Abgabe an den Winzerverein ($\vec{y}$), sondern auch die Verflechtung der Weingärtner untereinander eine Rolle spielt.

Aus der Leontief-Gleichung $(E - A) \cdot \vec{x} = \vec{y}$ erhält man:

$$\vec{x} = (E - A)^{-1} \cdot \vec{y} = (E - A)^{-1} \cdot \begin{pmatrix} 4\,735 \\ 6\,510 \\ 9\,150 \end{pmatrix} \overset{\text{GTR}}{\approx} \begin{pmatrix} 5\,737{,}9 \\ 7\,494{,}4 \\ 10\,175{,}0 \end{pmatrix}$$

Zur Herstellung von 295 ME von Endprodukt E_1, 35 ME von Endprodukt E_2 und 80 ME von Endprodukt E_3 muss der Weingärtner U etwa 5 737,9 ME von Traubensorte R_1, der Weingärtner V etwa 7 494,4 ME von Traubensorte R_2 und der Weingärtner W etwa 10 175 ME von Traubensorte R_3 produzieren.

Berufliche Gymnasien Baden-Württemberg: Mathematik ohne CAS
Abiturprüfung 2014 – Teil 4 (Lineare Optimierung)

1 Ein Pulloverhersteller produziert drei unterschiedliche Sweatshirts in der Größe XL, die sich in der Zusammensetzung der drei Ausgangsmaterialien Baumwolle, Viskose und Polyester unterscheiden:

	Baumwolle	Viskose	Polyester
Sweatshirt A	60 %	40 %	0 %
Sweatshirt B	40 %	20 %	40 %
Sweatshirt C	0 %	40 %	60 %

Für die Herstellung der Sweatshirts A, B und C werden jeweils 0,5 kg Stoff benötigt. Insgesamt stehen 8 000 kg Baumwolle, 6 000 kg Viskose und 5 000 kg Polyester zur Verfügung.

Es wird angenommen, dass alle hergestellten Sweatshirts verkauft werden.
Der Hersteller macht jeweils 2 € Gewinn mit Sweatshirt A und B sowie 3 € Gewinn mit Sweatshirt C.

1.1 Zunächst werden 10 000 Sweatshirts der Sorte B hergestellt.

1.1.1 Ermitteln Sie grafisch, wie viele Sweatshirts der Sorten A und C das Unternehmen herstellen muss, damit der Gewinn maximiert wird.
Geben Sie den maximalen Gewinn an. (6 KP)

1.1.2 Welches Ausgangsmaterial wird bei Ihrer Lösung nicht vollständig verbraucht?

Auf wie viel Euro mindestens müsste der Gewinn für jedes Sweatshirt A ansteigen, damit dieses Ausgangsmaterial vollständig verbraucht wird und der Gewinn insgesamt immer noch maximal ist? (3 KP)

1.2 Ein Berater empfiehlt der Unternehmensleitung, die festgelegte Produktionszahl von 10 000 Sweatshirts der Sorte B fallen zu lassen. Damit kann der Gewinn weiter gesteigert werden.

Bestimmen Sie mithilfe des Simplexverfahrens die Anzahl der hergestellten Sweatshirts A, B und C, für die dann der Gewinn maximal wird.
Geben Sie den maximalen Gewinn an.

Überprüfen Sie, ob Ausgangsmaterialien übrig bleiben. (6 KP)

(15 KP)

Hinweise und Tipps

1.1.1 **Tipps:**

- Die Angaben im Text werden in Gleichungen bzw. Ungleichungen umgesetzt. Die Variablen x, y und z geben die Menge der verschiedenen Sweatshirts an, wobei y zunächst 10 000 beträgt.
- Beachten Sie die Angabe „0,5 kg Stoff pro Sweatshirt“.
- Die Ungleichungen werden in ein Achsenkreuz eingetragen und die zulässige Fläche bestimmt. Die Gerade der Zielfunktion (Gewinn) wird ebenfalls eingetragen und so weit wie möglich nach oben verschoben. Der sich ergebende Eckpunkt der zulässigen Fläche kann berechnet werden.

1.1.2 **Tipps:**

- Die in Teilaufgabe 1.1.1 berechneten Werte werden in die aufgestellten Gleichungen eingesetzt. Daraus ergibt sich, welches Material nicht vollständig verbraucht wird.
- Für $x = 20\,000$ wird die Baumwolle vollständig verbraucht. Daraus ergibt sich ein neuer Eckpunkt der zulässigen Fläche. Dadurch muss aber die Steigung der Zielfunktion geändert werden. Welche Auswirkungen hat diese Änderung auf den Preis für Sweatshirt A?

1.2 **Tipps:**

- Die Angaben im Text werden in Gleichungen umgesetzt und durch die sogenannten Schlupfvariablen ergänzt.
- Diese Gleichungen werden in das Simplextableau eingetragen und nach bekanntem Verfahren umgeformt. Sobald in der „G-Zeile“ nur noch Zahlen kleiner oder gleich null stehen, sind die Umformungen beendet, die Werte für x, y, z und G können abgelesen werden.
- Wie groß sind die Schlupfvariablen? Was bedeutet dies für den Materialverbrauch?

Lösungen

1 Es werden drei verschiedene Sweatshirts hergestellt laut Aufgabenstellung.

1.1 Zunächst werden von der Sorte B 10 000 Sweatshirts hergestellt.

1.1.1 **Maximaler Gewinn**

Bezeichnungen:
x: Anzahl der Sweatshirts der Sorte A
y: Anzahl der Sweatshirts der Sorte B
z: Anzahl der Sweatshirts der Sorte C

Aus der gegebenen Tabelle und dem Text ergeben sich folgende Ungleichungen:

(1) $\frac{60}{100}\cdot 0,5\cdot x + \frac{40}{100}\cdot 0,5\cdot 10\,000 + 0\cdot z \leq 8\,000$ (Baumwolle)

(2) $\frac{40}{100}\cdot 0,5\cdot x + \frac{20}{100}\cdot 0,5\cdot 10\,000 + \frac{40}{100}\cdot 0,5\cdot z \leq 6\,000$ (Viskose)

(3) $0\cdot x + \frac{40}{100}\cdot 0,5\cdot 10\,000 + \frac{60}{100}\cdot 0,5\cdot z \leq 5\,000$ (Polyester)

bzw.

(1) $0,3x + 2\,000 \leq 8\,000$

(2) $0,2x + 1\,000 + 0,2z \leq 6\,000$

(3) $2\,000 + 0,3z \leq 5\,000$

bzw.

(1) $x \leq 20\,000$

(2) $z \leq -x + 25\,000$

(3) $z \leq 10\,000$

Als Zielfunktion (Gewinn G) ergibt sich:

(G) $G = 2x + 2y + 3z$

also $G = 2x + 20\,000 + 3z$

$\Rightarrow \quad z = -\frac{2}{3}x + \frac{G}{3} - \frac{20\,000}{3}$

Weiter gilt:
$x \geq 0, \quad y = 10\,000, \quad z \geq 0$

Die zu den Ungleichungen (1) bis (3) gehörenden Geraden werden in ein gemeinsames Koordinatensystem eingetragen. Die Punkte der grau getönten Fläche erfüllen alle Ungleichungen.

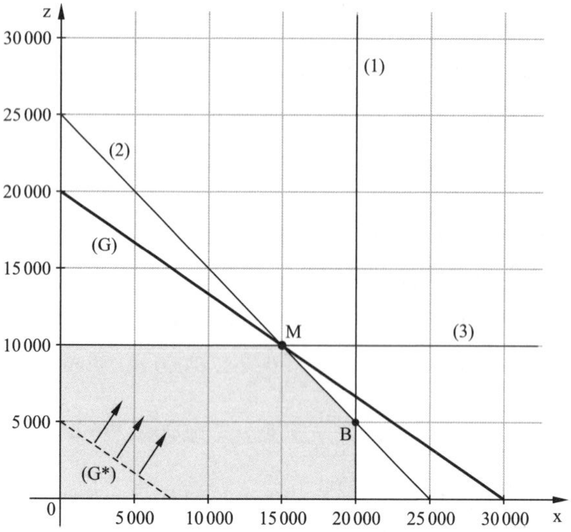

Die Zielfunktion wird zunächst für einen kleinen z-Achsenabschnitt, z. B. für 5 000, gezeichnet (Gerade (G*)). Dann wird sie parallel verschoben, bis sie die graue Fläche gerade noch berührt (im Punkt M).

Berechnung der Koordinaten von M: M ist der Schnittpunkt der Geraden (2) und (3).

$\Rightarrow \quad 10\,000 = -x + 25\,000$

$\qquad x = 15\,000 \qquad \Rightarrow \quad M(15\,000 \mid 10\,000)$

$\Rightarrow$ Bei der Herstellung von 15 000 Sweatshirts der Sorte A, 10 000 Sweatshirts der Sorte B und 10 000 Sweatshirts der Sorte C ergibt sich maximaler Gewinn.

Der maximale Gewinn beträgt:

$G = 2 \cdot 15\,000 + 2 \cdot 10\,000 + 3 \cdot 10\,000 \text{ €} = 80\,000 \text{ €}$

1.1.2 Verbrauch des Ausgangsmaterials

Von den Ausgangsmaterialien werden bei der Herstellung verbraucht:

Baumwolle: $0,3 \cdot 15\,000 + 0,2 \cdot 10\,000 = 6\,500$

Viskose: $0,2 \cdot 15\,000 + 0,1 \cdot 10\,000 + 0,2 \cdot 10\,000 = 6\,000$

Polyester: $0,2 \cdot 10\,000 + 0,3 \cdot 10\,000 = 5\,000$

$\Rightarrow$ Die Baumwolle wird nicht vollständig verbraucht.

Aus der Ungleichung (1) ergibt sich:
Wenn $x = 20\,000$ beträgt, wird die Baumwolle vollständig verbraucht.

Daraus ergibt sich der Eckpunkt B der zulässigen Fläche (vgl. Zeichnung in Teilaufgabe 1.1.1): $B(20\,000 \mid 5\,000)$

Damit der Punkt B zu maximalem Gewinn führt, muss die Steigung der Zielfunktion geändert werden. Sie muss wegen der Geraden (2) gleich –1 oder kleiner sein.

In der Gleichung $G = \mathbf{2}x + 20\,000 + 3z$ muss also die **2** durch 3 oder mehr ersetzt werden. Der Gewinn pro Sweatshirt A muss somit 3 € oder mehr betragen.

1.2 Simplexverfahren

Jetzt soll auch die Produktionsmenge von Sweatshirt B, also y, variabel sein. Mit den sog. Schlupfvariablen u, v, und w ergeben sich somit die Gleichungen:

$$0,3x + 0,2y \qquad + u = 8\,000 \quad \text{(Baumwolle)}$$
$$0,2x + 0,1y + 0,2z + v = 6\,000 \quad \text{(Viskose)}$$
$$0,2y + 0,3z + w = 5\,000 \quad \text{(Polyester)}$$

Für die Zielfunktion (Gewinn G) gilt: $G = 2x + 2y + 3z$

Das Anfangstableau heißt also:

x	y	z	u	v	w	b_i	
0,3	0,2	0	1	0	0	8 000	·10
0,2	0,1	0,2	0	1	0	6 000	·10
0	0,2	0,3	0	0	1	5 000	·10
2	2	3	0	0	0	G	

x	y	z	u	v	w	b_i	Einschränkung	
3	2	0	10	0	0	80 000	–	
2	1	2	0	10	0	60 000	30 000	·3
0	2	[3]	0	0	10	50 000	[$\frac{50\,000}{3}$]	·(−2) ·(−1)
2	2	③	0	0	0	G		

Die Spalte „Einschränkung" (oben schon ausgefüllt) und die weiteren Tableaus ergeben sich wie folgt:

1. Schritt: Suche in der Zeile mit der Zielfunktion G die größte Zahl, hier ③. Die gesamte Spalte mit der ③ heißt Pivotspalte.

2. Schritt: Dividiere die Elemente der Spalte b_i durch die jeweiligen Elemente der Pivotspalte:

$$80\,000 : 0 = -$$
$$60\,000 : 2 = 30\,000$$
$$50\,000 : 3 = \frac{50\,000}{3}$$

Die Ergebnisse stehen in der Spalte „Einschränkung".

3. Schritt: Suche in der Spalte „Einschränkung" die kleinste Zahl, hier die [$\frac{50\,000}{3}$]. Die gesamte Zeile mit der Zahl [$\frac{50\,000}{3}$] heißt Pivotzeile.

4. Schritt: Der Kreuzungspunkt der Pivotzeile mit der Pivotspalte heißt Pivotelement, hier die Zahl [3].

5. Schritt: Mithilfe von elementaren Zeilenumformungen werden jetzt alle Elemente der Pivotspalte zu null gemacht, außer dem Pivotelement selbst.

x	y	z	u	v	w	b_i	Einschränkung	
3	2	0	10	0	0	80 000	$\frac{80\,000}{3}$	·2
[6]	–1	0	0	30	–20	80 000	[$\frac{40\,000}{3}$]	·(–1) ·(–1)
0	2	3	0	0	10	50 000	–	
(2)	0	0	0	0	–10	G – 50 000		·3

x	y	z	u	v	w	b_i	Einschränkung	
0	[5]	0	20	–30	20	80 000	[16 000]	·(–2) ·(–1)
6	–1	0	0	30	–20	80 000	–	·5
0	2	3	0	0	10	50 000	25 000	·5
0	(1)	0	0	–30	–10	3G – 230 000		·5

x	y	z	u	v	w	b_i	
0	5	0	20	–30	20	80 000	:5
30	0	0	20	120	–80	480 000	:30
0	0	15	–40	60	10	90 000	:15
0	0	0	–20	–120	–70	15G – 1 230 000	:15

x	y	z	u	v	w	b_i
0	1	0	4	–6	4	16 000
1	0	0	$\frac{2}{3}$	4	$-\frac{8}{3}$	16 000
0	0	1	$-\frac{8}{3}$	4	$\frac{2}{3}$	6 000
0	0	0	$-\frac{4}{3}$	–8	$-\frac{14}{3}$	G – 82 000

Es werden also 16 000 Sweatshirts der Sorte A,
16 000 Sweatshirts der Sorte B und
6 000 Sweatshirts der Sorte C hergestellt.

Der Gewinn beträgt damit 82 000 €.

Sämtliche Schlupfvariablen sind null. Es werden damit alle Ausgangsmaterialien vollständig aufgebraucht.

Berufliche Gymnasien Baden-Württemberg: Mathematik ohne CAS
Abiturprüfung 2015 – Teil 1 (Analysis)

1.1 Für jedes $t \neq 0$ ist die Funktion f_t gegeben durch

$$f_t(x) = x^3 - 3t \cdot x^2 + \left(\frac{9}{4}t^2 + 1\right) \cdot x \quad \text{mit} \quad x \in \mathbb{R}.$$

Das Schaubild von f_t ist K_t.

1.1.1 Zeigen Sie, dass K_1 keine Extrempunkte besitzt.
Untersuchen Sie das Krümmungsverhalten von K_1.
Zeichnen Sie K_1 für $0 \leq x \leq 3$. (8 KP)

1.1.2 Die Tangente an K_1 im Ursprung begrenzt mit K_1 eine Fläche.
Zeichnen Sie diese Tangente in das Koordinatensystem von 1.1.1 ein.
Berechnen Sie den Inhalt der Fläche mithilfe einer Stammfunktion. (8 KP)

1.1.3 Zeigen Sie, dass jedes Schaubild K_t die erste Winkelhalbierende berührt. (4 KP)

1.1.4 Berechnen Sie die Steigung m_t von K_t an der Stelle $x = 1$.
Zeigen Sie, dass $m_t \geq 0$ für alle $t \neq 0$. (4 KP)

1.2 Die Abbildung zeigt einen Ausschnitt des Schaubilds der Funktion h.

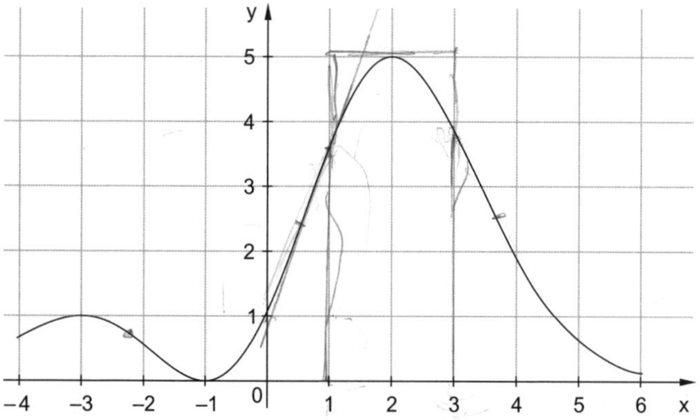

Begründen Sie, warum folgende Aussagen wahr sind.

(1) Das Schaubild von h besitzt eine Wendetangente, deren Steigung größer als eins ist.

(2) $h'(1) \cdot h'(3) < 0$

(3) $\int_1^3 h(x)\,dx < 10$

(4) Jede Stammfunktion von h ist im Intervall [0; 4] streng monoton steigend. (8 KP)

1.3 Für jedes $a > 0$ ist die Funktion g_a gegeben durch

$$g_a(x) = a \cdot \sin(a \cdot x) + a \quad \text{mit } x \in \mathbb{R}.$$

Das Schaubild von g_a ist C_a.

1.3.1 Beschreiben Sie, wie C_2 aus der Kurve mit der Gleichung $y = \sin x$ entsteht.
Zeichnen Sie C_2. (6 KP)

1.3.2 Jeder Extrempunkt von C_a und seine beiden benachbarten Wendepunkte sind die Eckpunkte eines Dreiecks.
Zeigen Sie, dass der Flächeninhalt eines solchen Dreiecks nicht von a abhängt.
Für welchen Wert von a ist ein solches Dreieck rechtwinklig? (7 KP)

(45 KP)

Hinweise und Tipps

1.1.1 **Tipps:**

- Wie heißt die notwendige Bedingung für Extrempunkte?
- Zeigen Sie, dass die Gleichung $f_1'(x) = 0$ keine Lösung hat.
- Welche Ableitung gibt Auskunft über das Krümmungsverhalten?
- Bestimmen Sie die Nullstelle der zweiten Ableitung und setzen Sie zwei sinnvolle x-Werte ein.

1.1.2 **Tipps:**

- Berechnen Sie zunächst die Steigung der Kurve im Ursprung und damit dann die Gleichung der Tangente. Zeichnen Sie diese Gerade in das in Teilaufgabe 1.1.1 gezeichnete Schaubild ein.
- Wie berechnet man die Fläche zwischen zwei Kurven?

1.1.3 **Tipps:**

- Für die Berührung zweier Kurven muss es einen gemeinsamen Punkt geben. In diesem Punkt müssen zudem die Steigungen beider Kurven gleich sein.
- Was bedeutet die doppelte Lösung beim Gleichsetzen der beiden Funktionsterme?

1.1.4 **Tipps:**

- Bestimmen Sie zunächst die Steigung m_t an der Stelle $x = 1$.
- Fassen Sie m_t als Gleichung einer Parabel auf. Wo muss dann für $m_t \geq 0$ deren Scheitelpunkt liegen?

1.2 **Tipps:**

- (1) Suchen Sie im gegebenen Schaubild den Wendepunkt zwischen Tief- und rechtem Hochpunkt so genau wie möglich und lesen Sie die Steigung in diesem Punkt und damit die Steigung der Wendetangente ab.
- (2) Was sagt h' über das Schaubild von h aus?
  Welches Vorzeichen hat die Steigung bei $x = 1$, welches bei $x = 3$?
  Welches Vorzeichen hat damit das Produkt?
- (3) Zeichnen Sie die Gerade $y = 5$ in das Schaubild ein und vergleichen Sie die Fläche des Rechtecks, begrenzt durch x-Achse und die Geraden $x = 1$, $x = 3$ und $y = 5$, mit der Fläche, die durch das Integral bestimmt ist.
- (4) Welche Beziehung besteht zwischen der Funktion h und ihrer Stammfunktion H?
  Die Funktionswerte von h im Bereich [0; 4] sind also die Steigungen von H.

1.3.1 **Tipp:**

Überlegen Sie, was die Zahl $a = 2$ an den verschiedenen Stellen der Funktionsgleichung für das Schaubild bedeutet.

1.3.2 **Tipps:**

- Überlegen Sie zunächst anhand der Teilaufgabe 1.3.1, was die Zahl a für die Amplitude, die Periode und die Verschiebung des Schaubilds bedeutet.
- Betrachten Sie dann z. B. den ersten Hochpunkt rechts der y-Achse und die beiden benachbarten Wendepunkte und bestimmen Sie deren Koordinaten aus obigen Überlegungen. Daraus lassen sich Grundseite und Höhe des Dreiecks ablesen.
- Welche Beziehung gilt für die Höhe und die Grundseite in einem rechtwinklig-gleichschenkligen Dreieck?

Lösungen

1.1 Gegeben ist die Funktion f_t:

$$f_t(x) = x^3 - 3tx^2 + \left(\frac{9}{4}t^2 + 1\right)x, \quad x \in \mathbb{R}$$

Das Schaubild von f_t ist K_t.

1.1.1 **Extrempunkte von K_1**

$$f_t'(x) = 3x^2 - 6tx + \frac{9}{4}t^2 + 1$$

$$f_t''(x) = 6x - 6t$$

Für $t = 1$ gilt:

$$f_1(x) = x^3 - 3x^2 + \frac{13}{4}x$$

$$f_1'(x) = 3x^2 - 6x + \frac{13}{4}$$

$$f_1''(x) = 6x - 6$$

Bedingung für Extrempunkte:

$$f_1'(x) = 0$$

$$3x^2 - 6x + \frac{13}{4} = 0$$

$$x_{1/2} = \frac{6 \pm \sqrt{36 - 4 \cdot 3 \cdot \frac{13}{4}}}{6} = \frac{6 \pm \sqrt{36 - 39}}{6} = \frac{6 \pm \sqrt{-3}}{6} \quad \text{nicht definiert!}$$

$\Rightarrow$ K_1 hat keine Extrempunkte.

Krümmungsverhalten von K_1

Die 2. Ableitung gibt Auskunft über das Krümmungsverhalten.

$$f_1''(x) = 6x - 6$$

Nullstelle von $f_1''(x)$:

$$f_1''(x) = 0$$
$$6x - 6 = 0$$
$$x = 1$$

$$\left.\begin{array}{l} f_1''(0) = -6 \\ f_1''(2) = 6 \end{array}\right\} \Rightarrow \begin{array}{l} \text{Links von } x = 1 \text{ ist } f_1''(x) \text{ negativ,} \\ \text{rechts von } x = 1 \text{ positiv.} \end{array}$$

$\Rightarrow$ Links von $x = 1$ liegt eine Rechtskurve vor, rechts von $x = 1$ eine Linkskurve.

Schaubild K_1

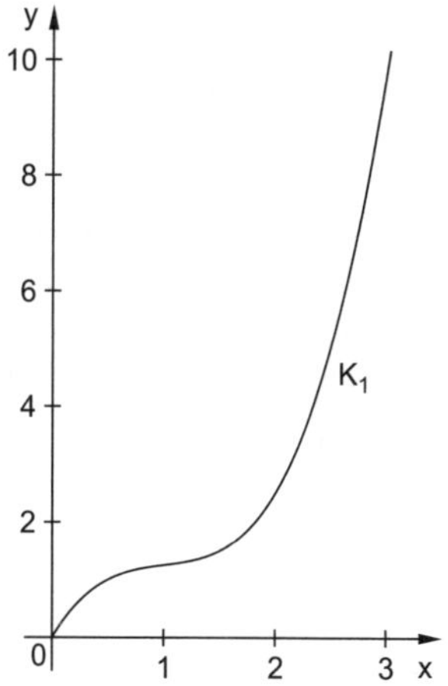

1.1.2 **Tangente im Ursprung**

$f_1'(x) = 3x^2 - 6x + \frac{13}{4}$

$f_1'(0) = \frac{13}{4} \quad \Rightarrow \quad y = \frac{13}{4}x$ ist die Gleichung der Tangente im Ursprung.

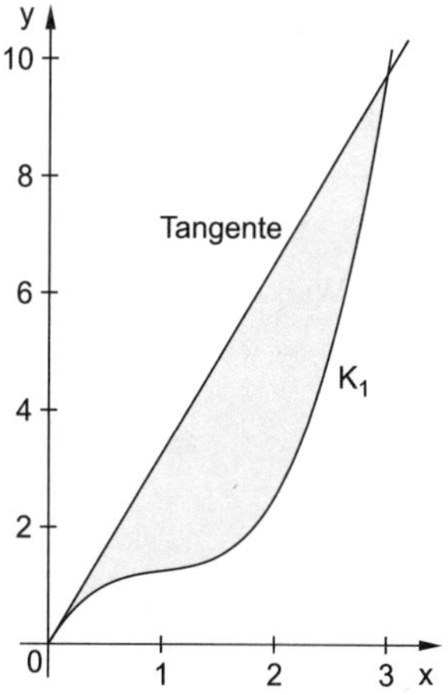

Flächenberechnung

Zunächst werden die Schnittpunkte von K_1 und der Tangente berechnet:

$x^3 - 3x^2 + \frac{13}{4}x = \frac{13}{4}x$

$x^2 \cdot (x-3) = 0$

$x_{1/2} = 0$ (doppelte Schnittstelle); $\quad x_3 = 3$

Für den gesuchten Flächeninhalt gilt dann (vgl. Schaubild):

$$A = \int_0^3 \left(\frac{13}{4}x - \left(x^3 - 3x^2 + \frac{13}{4}x\right)\right) dx = \int_0^3 (-x^3 + 3x^2)\, dx = \left[-\frac{1}{4}x^4 + x^3\right]_0^3$$

$$= -\frac{1}{4} \cdot 3^4 + 3^3 - 0 = -\frac{81}{4} + 27 = \frac{27}{4} \text{ FE}$$

1.1.3 **K_t berührt die erste Winkelhalbierende**

Die Winkelhalbierende mit der Gleichung $y = x$ hat die Steigung $m = 1$.
Es muss also einen gemeinsamen Punkt von K_t und der Winkelhalbierenden geben, in dem K_t die Steigung 1 hat.

$$f_t(x) = x$$

$$x^3 - 3tx^2 + \left(\frac{9}{4}t^2 + 1\right)x = x$$

$$x\left(x^2 - 3tx + \frac{9}{4}t^2\right) = 0$$

$$x_1 = 0; \quad x_{2/3} = \frac{3t \pm \sqrt{9t^2 - 4 \cdot 1 \cdot \frac{9}{4}t^2}}{2} = \frac{3t}{2}$$

Wegen $t \neq 0$ ist $x = \frac{3t}{2}$ eine doppelte Lösung der Gleichung.

Wenn sich beim Gleichsetzen zweier Funktionsterme eine doppelte Lösung ergibt, bedeutet dies, dass sich die zugehörigen Schaubilder an diesem gemeinsamen Punkt berühren.

$\Rightarrow$ K_t und die Winkelhalbierende berühren sich im Punkt $P\left(\frac{3t}{2} \,\middle|\, \frac{3t}{2}\right)$.

Steigung von K_t in P (nicht notwendig!):

$$f_t'\left(\frac{3t}{2}\right) = 3 \cdot \left(\frac{3t}{2}\right)^2 - 6t \cdot \frac{3t}{2} + \frac{9}{4}t^2 + 1$$

$$= \frac{27}{4}t^2 - 9t^2 + \frac{9}{4}t^2 + 1 = 1 \qquad (\triangleq \text{Steigung der Winkelhalbierenden})$$

1.1.4 **Steigung m_t von K_t an der Stelle $x = 1$**

$$f_t'(x) = 3x^2 - 6tx + \frac{9}{4}t^2 + 1$$

$$m_t = f_t'(1) = 3 \cdot 1 - 6t \cdot 1 + \frac{9}{4}t^2 + 1 = 4 - 6t + \frac{9}{4}t^2$$

Steigung $m_t \geq 0$

1. Möglichkeit:

$$m_t = 4 - 6t + \frac{9}{4}t^2 = \frac{9}{4}\left(t^2 - \frac{24}{9}t + \frac{16}{9}\right) = \frac{9}{4}\left(t - \frac{4}{3}\right)^2$$

Dieser Term ist null für $t = \frac{4}{3}$. Er ist größer null für alle $t \neq \frac{4}{3}$ wegen des Quadrats.
Also ist $m_t \geq 0$ für alle $t \neq 0$ erfüllt.

2. Möglichkeit:

$m_t(t) = \frac{9}{4}t^2 - 6t + 4$ ist die Gleichung einer nach oben geöffneten Parabel.

Wenn der Tiefpunkt (Scheitelpunkt) auf oder über der x-Achse liegt, ist die Bedingung $m_t \geq 0$ erfüllt.

$$m_t'(t) = \frac{9}{2}t - 6$$

$$m_t'(t) = 0$$

$$\frac{9}{2}t - 6 = 0$$

$$\frac{9}{2}t = 6$$

$$t = \frac{12}{9} = \frac{4}{3}$$

$$m_t\left(\frac{4}{3}\right) = \frac{9}{4}\cdot\left(\frac{4}{3}\right)^2 - 6\cdot\frac{4}{3} + 4 = \frac{9}{4}\cdot\frac{16}{9} - 8 + 4 = 0$$

Der Tiefpunkt heißt also $T\left(\frac{4}{3} \mid 0\right)$, somit liegt der Rest der Parabel oberhalb der x-Achse.

1.2 Begründung von Aussagen

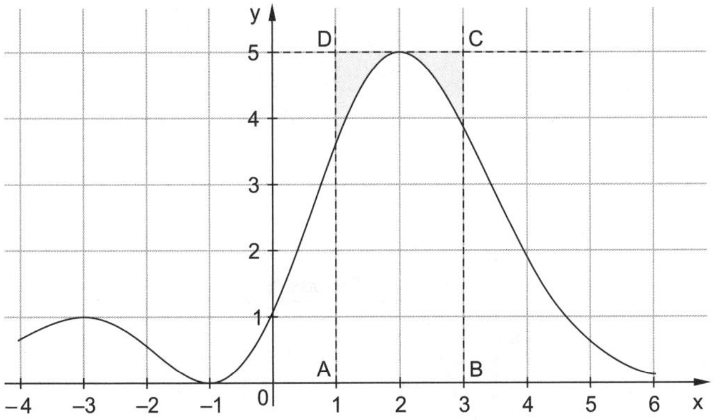

(1) Einer der Wendepunkte liegt bei etwa $x = 0{,}6$.
Dort beträgt die Steigung etwa 2,7, sie ist also größer als 1.

(2) h' gibt die Steigung des Schaubilds von h an. h'(1) ist positiv, h'(3) ist negativ.
$\Rightarrow$ Das Produkt $h'(1)\cdot h'(3)$ ist negativ.

(3) Die Rechteckfläche ABCD beträgt $2 \cdot 5 = 10$ FE (vgl. Skizze).

$\Rightarrow \int_1^3 h(x)\,dx < 10$, weil die beiden kleinen Flächen bei C und D wegfallen.

(4) Für jede Stammfunktion H von h gilt: $H'(x) = h(x)$
Im Intervall [0; 4] ist h(x) positiv, d. h., die Steigung von H(x) ist positiv.
$\Rightarrow$ H(x) ist in diesem Intervall streng monoton steigend.

1.3 Gegeben ist die Funktion g_a durch

$g_a(x) = a \cdot \sin(ax) + a, \ a > 0, x \in \mathbb{R}$.

Das Schaubild von g_a ist C_a.

1.3.1 **Entstehung von C_2 aus einer Sinuskurve**

$g_2(x) = 2 \cdot \sin(2x) + 2$

Das Schaubild der Sinuskurve wird

(1) mit dem Faktor 2 in y-Richtung gestreckt (die neue Amplitude ist jetzt 2),

(2) mit dem Faktor $\frac{1}{2}$ in x-Richtung gestreckt (die neue Periode heißt jetzt $\frac{2\pi}{2} = \pi$),

(3) um 2 Einheiten nach oben verschoben.

$\Rightarrow$ Schaubild C_2

Schaubild C_2

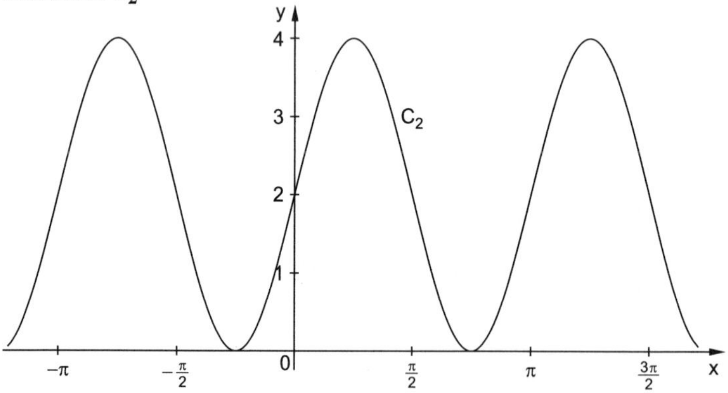

1.3.2 **Dreieck im Schaubild C_a**

Skizze:

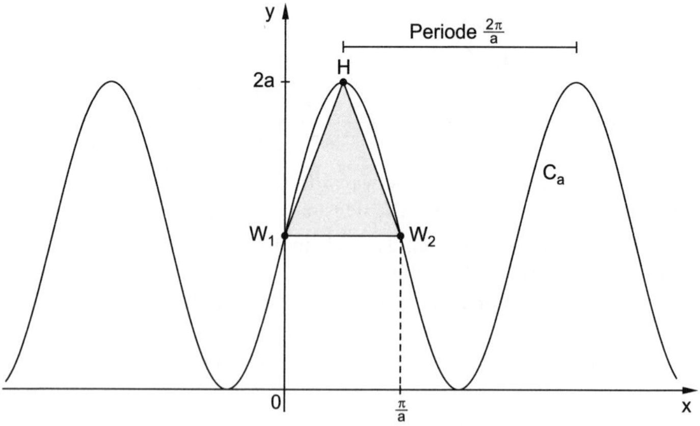

Für das Schaubild C_a gelten die Streckungen und die Verschiebung entsprechend zum Schaubild C_2 (siehe oben).

Die Amplitude beträgt also a, die Periode $\frac{2\pi}{a}$ und die Verschiebung nach oben a.

$$\Rightarrow \quad H\left(\frac{\pi}{2a} \middle| 2a\right);\ W_1(0\,|\,a);\ W_2\left(\frac{\pi}{a} \middle| a\right)$$

$\Rightarrow$ Die Grundseite $\overline{W_1W_2}$ des Dreiecks beträgt $\frac{\pi}{a}$, die Höhe beträgt a.

$\Rightarrow$ Die Fläche des Dreiecks beträgt $\frac{1}{2}\cdot\frac{\pi}{a}\cdot a = \frac{\pi}{2}$. Sie ist also unabhängig von a.

Dreieck rechtwinklig?

Das Dreieck ist wegen der Symmetrie der Sinusfunktion gleichschenklig. Der Winkel bei H wird also durch die Höhe halbiert. Wenn nun bei H ein rechter Winkel vorliegt, beträgt der halbe Winkel 45°, somit auch der Winkel bei B. Damit ist auch das Dreieck HFB gleichschenklig, also $h = \frac{g}{2}$.

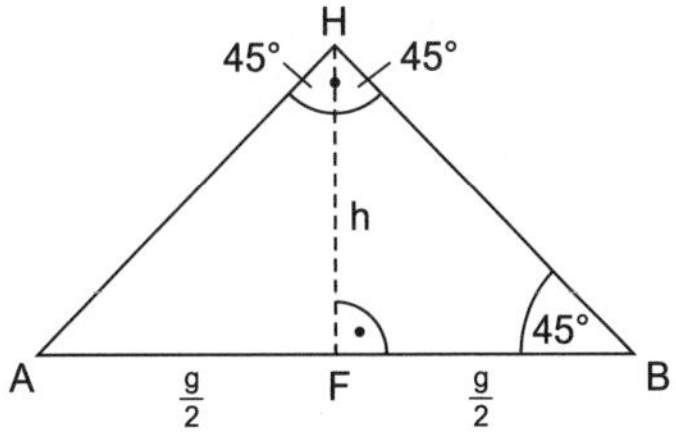

$$\Rightarrow \quad a = \frac{\pi}{2a} \quad \Rightarrow \quad a^2 = \frac{\pi}{2}$$

$$\Rightarrow \quad a = \sqrt{\frac{\pi}{2}} \approx 1{,}253 \quad (\text{da } a > 0)$$

Berufliche Gymnasien Baden-Württemberg: Mathematik ohne CAS
Abiturprüfung 2015 – Teil 2 (Stochastik), Aufgabe 1

1 Zwei Seiten eines idealen Würfels sind mit S, zwei Seiten sind mit A und zwei Seiten sind mit M beschriftet.

Bei einem Schulfest der „Schule am Meer" (SAM) stehen drei derart beschriftete Würfel zur Verfügung. Bei einem Versuch werden diese Würfel gleichzeitig geworfen.

1.1 Berechnen Sie die Wahrscheinlichkeiten der folgenden Ereignisse:

E_1: Alle drei Würfel zeigen den gleichen Buchstaben.
E_2: Mindestens ein Würfel zeigt den Buchstaben S.

Zeigen Sie, dass mit der Wahrscheinlichkeit von $\frac{2}{9}$ mit den gewürfelten Buchstaben das Wort SAM gebildet werden kann. (5 KP)

1.2 Formulieren Sie für den oben beschriebenen Versuch ein Ereignis, dessen Wahrscheinlichkeit $\frac{7}{27}$ ist. (2 KP)

1.3 Wie viele Versuche mindestens braucht man, um mit einer Wahrscheinlichkeit von mehr als 90 % mindestens einmal das Wort SAM bilden zu können? (3 KP)

1.4 Wer nach einem Versuch das Wort SAM bilden kann, erhält einen Preis. Ein Spiel besteht aus drei Versuchen. Pro Spiel kann man also maximal drei Preise erhalten.

Wie viele Preise erhält man durchschnittlich pro Spiel?

Geben Sie eine begründete Empfehlung, wie viele Preise die Schule bereithalten sollte, wenn insgesamt maximal 900 Spiele auf dem Schulfest gemacht werden. (5 KP)

(15 KP)

Hinweise und Tipps

1.1 **Tipps:**

- Wenn jeweils zwei der sechs Seiten eines idealen Würfels mit dem jeweiligen Buchstaben beschriftet sind, ergeben sich für das Würfeln des Buchstabens S, des Buchstabens A bzw. des Buchstabens M welche Wahrscheinlichkeiten? Notieren Sie sich zunächst diese Wahrscheinlichkeiten.
- Für das Lösen der Teilaufgaben 1.1 und 1.2 kann ein Baumdiagramm sehr hilfreich sein. Das Zufallsexperiment kann dann so interpretiert werden, dass ein Würfel dreimal geworfen wird (die drei Würfel sind ja identisch), wobei die Reihenfolge nicht beachtet wird.
- Sie können die gesuchten Wahrscheinlichkeiten leicht an einem solchen Baumdiagramm ablesen.
- Die Wahrscheinlichkeit von Ereignis E_2 lässt sich alternativ auch über das Gegenereignis $\overline{E_2}$ berechnen.

1.2 **Tipps:**

- Für jeden Pfad durch das Baumdiagramm erhält man dieselbe Wahrscheinlichkeit von $\frac{1}{27}$. In Teilaufgabe 1.2 ist nach einem Ereignis gefragt, dessen Wahrscheinlichkeit $\frac{7}{27}$ beträgt.
- Nach der Pfadadditionsregel errechnet sich die Wahrscheinlichkeit eines Ereignisses durch das Aufsummieren der Wahrscheinlichkeiten der Pfade, die für dieses Ereignis günstig sind. Wie viele (beliebige) Pfade müssen also zu dem gesuchten Ereignis zusammengefasst werden?
- Alternativ kann man von dem Ereignis „Mit den gewürfelten Buchstaben kann das Wort SAM gebildet werden“ ausgehen – die Wahrscheinlichkeit hierfür ist in Teilaufgabe 1.1 mit $\frac{2}{9}$ angegeben – und dieses durch einen Ausgang mit der Wahrscheinlichkeit von $\frac{1}{27}$ ergänzen.

1.3 **Tipp:**

Bei Aufgaben vom Typ „Wie viele … mindestens …, damit mit einer Wahrscheinlichkeit von mindestens/mehr als … mindestens …“ verwendet man zum Aufstellen der Bestimmungsungleichung das Gegenereignis.

1.4 **Tipps:**

- In Teilaufgabe 1.4 ist nach den durchschnittlich zu erwartenden Preisen pro Spiel gefragt. Gesucht ist also nach dem Erwartungswert E(X) für die Zufallsvariable X: Anzahl der Preise pro Spiel.
- Die Wahrscheinlichkeit für einen Erfolg (d. h. für einen Preis) bei einem Versuch ist in Teilaufgabe 1.1 angegeben. Beachten Sie, dass ein Spiel jetzt aus 3 Versuchen besteht.
- Für die begründete Empfehlung für die Anzahl der von der Schule bereitzuhaltenden Preise kann die Standardabweichung eine gute Orientierung sein, da dieser Wert (vom GTR berechnet!) die Streuung um den Erwartungswert angibt. Welche Empfehlung lässt sich aufgrund des Erwartungswertes und der Standardabweichung aussprechen?

Lösungen

1 Da jeweils zwei Seiten eines idealen Würfels mit demselben Buchstaben beschriftet sind, ergibt sich für die Wahrscheinlichkeit, den Buchstaben S bzw. den Buchstaben A bzw. den Buchstaben M zu würfeln:

$$P(S) = P(A) = P(M) = \frac{2}{6} = \frac{1}{3}$$

Baumdiagramm:

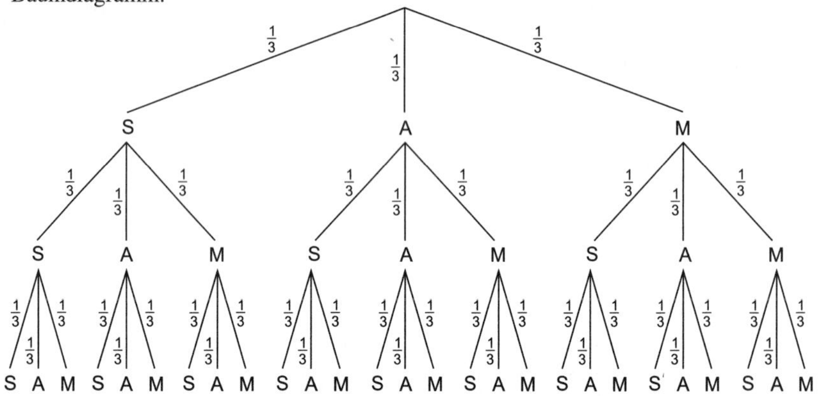

1.1 **Berechnung/Bestätigung von Wahrscheinlichkeiten gegebener Ereignisse**

E_1: Alle drei Würfel zeigen den gleichen Buchstaben.

Das Ereignis E_1 tritt ein, wenn entweder der Buchstabe S, der Buchstabe A oder der Buchstabe M dreimal gewürfelt wird. Aus dem Baumdiagramm (siehe oben) ergibt sich für jeden dieser Ausgänge die Wahrscheinlichkeit $\frac{1}{3} \cdot \frac{1}{3} \cdot \frac{1}{3} = \frac{1}{27}$.

Mit $E_1 = \{SSS, AAA, MMM\}$ erhält man damit:

$$P(E_1) = 3 \cdot \frac{1}{3} \cdot \frac{1}{3} \cdot \frac{1}{3} = \frac{1}{9}$$

E_2: Mindestens ein Würfel zeigt den Buchstaben S.

Eine Möglichkeit, die Wahrscheinlichkeit des Ereignisses E_2 zu berechnen, ist das Ablesen und Aufsummieren der geeigneten Wahrscheinlichkeiten:

$$\begin{aligned} P(E_2) &= P(\text{ein Würfel zeigt den Buchstaben S}) \\ &\quad + P(\text{zwei Würfel zeigen den Buchstaben S}) \\ &\quad + P(\text{drei Würfel zeigen den Buchstaben S}) \\ &= 3 \cdot \frac{1}{3} \cdot \frac{2}{3} \cdot \frac{2}{3} + 3 \cdot \frac{1}{3} \cdot \frac{1}{3} \cdot \frac{2}{3} + \frac{1}{3} \cdot \frac{1}{3} \cdot \frac{1}{3} = \frac{19}{27} \end{aligned}$$

Alternative Berechnung mit dem Gegenereignis:

Etwas eleganter und schneller lässt sich diese Wahrscheinlichkeit über das Gegenereignis bestimmen:

$\overline{E_2}$: Kein Würfel zeigt den Buchstaben S.

$$P(E_2) = 1 - P(\overline{E_2}) = 1 - \frac{2}{3} \cdot \frac{2}{3} \cdot \frac{2}{3} = 1 - \frac{8}{27} = \frac{19}{27}$$

E_3: Mit den gewürfelten Buchstaben kann das Wort SAM gebildet werden.
Das Wort SAM lässt sich bilden, wenn beim Werfen dieser drei Würfel der Buchstabe S, der Buchstabe A und der Buchstabe M je einmal gewürfelt werden.

$E_3 = \{SAM, SMA, ASM, AMS, MSA, MAS\}$

Da die Wahrscheinlichkeit für jeden dieser sechs Ausgänge gleich groß ist (siehe Baumdiagramm), ergibt sich als Wahrscheinlichkeit für das Ereignis:

$$P(E_3) = 6 \cdot \frac{1}{3} \cdot \frac{1}{3} \cdot \frac{1}{3} = \frac{2}{9}$$

Dies war nachzuweisen.

1.2 **Ereignis E_4 mit $P(E_4) = \frac{7}{27}$**

1. Möglichkeit:

Aus dem Baumdiagramm (siehe oben) lässt sich leicht ablesen, dass jedes Ergebnis des beschriebenen Versuches mit einer Wahrscheinlichkeit von $\frac{1}{27}$ auftritt.

Fasst man nun 7 dieser Ergebnisse zu einem Ereignis E_4 zusammen, so gilt für dieses Ereignis $P(E_4) = \frac{7}{27}$ (Pfadadditionsregel).

Ein mögliches Ereignis E_4 wäre somit:

E_4: Es wird dreimal der Buchstabe M gewürfelt **oder** genau zweimal der Buchstabe M.

2. Möglichkeit:

In Teilaufgabe 1.1 ist die Wahrscheinlichkeit für das Ereignis „Mit den gewürfelten Buchstaben kann das Wort SAM gebildet werden" (E_3 oben) mit $\frac{2}{9}$ angegeben.

Da $\frac{7}{27} - \frac{2}{9} = \frac{1}{27}$ ergibt, kann man das gesuchte Ereignis E_4 auch erhalten, indem man das Ereignis E_3 mit einem weiteren Ergebnis des Versuches ergänzt (wieder aufgrund der Pfadadditionsregel).

Somit könnte das gesuchte Ereignis auch wie folgt beschrieben werden:

E_4: Mit den gewürfelten Buchstaben kann das Wort SAM gebildet werden **oder** alle drei Würfel zeigen den Buchstaben M.

1.3 **Mindestanzahl an Versuchen für mindestens einmal SAM**

Bei Aufgaben dieses Typs empfiehlt es sich, mit dem Gegenereignis die Bestimmungsungleichung aufzustellen:

E: Bei n Versuchen lässt sich mindestens einmal das Wort SAM bilden.

$\overline{E}$: Bei n Versuchen lässt sich das Wort SAM keinmal bilden.

Aus Teilaufgabe 1.1 ist bekannt, dass bei einem Versuch die Wahrscheinlichkeit, das Wort SAM bilden zu können, $\frac{2}{9}$ beträgt. Mit einer Wahrscheinlichkeit von $\frac{7}{9}$ lässt sich somit das Wort SAM nicht bilden.

Damit ergibt sich für die Wahrscheinlichkeit des Ereignisses $\overline{E}$:

$$P(\overline{E}) = \left(\frac{7}{9}\right)^n$$

Da $\overline{E}$ das Gegenereignis zu E ist, ergibt sich für die Wahrscheinlichkeit von E:

$$P(E) = 1 - \left(\frac{7}{9}\right)^n$$

Da diese Wahrscheinlichkeit mehr als 90 % betragen soll, erhält man die Bestimmungsungleichung:

$$1-\left(\frac{7}{9}\right)^n > 0,9 \qquad |\,\text{umformen}$$

$$0,1 > \left(\frac{7}{9}\right)^n \qquad |\,\ln$$

$$\ln(0,1) > n\cdot\ln\left(\frac{7}{9}\right) \qquad |:\ln\left(\frac{7}{9}\right) \quad (<0\,!)$$

$$\frac{\ln(0,1)}{\ln\left(\frac{7}{9}\right)} < n \qquad \text{(Das Ungleichheitszeichen dreht sich um!)}$$

$$9,16\ldots < n$$

Man braucht mindestens 10 Versuche, um mit einer Wahrscheinlichkeit von mehr als 90 % mindestens einmal das Wort SAM bilden zu können.

1.4 **Erwartungswert E(X) für die Anzahl der Preise bei dem beschriebenen Spiel**

Da nach der durchschnittlichen Anzahl an Preisen pro Spiel gefragt ist, definiert man als Zufallsvariable X: Anzahl der Preise pro Spiel.

In Tabellenform ergeben sich die folgenden Wahrscheinlichkeiten:

x_i	0	1	2	3
$P(X=x_i)$	$\left(1-\frac{2}{9}\right)^3=\left(\frac{7}{9}\right)^3=\frac{343}{729}$	$3\cdot\left(\frac{7}{9}\right)^2\cdot\frac{2}{9}=\frac{98}{243}$	$3\cdot\frac{7}{9}\cdot\left(\frac{2}{9}\right)^2=\frac{28}{243}$	$\left(\frac{2}{9}\right)^3=\frac{8}{729}$
		Der erfolgreiche Versuch kann der erste, der zweite oder der dritte sein.	Der nicht erfolgreiche Versuch kann der erste, der zweite oder der dritte sein.	

Der Erwartungswert E(X) berechnet sich hieraus mit:

$$E(X)=0\cdot\frac{343}{729}+1\cdot\frac{98}{243}+2\cdot\frac{28}{243}+3\cdot\frac{8}{729}=\frac{2}{3}$$

Pro Spiel erhält man durchschnittlich $\frac{2}{3}$ Preise.

Begründete Empfehlung für die Mindestanzahl an Preisen bei 900 Spielen

Bei der begründeten Empfehlung, wie viele Preise die Schule bereithalten sollte, wenn insgesamt maximal 900 Spiele auf dem Schulfest gemacht werden, sollte neben dem Erwartungswert auch die Standardabweichung der Zufallsvariablen X berücksichtigt werden. Der GTR berechnet hier als Standardabweichung $s\approx 0,72$. Dieser Wert gibt die Streuung um den Erwartungswert E(X) an, sodass bei sehr vielen Spielen die Anzahl der Preise pro Spiel zwischen 0 Preisen ($E(X)-s\approx -0,053$) und 1,39 Preisen ($E(X)+s\approx 1,387$) „streut".

Nimmt man den oberen (Streuungs-)Wert und bezieht ihn auf die maximal 900 Spiele an diesem Schulfest, ist also damit zu rechnen, dass etwa $1,39\cdot 900 = 1\,251$ Preise benötigt werden. Um zusätzlich noch etwas Reserve zu haben, könnte man – aufgrund der stochastischen Berechnungen – der Schule empfehlen, 1 500 Preise bereitzuhalten.

2 Der Verein „Schönheit der Mathematik e. V." bringt ein kostenloses Sammelalbum zu Ehren der 50 bedeutendsten Mathematikerinnen und Mathematiker der Geschichte heraus. In dem 50-seitigen Album wird auf jeder Seite ein Mathematiker vorgestellt. Auf jeder Seite ist zudem Platz für ein Klebebild, auf dem der entsprechende Mathematiker abgebildet ist.
Die Klebebilder sind in Tütchen zu je drei Stück im Handel erhältlich.
Man kann vor dem Kauf eines Tütchens nicht erkennen, welche Mathematiker auf den Klebebildern abgebildet sind.

Die Auflage ist so hoch, dass in den folgenden Aufgaben dem Bild von jedem Mathematiker dieselbe Wahrscheinlichkeit zugeordnet ist.

2.1 Anna besitzt ein Sammelalbum und hat darin schon 15 verschiedene Bilder von Mathematikern eingeklebt. Sie kauft sich ein neues Tütchen.
Berechnen Sie die Wahrscheinlichkeiten der folgenden Ereignisse:

A: In dem Tütchen sind drei Bilder des Mathematikers Pythagoras enthalten.

B: Anna kann alle drei Klebebilder in dem Tütchen für ihr Sammelalbum verwenden. (4 KP)

2.2 Bruno hat bereits 49 der 50 Mathematikerbilder gesammelt.
Es fehlt ihm nur noch das Bild der Mathematikerin Noether.

2.2.1 Er kauft sich ein Tütchen.
Wie groß ist die Wahrscheinlichkeit, dass sein Album nun voll wird? (3 KP)

2.2.2 Wie viele Tütchen mindestens muss sich Bruno kaufen, damit er mit einer Wahrscheinlichkeit von mehr als 80 % das noch fehlende Klebebild erhält? (3 KP)

2.3 Christoph hat bereits 40 von 50 Klebebildern gesammelt. Er kauft ein Tütchen.
Wie viele für ihn brauchbare Klebebilder kann er darin erwarten?
Zeichnen Sie dazu ein Baumdiagramm. (5 KP)

(15 KP)

Hinweise und Tipps

2.1 **Tipps:**

- Da die Klebebilder in Tütchen verkauft werden, deren Inhalt man vorher nicht kennt, und sich in jedem Tütchen drei Klebebilder befinden, kann das Kaufen eines Tütchens anhand eines Urnenmodells veranschaulicht werden. Für jede/jeden der 50 Mathematiker/-innen befindet sich eine (mit entsprechendem Namen beschriftete) Kugel in der Urne. Da ein Tütchen auch mehrere gleiche Klebebilder enthalten kann, entspricht das Kaufen eines Tütchens dann dem zufälligen Ziehen von drei Kugeln mit Zurücklegen. Die Wahrscheinlichkeit, einen bestimmten Mathematiker bzw. eine bestimmte Mathematikerin (also eine bestimmte Kugel) zu ziehen, lässt sich anhand dieses Modells ebenfalls leicht bestimmen.
- Für das Ereignis A muss dreimal hintereinander die Kugel mit der Beschriftung „Pythagoras" gezogen werden. Da es sich um Ziehen mit Zurücklegen handelt, ändert sich die Wahrscheinlichkeit für diese Kugel nicht. Welche Wahrscheinlichkeit muss daher dreimal mit sich selbst multipliziert werden?
- Zur Berechnung der Wahrscheinlichkeit von Ereignis B kann folgende Änderung am Urnenmodell hilfreich sein: Stellt man sich die Kugeln der Bilder, die Anna bereits eingeklebt hat, grau gefärbt vor und diejenigen, die sie noch gebrauchen kann, weiß, dann ist das Ziehen einer weißen Kugel ein günstiges Ergebnis für das Ereignis B. Wenn zusätzlich bedacht wird, dass eine gezogene weiße Kugel vor dem Zurücklegen grau eingefärbt werden muss (diese Kugel kann Anna ja kein zweites Mal gebrauchen), ergeben sich welche Wahrscheinlichkeiten für das Ziehen einer weißen Kugel im ersten bzw. zweiten bzw. dritten Zug? Wie viele weiße Kugeln befinden sich vor dem ersten Zug in der Urne? Mit welcher Wahrscheinlichkeit zieht man also eine weiße Kugel im ersten Zug? Wie viele weiße Kugeln sind es dann vor dem zweiten bzw. dritten Zug? Diese drei Wahrscheinlichkeiten miteinander multipliziert ergeben die Wahrscheinlichkeit von Ereignis B.

2.2.1 **Tipp:**

Rechnen Sie mit dem Gegenereignis „Kein Bild zeigt die Mathematikerin Noether".

2.2.2 **Tipps:**

- Bei Aufgaben vom Typ „Wie viele … mindestens …, damit mit einer Wahrscheinlichkeit von mindestens/mehr als …" erhält man die Bestimmungsungleichung mithilfe des Gegenereignisses.
- Das Klebebild, das Bruno noch fehlt, zeigt die Mathematikerin Noether. Damit Bruno das fehlende Klebebild erhält, muss mindestens ein Klebebild mit der Mathematikerin Noether in den n gekauften Tütchen sein. Verwenden Sie zur Aufstellung der Bestimmungsungleichung die in Teilaufgabe 2.2.1 berechnete Wahrscheinlichkeit.

2.3 **Tipps:**

- Zeichnen Sie zunächst das Baumdiagramm. Für die Fragestellung ist nur interessant, ob ein Klebebild brauchbar (b) oder nicht brauchbar ($\overline{b}$) ist. Es genügen somit auf jeder Ebene des Baumdiagramms die zwei möglichen Ausgänge b bzw. $\overline{b}$.
- Gefragt ist nach den zu erwartenden brauchbaren Klebebildern in einem Tütchen. Es ist also der Erwartungswert E(X) zu berechnen für die Zufallsvariable
  X: Anzahl der brauchbaren Klebebilder.

Lösungen

2.1 Berechnung von Wahrscheinlichkeiten

Das beschriebene Zufallsexperiment „Kaufen eines Tütchens mit 3 Klebebildern der 50 bedeutendsten Mathematikerinnen und Mathematiker“ lässt sich am Urnenmodell veranschaulichen. Für jede/jeden dieser 50 berühmten Mathematiker/-innen befindet sich eine Kugel mit dem entsprechenden Namen in der Urne. Es werden nacheinander drei Kugeln gezogen. Da sich in einem Tütchen auch zwei oder drei gleiche Klebebilder befinden können, handelt es sich um Ziehen mit Zurücklegen.

A: In dem Tütchen sind drei Bilder des Mathematikers Pythagoras enthalten.
Die Wahrscheinlichkeit für das Ziehen der Kugel „Pythagoras“ beträgt $\frac{1}{50}$. Da diese Kugel dreimal gezogen werden soll, ergibt sich:

$$P(A)=\left(\frac{1}{50}\right)^3=\frac{1}{125\,000}=0{,}000008$$

Mit einer Wahrscheinlichkeit von 0,000008 sind in dem gekauften Tütchen drei Bilder des Mathematikers Pythagoras.

B: Anna kann alle drei Klebebilder in dem Tütchen für ihr Sammelalbum verwenden.
Da Anna bereits 15 verschiedene Bilder von Mathematikern eingeklebt hat, sind für sie nur noch die restlichen 35 Bilder interessant. Ändert man das Urnenmodell so ab, dass man sich die Kugeln der Bilder, die Anna bereits hat, grau gefärbt vorstellt und die anderen Kugeln weiß, so ist für die Wahrscheinlichkeit von Ereignis B nur das Ziehen der weißen Kugeln von Interesse. Beachtet man zusätzlich, dass eine gezogene weiße Kugel vor dem Zurücklegen grau eingefärbt wird (dieses Klebebild kann Anna kein zweites Mal gebrauchen!), so ergibt sich als Wahrscheinlichkeit für Ereignis B:

$$P(B)=\frac{35}{50}\cdot\frac{34}{50}\cdot\frac{33}{50}=\frac{39\,270}{125\,000}=0{,}31416$$

Mit einer Wahrscheinlichkeit von 0,31416 kann Anna alle drei Klebebilder in dem Tütchen für ihr Sammelalbum verwenden.

2.2.1 Wahrscheinlichkeit, das fünfzigste Bild im gekauften Tütchen zu finden

Das Album von Bruno wird voll, wenn mindestens eines der drei Bilder im Tütchen das Bild der Mathematikerin Noether ist. Die Wahrscheinlichkeit hierfür lässt sich am geschicktesten mit dem Gegenereignis berechnen:

N: Im Tütchen befindet sich mindestens ein Bild der Mathematikerin Noether.

$\overline{N}$: Im Tütchen befindet sich kein Bild der Mathematikerin Noether.

Mit $P(\overline{N})=\left(\frac{49}{50}\right)^3$ ergibt sich als Wahrscheinlichkeit:

$$P(N)=1-P(\overline{N})=1-\left(\frac{49}{50}\right)^3=0{,}058808$$

Mit einer Wahrscheinlichkeit von 0,058808 ist Brunos Album nach dem Kauf des Tütchens voll.

2.2.2 **Mindestanzahl an Tütchen für mindestens einmal das fehlende Klebebild**

Sei n die Anzahl der Tütchen, die Bruno kauft. Da das fehlende Klebebild das Bild der Mathematikerin Noether ist, kann in dieser Teilaufgabe mit den Wahrscheinlichkeiten aus Teilaufgabe 2.2.1 gerechnet werden:

P(bei n gekauften Tütchen ist mindestens einmal das Bild der Mathematikerin Noether enthalten)

$= 1 - $ P(bei n gekauften Tütchen ist kein Bild der Mathematikerin Noether enthalten)

$$= 1 - \left(\left(\frac{49}{50}\right)^3\right)^n$$

Diese Wahrscheinlichkeit soll größer als 80 % sein:

$$1 - \left(\left(\frac{49}{50}\right)^3\right)^n > 0{,}8 \qquad |\text{umformen}$$

$$\left(\left(\frac{49}{50}\right)^3\right)^n < 0{,}2 \qquad |\ln$$

$$n \cdot \ln\left(\left(\frac{49}{50}\right)^3\right) < \ln(0{,}2) \qquad |:\ln\left(\left(\frac{49}{50}\right)^3\right) \quad (< 0\,!)$$

$$n > \frac{\ln(0{,}2)}{\ln\left(\left(\frac{49}{50}\right)^3\right)} \approx 26{,}55\ldots \quad \text{(Das Ungleichheitszeichen dreht sich um!)}$$

Bruno muss mindestens 27 Tütchen kaufen, damit er mit einer Wahrscheinlichkeit von mehr als 80 % das noch fehlende Klebebild der Mathematikerin Noether erhält.

2.3 **Berechnung eines Erwartungswertes**

Baumdiagramm:

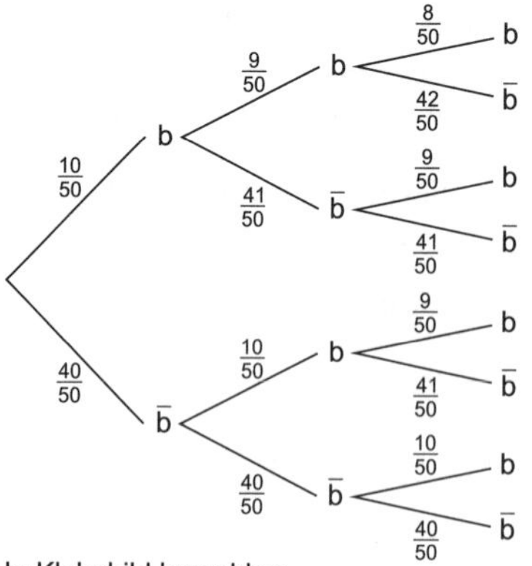

b: Klebebild brauchbar

$\overline{b}$: Klebebild nicht brauchbar

Zur Berechnung des Erwartungswertes E(X) definiert man die Zufallsvariable
X: Anzahl der brauchbaren Klebebilder im gekauften Tütchen.

Die Tabelle listet die Wahrscheinlichkeiten für die einzelnen Werte der Zufallsvariablen auf:

x_i	0	1	2	3
$P(X=x_i)$	$\frac{40}{50}\cdot\frac{40}{50}\cdot\frac{40}{50}$ $=0{,}512$	$\frac{10}{50}\cdot\frac{41}{50}\cdot\frac{41}{50}$ $+\frac{40}{50}\cdot\frac{10}{50}\cdot\frac{41}{50}$ $+\frac{40}{50}\cdot\frac{40}{50}\cdot\frac{10}{50}$ $=0{,}39368$	$\frac{10}{50}\cdot\frac{9}{50}\cdot\frac{42}{50}$ $+\frac{10}{50}\cdot\frac{41}{50}\cdot\frac{9}{50}$ $+\frac{40}{50}\cdot\frac{10}{50}\cdot\frac{9}{50}$ $=0{,}08856$	$\frac{10}{50}\cdot\frac{9}{50}\cdot\frac{8}{50}$ $=0{,}00576$

Mit diesen Wahrscheinlichkeiten errechnet sich der Erwartungswert E(X):

$E(X)=0\cdot 0{,}512+1\cdot 0{,}39368+2\cdot 0{,}08856+3\cdot 0{,}00576=0{,}58808$

Christoph kann bei seinem gekauften Tütchen 0,58808 brauchbare Klebebilder (d. h. etwa ein halbes brauchbares Klebebild) erwarten.

1.1 In einem Bootsverleih kann man sich Boote verschiedenen Typs ausleihen. Die entsprechenden Preise sind in der nachfolgenden Tabelle aufgelistet.

Bootstyp	**Preis je Stunde**
Motorboot	35 €
Elektroboot	25 €
Tretboot	10 €

1.1.1 An einem heißen Sommertag sind alle verfügbaren 48 Boote gleichzeitig ausgeliehen. Die Einnahmen nach einer Stunde betragen 980 €.
Die Anzahl der Tretboote ist doppelt so groß wie die Anzahl der Motorboote.
Wie viele Motor-, Elektro- und Tretboote besitzt der Bootsverleih jeweils? (4 KP)

1.1.2 In den Abendstunden lässt der Besucherstrom nach.
In der letzten Stunde sind nur noch 25 Boote auf dem See, und die Einnahmen belaufen sich in dieser Stunde auf 525 €.
Wie viele Motorboote sind nun mindestens unterwegs? (4 KP)

1.2 Ben leiht sich ein Motorboot aus und fährt bis zur gegenüberliegenden Insel. Die Geschwindigkeit seines Motorbootes wird durch die Polynomfunktion v mit

$$v(t) = -0{,}003t^4 + 0{,}127t^3 - 1{,}758t^2 + 8{,}733t; \quad 0 \le t \le 21$$

modelliert. (Zeit t in Minuten; Geschwindigkeit v(t) in $\frac{km}{h}$)

1.2.1 Zeichnen und beschreiben Sie den Geschwindigkeitsverlauf der Bootsfahrt. (4 KP)

1.2.2 Welche Durchschnittsgeschwindigkeit hatte das Boot, und welche Strecke hat es während dieser 21-minütigen Fahrt zurückgelegt? (3 KP)

(15 KP)

Hinweise und Tipps

1.1.1 **Tipps:**

- Drei Variablen können durch ein lineares Gleichungssystem mit drei Gleichungen eindeutig bestimmt werden.
- Welche Bedingungen und damit welche Gleichungen für die unbekannten Anzahlen der drei Bootstypen ergeben sich aus der Aufgabenstellung?

1.1.2 **Tipps:**

- Welche Bedingungen und damit welche Gleichungen für die unbekannten Anzahlen der drei Bootstypen ergeben sich aus der veränderten Aufgabenstellung?
- Da nur zwei Bedingungen gegeben sind, ergibt sich hier für die drei Variablen ein unterbestimmtes lineares Gleichungssystem.
- Es ist nach der kleinsten möglichen Anzahl von Motorbooten gefragt. Wie erhält man diese aus der mehrdeutigen Lösung?
- Die Überlegung, dass nur eine natürliche Anzahl an Booten ausgeliehen werden kann, kann bei der Beantwortung der Frage helfen.

1.2.1 **Tipps:**

- Zur Beschreibung von Funktionsgraphen eignen sich die besonderen Punkte wie Schnittpunkte mit den Koordinatenachsen, Extrempunkte, Wendepunkte, aber auch Eigenschaften von Funktionsgraphen wie Symmetrie, Monotonie …
- Interpretieren Sie Ihre Beobachtungen bezogen auf die Bootsfahrt.

1.2.2 **Tipps:**

- Die Durchschnittsgeschwindigkeit lässt sich hier über den Mittelwert der Funktion berechnen.
- Der zurückgelegte Weg s berechnet sich nach dem Weg-Zeit-Gesetz $s = v \cdot t$, wobei man für v die zuvor berechnete Durchschnittsgeschwindigkeit verwenden kann und t (aufgrund der Angabe in der Aufgabe) 21 Minuten beträgt.
- Beachten Sie die Einheiten der Geschwindigkeit und der Zeit.

1.1.1 Anzahl der Motor-, Elektro- und Tretboote, die der Bootsverleih besitzt

Mit den in der Aufgabenstellung gegebenen drei Bedingungen lassen sich drei Gleichungen eines linearen Gleichungssystems aufstellen. Hierbei steht die Variable **m** für die Anzahl der **M**otorboote, die Variable **e** für die Anzahl der **E**lektroboote und die Variable **t** für die Anzahl der **T**retboote.

Aus der ersten Bedingung „An einem heißen Sommertag sind alle verfügbaren 48 Boote gleichzeitig ausgeliehen“ ergibt sich die Gleichung:

$m + e + t = 48$

Die Einnahmen nach einer Stunde (die entsprechenden Preise können der Tabelle entnommen werden) setzen sich zusammen aus den Einnahmen für den Verleih aller Motorboote ($35\,€ \cdot m$) plus den Einnahmen für den Verleih aller Elektroboote ($25\,€ \cdot e$) plus den Einnahmen für den Verleih aller Tretboote ($10\,€ \cdot t$). Die zweite Bedingung „Die Einnahmen nach einer Stunde betragen 980 €“ führt somit zur zweiten Gleichung:

$35\,€ \cdot m + 25\,€ \cdot e + 10\,€ \cdot t = 980\,€$

(Die Währungseinheit € wird im Nachfolgenden weggelassen.)

Mit der dritten Bedingung „Die Anzahl der Tretboote ist doppelt so groß wie die Anzahl der Motorboote“ lässt sich schließlich die dritte Gleichung aufstellen:

$t = 2 \cdot m$

Aus dem linearen Gleichungssystem

$$\begin{aligned} m + e + t &= 48 \\ 35m + 25e + 10t &= 980 \\ t &= 2m \end{aligned} \quad \text{bzw.} \quad \begin{aligned} m + e + t &= 48 \\ 35m + 25e + 10t &= 980 \\ -2m + t &= 0 \end{aligned}$$

berechnet der GTR $m = 11$, $e = 15$ und $t = 22$.

Der Bootsverleih besitzt 11 Motorboote, 15 Elektroboote und 22 Tretboote.

1.1.2 Wie viele Motorboote sind in den Abendstunden mindestens unterwegs?

Die Aufgabenstellung hier ist ähnlich zu der in Teilaufgabe 1.1.1. Der entscheidende Unterschied besteht allerdings darin, dass nur zwei Angaben zur Bestimmung der drei Variablen gemacht werden. Diese zwei Bedingungen führen zu einem unterbestimmten Gleichungssystem, das mit dem GTR vereinfacht werden kann:

$$\begin{aligned} m + e + t &= 25 \\ 35m + 25e + 10t &= 525 \end{aligned} \quad \overset{\text{GTR}}{\Rightarrow} \quad \begin{aligned} m - 1{,}5t &= -10 \\ e + 2{,}5t &= 35 \end{aligned}$$

Mit $t = s$, $s \in \mathbb{R}$ hat das lineare Gleichungssystem die mehrdeutige Lösung:

$m = -10 + 1{,}5s$

$e = 35 - 2{,}5s$

Da für die Anzahl der Bootstypen jeweils nur natürliche Zahlen infrage kommen, kann s in diesen Gleichungen nur die Werte 8, 10, 12 oder 14 annehmen.

Für $s = 8$ ergibt sich $m = 2$, für $s = 10$ dann $m = 5$, für $s = 12$ der Wert $m = 8$ und für $s = 14$ erhält man $m = 11$. $m = 2$ ist somit die kleinste Anzahl an Motorbooten.

Es sind also mindestens 2 Motorboote in den Abendstunden unterwegs.

1.2.1 **Zeichnung und Beschreibung des Geschwindigkeitsverlaufs der Bootsfahrt**

Das Schaubild ist zu zeichnen im Bereich $0 \leq t \leq 21$. Eine geeignete Skalierung für die Achsen ist 1 LE $\hat{=}$ 0,5 cm.

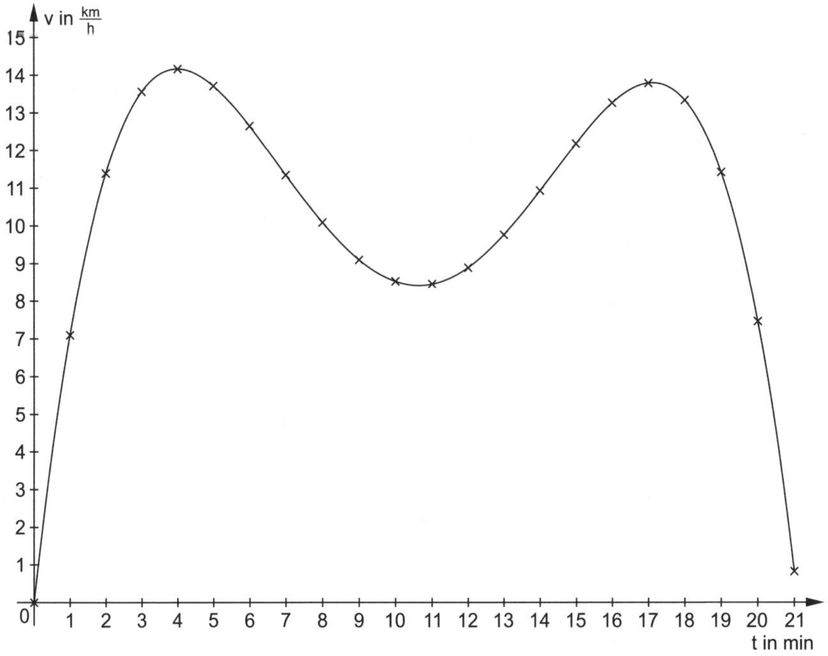

Ben beschleunigt in den ersten 4 Minuten stetig (der Graph ist streng monoton steigend) auf die maximale Geschwindigkeit von etwa $14{,}2\ \frac{\text{km}}{\text{h}}$.

Anschließend verlangsamt er seine Fahrt immer mehr (der Graph ist streng monoton fallend) bis zur 11. Minute, bis er dann mit einer Geschwindigkeit von etwa $8{,}4\ \frac{\text{km}}{\text{h}}$ unterwegs ist. Nach der 11. Minute erhöht er seine Geschwindigkeit nochmals stetig (Graph ist streng monoton steigend), bis er in der 17. Minute eine Geschwindigkeit von etwa $13{,}8\ \frac{\text{km}}{\text{h}}$ erreicht hat. In diesem Bereich ist die größte Änderung der Geschwindigkeit etwa in der 7. Minute (größte Abnahme der Geschwindigkeit) und etwa in der 14. Minute (größte Zunahme) feststellbar.

Ab der 17. Minute bis zur Ankunft an der Insel verringert Ben seine Geschwindigkeit wieder stetig (Graph ist streng monoton fallend), bis er nach 21 Minuten mit einer Geschwindigkeit von etwa $1\ \frac{\text{km}}{\text{h}}$ an der Insel anlegt.

1.2.2 **Durchschnittsgeschwindigkeit während Bens Bootsfahrt**

Die Durchschnittsgeschwindigkeit des Bootes kann über den Mittelwert der Funktion v(t) über die gesamte Zeit berechnet werden:

$$\overline{v} = \frac{1}{21-0}\int_0^{21} v(t)\,dt \approx 10{,}62$$

Die Durchschnittsgeschwindigkeit von Bens Boot betrug etwa $10{,}62\,\frac{km}{h}$.

Zurückgelegte Strecke während Bens Bootsfahrt

Die Fahrt von Ben dauert 21 Minuten. Die Durchschnittsgeschwindigkeit wurde mit $10{,}62\,\frac{km}{h}$ berechnet.

Da die Einheiten (Minuten – Stunden!) nicht übereinstimmen, muss entweder die Zeit ($21\text{ min} \mathrel{\hat{=}} \frac{21}{60}\text{ h}$) oder die Geschwindigkeit ($10{,}62\,\frac{km}{h} \mathrel{\hat{=}} 10{,}62\,\frac{1\,000\text{ m}}{60\text{ min}} \mathrel{\hat{=}} 177\,\frac{m}{min}$) in die jeweils andere Einheit umgerechnet werden.

Mit folgender Berechnung erhält man dann die Länge der zurückgelegten Strecke:

$$s = \overline{v} \cdot 21\text{ min} = 10{,}62\,\frac{km}{h} \cdot \frac{21}{60}\text{ h} = 3{,}717\text{ km} \quad \text{bzw.}$$

$$s = \overline{v} \cdot 21\text{ min} = 177\,\frac{m}{min} \cdot 21\text{ min} = 3\,717\text{ m} = 3{,}717\text{ km}$$

Als *Alternative* zu dieser Rechnung lässt sich der zurückgelegte Weg natürlich auch als Integral über die Geschwindigkeitsfunktion verstehen! Auch dabei müssen die unterschiedlichen Einheiten beachtet werden. Mit dem Integral

$$s = \int_0^{21} \frac{v(t)}{60}\,dt \approx 3{,}72 \quad [\text{km}]$$

erhält man ebenfalls die Länge der zurückgelegten Strecke.

Ben legt bei seiner 21-minütigen Fahrt eine Strecke von etwa 3,72 km zurück.

2 Bei den Olympischen Sommerspielen 2008 in Peking legte der Jamaikaner Usain Bolt die 100 Meter (m) in der damaligen Weltrekordzeit von fabelhaften 9,69 Sekunden (s) zurück. Dabei begann Bolt bereits nach 80 m zu jubeln und verringerte somit vorzeitig seine Geschwindigkeit.

Analysiert man seinen Lauf auf jeweils 10 m langen Abschnitten, ergeben sich die folgenden Daten.

d	0	10	20	30	40	50	60	70	80	90	100
t	0	1,85	2,87	3,78	4,65	5,50	6,32	7,14	7,96	8,79	9,69
$\overline{v}$	5,41	9,80	10,99	11,49	11,76	12,19	12,19	12,19	12,05	11,11	–

Dabei sind:

- d die zurückgelegte Distanz in m
- t die Zeit in s
- $\overline{v}$ die Durchschnittsgeschwindigkeit im jeweiligen 10-m-Intervall in $\frac{m}{s}$.

Zum Beispiel ist $5{,}41\,\frac{m}{s}$ die Durchschnittsgeschwindigkeit $\overline{v}$ auf den ersten 10 Metern.

2.1 Wie lange benötigte Bolt für die letzten 50 Meter des Laufs?
Kann ein Mensch mit einer höheren Geschwindigkeit als $40\,\frac{km}{h}$ rennen?
Welche Zeit hätte Bolt erreicht, wenn er in diesem Lauf die maximale Durchschnittsgeschwindigkeit aus der Tabelle bis zum Ende des Laufs beibehalten hätte? (5 KP)

2.2 Die Funktion v mit

$$v(t) = 0{,}0382 \cdot t^3 - 0{,}8158 \cdot t^2 + 5{,}4828 \cdot t + 0{,}4546; \quad t \in [0;\ 9{,}69]$$

modelliert die Momentangeschwindigkeit v in $\frac{m}{s}$ in Abhängigkeit von der Laufzeit t in s.

2.2.1 Zu welchem Zeitpunkt war Bolt nach diesem Modell am schnellsten?
Wie groß war die entsprechende maximale Geschwindigkeit? (3 KP)

2.2.2 Nennen Sie jeweils zwei Argumente, die für beziehungsweise gegen die Eignung dieses Modells sprechen. (4 KP)

2.2.3 Formulieren Sie für Bolts Lauf eine passende Frage, deren Antwort die Lösung der Gleichung $\int_3^{3+z} v(t)\,dt = 50$ für $z > 0$ ist. (3 KP)

(15 KP)

Hinweise und Tipps

2.1 **Tipps:**

- Versuchen Sie möglichst genau zu erfassen, welche Aussagen die vorgegebene Tabelle macht.
- Bei der Beantwortung der ersten Frage hilft folgende Überlegung: Welche Zeit brauchte Bolt für die gesamte 100-Meter-Distanz, welche für die ersten 50 Meter? Wie lange benötigte er folglich für die letzten 50 Meter des Laufs?
- Die verschiedenen Durchschnittsgeschwindigkeiten gibt die Tabelle in der Einheit $\frac{m}{s}$ an. Die Einheit für die Geschwindigkeit bei der zweiten Fragestellung ist $\frac{km}{h}$. Damit ein Vergleich der Geschwindigkeiten möglich ist, muss somit eine Einheit in die andere Einheit umgerechnet werden ($1\,\frac{m}{s} = \frac{3\,600}{1\,000}\,\frac{km}{h}$).
- Alle notwendigen Angaben zum Lösen von Teilaufgabe 2.1 können aus der Tabelle abgelesen werden.

2.2.1 **Tipp:**

Mit Ihrem GTR können Sie sich den Verlauf der Momentangeschwindigkeit v im Intervall [0; 9,69] grafisch darstellen und den Zeitpunkt t_{max} sowie die entsprechende maximale Geschwindigkeit v_{max} berechnen lassen.

2.2.2 **Tipps:**

Mögliche Überlegungen zur Bewertung der Eignung des Modells:

- Aus der Tabelle können nur isolierte Daten abgelesen werden, die Funktion v liefert für alle $t \in [0; 9{,}69]$ zugehörige Funktionswerte.
- Wann wird laut Tabelle, wann nach dem Modell die maximale Durchschnittsgeschwindigkeit (etwa) angenommen?
- Welche maximale Durchschnittsgeschwindigkeit erreicht Bolt laut Tabelle, welche nach dem Modell?
- Mit welcher Anfangsgeschwindigkeit startet Bolt tatsächlich, mit welcher nach dem Modell?
- $\int_0^{9{,}69} v(t)\,dt$ gibt (nach dem Modell) den von Bolt zurückgelegten Weg nach 9,69 s an. Stimmt dies mit dem tatsächlichen Lauf überein?

2.2.3 **Tipps:**

- Das angegebene Integral $\int_3^{3+z} v(t)\,dt$ gibt den zurückgelegten Weg im (Zeit-)Intervall $[3; 3+z]$ wieder.
- Dieser zurückgelegte Weg soll 50 m betragen. Welche Fragestellung lässt sich somit aus der Gleichung ableiten?

2.1 **Benötigte Zeit für die letzten 50 Meter des Laufs**

Die gesamte Strecke, also 100 m, legte Bolt in 9,69 Sekunden zurück. Nach 5,50 Sekunden hat er die ersten 50 m durchlaufen. Also benötigte Bolt für die letzten 50 m seines Laufs t = 9,69 s − 5,50 s = 4,19 s.

Kann ein Mensch schneller als 40 $\frac{\text{km}}{\text{h}}$ rennen?

Bolts maximale Geschwindigkeit in diesem Lauf war

$$12{,}19\,\frac{\text{m}}{\text{s}} = 12{,}19 \cdot \frac{3\,600}{1\,000}\,\frac{\text{km}}{\text{h}} = 43{,}884\,\frac{\text{km}}{\text{h}}.$$

Also kann ein Mensch mit einer höheren Geschwindigkeit als 40 $\frac{\text{km}}{\text{h}}$ rennen.

Welche Laufzeit hätte Bolt erreicht, wenn er die maximale Durchschnittsgeschwindigkeit bis zum Ende des Laufs beibehalten hätte?

Wenn Bolt die maximale Durchschnittsgeschwindigkeit von 12,19 $\frac{\text{m}}{\text{s}}$ (siehe Tabelle) bis zum Ende des Laufs beibehalten hätte, dann wäre er die letzten 20 m mit dieser Durchschnittsgeschwindigkeit gelaufen und hätte dafür eine Zeit von $\frac{20\text{ m}}{12{,}19\,\frac{\text{m}}{\text{s}}} = 1{,}64$ s benötigt.
Die ersten 80 m des Laufs hat Bolt in 7,96 s zurückgelegt, die letzten 20 m hätte er dann in 1,64 s zurückgelegt. Bei Beibehaltung der maximalen Durchschnittsgeschwindigkeit hätte er also seinen Lauf bereits nach 7,96 s + 1,64 s = 9,60 s beendet.

2.2.1 **Zeitpunkt, zu dem Bolt nach dem Modell am schnellsten war; entsprechende maximale Geschwindigkeit**

Skizze der modellierten Momentangeschwindigkeit v:

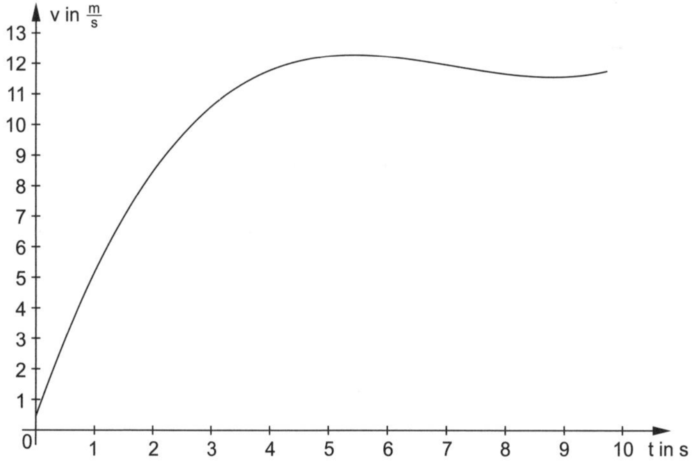

v(t) wird nach diesem Modell im Intervall [0; 9,69] für $t_{max} \approx 5{,}44$ s maximal.
Die entsprechende maximale Geschwindigkeit beträgt zu diesem Zeitpunkt
$v_{max} = v(t_{max}) \approx 12{,}29\,\frac{\text{m}}{\text{s}}$.

2.2.2 Pro- und Kontra-Argumente für die Eignung des angegebenen Modells

Zwei Argumente **für** die Eignung des Modells v:

- Anhand des Modells können auch sinnvolle Aussagen zu Zeitpunkten während des Laufs gemacht werden, an denen Messdaten fehlen.
- Die maximale Geschwindigkeit wird nach diesem Modell etwa zum tatsächlichen Zeitpunkt erreicht.

Zwei Argumente **gegen** die Eignung des Modells v:

- Da $v(0) = 0{,}4546\,\frac{m}{s}$, wäre Bolt nach dem Modell schon mit einer positiven Anfangsgeschwindigkeit gestartet. Das ist er aber nicht.
- Sein zurückgelegter Weg nach 9,69 s wäre nach dem Modell

  $$\int_0^{9{,}69} v(t)\,dt \approx 98{,}59\ [m].$$

  Nach seiner tatsächlichen Laufzeit hätte er nach dem Modell das Ziel also noch nicht erreicht.

Ein mögliches drittes Gegenargument gilt nur unter bestimmten Voraussetzungen: Da die Geschwindigkeitsangaben in der Tabelle Durchschnittsgeschwindigkeiten (je 10 m) sind, wäre es durchaus möglich, dass die Momentangeschwindigkeit von Bolt in einem solchen 10-m-Intervall höher war als die angegebene Durchschnittsgeschwindigkeit! Nur wenn die in der Tabelle angegebenen Durchschnittsgeschwindigkeiten nicht wesentlich von der tatsächlich gelaufenen Momentangeschwindigkeit abweichen, dann wäre ein drittes Gegenargument:

- Die maximale Geschwindigkeit, die Bolt tatsächlich gelaufen ist, beträgt $12{,}19\,\frac{m}{s}$ und nicht wie mit der modellierten Funktion v in 2.2.1 errechnet $12{,}29\,\frac{m}{s}$.

2.2.3 Fragestellung, deren Antwort die Lösung der Gleichung $\int_3^{3+z} v(t)\,dt = 50$ ist

Da das Integral $\int_3^{3+z} v(t)\,dt$ den Weg angibt, den Bolt nach dem Modell in der Zeitspanne von $t = 3\text{ s}$ bis $t = 3\text{ s} + z$ zurückgelegt hat, kann die Lösung der Gleichung

$$\int_3^{3+z} v(t)\,dt = 50$$

Antwort auf folgende mögliche Fragestellung sein:

Wie lange brauchte Usain Bolt drei Sekunden nach seinem Start für die anschließenden 50 m?

Berufliche Gymnasien Baden-Württemberg: Mathematik ohne CAS
Abiturprüfung 2015 – Teil 4 (Vektorgeometrie)

1 Gegeben sind die drei Punkte A(2 | 1 | 1), B(6 | 4 | 1) und C(3 | 8 | 1).

1.1 Weisen Sie nach, dass das Dreieck ABC in der Ebene

$$E: \vec{x} = \begin{pmatrix} 2 \\ 1 \\ 1 \end{pmatrix} + s \begin{pmatrix} 4 \\ 3 \\ 0 \end{pmatrix} + t \begin{pmatrix} 1 \\ 7 \\ 0 \end{pmatrix} \text{ mit } s, t \in \mathbb{R} \text{ liegt.}$$

Welche besondere Lage hat diese Ebene? (3 KP)

1.2 Untersuchen Sie, ob das Dreieck ABC gleichschenklig und rechtwinklig ist. (4 KP)

1.3 Geben Sie die Koordinaten eines Punktes D an, sodass die Pyramide ABCD ein Volumen von 125 Volumeneinheiten hat. (3 KP)

1.4 Eine Gerade verläuft durch den Punkt Q(7 | 6 | 5) in Richtung des Vektors $\begin{pmatrix} 3 \\ 2 \\ 4 \end{pmatrix}$.

Bestimmen Sie den Punkt, in dem diese Gerade die Ebene E schneidet.

Begründen Sie mithilfe einer Zeichnung, dass die Gerade im Innern des Dreiecks ABC auf die Ebene trifft. (5 KP)

(15 KP)

Hinweise und Tipps

1.1 **Tipps:**

- *1. Möglichkeit:* Berechnen Sie eine Gleichung der Ebene, in der die Punkte A, B und C liegen, und vergleichen Sie diese mit der gegebenen Ebene.
- *2. Möglichkeit:* Betrachten Sie die x_3-Komponenten der Richtungsvektoren und des Aufpunkts der Ebene. Was sagen diese über die Lage der Ebene aus? Aus dieser Lage der Ebene und den x_3-Komponenten der Punkte A, B und C ergibt sich ebenfalls die Lage der Punkte bezüglich der gegebenen Ebene.

1.2 **Tipps:**

- Berechnen Sie die Längen der Dreiecksseiten.
- Welche Beziehung zwischen den drei Seiten muss gelten, damit ein rechter Winkel vorliegt?

1.3 **Tipps:**

- Die Grundfläche der Pyramide ist das Dreieck ABC.
- Berechnen Sie aus der Volumenformel für eine Pyramide die Höhe dieser Pyramide mit dem vorgegebenen Volumen. Wie muss damit der x_3-Wert des Punktes D heißen?

1.4 **Tipps:**

- Bestimmen Sie zunächst die Geradengleichung.
- Berechnen Sie den Schnittpunkt S von Gerade und Ebene.
- Beachten Sie die x_3-Werte von A, B, C und S. Zu zeichnen ist also nur die x_1x_2-Ebene als Projektion der Ebene, in der die Punkte A, B, C und S liegen.

Lösungen

1 Gegeben sind die Punkte A(2 | 1 | 1), B(6 | 4 | 1) und C(3 | 8 | 1).

1.1 **Dreieck in Ebene E**

$$E\colon \vec{x} = \begin{pmatrix} 2 \\ 1 \\ 1 \end{pmatrix} + s\begin{pmatrix} 4 \\ 3 \\ 0 \end{pmatrix} + t\begin{pmatrix} 1 \\ 7 \\ 0 \end{pmatrix};\quad s, t \in \mathbb{R}$$

Ebene durch A, B, C:

$$E_2\colon \vec{x} = \begin{pmatrix} 2 \\ 1 \\ 1 \end{pmatrix} + p\left(\begin{pmatrix} 6 \\ 4 \\ 1 \end{pmatrix} - \begin{pmatrix} 2 \\ 1 \\ 1 \end{pmatrix}\right) + q\left(\begin{pmatrix} 3 \\ 8 \\ 1 \end{pmatrix} - \begin{pmatrix} 2 \\ 1 \\ 1 \end{pmatrix}\right) = \begin{pmatrix} 2 \\ 1 \\ 1 \end{pmatrix} + p\begin{pmatrix} 4 \\ 3 \\ 0 \end{pmatrix} + q\begin{pmatrix} 1 \\ 7 \\ 0 \end{pmatrix};\quad p, q \in \mathbb{R}$$

Die Ebenen stimmen überein, also liegt das Dreieck ABC in der gegebenen Ebene.

Lage von E

Da die x_3-Komponenten der beiden Richtungsvektoren null sind, sind diese Vektoren und damit auch die Ebene parallel zur x_1x_2-Ebene. Der Aufpunkt $\begin{pmatrix} 2 \\ 1 \\ 1 \end{pmatrix}$ hat die x_3-Koordinate 1, also hat die Ebene den Abstand 1 von der x_1x_2-Ebene.

Wegen dieser Lage von E ist auch ohne Berechnung von E_2 klar, dass die Punkte A, B und C in der Ebene E liegen, weil sie alle die x_3-Koordinate 1 haben.

1.2 **Dreieck ABC gleichschenklig und rechtwinklig**

Berechnung der Seitenlängen des Dreiecks:

$$\overrightarrow{AB} = \begin{pmatrix} 6 \\ 4 \\ 1 \end{pmatrix} - \begin{pmatrix} 2 \\ 1 \\ 1 \end{pmatrix} = \begin{pmatrix} 4 \\ 3 \\ 0 \end{pmatrix} \quad\Rightarrow\quad |\overrightarrow{AB}| = \sqrt{4^2 + 3^2 + 0^2} = \sqrt{25} = 5$$

$$\overrightarrow{AC} = \begin{pmatrix} 3 \\ 8 \\ 1 \end{pmatrix} - \begin{pmatrix} 2 \\ 1 \\ 1 \end{pmatrix} = \begin{pmatrix} 1 \\ 7 \\ 0 \end{pmatrix} \quad\Rightarrow\quad |\overrightarrow{AC}| = \sqrt{1^2 + 7^2 + 0^2} = \sqrt{50}$$

$$\overrightarrow{BC} = \begin{pmatrix} 3 \\ 8 \\ 1 \end{pmatrix} - \begin{pmatrix} 6 \\ 4 \\ 1 \end{pmatrix} = \begin{pmatrix} -3 \\ 4 \\ 0 \end{pmatrix} \quad\Rightarrow\quad |\overrightarrow{BC}| = \sqrt{(-3)^2 + 4^2 + 0^2} = \sqrt{25} = 5$$

Da $|\overrightarrow{AB}| = |\overrightarrow{BC}|$, ist das Dreieck gleichschenklig.

Weiter gilt: $|\overrightarrow{AB}|^2 + |\overrightarrow{BC}|^2 = |\overrightarrow{AC}|^2$

$$25 + 25 = 50$$

Es gilt also der Satz des Pythagoras, folglich ist das Dreieck rechtwinklig bei B.

1.3 **Volumen einer Pyramide**

Das Volumen einer Pyramide berechnet sich nach der Formel $V = \frac{1}{3} \cdot G \cdot h$.

Die Grundfläche G ist das rechtwinklige Dreieck ABC.

Die Fläche G beträgt:

$$G = \frac{1}{2} \cdot g \cdot h = \frac{1}{2} \cdot |\overrightarrow{AB}| \cdot |\overrightarrow{BC}| = \frac{1}{2} \cdot 5 \cdot 5 = \frac{25}{2} \text{ FE}$$

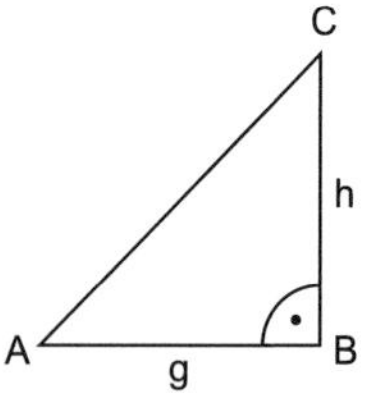

$$\Rightarrow \quad V = 125 = \frac{1}{3} \cdot \frac{25}{2} \cdot h$$

$$\Rightarrow \quad h = \frac{125 \cdot 6}{25} = 30 \text{ LE}$$

Ein möglicher Punkt D heißt damit D(2 | 1 | 31) (senkrecht über Punkt A im Abstand von 30 LE).

Möglich wäre auch jeder andere Punkt mit der x_3-Koordinate 31.

1.4 **Schnitt Gerade–Ebene**

Die Gerade durch Q hat die Gleichung

$$g: \vec{x} = \begin{pmatrix} 7 \\ 6 \\ 5 \end{pmatrix} + u \begin{pmatrix} 3 \\ 2 \\ 4 \end{pmatrix}; \; u \in \mathbb{R}.$$

$$g \cap E: \quad \begin{pmatrix} 7 \\ 6 \\ 5 \end{pmatrix} + u \begin{pmatrix} 3 \\ 2 \\ 4 \end{pmatrix} = \begin{pmatrix} 2 \\ 1 \\ 1 \end{pmatrix} + s \begin{pmatrix} 4 \\ 3 \\ 0 \end{pmatrix} + t \begin{pmatrix} 1 \\ 7 \\ 0 \end{pmatrix}$$

$$u \begin{pmatrix} 3 \\ 2 \\ 4 \end{pmatrix} + s \begin{pmatrix} -4 \\ -3 \\ 0 \end{pmatrix} + t \begin{pmatrix} -1 \\ -7 \\ 0 \end{pmatrix} = \begin{pmatrix} 2-7 \\ 1-6 \\ 1-5 \end{pmatrix}$$

Lösung des LGS entweder mit GTR oder per Hand:

$$\begin{array}{c} \begin{matrix} u & s & t \end{matrix} \\ \left(\begin{array}{ccc|c} 3 & -4 & -1 & -5 \\ 2 & -3 & -7 & -5 \\ 4 & 0 & 0 & -4 \end{array}\right) \end{array} \begin{array}{l} \cdot(-1) \\ \cdot(-1) \\ \cdot(-1) \quad \text{und Spalten vertauschen} \end{array}$$

$$\begin{array}{c} \begin{matrix} t & s & u \end{matrix} \\ \left(\begin{array}{ccc|c} 1 & 4 & -3 & 5 \\ 7 & 3 & -2 & 5 \\ 0 & 0 & -4 & 4 \end{array}\right) \end{array} \begin{array}{l} \cdot(-7) \\ \leftarrow \\ \end{array}$$

$$\left(\begin{array}{ccc|c} 1 & 4 & -3 & 5 \\ 0 & -25 & 19 & -30 \\ 0 & 0 & -4 & 4 \end{array}\right) \Rightarrow \quad u = -1$$

$$\Rightarrow \quad \vec{x} = \begin{pmatrix} 7 \\ 6 \\ 5 \end{pmatrix} + (-1) \cdot \begin{pmatrix} 3 \\ 2 \\ 4 \end{pmatrix} = \begin{pmatrix} 4 \\ 4 \\ 1 \end{pmatrix}$$

Der Schnittpunkt von g mit E heißt also S(4 | 4 | 1).

Punkt S im Innern des Dreiecks ABC?

Da die Punkte A, B, C und S jeweils die x_3-Koordinate 1 haben, liegen sie alle in der Ebene E, die parallel zur x_1x_2-Ebene ist.

Es reicht also, nur die x_1x_2-Ebene als Projektion der Ebene, in der die Punkte A, B, C und S liegen, zu zeichnen:

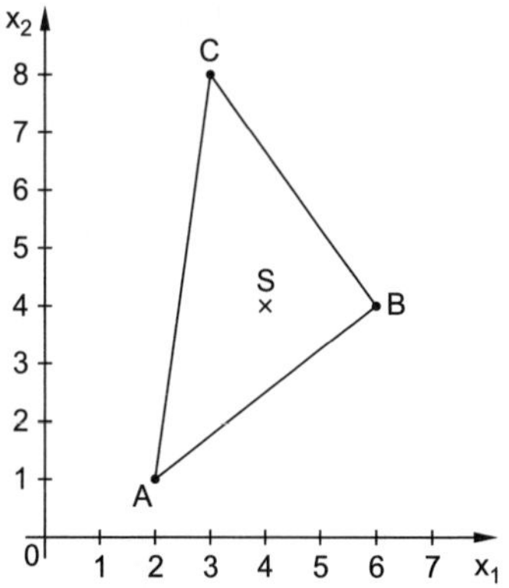

S liegt also im Innern des Dreiecks ABC.

1 Schokolade besteht aus den Hauptbestandteilen Zucker, Kakaobutter, Kakaomasse und Milchpulver. Eine Schokoladenfirma fertigt aus diesen Rohstoffen Bitterschokolade, Milchschokolade und weiße Schokolade. Aus diesen Zwischenprodukten werden wiederum 3 verschiedene Arten von Schokoladenfiguren gefertigt.
Die quantitativen Zusammenhänge sind durch das Materialflussdiagramm und die nachfolgende Tabelle gegeben. **Alle Angaben erfolgen in Gramm.**

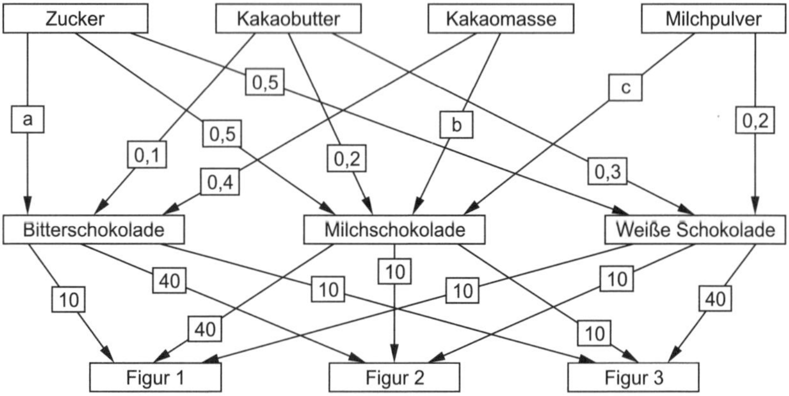

	Figur 1	Figur 2	Figur 3
Zucker	30	30	30
Kakaobutter	12	9	15
Kakaomasse	8	17	5
Milchpulver	10	4	10

1.1 Wie viel Kilogramm Zucker sind nötig, um ein Kilogramm Bitterschokolade herzustellen? Welche Mengen an Kakaomasse und Milchpulver benötigt man, um ein Kilogramm Milchschokolade herzustellen? (4 KP)

1.2 Im Lager befinden sich noch 180 kg Zucker, 66 kg Kakaobutter, 72 kg Kakaomasse und 42 kg Milchpulver. Wie viele Figuren können daraus gefertigt werden? (3 KP)

1.3 Die variablen Kosten je Figur in Euro sind gegeben durch

$$\vec{k}_v^T = (1{,}60 \quad 1{,}50 \quad 1{,}70).$$

Die Fixkosten pro Monat betragen 1 850 Euro. Im kommenden Monat sollen 2 000 Stück der Figur 1, 1 500 Stück der Figur 2 und 1 000 Stück der Figur 3 hergestellt werden. Die Figuren sollen alle zum gleichen Preis verkauft werden.

Wie hoch muss der Verkaufspreis der einzelnen Figuren sein, damit der Gewinn 10 % der Gesamtkosten beträgt? (4 KP)

1.4 Zu Ostern will die Firma 5 000 Figuren herstellen. Dabei sollen von Figur 1 doppelt so viele hergestellt werden wie von Figur 2. Es sind noch 60 kg Kakaobutter auf Lager, die vollständig aufgebraucht werden sollen.
Wie viel Stück von Figur 1, Figur 2 und Figur 3 werden hergestellt?
Welche Mengen an Rohstoffen muss die Firma auf Lager haben? (4 KP)

(15 KP)

Hinweise und Tipps

1.1 **Tipps:**

- Mit der Matrizengleichung $A_{RZ} \cdot B_{ZE} = C_{RE}$ kann mathematisch der quantitative Zusammenhang beschrieben werden, der bei der Herstellung der drei Schokoladenfiguren ($\hat{=}$ Endprodukte) aus den Rohstoffen (Zucker, Kakaobutter, Kakaomasse und Milchpulver) und den Zwischenprodukten (Bitterschokolade, Milchschokolade, weiße Schokolade) besteht. Mit den Mengenangaben (in Gramm!) aus dem Materialflussdiagramm erhält man die Rohstoff-Zwischenprodukt-Matrix A_{RZ} und die Zwischenprodukt-Endprodukt-Matrix B_{ZE}, aus der angegebenen Tabelle die Rohstoff-Endprodukt-Matrix C_{RE}.
- Die Rohstoff-Zwischenprodukt-Matrix A_{RZ} enthält die Variablen a, b und c. Nach diesem Materialfluss ist gefragt.
- Formt man die Matrizengleichung $A_{RZ} \cdot B_{ZE} = C_{RE}$ nach A_{RZ} um, so erhält man die Gleichung $A_{RZ} = C_{RE} \cdot B_{ZE}^{-1}$. Da in Matrix C_{RE} und Matrix B_{ZE} alle Zahlenwerte bekannt sind, lässt sich mit dieser Gleichung die Matrix A_{RZ} berechnen.
- Aus dem Vergleich der berechneten Matrix A_{RZ} mit der aus dem Materialflussdiagramm gewonnenen Matrix A_{RZ} lassen sich die Variablen a, b und c bestimmen.

1.2 **Tipps:**

- In der Aufgabenstellung sind die Rohstoffmengen in kg angegeben. Zur Berechnung der Anzahl der Endprodukte (Figur 1, Figur 2 und Figur 3) müssen diese Angaben zunächst in Gramm umgerechnet werden.
- Aus diesen Rohstoffmengen lässt sich der Rohstoffvektor $\vec{r}$ bilden. Den Zusammenhang zwischen Rohstoffvektor $\vec{r}$ und Produktionsvektor $\vec{p}$ gibt die Gleichung $\vec{r} = C_{RE} \cdot \vec{p}$ wieder.
- Diese Gleichung führt zu einem linearen Gleichungssystem, dessen eindeutige Lösung die gesuchten Komponenten p_1, p_2 und p_3 des Produktionsvektors $\vec{p}$ sind.

1.3 **Tipps:**

- Die Gesamtkosten K setzen sich aus den variablen und den fixen Kosten zusammen. Zur Berechnung der variablen Kosten muss der angegebene Kostenvektor $\vec{k}_v^T$ mit dem Produktionsvektor $\vec{p}$ multipliziert werden. Die Komponenten des Produktionsvektors $\vec{p}$ sowie die Fixkosten können der Aufgabenstellung entnommen werden. Es gilt also: $K = \vec{k}_v^T \cdot \vec{p} + K_{fix} = \vec{k}_v^T \cdot \vec{p} + 1850$ €

- Der Verkauf der Figuren soll einen Gewinn von 10 % (=0,1) der Gesamtkosten erbringen. Demnach muss der zu erzielende Verkaufserlös $E = K + 0{,}1 \cdot K = 1{,}1 \cdot K$ betragen. Da alle Figuren zum gleichen Preis verkauft werden sollen, erzielt die Firma diesen Erlös durch den Verkauf von 4 500 (= 2 000 + 1 500 + 1 000) Figuren. Mit welchem Preis muss also eine Figur verkauft werden?

1.4 **Tipps:**

- Mit den Angaben der Aufgabenstellung lässt sich der Produktionsvektor $\vec{p}$ bestimmen. Die Variable p_2 stehe für die Anzahl der hergestellten Figuren 2. Da von Figur 1 doppelt so viele hergestellt werden sollen, ergibt sich: $p_1 = 2 \cdot p_2$ Mit der Überlegung, dass insgesamt 5 000 Figuren hergestellt werden, ergibt sich die Produktionsmenge $p_3 = 5\,000 - p_1 - p_2$. Die nachfolgenden Berechnungen vereinfachen sich dadurch, dass der Produktionsvektor $\vec{p}$ nur die Variable p_2 enthält.
- Durch die Angabe, dass 60 kg Kakaobutter vollständig aufgebraucht werden sollen, ist erkennbar, dass der Zusammenhang zwischen Rohstoffvektor $\vec{r}$ und Produktionsvektor $\vec{p}$ sich als Ansatz zur Bestimmung von p_2 eignet. Diesen Zusammenhang gibt die Gleichung $\vec{r} = C_{RE} \cdot \vec{p}$ wieder. In dem hieraus berechneten Rohstoffvektor $\vec{r}$ gibt die zweite Komponente die Menge der benötigten Kakaobutter an. Diese soll 60 kg = 60 000 g betragen. Daraus lassen sich p_2 und im Folgenden p_1 und p_3 bestimmen.
- Die Mengen an Rohstoffen, die die Firma auf Lager haben muss, ergeben sich durch Einsetzen des berechneten Wertes für p_2 in den Rohstoffvektor $\vec{r}$.

Lösungen

1.1 **Berechnung der benötigten Rohstoffmengen an Zucker, Kakaomasse und Milchpulver zur Herstellung je eines Kilogramms Bitter- bzw. Milchschokolade**

Aus dem Materialflussdiagramm erhält man die Rohstoff-Zwischenprodukt-Matrix A_{RZ} und die Zwischenprodukt-Figuren-Matrix B_{ZE}:

$$A_{RZ} = \begin{pmatrix} a & 0{,}5 & 0{,}5 \\ 0{,}1 & 0{,}2 & 0{,}3 \\ 0{,}4 & b & 0 \\ 0 & c & 0{,}2 \end{pmatrix} \qquad B_{ZE} = \begin{pmatrix} 10 & 40 & 10 \\ 40 & 10 & 10 \\ 10 & 10 & 40 \end{pmatrix}$$

Und aus der angegebenen Tabelle die Rohstoff-Figuren-Matrix C_{RE}:

$$C_{RE} = \begin{pmatrix} 30 & 30 & 30 \\ 12 & 9 & 15 \\ 8 & 17 & 5 \\ 10 & 4 & 10 \end{pmatrix}$$

Durch Umformen der Matrizengleichung $A_{RZ} \cdot B_{ZE} = C_{RE}$ erhält man $A_{RZ} = C_{RE} \cdot B_{ZE}^{-1}$.
Der GTR berechnet daraus:

$$A_{RZ} = \begin{pmatrix} 0{,}5 & 0{,}5 & 0{,}5 \\ 0{,}1 & 0{,}2 & 0{,}3 \\ 0{,}4 & 0{,}1 & 0 \\ 0 & 0{,}2 & 0{,}2 \end{pmatrix}$$

Aus dem Vergleich dieser berechneten Matrix A_{RZ} und der obigen Matrix A_{RZ} ergibt sich:
$a = 0{,}5;\; b = 0{,}1;\; c = 0{,}2$

Da die Angaben in Gramm erfolgen, erhält man folgende benötigte Mengen:
Für ein Kilogramm Bitterschokolade sind 0,5 kg Zucker nötig. Um ein Kilogramm Milchschokolade herzustellen, benötigt man 0,1 kg Kakaomasse und 0,2 kg Milchpulver.

1.2 **Anzahl der Figuren, die aus 180 kg Zucker, 66 kg Kakaobutter, 72 kg Kakaomasse und 42 kg Milchpulver hergestellt werden können**

Aus den Angaben der Aufgabenstellung (in Gramm umgerechnet!) erhält man den Rohstoffvektor:

$$\vec{r} = \begin{pmatrix} 180\,000 \\ 66\,000 \\ 72\,000 \\ 42\,000 \end{pmatrix}$$

Gesucht ist der Produktionsvektor $\vec{p} = \begin{pmatrix} p_1 \\ p_2 \\ p_3 \end{pmatrix}$.

Aus dem Zusammenhang $\vec{r} = C_{RE} \cdot \vec{p}$ ergibt sich das folgende lineare Gleichungssystem:

$$\begin{aligned} 30p_1 + 30p_2 + 30p_3 &= 180\,000 \\ 12p_1 + 9p_2 + 15p_3 &= 66\,000 \\ 8p_1 + 17p_2 + 5p_3 &= 72\,000 \\ 10p_1 + 4p_2 + 10p_3 &= 42\,000 \end{aligned}$$

Mit dem GTR ergibt sich die Lösung: $p_1 = 2\,000;\; p_2 = 3\,000;\; p_3 = 1\,000$

Aus den vorhandenen Rohstoffen können 2 000 Exemplare von Figur 1, 3 000 Exemplare von Figur 2 und 1 000 Exemplare von Figur 3 gefertigt werden.

1.3 **Verkaufspreis der Figuren, damit der Gewinn 10 % der Gesamtkosten beträgt**

Die Gesamtkosten setzen sich aus den variablen Kosten und den Fixkosten zusammen.

Berechnung der variablen Kosten K_v:
Die variablen Kosten je Figur 1 betragen laut Aufgabenstellung 1,60 €, die variablen Kosten je Figur 2 betragen 1,50 € und die variablen Kosten je Figur 3 betragen 1,70 €. Bei 2 000 hergestellten Exemplaren von Figur 1, 1 500 hergestellten Exemplaren von Figur 2 und 1000 hergestellten Exemplaren von Figur 3 erhält man als variable Kosten:

$$K_v = \vec{k}_v^T \cdot \vec{p} = 1{,}60\,€ \cdot 2\,000 + 1{,}50\,€ \cdot 1500 + 1{,}70\,€ \cdot 1\,000 = 7\,150\,€$$

Mit den fixen Kosten in Höhe von 1 850 € ergeben sich die Gesamtkosten K mit:

$$K = K_v + K_{fix} = 7\,150\,€ + 1\,850\,€ = 9\,000\,€$$

Da der Gewinn 10 % der Gesamtkosten K betragen soll, muss beim Verkauf der Erlös $E = K + 0{,}1 \cdot K = 9\,000\,€ + 900\,€ = 9\,900\,€$ erzielt werden.

Alle Figuren werden zum gleichen Preis verkauft, das bedeutet, dass mit dem Verkauf von insgesamt 4 500 Figuren (= 2 000 Exemplare von Figur 1 + 1 500 Exemplare von Figur 2 + 1 000 Exemplare von Figur 3) ein Erlös von 9 900 € erzielt werden muss. Somit ergibt sich für den Verkaufspreis pro Figur:

$$9\,900\,€ : 4\,500 = 2{,}20\,€$$

Der Verkaufspreis der einzelnen Figuren muss 2,20 € betragen, damit der Gewinn 10 % der Gesamtkosten beträgt.

1.4 **Anzahl der hergestellten Exemplare von Figur 1, Figur 2 und Figur 3, falls 60 kg Kakaobutter vollständig aufgebraucht werden sollen**

Da sich die Produktionsmenge p_1 von Figur 1 direkt auf die Produktionsmenge p_2 von Figur 2 bezieht und sich die Produktionsmenge p_3 von Figur 3 letztlich auch in Abhängigkeit von p_2 angeben lässt, wählt man als freie Variable p_2. Da von Figur 1 doppelt so viel hergestellt wird wie von Figur 2, ergibt sich $p_1 = 2 \cdot p_2$. Insgesamt werden 5 000 Figuren hergestellt. Entsprechend erhält man:

$$p_3 = 5\,000 - p_2 - p_1 = 5\,000 - p_2 - 2p_2 = 5\,000 - 3p_2$$

Somit ist der Produktionsvektor:

$$\vec{p} = \begin{pmatrix} p_1 \\ p_2 \\ p_3 \end{pmatrix} = \begin{pmatrix} 2p_2 \\ p_2 \\ 5\,000 - 3p_2 \end{pmatrix}$$

Den Zusammenhang zwischen den Rohstoffen und den hergestellten Figuren gibt die Gleichung $\vec{r} = C_{RE} \cdot \vec{p}$ wieder:

$$\vec{r} = \begin{pmatrix} 30 & 30 & 30 \\ 12 & 9 & 15 \\ 8 & 17 & 5 \\ 10 & 4 & 10 \end{pmatrix} \cdot \begin{pmatrix} 2p_2 \\ p_2 \\ 5\,000 - 3p_2 \end{pmatrix} = \begin{pmatrix} 150\,000 \\ -12p_2 + 75\,000 \\ 18p_2 + 25\,000 \\ -6p_2 + 50\,000 \end{pmatrix}$$

Es sind noch 60 kg Kakaobutter auf Lager, die vollständig aufgebraucht werden sollen. Die zweite Komponente des Rohstoffvektors $\vec{r}$ gibt die Menge an benötigter Kakaobutter für die geplante Produktion an. Durch Gleichsetzen ergibt sich:

$-12p_2 + 75\,000 = 60\,000$ und hieraus $p_2 = 1\,250$

Damit ergibt sich als Produktionsvektor:

$$\vec{p} = \begin{pmatrix} 2p_2 \\ p_2 \\ 5\,000 - 3p_2 \end{pmatrix} = \begin{pmatrix} 2\,500 \\ 1\,250 \\ 1\,250 \end{pmatrix}$$

Wenn 5 000 Figuren hergestellt und dabei 60 kg Kakaobutter vollständig aufgebraucht werden sollen, werden 2 500 Stück von Figur 1, 1 250 Stück von Figur 2 und 1 250 Stück von Figur 3 hergestellt.

Bedarf an (den anderen) Rohstoffen bei dieser Produktion

Mit dem zuvor für die Produktion ermittelten Rohstoffvektor

$$\vec{r} = \begin{pmatrix} 150\,000 \\ -12p_2 + 75\,000 \\ 18p_2 + 25\,000 \\ -6p_2 + 50\,000 \end{pmatrix}$$

und $p_2 = 1\,250$ lässt sich der Rohstoffvektor $\vec{r}$ bestimmen mit:

$$\vec{r} = \begin{pmatrix} 150\,000 \\ 60\,000 \\ 47\,500 \\ 42\,500 \end{pmatrix}$$

Die Firma muss mindestens 150 kg Zucker, (60 kg Kakaobutter), 47,5 kg Kakaomasse und 42,5 kg Milchpulver auf Lager haben.

1.1 Eine Kantine soll aus Gemüse und Fleisch, welche Magnesium, Eisen und die Vitamine C und B_{12} enthalten, Mahlzeiten herstellen, die möglichst kostengünstig sind. Gleichzeitig müssen Mineralstoffe und Vitamine in bestimmten Mindestmengen in den Mahlzeiten vorhanden sein.

Die folgende Tabelle gibt eine Übersicht über die Inhaltsstoffe:

	Menge der Mineralstoffe und Vitamine in mg je 100 g		Mindestmengen in den Mahlzeiten in mg
	Gemüse	Fleisch	
Magnesium	50	25	175
Eisen	1	2	8
Vitamin C	50	0	75
Vitamin B_{12}	0	0,001	0,002

Die Kosten für 100 g Gemüse betragen 1 €, für 100 g Fleisch 1,50 €.

Ermitteln Sie grafisch die kostenminimale Zusammensetzung einer Mahlzeit aus Fleisch und Gemüse, welche die geforderten Mindestmengen erfüllt.

Was kostet dann eine Mahlzeit? (8 KP)

1.2 Fleisch und Gemüse sollen auch jeweils einzeln in Packungen zum Mitnehmen angeboten werden. Das Bearbeiten der Lebensmittel erfolgt durch Automaten:

Automat 1: Vorbereiten der Lebensmittel
Automat 2: Zubereiten
Automat 3: Verpacken

Die folgende Tabelle gibt an, wie lange die Automaten für die Bearbeitung je einer Packung Gemüse bzw. Fleisch benötigen und wie lange die Automaten maximal zur Verfügung stehen:

	Bearbeitungszeit in Minuten		Maximale Nutzungszeit in Minuten
	Gemüse	Fleisch	
Automat 1	2	4	316
Automat 2	2,5	3	343
Automat 3	2,5	3	436

Der Gewinn pro Packung beträgt 0,90 € bei Gemüse und 1,50 € bei Fleisch.

1.2.1 Erstellen Sie das Anfangstableau für das Simplexverfahren, mit dem der maximale Gewinn ermittelt werden kann. (3 KP)

1.2.2 Bei der Berechnung des maximalen Gewinns erhält der Kantinenleiter folgendes Tableau:

x	y	u	v	w	b_i
0,5	1	0,25	0	0	79
1	0	−0,75	1	0	106
1	0	−0,75	0	1	199
0,15	0	−0,375	0	0	G − 118,5

x ist die Anzahl der Gemüsepackungen.
y ist die Anzahl der Fleischpackungen.
Die Schlupfvariablen für die Nichtauslastungszeiten der drei Automaten werden mit u, v und w bezeichnet.

Berechnen Sie hieraus das Endtableau und geben Sie den maximalen Gewinn an. Wie viele Einzelpackungen Gemüse bzw. Fleisch werden insgesamt hergestellt?

Welcher Automat ist am wenigsten ausgelastet? (4 KP)

(15 KP)

Hinweise und Tipps

1.1 **Tipps:**

- Die Angaben im Text und in der Tabelle werden in Gleichungen bzw. Ungleichungen umgesetzt. Die Variablen x und y geben die Menge an Gemüse- bzw. Fleischeinheiten (in 100 g) pro Mahlzeit an.
- Die Ungleichungen werden in ein Achsenkreuz eingetragen und die zulässige Fläche wird bestimmt. Die Gerade der Zielfunktion (Kosten) wird ebenfalls eingetragen und so weit nach oben verschoben, bis sie die gekennzeichnete Fläche zum ersten Mal berührt. Der sich ergebende Eckpunkt der zulässigen Fläche kann berechnet werden.

1.2.1 **Tipp:**

Erstellen Sie unter Verwendung der Schlupfvariablen u, v und w das Simplextableau.

1.2.2 **Tipps:**

- Das hier vorgegebene Simplextableau wird nach bekanntem Verfahren umgeformt.
- Sobald in der „G-Zeile" nur noch Zahlen kleiner oder gleich null stehen, sind die Umformungen beendet, die Werte für x, y und G können abgelesen werden.
- Wie groß ist die Schlupfvariable w? Was bedeutet dies für den Automaten 3?

Lösungen

1.1 **Minimale Kosten**

Gegeben ist eine Tabelle mit Mengenangaben von Mineralstoffen und Vitaminen in Lebensmitteln.

Benennungen:
x: Anzahl der Gemüseeinheiten (in 100 g) pro Mahlzeit
y: Anzahl der Fleischeinheiten (in 100 g) pro Mahlzeit

Aus der Tabelle ergeben sich folgende Ungleichungen:

(1)	$50x + 25y \geq 175$		(Magnesium)
(2)	$x + 2y \geq 8$		(Eisen)
(3)	$50x + 0y \geq 75$		(Vitamin C)
(4)	$0x + 0{,}001y \geq 0{,}002$		(Vitamin B_{12})

Die Zielfunktion (Kosten K in €) lautet:

(K) $K = x + 1{,}5y$

Die Ungleichungen und die Zielfunktion werden nach y bzw. x aufgelöst:

(1) $y \geq -2x + 7$

(2) $y \geq -\frac{1}{2}x + 4$

(3) $x \geq \frac{3}{2}$

(4) $y \geq 2$

(K) $y = -\frac{2}{3}x + \frac{2}{3}K$

Die zu den Ungleichungen (1) bis (4) gehörenden Geraden werden in ein Koordinatensystem eingetragen:

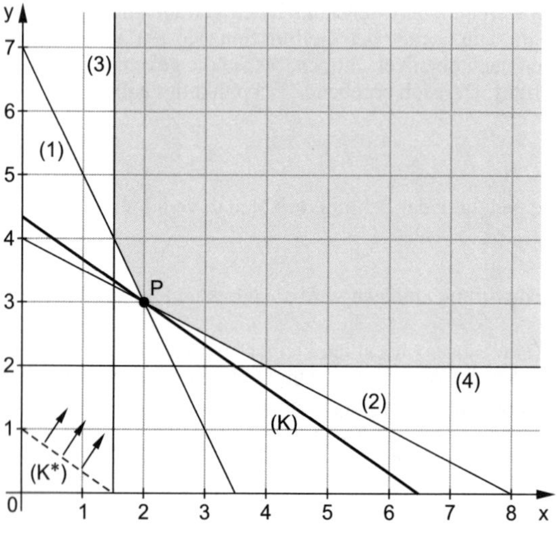

Die Punkte der grau getönten Fläche erfüllen sämtliche Ungleichungen.
Die Gerade (K*) der Zielfunktion (für kleines K) wird jetzt parallel nach oben verschoben, bis sie zum ersten Mal auf die graue Fläche trifft. Dies ist im Punkt P der Fall.

Berechnung der Koordinaten von P:
P ist der Schnittpunkt der Geraden (1) und (2):

$$-2x+7=-\frac{1}{2}x+4$$

$$3=\frac{3}{2}x$$

$$2=x \qquad \Rightarrow \quad y=-\frac{1}{2}\cdot 2+4=3 \quad \Rightarrow \quad P(2\,|\,3)$$

Die minimalen Kosten ergeben sich also bei einer Mahlzeit aus 200 g Gemüse und 300 g Fleisch.

Die Kosten einer Mahlzeit betragen dann $K=2+1{,}5\cdot 3=6{,}5$, also 6,50 € pro Mahlzeit mit 200 g Gemüse und 300 g Fleisch.

1.2 Gegeben ist eine Tabelle mit den Bearbeitungs- und Nutzungszeiten der drei Automaten.

1.2.1 Anfangstableau für das Simplexverfahren

x: Anzahl der Gemüsepackungen
y: Anzahl der Fleischpackungen

Die Schlupfvariablen werden mit u, v und w bezeichnet.

Es gilt: $x, y, u, v, w \geq 0$

Für die Zielfunktion (Gewinn G in €) gilt: $G=0{,}9x+1{,}5y$

$\Rightarrow$ Anfangstableau:

x	y	u	v	w	b_i	
2	4	1	0	0	316	(Automat 1)
2,5	3	0	1	0	343	(Automat 2)
2,5	3	0	0	1	436	(Automat 3)
0,9	1,5	0	0	0	G	(Gewinn)

1.2.2 Simplexverfahren, maximaler Gewinn

Aus dem vorgegebenen Tableau wird das Endtableau berechnet:

x	y	u	v	w	b_i	Einschränkung
0,5	1	0,25	0	0	79	$79:0{,}5=158$
1	0	−0,75	1	0	106	$106:1=$ 106
1	0	−0,75	0	1	199	$199:1=199$
0,15	0	−0,375	0	0	G − 118,5	

1. Schritt: In der „G-Zeile“ ist die Zahl (0,15) am größten, die gesamte Spalte mit der (0,15) ist die Pivotspalte.

2. Schritt: Dividiere jetzt alle Elemente der Spalte b_i durch die jeweiligen Elemente der Pivotspalte. Diese Zahlen stehen dann in der Spalte „Einschränkung“.

3. Schritt: In der Spalte „Einschränkung“ ist die Zahl 106 am kleinsten, die gesamte Zeile mit der Zahl 106 heißt Pivotzeile.

4. Schritt: Der Kreuzungspunkt von Pivotzeile und Pivotspalte heißt Pivotelement, also die 1.

5. Schritt: Mithilfe von elementaren Zeilenumformungen werden jetzt alle Elemente der Pivotspalte zu null gemacht (außer dem Pivotelement selbst).

x	y	u	v	w	b_i	
0,5	1	0,25	0	0	79	
1	0	−0,75	1	0	106	·(−0,5) ·(−1) ·(−0,15)
1	0	−0,75	0	1	199	
0,15	0	−0,375	0	0	G − 118,5	

x	y	u	v	w	b_i
0	**1**	0,625	−0,5	0	**26**
1	0	−0,75	1	0	**106**
0	0	0	−1	**1**	**93**
0	0	−0,2625	−0,15	0	G − 134,4

Der maximale Gewinn von 134,40 € ergibt sich also mit 106 Gemüsepackungen und 26 Fleischpackungen.

Der Automat 3 ist 93 Minuten lang nicht ausgelastet, die anderen beiden Automaten sind die volle Zeit ausgelastet.